Lothar Bucher

Die Londoner Industrieausstellung von 1862

Lothar Bucher

Die Londoner Industrieausstellung von 1862

ISBN/EAN: 9783743300187

Hergestellt in Europa, USA, Kanada, Australien, Japan

Cover: Foto ©ninafisch / pixelio.de

Manufactured and distributed by brebook publishing software
(www.brebook.com)

Lothar Bucher

Die Londoner Industrieausstellung von 1862

Die

Londoner Industrie-Ausstellung

von

1862.

Von

Lothar Bucher.

Berlin.
Verlag von Louis Gerschel.
1863.

Auf den Vorschlag des Verlegers, die heute schließende Londoner Ausstellung als zweiten Band einzuschalten, bin ich eingegangen, weil mir dadurch eine Gelegenheit geboten wurde, gewissen politischen Betrachtungen, zu denen die Vergleichung dieser Ausstelluug mit der von 1851 aufforderte, eine Verbreitung zu geben, die sie in anderer Form wahrscheinlich nicht gefunden haben würden. Ich habe sie in einem besonderen Schlußkapitel niedergelegt.

Für Techniker werden technische Berichte geschrieben; aber auch das Publikum will von einer Ausstellung viel hören und einiges lernen, und irgend Jemand muß das Verlangen befriedigen. Wie schwierig eine solche Aufgabe ist, wie unvollkommen ihre Lösung bleiben muß, auch unter den günstigsten Verhältnissen, auch mit der freundlichen Hülfe, die mir von deutschen und andern Sachverständigen zu Theil geworden, das weiß Niemand besser, als wer sich selbst daran versucht hat. Ich habe mich darüber an mehreren Stellen ausgesprochen, hier aber noch zweierlei für mich geltend zu machen. Ich habe lieber eine größere Mühe übernehmen und eine, an sich betrachtet, unvollständigere Arbeit liefern wollen, als die englischen Zeitungsberichte benutzen, die natürlich England zum Mittelpunkt nehmen; und ich möchte gegen diejenigen Techniker, die mit einem Nichttechniker unduldsam umzugehen geneigt sind, damit abrechnen, daß sie doch zuweilen auch mit der Politik handthieren, ohne dieselbe zum Gegenstande eines Studiums gemacht zu haben.

Was das politische Schlußkapitel betrifft, so betrachte ich es als einen Beweis von der Zweckmäßigkeit und als gute Vorbedeutung für die Wirkung desselben, daß gerade heut durch die „Neue Frankfurter Zeitung," die heftige Gegnerin der großdeutschen Versammlung vom 28. Oktober, hier das Manifest des Herrn Professor Carl Vogt vom 17. Oktober bekannt geworden ist, in dem er „die ganze Kraft des Nationalvereins und der nothwendig (?) mit ihm verbundenen Fortschrittspartei" aufruft, „die Herstellung der Reichsverfassung und der in ihr wurzelnden Einheit als Ziel ihres Strebens aufzustecken." Der Herr Verfasser be= dient sich darin zweier Bilder. Möge die neue Formel:

das einige Deutschland „der archimedische Punkt, von welchem aus man diese Nebenwelt (nämlich „Schleswig und Holstein, Preußen und Oestreich), Luxemburg und Posen, Böhmen, Mähren, Galizien, Ungarn und Venetien") aus den Angeln heben kann"

nicht so in die Vorstellungen übergehen, wie die andere;

„das Zusammengehen, das Weitergehen der Einen, das Stehenbleiben der Anderen, das spätere Ausein= andergehen der Parteien,"

die ich Seite 453 beleuchtet habe.

Der ursprünglich für den zweiten Band bestimmte In= halt bleibt für einen dritten.

Berlin, den 15. November 1862.

L. Bucher.

Inhalt.

Die Londoner Industrie-Ausstellung.

1. Die Eröffnung.

London, 1. Mai. Eilf Jahre auf den Tag und die Stunde, daß ich gethan, wozu ich jetzt die Feder aufhebe, über die Eröffnung der Londoner Industrie-Ausstellung berichtet habe. Was ich damals geschrieben, weiß ich heute nicht mehr, aber die Erinnerung an die Stimmung, in der ich schrieb, ist seit gestern Abend sehr lebendig in mir geworden durch den Kontrast; meiner Schreibeseele ist heute nicht so frisch, so poetisch zu Muthe wie damals. Wieso das kommt, darüber habe ich diesen Morgen während der Feier nachgedacht, namentlich während der Musikaufführungen. Nicht als ob ich gleichgültig gegen dieselben geblieben wäre, sondern weil ich die Gewohnheit habe, die barbarische Gewohnheit, werden manche Leser denken, Musik, wenn sie über eine Viertelstunde dauert, zur Begleitung meiner Gedanken zu machen. Ist die Musik sehr gut, so macht sie auch wohl meine Gedanken zum Texte. Bald auf die eine, bald auf die andere Weise verschmolzen die Erinnerungen des 1. Mai 1851 mit den Melodien von Gegenwarts- und Zukunftsmusik, die fast drei Stunden lang auf mich einstürmten; und als Meyerber's Ouverture abgerollt war, hatte auch ich den Schlußsatz meiner Grübelei erreicht, hatte ich herausgebracht, weshalb diese Ausstellung mich nicht so stimmt, wie jene. Und ich kann es verrathen, ohne mich selbst zu seciren, denn die Schuld liegt nicht an mir.

Es war ein schöner Frühlingstag damals, aber nicht schöner als der heutige. Von meinem Schreibtisch sah ich damals in eine räucherige Straße hinab, sehe ich heute eine Wiese mit Cedern und Hagedorn und von einem schönen Baumschlag eingerahmt. Die Lebensweise war mir damals fremd, zum Theil sonderbar, zum Theil widerwärtig, und ist mir heute werth und heimisch. Ich habe wieder in einem vernünftigen Bette geschlafen, vernünftig gefrühstückt und ein vernünftiges Stück Hammelfleisch gegessen; die Luft ist nicht mit feinen Glassplittern erfüllt wie in Deutschland und streicht lustig durch die Fenster herein und zum Kamin hinaus. Von den Bewohnern Londons kannte ich damals etwa Einen auf eine Million; heute sagen mir die Leute: Glad to see you back, freuen uns, daß Sie zurück sind, als wenn ich hier zu Hause wäre. Damals war London Verbannung und babylonische Gefangenschaft, heute ist mir in dem modernen Babel ganz „mollig". Die eilf Jahre machen es auch nicht, meine Privatseele ist frischer als damals. Es liegt an der Ausstellung; und um es kurz zu sagen, die Ausstellung von 1862 verhält sich zu der von 1851, wie eine zweite Heirath zur ersten. Die zweite Frau mag schöner, liebenswürdiger, geistreicher sein und den Mann glücklicher machen, als die erste, aber von der ersten Hochzeit wird der zweiten etwas fehlen, wären es auch nur Flitter und Täuschungen. So sagen wenigstens die Sachverständigen, unter ihnen Dickens und Thackeray, deren spätere Romane den Helden erst in der zweiten Ehe zur Ruhe kommen lassen. Von jenem Glashause in Hydepark versprach man sich ein Stück Gralstempel, ein Jubiläum der Arbeit, den Beginn des ewigen Friedens und allgemeiner Brüderlichkeit. Und kaum waren die Scherben, aus denen es bestand, in Sydenham wieder zusammengesetzt, als die verehrliche Christenheit unter sich einen der blutigsten Kriege begann; nach wenigen Jahren folgte ein zweiter, und in Erwartung des dritten verwandelt

Europa sich in eine Kaserne. Wohl feiert die Industrie wieder einen Triumph, aber der Arbeiter, der die Baumwollenzeuge geschaffen, nagt am Hungertuch. Wohl haben die Völker von einander gelernt und angenommen, aber wenig, blutwenig. Die Engländer haben seit jenem Maitage gelernt, Eis essen und am Sonntag Musik vertragen, und die Engländerinnen in einer Restauration speisen; was von den zweckmäßigen Einrichtungen der Engländer aber haben die vielen Tausend Deutschen mit nach Hause genommen? Nicht einmal die Handtuchpferde. Man geht also kühler an diese zweite Hochzeit.

Wie mir, muß die Sache auch wohl den englischen Behörden erscheinen; sie haben sich mit besonderem Fleiße den Ausspruch eines mittelalterlichen Juristen hinter das Ohr geschrieben, daß er seine drei Frauen geheirathet habe propter opus, propter opes, propter opem, die erste wegen ihrer Liebenswürdigkeit, die zweite wegen ihres Geldes, die dritte um der Pflege willen. Sie haben vor eilf Jahren gelernt, daß an einer Ausstellung ein Erkleckliches zu verdienen ist, und betreiben die diesjährige, wie ein „einsichtsvoller und ausgedehnter" Käsehändler seinen Kram betreibt oder, um einen noch zutreffenderen Vergleich zu machen, wie der Inhaber eines Panoramas oder Wachsfiguren-Kabinets, der ein mäßiges Eintrittsgeld erhebt, aber bei den besonderen Merkwürdigkeiten noch ein besonderes Viergroschenstück erpreßt. Ihrer Majestät Kommissarien halten den schönen Augenblick fest im Sinne, wo sie, wie 1851, einander wechselseitig attestiren werden, daß sie sich sehr verdient gemacht, und aus dem Ueberschusse einander Kleinigkeiten im Betrage von je 25,000 £ votiren werden; sie quetschen ihre Gäste, so lange noch ein goldner Tropfen fließen will. Sie „nehmen keine Miethe von den Ausstellern", bewahre! aber sie lassen den Aussteller oder die Leute, durch die er sich vertreten lassen will, nur ein, wenn sie ein season-ticket, ein Partoutbillet, für drei Guineen gelöst haben.

1*

Ein entrüfteter Ausfteller, der zwei Quadratfuß ohne Miethe an-
gewiefen erhalten, hat nachgerechnet, daß Ihrer Majeftät Kommiffarien allein auf diefe Weife von dem Morgen Flächenraum
68,607 £ vereinnahmen. Ich fühle ganz, wie begriffswidrig es
ift, von dem hochherzigen und gaftlichen Albion fo etwas zu erzählen, aber ftreichen Sie es nicht, ehe Sie diefen Abfatz zu
Ende gelefen. Ich felbft muß geftehen, daß ich die englifche Methode, wenn mit Maaß angewandt, ganz richtig finde; für Nichts
ift Nichts, hat ein fehr fcharffinniger Berliner gefagt, und Seiner Gnaden dem Sehr edlen Herzog von Buckingham und Chan-
dos wird eine kleine Extraeinnahme fehr zu Statten kommen.
Aber was fagen Sie dazu, daß dem Quetfchungsprozeffe auch
die fremden Journaliften unterworfen werden? Der Berichterftatter
jedes englifchen Blattes erhält freien Eintritt; die auswärtigen
werden befchieden, daß Ihrer Majeftät Kommiffarien nur für die
englifche Preffe zu forgen hätten; man möge fich an den Kom-
miffar feines Landes wenden. Diefen auswärtigen Kommiffarien
find aber, wie fich ergiebt, gar keine Billets zur Verfügung ge-
ftellt worden; fie können alfo nichts thun, als das Verlangen der
Journaliften bei der englifchen Behörde zu befürworten. Das ift
in Betreff meiner gefchehen, aber ohne Erfolg. Schreiben Sie
mir alfo die fünf Guineen gut, die ich für die Ausftellung und
die damit verbundenen Gärten ausgelegt habe.

Bei diefem Verfahren gegen die fremden Berichterftatter hat
wahrfcheinlich noch ein befonderer Grund mitgewirkt, auf den ich
oft aufmerkfam gemacht habe. Die Engländer geben an fich
keinen Pfifferling darum, was das Ausland von ihnen fagt, und
thun recht daran; jedes felbftbewußte und fich felbftachtende Volk
wird es ebenfo machen. Aber in gewiffen Fällen können die orthodoxen Vorftellungen von England doch fehr nützlich werden,
z. B. wenn es fich darum handelt, feftländifche Völker in einen
Krieg für englifche Intereffen zu hetzen. Man hält es deshalb

für viel zweckmäßiger, daß das Ausland sich seine Nachrichten über England aus englischen Blättern übersetze, wie in der guten alten Zeit, als daß Ausländer mit eigenen Augen hier sehen und in die Heimath berichten, wodurch, wie die Engländer sagen, seit zehn Jahren viel Schaden geschehen ist. Nur mit den französischen Journalisten soll man eine Ausnahme gemacht und ihnen Freikarten gegeben haben, dank der Achtung oder der Angst vor dem großen Alliirten. Uebrigens sind die Briten gerade jetzt höchlich entrüstet gegen ihre Vettern, die Bankees, weil sie den Times-Korrespondenten nicht in ihrem Haupt-Quartier dulden wollen.

Diese Ausstellung ist nicht nur eine Wiederholung, sondern im gewissen Sinne eine Fortsetzung der von 1851. Von dem Reinertrage jener wurde auf Betrieb des Prinzen Albert ein kleines Landgut zwischen Kensington und Brompton angekauft. Der Prinz wollte auf dieser vortrefflichen Baustelle ein gewaltiges Gebäude aufführen und darin die zerstreuten Kunstschätze Londons unterbringen, verbunden mit den Kunstschulen, die er gestiftet hat. Man verwarf den Plan, weil er von dem Prinzen kam, also ein „Germanismus" und eine Gefahr für our glorious constitution sei. Das Feld lag mehrere Jahre brach, wurde dann zum Theil mit Wohnhäusern bebaut, zum Theil von der Horticultural Society erworben, die einen großen Ziergarten darauf anlegte. An diesen Garten stößt, ihn an drei Seiten umgebend, das Ausstellungsgebäude. Die Gesellschaft hat den Grund und Boden dazu hergegeben „unentgeltlich", aber es steht mit dieser Unentgeltlichkeit ähnlich, wie mit der Miethsfreiheit der Aussteller; es ist „verstanden", daß man das Gebäude um Michaelis der Gesellschaft für eine Kleinigkeit abtreten wird zur Verwandlung in Treibhäuser. Um in den Garten, auf den die Fenster der Speisezimmer gehen, in dem allerlei Festlichkeiten stattfinden werden und einige der besten Bildhauerwerke der Aus-

stellung aufgestellt sind, Eintritt zu erhalten, hat man noch zwei
Guineen zu zahlen. Die ganze Sache ist so acute, daß ein
Yankee seine Freude daran haben würde.

Der Grundriß des Gebäudes ist, wie sich aus dem Gesag-
ten ergiebt, hufeisenförmig, aber so, daß die beiden Flügel viel
länger sind, als das Hauptgebäude. Aeußerlich angesehen ist das
ganze Gebäude ein architektonisches Quodlibet. Die Fronten,
gemauert, mit hohen Rundbogenfenstern und flachen Dächern
sehen wie ein Packhof aus. An den Ecken treten kleine Risalite
vor mit steilen Glasdächern, die von der Gartenfronte der Tuile-
rien kopirt zu sein scheinen. Durch das Hauptgebäude läuft,
der Länge nach, ein höheres Schiff mit Glaswänden und ge-
wölbtem Zinkdach. In der Achse dieses Schiffes, an den beiden
Punkten, wo es in die äußere Fronte ausläuft, sind zwei große
runde Fenster angebracht, die wohl — daß Gott und Erwin
sich erbarmen mögen! — den Rosenfenstern der gothischen Dome
abgesehen sind. Sie sind aus Eisen, zirkelrund mit acht glatten
eisernen Speichen und sehen natürlich wie Triebräder einer Lokomotive aus. Das Glas ist bunt, aber von der impertinenten
Regelmäßigkeit eines kaleidoskopischen Bildes. Unter diesem riesigen Fenster, das fast den ganzen Giebel des Schiffes einnimmt,
befinden sich neun ganz schmale Thüren durch maurische Säulen
getrennt, die wie die Eingänge zu einem Ameisenbau aussehen.
Ueber jedem Giebel ragt eine Glaskuppel mit Spitze hervor,
durch die Curve des Durchschnittes an den Kreml erinnernd.
Diese beiden Kuppeln sind äußerlich architektonisch durch nichts
gerechtfertigt — Bauverständige werden verstehen, was ich meine.
Sie sehen aus wie zwei Käseglocken, die willkürlich auf einen beliebigen Punkt der langen Seitenfronte aufgesetzt sind. Auch abgesehen davon, habe ich meine ästhetischen Bedenken gegen solche Kuppeln von Glas. Sie können im Innern nicht durch Malerei
verziert werden und lassen nicht mehr Tageslicht ein, als ein flach

gewölbtes einfallendes Licht thun würde. Sie sind zu nichts nütz, als in der Ferne zu glitzern.

Eine nähere Beschreibung des Innern behalte ich mir vor; für heute nur soviel, daß die Festlichkeit in dem Schiffe und unter seinen beiden Kuppeln, Domen, wie sie amtlich genannt werden, statt hatte. Die eisernen Säulen des Schiffes sind bronzegrün, die Decken blaßgrau, die Wände, so weit sie nicht von Glas, verschwinden hinter Gallerien. Der Totaleindruck ist ähnlich wie in dem alten Kryftall-Palaft. Die Räume unter den Kuppeln sind reicher dekorirt, aber nicht wie dort in den Primärfarben Blau, Roth und Gelb, sondern in sekundären Farben, Braun, Grün und Gelb. Um den Fries läuft ein blaues Band mit folgender Inschrift in Gold: Victoria et tibi laus cuncta enim quae in coelo et in terra tua sunt Domine . . . Den Rest, den ich von meinem Standpunkt aus nicht sehen konnte, werden die Gelehrten in Deutschland ohne Schwierigkeit ergänzen. Um das runde Fenster ist zu lesen: Gloria in excelsis Deo et in terra pax. Weßhalb man die nach Popery riechende lateinische Bibel-Ueberfetzung gewählt hat, begreife ich um so weniger, als mir unterwegs von einer Karre englische, deutsche und französische Bibeln zu sehr civilen Preisen durch einen Agenten der Bibelgesellschaft angeboten wurden. In dem westlichen Dome war eine Art von Thron für die Vertreter der Königin errichtet. Dahinter hing ein brauner Teppich, in dem das große englische Wappen und die Inschrift: God save the Queen gestickt ist. Daneben zwei Wimpel, der eine mit dem kleinen englischen Wappen und der Inschrift: Dieu et mon droit; der andere mit dem Koburger Wappen, gekreuzt mit dem englischen, und dem Motto: „Treu und fest“.

Die Thüren wurden um halb eilf Uhr geöffnet, und ich kam mit dem ersten Schub hinein; aber wo ich einen Platz erspähte, von dem man eine gute Aussicht haben konnte, eine

Gallerie, eine Treppe, einen Winkel, da fragte ein Polizeimann, ob ich einen pomeranzengelben, oder himmelblauen oder zeisiggrünen Passagierschein besäße; und da ich nichts als mein Billet hatte, so wurde ist überall abgewiesen. Nur dem Zusammentreffen mit einem alten englischen Bekannten verdanke ich es, daß ich in einen leidlichen Platz · eingeschmuggelt wurde. Wo jene Regenbogenbillets zu haben, wußte Niemand zu sagen. Die Nichtbegünstigten wurden zuweilen sehr ungeduldig, kletterten auf die Tische der Aussteller und wo sie sonst ankommen konnten; und wenn in der schönen Porzellansammlung vorn im Zollverein nichts zerbrochen ist, so muß es Gottes besonderer Wille gewesen sein, denn eine Dame mit ungeheurer Krinoline saß mitten zwischen den Vasen und Biskuits. Zum Zeitvertreib wurde Musik gemacht, unter anderm von den Dudelsäcken eines schottischen Füsilier-Regimentes; wenn der geneigte Leser sich vorstellen will, daß ein Koben voll junger Schweine über einen Knüppeldamm gefahren wird, so wird er eine ungefähre Vorstellung von dem Genusse haben. Eine bessere Unterhaltung gewährten die hübschen Frauengesichter. Um 1 Uhr durchzog die Prozession das Schiff. Sie müssen mir bei der Kürze der Zeit die Aufzählung erlassen; es war Gott und die Welt darin oder, um es kräftiger auszudrücken, Tod und Teufel: Minister, Erzbischöfe, englische Kommissäre, Architekten, beefeaters (eine alterthümliche Leibwache, ursprünglich buffetiers genannt) und zur besonderen Erbauung der Franzosen auch der Lordmayor mit seinem Schwertträger und seinem Seckelträger, nur keine Arbeiter. Die Vertreter der Königin, Herzog von Cambridge, Erzbischof von Canterbury, Lordkanzler, Lord Kämmerer, Sprecher des Unterhauses, Palmerston der Ewige, nahmen auf dem Throne Platz und der Graf Granville verlas ihnen einen Bericht: Erinnerung an die Verdienste des Prinzen Albert, Dank für den Kronprinzen von Preußen und den Prinzen Oskar von Schweden, die sich als

Kommiſſarien ihrer Länder eingefunden; Erinnerung an den
italieniſchen Krieg, der die Ausſtellung um ein Jahr verzögert,
an die pekuniäre Verbindung des Unternehmens mit der Ausſtellung von 1851 und mit der Horticultural Society (aber
weniger deutlich, als ich ſie oben bezeichnet habe); Dank für die
bereitwillige Mitwirkung der auswärtigen Regierungen; Angabe
der Zahl der Ausſteller; Erwähnung, daß nur einerlei Preis-
medaille vertheilt werden ſolle. Nachdem der Herzog von Cambridge im Namen der Königin kurz geantwortet hatte, ging die
Prozeſſion nach dem öſtlichen Dome zurück, um den Muſikauf-
führungen von 2000 Stimmen und 400 Inſtrumenten unter der
Direktion von Coſta beizuwohnen, einer Ouverture von Meyer-
beer, der perſönlich anweſend war, einem Choral, der zu ſehr
matten Worten des Poeta laureatus Tennyſon von Bennet
geſetzt iſt, und einem Marſch des 80jährigen und deshalb aus-
gebliebenen Auber. Ein ſehr langes und wahrſcheinlich ſehr
ſchönes Gebet des Erzbiſchofs von Canterbury. Ein Hallelujah
und ein God save the Queen. Worauf der Herzog von
Cambridge unter Trompeten- und Kanonenſchall die Ausſtellung
für eröffnet erklärte. Die Muſik habe ich nur unvollſtändig gehört, da ich zu fern ſtand und mich zu ſehr über die Herren
und Damen amüſirte, die rings um mich her ihren Verdruß
darüber ausſprachen, daß ſie für ihre five pounds nicht mehr
geſehen hätten. Was ſie wohl eigentlich erwartet haben mögen? Die Hauptſache iſt ja, ſagen zu können: ich bin dabei
geweſen.

2. Hinter den Couliſſen.

Wer daran denkt, London zu beſuchen, möge ſich um der
Ausſtellung willen ja nicht übereilen; eröffnet iſt ſie, aber fertig
noch lange nicht. Allein das Schiff war zu dem beſtimmten

Tage in Ordnung gebracht, und auch das nur nothdürftig. Die
Seitenräume sind zum Theil noch ganz gesperrt, manche durch
ausdrückliches Verbot, andere durch Barrikaden von Kisten; in
manchen sind die Gegenstände schon ausgelegt, aber noch in Papier gewickelt, in andern werden sie mit unglaublicher Sorgfalt
zurechtgerückt, „aufgebaut", wie man um Weihnachten sagt. In
dem Flügel für die Maschinerie sieht es vollends noch hinterwälde-
risch aus; der Boden ist mit Werkzeugen bestreut, die Arbeiter
wischen sich mit dem Hemdsärmel den Schweiß von der Stirn,
und der daran stoßende Speisesaal zweiter Klasse (zu 15 Sgr.
das Couvert) hat vor der Hand nichts aufzuweisen, als einen
aus Bohlen zusammengeschlagenen Tisch mit drei Bierfässern
darauf. Auf den Gallerien, die hauptsächlich für die Gewebe
best'mmt sind, sieht man fast nur leere Schränke. Bis die Ausstellung vollendet ist, werden 14 Tage bis 4 Wochen vergehen,
und es nimmt sich komisch aus, wenn man inmitten dieses
Wirrwarrs liest, daß der Eintrittspreis für diejenigen, die kein
Saisonbillet haben, am 2. und 3. Mai 1 Pfund und vom 5.
bis zum 17. fünf Schilling betragen soll. Später, um das
gleich zu erwähnen, stehen die Preise so: vom 19. bis zum
31. Mai an den ersten fünf Tagen der Woche 2¼ Schilling,
am Sonnabend 5 Schilling; vom 1. Juni ab an den ersten
vier Tagen 1 Schilling, am Freitag 2¼ Schilling, am Sonnabend 5 Schilling. Die Wohlhabenden wollen einen Tag für
sich haben, an dem sie sicher sind, nicht mit Blousen und Ar-
beitsröcken in Berührung zu kommen, und sie haben mit großer Rücksichtslosigkeit gerade den Sonnabend gewählt, der in
vielen Fabriken, Läden und Comtoiren von Mittag ab frei ist.
Aber der englische Arbeiter findet sich dadurch nicht verletzt, denkt
nicht daran, die Schranken niederzureißen, sondern hofft für seine
Person an den Schranken in die Höhe zu klettern.

Ganz fertig sind, soviel ich bei einer flüchtigen Umschau

bemerkt habe, nur einige der kleinen englischen Kolonien, unter denen sich Kanada. 1851 von Semper geordnet, wieder durch eine sehr sinnige Aufstellung auszeichnet. Zu den am weitesten vorgeschrittenen Gebieten gehört der Zollverein. Das Erdgeschoß — von ihm ist, wie gesagt, vorerst nur die Rede — ist mit Effekt geordnet. Zunächst dem Schiffe das Modell der Berliner Börse, die Arbeiten der Königlichen Porzellanmanufaktur, zwei Statuen, Achilles und der olympische Sieger, von Cauer in Kreuznach, ein Schirm von Stobwasser, eine reiche Sammlung von Thonwaaren aus der Marchschen Fabrik, Silbersachen von Friedeberg, Vollgold, Sy und Wagner und die schönen eigenthümlichen Glasarbeiten von Heckert. Tiefer hinein die Berliner Geldspinden, die Steigerwalder Glaswaaren, Gußeisen von den Lauchhammer Werken und Bronzen von verschiedenen Fabrikanten. An der Hinterwand ein Stück, das zu den Lieblingen des englischen Publikums gehören wird, ein sogenanntes Orchestrion von Welte aus Baden, eine Art von Orgel mit allen erdenklichen Zügen und Walzen nach Art einer Spieluhr. Freilich erst eine sehr dürftige Vertretung der deutschen Industrie. Dieses Gebiet nimmt die eine Hälfte des südlichen Giebels ein, die andere ist Oesterreich und seinen von deutscher Kultur beherrschten Nebenländern angewiesen, aber noch mit vielen Kisten gefüllt. Gehen wir von diesem Giebel das Schiff entlang, so finden wir, theils in der Mitte desselben, theils zu beiden Seiten folgende, in die Augen fallende Gegenstände, von denen einige in dem Katalog „Trophäen" genannt sind. Ich protestire bei Zeiten dagegen, daß dieser unrichtige Ausdruck etwa ins Deutsche eingeschleppt werde; Trophäen sind Beutestücke, die dem Feinde abgenommen, nicht Aufthürmungen von Pelzwerk, Hölzern, Spielsachen, Stearinlichten oder Flaschen mit Pickles. Also, von dem westlichen Dome anfangend: ein Diskuswerfer und zwei andere Statuen von belgischen Künstlern, der Schäfer und der Wolf

(ein alter Bekannter von 1855), ein Adam in Marmor auf
den Pflugsterz gelehnt, eine Pyramide von Lichten aus Holland,
eine desgleichen von Holzschnitzereien aus der Schweiz, Rüstungen
für Mann und Roß aus Frankreich, ein Sortiment Porzellan
aus Kopenhagen, die Molinschen Ringer von Geiß in Berlin,
hier vor der schwedischen Abtheilung aufgestellt, Anker und
Schiffsmodelle aus Norwegen, Malachit und Porzellan aus Rußland, eine Sammlung geschnitzter Möbel aus Portugal, ein
Diogenes und eine Psyche aus Italien. Das ist die eine, den
fremden Staaten angewiesene Hälfte des Schiffes. Die zweite,
englische, enthält zwei Schränke von den Juwelieren Emanuel,
und Hunt und Roskell, eine „Trophäe" von Spielzeug, einen
Schrank von Elkington aus Birmingham, Porzellan aus Worcester, einen Leuchtthurm, eine Vase, mehrere riesige Teleskope,
ein paar Kanonen, „Trophäen", die allenfalls so heißen können,
von Pelzwerk, Aufstellungen von Waffen, von Tuchen, von Leder,
Schiffesmodelle, Fontainen, eine Pyramide von Nahrungsmitteln,
eine Lady Godiva von Fuller und eine Fontaine in Majolika
von Minton, die aber noch nicht da ist. Diese Aufzählung
wird dem Leser den Eindruck der Unruhe verursachen und eben
deshalb habe ich sie gegeben. Die Gegenstände haben weder in
sich, noch in ihrer Erscheinung irgend einen Zusammenhang, sie
stehen durcheinander wie Kraut und Rüben und erinnern an die
Allerweltskuriositätenläden' in Wardour Street. Namentlich ist
das in der englischen Hälfte der Fall; die ausländische würde,
wenn die Lichterpyramide entfernt wäre, ziemlich homogen erscheinen.

Der Katalog ist im Ganzen so angelegt, wie der von 1851,
nur daß einige der ursprünglich 30 Klassen weiter getheilt und
dadurch 36 Klassen herausgekommen sind. Ich lasse sie folgen
und unterscheide die neu hinzugekommenen durch gesperrte Schrift:
1) Bergbauprodukte; 2) Chemische Produkte; 3) Nahrungsmittel;

4) Manufakturstoffe des Thier- und Pflanzenreiches; 5) Eisen-bahnwesen; 6) andere Fuhrwerke; 7) Maschinen für die Fabrikationen und Handwerkszeug; 8) Maschinen im All-gemeinen; 9) Maschinen und Werkzeuge für Acker- und Garten-bau; 10) Civilbaukunst; 11) militärische Baukunst, Waffen, Aus-rüstung; 12) Seewesen; 13) mathematische und physikalische Instrumente; 14) Photographie; 15) Uhren; 16) musi-kalische Instrumente; 17) chirurgische Instrumente; 18) Baumwolle; 19) Flachs und Hanf; 20) Seide und Sam-met; 21) Wolle und gewirktes Gut; 22) Teppiche; 23) Zeug-druck und Färberei; 24) Zeug-Tapeten, Stickerei, Spitzen; 25) Häute, Pelz, Federn, Haar; 26) Leder; 27) Kleidungs-stücke; 28) Papier, Buchdruckerei, Buchbinderei; 29) Hülfs-mittel für den Unterricht; 30) Möbel, Papiertapeten, De-korationen; 31) Eisen und Eisengeschirr; 32) schneidende Instru-mente; 33) Gold-, Silber- und Juwelierarbeiten; 34) Glas; 35) Töpferei; 36) Miscellaneen. Die 30. Klasse des alten Ka-talogs, Werke der bildenden Kunst, ist weggefallen und Gegen-stand eines besondern Katalogs geworden. Die Schwierigkeiten jedes Katalogisirens sind bei Gelegenheit der früheren Ausstel-lungen so vielfach behandelt worden, daß ich vorerst nicht darauf eingehen werde. Die Zahl der Aussteller aus England, Schott-land und Irland beträgt 6965, etwa ein Viertel weniger als 1851; dagegen sind die Kolonien reicher vertreten, namentlich In-dien mit einer sehr lehrreichen Sammlung von mehr als 500 Num-mern. England mit seinen Kolonien hat die Hälfte des ganzen Raumes besetzt. In die andere Hälfte theilen sich

Frankreich	mit 3621 Ausstellern	147,519 □Fuß
Zollverein	· 2531 ·	83,312 ·
Oesterreich	· 1509 ·	52,408 ·
Belgien	· 863 ·	48,947 ·
Italien	· 1289 ·	17,781 ·

(Rom außerdem) mit	53 Ausstellern	3,469	☐Fuß
Schweiz	· 387 ·	15,836	·
Türkei	· 15 ·	14,300	·
Rußland	· 658 ·	14,050	·
Schweden und			
Norwegen	· 742 ·	9,850	·
Holland	· 354 ·	7,200	·
Dänemark	· 299 ·	6,050	·
Spanien	· 1133 ·	5,875	·
Portugal	· 1132 ·	4,781	·
Griechenland	· 283 ·	2,050	·
Brasilien	· 230 ·	1,250	·

u. f. w. Die Vereinigten Staaten von Nordamerika haben nur einige sechszig Nummern geliefert. Die Abtheilungen China (25 Nummern, darunter der Schädel des Konfucius, den die Engländer wegen des kostbaren Goldkästchens bei der Plünderung des Sommerpalastes an sich genommen haben), Siam (3 Nummern), Japan (10 Nummern) sind nicht etwa von den Regierungen oder den Einwohnern der betreffenden Länder beschickt, sondern von englischen Händlern und Liebhabern zusammengebracht.

Ermüdet von diesen Studien machte ich von der mit zwei Guineen erkauften Erlaubniß Gebrauch und trat in den Garten, der hinter dem Gebäude liegt. Bei dem ersten Schritt überzeugte ich mich auf's Neue, wie recht die Engländer daran thun, sich ausländische Journalisten so viel wie möglich vom Leibe zu halten. Der Garten ist im vorigen Jahre eröffnet worden; ich hatte ihn noch nicht gesehen, aber eine Beschreibung der Einweihungsfeier in der „Times" gelesen. Obgleich längst gewöhnt und geübt, solche Ouverturen eine gute Terze tiefer zu lesen, war ich doch überrascht. Der Garten enthält — wie viel Bäume meinen Sie wohl? Einen, geschrieben Einen. Es ist ein schö-

ner Baum und gut benutzt, fern sei es von mir, etwas gegen
den Baum zu sagen, aber Ein Baum ist doch etwas wenig für
einen „Garten der Armida" mit zwei Guineen Eintrittsgeld.
Freilich sind noch ein Dutzend Sträucher da, nicht besonders gepflegt, ein künstlicher Wasserfall, der sich in einen künstlichen
See ergießt, ein Parterre, das zwar nicht mit Blumen besetzt,
aber mit buntem Sande nach holländischer Weise ausgelegt ist,
ein Rasen, erst voriges Jahr angesäet und von den mit Aufstellung einer Statue und zweier Fontainen beschäftigten Arbeitern vielfach aufgewühlt und zertrampelt, an den beiden Längenseiten des Gartens bedeckte Säulengänge und an der etwas höher gelegenen Querseite, dem Ausstellungsgebäude gegenüber, ein
Gewächshaus, das groß genug, aber ziemlich leer ist, denn durch
die oberen Stockwerke kann man glatt hindurchsehen. Ich schritt
nachdenklich über den zerstampften Rasen, umwandelte die glatt
gestrichenen Sandbeete, und stieg zu dem einen Baume hinauf,
der mitten vor dem leeren Gewächshause an dem Wasserfalle
steht, und wandte mich um. Wenn es mir gelungen ist, die
Oertlichkeit dem Leser deutlich zu machen, so wird er wissen,
daß ich nun die Hinterseite des Ausstellungsgebäudes vor mir
hatte, und wenn er im Augenblick des Umdrehens in mein Herz
gesehen hätte, so würde er darin das brünstige Verlangen nach
einem Gesellschafter gelesen haben, nach einem Mitgenießenden
an dem Humor, der sich mir erschloß. Die Gartenseite des
Ausstellungsgebäudes ist in guter italiänischer Renaissance und
schließt sich in Styl und Verhältnissen an die Säulengänge an,
welche an den Längenseiten des Gartens hinlaufen; auch die beiden Dome, die beträchtlich weiter von dem Beschauer abliegen
als die Gartenseite des Gebäudes, also näher an einander, gegen die Mitte zu gerückt erscheinen, nehmen sich von hier angesehen, ganz manierlich aus. Es wurde mir auf einen Blick
klar, daß das Gebäude für die Gartengesellschaft erbaut ist, daß

die Seite, die es dem Garten zukehrt, das Gesicht und die
Straßenfront, die ich Tags zuvor studirt hatte, der Hintere ist.
Ich mußte auf meine eigene Hand darüber kichern.

Aber hübsch wird die Anlage künftiges Jahr sein; sie wird
für das Westende werden, was der botanische Garten für die
Anwohner von Regentspark ist, und mehr als das, denn das
Gewächshaus, die beiden Säulengänge und der an den Garten
stoßende Theil des Ausstellungsgebäudes, leicht in einen Winter-
garten umzuschaffen, werden einen zusammenhängenden bedeckten
Spaziergang gewähren, eine Art klösterlichen Kreuzganges, in
dem man sich Bequemlichkeit müde gehen könnte. Die Mittel
zur Füllung der Gewächshäuser liefern die diesjährigen Eintritts-
gelder. In diesem Jahre werden Blumen nur bei den sechs
oder sieben Ausstellungen zu sehen sein, welche die Gesellschaft
veranstaltet, darunter eine Rosenschau am 26. Juni, wahrscheinlich die sehenswertheste. Zu diesen Schauen und zu den Kon-
zerten am Sonnabend, sowie an allen anderen Tagen wird das
Publikum in diesem Jahre gegen ein verschieden abgestuftes
Eintrittsgeld zugelassen werden, so daß der auswärtige Besucher
kein Saisonbillet zu nehmen braucht. Eine besondere Festlichkeit
soll bei der Enthüllung des Denkmals für die Ausstellung von
1851 stattfinden, von dem bis jetzt nur der Unterbau da ist.
Ich bin neugierig, was die Inschriften, an denen es ja nicht
fehlen wird, über den Prinzen Albert sagen werden; und da ich
kürzlich in mehreren englischen Blättern gelesen habe, daß er
„der Pflegevater des Gedankens der Weltausstellungen" sei, so
will ich abschreiben, was er 1851 ohne Widerspruch sagen
konnte:

„Es muß mir besonders angenehm sein, zu sehen, daß ein
von mir hingeworfener Gedanke, den ich allerdings für
durchaus zeitgemäß hielt, so allgemeinen Beifall gefunden hat;
denn es beweist mir, daß meine Auffassung der eigenthümlichen

Natur und der besondern Bedürfnisse unseres Zeitalters mit den Gesinnungen dieses Landes vollkommen harmonirt."

Wir Deutschen haben unter uns Strauße genug auszufechten, aber wir werden mit ihnen nie fertig werden, wenn wir nicht alles, was Deutsch heißt, einmüthig vertreten und behaupten gegen die Anmaßung und Verlogenheit der Fremden, wer sie auch sein mögen.

3. Mars und Venus.

Ueber die innere Architektur des Ausstellungsgebäudes habe ich nach dem ersten Eindruck nicht urtheilen wollen, weil derselbe ungünstig war. Ich sagte mir, daß die Ausarbeitung des Planes mehr Tage, vielleicht mehr Wochen gekostet, als ich Stunden in dem Gebäude zugebracht, und ich wollte mit dem Baumeister nicht umgehen wie flüchtige Leser mit einem Schriftsteller. Heute aber bin ich ganz sicher, daß das Werk bei fortgesetzter Bekanntschaft nur verlieren wird. An den beiden Querschiffen — ich sehe gar nicht ab, weshalb wir unsere Sprache mit dem mißtönigen Wort Transept verunzieren sollen — an den Querschiffen, welche die beiden Giebel einnehmen, habe ich nichts auszusetzen als die garstigen runden Fenster, deren eines gar in ein Zifferblatt verwandelt und dadurch noch störender für die Verhältnisse geworden ist. Das Längenschiff aber ist entschieden häßlich. Es ist zu schmal für seine Länge und Höhe und erhält dadurch und durch die Rippen, welche das Dach tragen, eine unglückliche Aehnlichkeit mit einem umgestülpten Spreekahn, von dem Vordertheil und Hintertheil abgesägt sind. An den Enden hat es keinen für das Auge befriedigenden Abschluß; das dreieckige Dach bricht ab, wo es an die Glaskuppeln stößt, und zeichnet seinen Durchschnitt scharf auf die Giebelwand. Diese Wand, welche die eine Seite des achteckigen Unterbaues der

Kuppel ausmacht, ist höher als das Schiff; man sieht also, wenn man in dem letzten steht, nur einen Theil derselben, und an den Proportionen erkennt man, daß es nur ein Theil ist. Ich will mich deutlicher machen: man denke sich, daß man vor dem Altar einer sehr langen Kirche stände und nach dem Portal hinsähe, denke sich, daß über dem Portal der Thurm stehe, daß der erste Windelboden des Thurmes bedeutend höher läge als die Decke des Schiffes, und daß die Wand, in der sich das Portal befindet, im Verhältniß zu der Thurmhalle, nicht zu der Höhe des Schiffes ornamentirt sei. Ein anderer Uebelstand ist, daß der Fußboden des Schiffes an fünf Fuß tiefer liegt als die Fußböden der Querschiffe und die Eingänge. In der Nähe hat ein Franzose unter dem Namen „Internationaler Basar" eine riesige Viergroschenbude gebaut, die als konsequent durchgeführter Holzbau viel mehr Charakter hat als das Schiff des Ausstellungsgebäudes, übrigens wohl Banquerot machen wird und bis dahin betrachtet wird als a very convenient place for flirtation — wer sich das nicht selbst übersetzen kann, braucht nicht zu wissen, was es bedeutet. In der Südfronte, parallel mit dem Hauptschiff, befindet sich die Bildergallerie, die dem Zweck entsprechend und ohne Prätensionen ist. Der übrige Raum ist mit niedrigen, dreieckigen Dächern auf Eisensäulen eingedeckt. Es ist zu begreifen, daß Tennyson, dem die furchtbare Aufgabe gestellt war, auf dieses Haus eine Ode zu machen, sich nicht höher zu erheben wußte, als zu „Meilen von Palästen" — „gefüllt mit Oceanen von Backenbärten", ergänzte ein witziger Freund und Bootgenosse von mir am Tage der Eröffnung. Ueberhaupt wolle der Leser daheim, dem englische oder aus englischen Quellen geschöpfte Berichte zu Gesicht kommen, das nie vergessen, daß man in England sich nicht entschließen kann, etwas unschön zu finden, was recht groß, lang, hoch, dick oder theuer ist. Das Gebäude muß schön sein, denn es bedeckt vier Morgen mehr und kostet noch einmal soviel als das von 1851. Die Kuppeln müssen schön sein, denn sie haben ein und zwanzig Fuß mehr Durchmesser als St. Peters Dom. Die Eröffnungsfeier war schön, denn es sollen 36,000 Menschen dabei gewesen sein, was ich nicht glaube, und Tennyson's Ode ist schön, denn er soll hundert Pfund dafür bekommen haben, was sehr möglich ist; kein anderes Volk bezahlt seine Dichter so gut, folglich hat kein anderes Volk so gute Dichter. Mit dieser Denkweise der Engländer, an die ich mich so gewöhnt hatte, daß sie mir erst nach einer längern Abwesenheit wieder auffällt, hängt eine Anordnung von Sir Richard Mayne, dem Londoner Polizeipräsidenten, zusammen, die man sich in keinem andern Lande würde gefallen lassen. Er verbietet den Droschken, in der Nähe des Gebäudes zu halten; er hält es für seine Aufgabe, es vor Allem dem „carriage people", den Leuten mit eigner Equipage bequem zu machen, und der zu Fuß gehende Mob brummt zwar, wenn er bei schlechtem Wetter den Regenschirm vergessen hat, sieht aber eigentlich in der Anordnung einen sehr heilsamen Sporn für alle Welt, es auch zu einer Equipage zu bringen. Um alle Mäkeleien hier auf einmal abzumachen, sei endlich erwähnt, daß J. M. Kommissarien sich am 6. d. M. bewogen gefunden haben, einen Paß für die Nationalzeitung zu ertheilen. Wäre ich nur persönlich betheiligt, so würde ich ihn zurückgeschickt haben; aber ich bedachte, daß er mir für mein Geschäft nützlich sein kann, und bin Engländer genug gewesen, ihn in die Tasche zu stecken. Uebrigens waren die französischen Journalisten nicht besser behandelt worden, als die deutschen. Und nun zur Sache!

Auf der Südseite des Schiffes stehen nicht weit von einander zwei Gegenstände, an die ich die ersten beiden Fäden anheften will, Armstrong's Kanone und das farbige Standbild der Venus von Gibson. Kaum gesponnen, verschürzen die flatternden Fäden sich schon von selbst zu einem

2*

Knoten. Vulcan, dessen beste Gesellen diese Geschütze geschmiedet, ist ja der Gemahl der Göttin und Mars, für den sie bestimmt sind, sein Hausfreund. Als ich die Statue zum letztenmale sah, hatte man sie gar in ein Drahtnetz von der Form eines Bienenkorbes gesteckt, um ein Tuch darüber zu hängen zum Schutz gegen die Malerpinsel, die in der Nähe und darüber noch beschäftigt waren. Ist nicht der Göttin bei Lebzeiten etwas Aehnliches begegnet? Diese Bildsäule und jenes Geschütz bezeichnen Wendepunkte in der Entwicklung der Künste, deren Werke sie sind. Mit dem einen beginnt die Kriegskunst eine ganz neue Bahn, mit der andern kehrt die Bildhauerei in eine lange vergessene Bahn zurück.

Armstrong's Ausstellung (No. 2509) nimmt einen großen Raum ein, ist aber weniger lehrreich, als sie auf den ersten Blick erscheint. Es ist nicht richtig, was englische Blätter sagen, daß die verschiedenen Stufen der Fabrikation bis zu dem fertigen Geschütze dargestellt seien, war auch gar nicht zu erwarten, denn die wichtigsten Prozesse werden mit der ängstlichsten Sorge geheim gehalten. Wir sehen zuerst eine Eisenstange, schraubenförmig zusammengewunden, wie das innerste Gewinde eines Wachsstocks; der Bruch glatt abgefeilt, wahrscheinlich damit man das Gefüge, die Faser des Eisens nicht untersuchen könne. Wie dies Gewinde zu einem Kanonenrohr zusammengeschweißt werden kann, läßt sich denken, auch welcher Vortheil durch diese Methode gewonnen wird: es ist die Längenfiber des Eisens, die der Gewalt des Pulvers Widerstand leistet. Aber so würde das Rohr viel zu dünn sein, namentlich nach hinten zu, wo die Armstrongschen Kanonen eine ungewöhnliche Metallstärke erfordern. Es müssen noch andere Lagen darüber kommen, und über deren Behandlung erfahren wir nichts. Einige der fertigen Geschütze sind damaszirt und zwar so, als wenn die Oberfläche aus einer Umwicklung von Eisenlappen, wenn man so sagen darf, zusammengeschweißt wäre, und daneben hängen eiserne Cylinder, die zu dieser Umwicklung verwandt werden; aber dieselben haben drei- bis viermal den Durchmesser des Geschützes, und wie sie auf den kleineren Raum zusammengearbeitet werden, ist eins der Geheimnisse. Vielleicht werden sie erst der Länge nach aufgeschnitten. Endlich sehen wir einen beim Abdrehen eines Geschützes gewonnenen Hobelspahn, der 430 Fuß lang ist und zu einem platten Bande ausgereckt, an 1400 Fuß messen würde — ein sprechendes Zeugniß von der Zähigkeit des Metalles und der Vortrefflichkeit der Drehbank. An fertigen Geschützen ist etwa ein halbes Dutzend vorhanden, von der leichten Drehbasse bis zu den schwersten Belagerungs- und Schiffskanonen, einige gezogen, andere glatt, einige für Vollkugeln, andere für Hohlgeschosse, alle von hinten zu laden. Der Verschluß, nachdem die Ladung von hinten in das Rohr geschoben, erfolgt bei den meisten durch einen Schieber, der durch einen senkrechten Schlitz in der Seite der Kammer geht, bei einer Kanone durch einen Spund oder Einsatz von oben, der vermittelst einer starken Schraube festgemacht wird. Bekanntlich hat man auswärts große Bedenken gegen diese Einrichtung, zweifelt an der Möglichkeit, den Verschluß auf die Dauer dicht zu halten, fürchtet Entladung nach hinten und Sprengen der Kammer. Zur Beseitigung dieser Zweifel sind einige von den Geschossen ausgestellt, mit denen die Geschütze probirt werden, für den Zwölfpfünder ein eiserner Cylinder von 120 Pfund, für den 120Pfünder einer von 1000 Pfund; und es wird versichert, daß einzelne Geschütze mit diesen Geschossen und den für sie erforderlichen ungeheuren Pulverladungen mehr als hundert Male versucht worden seien, ohne den geringsten Schaden zu leiden. Auch von den Hohlgeschossen ist eine reiche Sammlung da, einige quer durchschnitten, daß man die innere, sehr künstliche Einrichtung sehen kann. Die alten Bomben waren bekanntlich rund oder eiförmig und hatten zum Zünder eine lang-

sam brennende Lunte, die durch die Explosion des Pulvers ent-
zündet, zuweilen besonders angesteckt wurden, und deren Länge
so abgemessen war, daß die Pulverfüllung erst von dem Feuer
erreicht wurde, wenn die Bombe ihren Weg zurückgelegt hatte.
Die Armstrong'schen Hohlgeschosse haben die Gestalt einer Berliner Weißbierkruke; der Kern, der das Pulver enthält, ist von
Eisen, außen mit Blei umgeben; der Zünder steckt in dem Halse
der Kruke, sitzt lose und hat nach dem oberen Verschlusse zu
einen kleinen Spielraum. Trifft das Geschoß auf einen Widerstand, wird seine Geschwindigkeit plötzlich vermindert, so fliegt
der Zünder, der die ursprüngliche Geschwindigkeit bewahrt, vorwärts gegen den Verschluß und stößt auf eine Nadel, wodurch
die Explosion erfolgt. Für Sachverständige ist das nichts Neues,
ich glaube sogar, daß Armstrong manche seiner Einrichtungen
von ausländischen Artillerien entlehnt hat; aber mancher fremde
Besucher wird alle diese Dinge hier zum erstenmale sehen, weil
sie anderwärts dem Publikum nicht gezeigt werden. Man muß
sich auch hier fragen, weshalb die englischen Behörden diese
Ausstellung gemacht haben? Um die Fabrikationsprozesse zu zeigen,
nicht, denn dazu ist sie viel zu unvollständig; um eine Preis-
medaille zu erhalten, wahrscheinlich auch nicht. Von anderen Regierungen haben nur zwei, die spanische und die niederländische,
Artilleriestücke eingesandt. Ich glaube mich nicht zu irren, wenn
ich annehme, daß die englische Regierung durch diesen Anblick
dem eigenen Volke hat ein Gefühl von Sicherheit und Selbst-
vertrauen geben, vielleicht auch eine größere Bereitwilligkeit zur
Tragung der wachsenden Lasten des Militärbudgets beibringen
wollen. Unzweifelhaft ist der letztere Grund bestimmend gewesen
bei der Ausstellung einiger Festungsmodelle, von dem Fort Tor
bei Portsmouth und von einer Enceinte mit Forts, welche London und die ganze Umgegend von Woolwich bis Twickenham
und von Highgate bis Norwood einschließen soll, wahrscheinlich

dieselbe, die in einem vorjährigen Blaubuch empfohlen wurde. Denn, was Sachverständige interessiren könnte, ist doch wahrscheinlich in diesen Modellen nicht ausgedrückt. Andere Zwecke haben die Privatpersonen, die in der Abtheilung Geschütze ausstellen: sie suchen Bestellungen von außerhalb, und sie wollen vor dem englischen Publikum gegen den ausschließlichen Vorzug protestiren, den die Regierung dem Armstrongschen System gegeben hat. Die bedeutendsten unter ihnen sind Whitworth und die Mersey Steel and Iron Company. Whitworth, dem es zuerst gelungen, vierzöllige Eisenplatten zu zerschmettern, zeigt sechs Geschütze von 1 bis 70 Pfund, theils von vorn, theils von hinten zu laden, und die eigenthümlichen Geschosse, Abschnitte einer sechseckigen Säule, die er gegen Schiffspanzer anwendet. Die Mersey Company hat die Prinz-Alfred-Kanone ausgestellt, 12 Fuß lang, 3 Fuß im Durchmesser, 10 Zoll Seele, 10 Tons und 15 Centner schwer. Sie war ursprünglich glatt, schoß eine elliptische Kugel von 136 Pfund und zertrümmerte damit eine $4\frac{1}{2}$zöllige Eisenplatte, die daneben zu sehen ist. Jetzt ist sie mit Zügen versehen und soll einen Bolzen von 500 Pfund schießen. Auch Lancaster, dessen Erfindung einst so gepriesen wurde, und sich im Krimkriege so wenig bewährte, hat eine seiner Kanonen mit eiförmigen Geschossen ausgestellt.

An ausländischen Geschützen sind angemeldet eins aus Frankreich, von Caron, noch nicht aufgestellt; zwei aus Deutschland, von Gasteiger in Tyrol, noch nicht da, und von Berger in Arnsberg, Gußstahl, von hinten zu laden; eins aus Rußland, eins aus Holland, beide noch nicht da; ein bronzenes, gezogen, von vorn zu laden, und mehrere gleichartige Modelle aus Spanien; endlich eine eiserne Kanone aus Schweden. Bei dem Kleingewehr halte ich mich nicht auf.

Neben die Armstronggeschütze hat die Artillerieverwaltung ein niedliches Modell der alten Bronzekanonen gestellt, damit

man den Fortschritt ermessen könne. Auf einer Weltausstellung
ziemt es sich aber, weiter zurückzugehen, das Neueste nicht blos
an dem unmittelbar Vorhergehenden zu messen, sondern auch an
dem Aeltesten. Thun wir das, so findet sich, daß das Neue
nicht in der Größe besteht — die chinesische Kanone auf dem
Kastell in Dover, die alten Geschütze in den Dardanellenschlössern,
die Kanone mit der die Türken Bresche legten in die Mauer
von Konstantinopel, haben größeres Kaliber; auch nicht in dem
Laden von hinten — auf der Dschunke, die im Jahre 1850
auf der Themse lag, habe ich Karonaden gesehen mit beweglicher
Kammer. Ja, selbst die Bereitung seiner ungewöhnlich harten
Geschosse hat Whitworth wahrscheinlich von den eisernen Kanonen-
kugeln gelernt, die einmal als Ballast aus Indien kamen und
nach keiner der damals bekannten Methoden geschmolzen oder
gehämmert werden konnten. Das Neue besteht einerseits in der
Verwendung von Stahl, andererseits in den Zügen, der Vervollkommnung des Pulvers und der Geschosse und der dadurch erreichten größeren Tragweite, größerer Sicherheit des Zielens und
zerstörenderer Wirkung. Wenn man die 4zöllige Eisenplatte ansieht, in der die Kugel sich zwei Zoll tief, wie in weichem Thon
abgedrückt hat, und die Borsten, die von dem Abdruck auslaufen,
und wenn man hört, daß Armstrong mit einem 600pfünder beschäftigt ist, so fragt man sich, was kann solcher Gewalt widerstehen: wie sind Städte und Schiffe künftig zu schützen? In
der englischen Abtheilung, und nur in dieser, finden sich mancherlei Antworten auf die Frage, namentlich ein Modell der viel-
genannten Panzerfregatte „Warrior" und zwei andere Modelle,
die ich beschreiben will, das eine, weil viel davon die Rede sein
wird, das andere, weil ein gewisser Humor darin ist. Das
Schiff „mit dem Schild" ist ein kleines Fahrzeug mit niedrigem
Bord, ohne irgend eine Seitenöffnung und an den Seiten und
auf dem sanft gegen die Mitte ansteigenden Deck schußfest ge-

panzert. Auf dem Schiff liegt ein eiserner Schild, etwa von der Gestalt einer Schildkröte, aus dem wie der Kopf des Thieres eine Kanonenmündung hervorragt. Der Schild ruht auf einer wagerechten Drehscheibe, deren Rollen unterhalb des Deckes liegen, so daß der Schild und mit ihm die Kanone nach jedem beliebigen Punkt des Horizontes gerichtet werden kann. Wenn es zum Gefecht geht, kann man das Fahrzeug durch Einlassen von Wasser so tief einsenken, als der Zustand des Meeres es erlaubt, bei spiegelglatter See bis hart an das Deck. So bleibt für den Feind kein Objekt als der Schild, von dessen sanfter Wölbung runde Geschosse abgleiten. Das Modell ist sichtlich von dem „Monitor" entlehnt, von dem übrigens die erste Beschreibung vor vielen Jahren in dem Feuilleton der „National-zeitung" von Julius Fröbel gegeben worden ist. Das andere (Nr. 7692) will die feindlichen Kugeln dadurch unschädlich machen, daß es ihnen den Durchgang so viel als möglich erleichtert, und ist deshalb von dem Erfinder Receiver, Empfänger, genannt. Es hat zwischen der Wasserlinie und der Batterie ein Zwischendeck, das während des Gefechtes „ganz leer" sein soll; nicht ein Topf soll darin stehen bleiben. Seine Wände sollen aus ganz dünnem Eisenblech bestehen, und damit die Kugeln mit der größten Bequemlichkeit zu der einen Seite hinein und zu der andern wieder hinaus gehen können, soll dieses Blech von zwei zu zwei Fuß auf seine halbe Dicke eingekerbt werden, wie eine Glasscheibe von dem Diamant des Glasers. Bei so liebenswürdiger Zuvorkommenheit kostet es die Kugel nur eine geringe Mühe, eine Tafel zwischen zwei Kerben glatt heraus zu schlagen.

„Punch" hat, ausnahmsweise einmal wieder witzig, seit er palmerstonisirt und dadurch unfähig geworden ist, die Fragen zu behandeln, in denen Ernst und Spott am tiefsten greifen würden, in einem Artikel, der auch in die deutschen Blätter übergegangen ist, geschildert, wie die Admiralität immer dickere Eisenplatten machen, Armstrong dieselben durch immer gewaltigere Kanonen zertrümmern und Mr. Gladstone nach jeder neuen Leistung auf der einen wie auf der andern Seite, die Einkommensteuer verdoppeln wird. Im Ernst ist nur das zu prophezeien, daß die kleinsten Schiffe künftig den Ausschlag in Seegefechten geben werden. Armstrong's und Whitworth's Kanonen sollen auf vier, selbst auf sechs englische Meilen noch ziemlich sicher schießen. Ein Linienschiff ist auf die Entfernung noch gut zu sehen, ein bis an das Deck versenkter „Monitor" aber kaum mit Teleskopen. Was wird denn nun also werden? Werden Linienschiffe und Fregatten sich zu Scheiben für solche unsichtbaren Feinde hergeben? Und wenn nicht, womit werden sie ihr Leben ausfüllen? Werden Seeschlachten künftig darin bestehen, daß zwei Rudel auf der Wasserlinie liegender Schildkröten einander unschädliche Geschosse auf den Leib werfen und dann wieder nach Hause gehen? oder daß zwei Schlachtreihen von Receivers einander in der Artigkeit überbieten, mit der sie des Gegners Kugeln den Ein- und Austritt gestatten? Oder soll es gar keine Seeschlachten mehr geben? und was wird alsdann aus der Admiralität sammt ihren dreieckigen Hüten? Wird künftig nicht der Muth, nicht die Geschicklichkeit, nur die Mechanik entscheiden? Wird das reichste Volk auch das kriegsmächtigste sein? Oder wird eine ganz neue Erfindung, wie Dundonald eine gemacht haben wollte, dem Volke, das sie macht und geheim zu halten weiß, eine Gewalt verleihen, ganz außer Verhältniß zu seinen sonstigen Hülfsquellen? Sollen wir über die Fülle der Erfindungen jubiliren oder sollen wir kleinlaut werden über die Unbeholfenheit und Blindheit, mit der wir vorwärts gehen? Seit das Schießpulver zum zweiten Male erfunden wurde — die Chinesen hatten es ja schon früher — bis vor wenigen Jahren haben wir die Schiffe ruhig so gebaut, wie sie vorher waren, wohl wissend,

daß jede Kugel, die trifft, ein Loch hineinschlagen wird. Endlich denken wir daran, gegen die neuen Angriffswaffen, die Kanonen, unseren Schiffen auch neue Schutzwaffen zu geben, und
kehren zurück zu der Ritterrüstung. Seit funfzig Jahren haben
wir an dem Dampf eine Triebkraft, unabhängig von Wind und
Wellen; und erst gestern sind wir auf das verfallen, was die
Alten mit ihren Handrudern ausrichteten, mit einem eisernen
Schiffsschnabel dem Gegner die Seite einzustoßen.

Bei gewissen anderen Betrachtungen will ich nicht lange
verweilen, sie müssen sich dem Leser von selbst aufdrängen und
werden dem Beschauer hier so nahe gebracht, daß einem die
Laune vergeht und die Nerven schmerzen. Zuletzt sind diese furcht-
baren Zerstörungsmittel doch nicht gegen Städte und Schiffe, gegen Steine und Eisen, sondern gegen den Menschenleib gerichtet.
Armstrong hat in einer Art von Kessel die zackigen Trümmer
einer zersprungenen Bombe geschmackvoll geordnet, und um der
Phantasie weiter zu Hülfe zu kommen, ist eine Ambulance, ein
Wagen, auf dem die Verwundeten abgefahren werden, mit seiner ganzen Ausrüstung aufgestellt. Die Menschheit ist immer
noch, was sie war, eine Heerde von Bestien und heut mehr als
da, wo der Feind dem Feinde in das Auge sah, Leben gegen
Leben setzte. Und doch sind die Einzelnen, wenige ausgenommen,
keine Bestien, es muß also an der Einrichtung des Ganzen, an
den Staaten, liegen. Kein Olivenblatt von Elihu Burrit, kein
Cobden'sches Amendement zum Völkerrecht, nur Astraea redux
wird das Schwert in eine Pflugschaar verwandeln.

Erholen wir uns an der Venus von den Bildern der Zerstörung, ohne den Faden unserer Gedanken zu zerreißen. Sie ist
zugleich ein kleiner Triumph für den Schreiber dieser Zeilen, der
seit zehn Jahren der farbigen Skulptur das Wort geredet hat
und deshalb die Geschichte des falschen Dogmas: die Antike ist
weiß, hier nicht noch einmal behandeln will. Diese Venus von

Gibson, der erste vor das große Publikum gebrachte Versuch,
den Marmor zu bemalen, wie die Alten gethan, steht in der
italienischen Abtheilung; es haben aber die vier großen Kultur-
völker Europa's ihren Antheil an dem Werk. Der Franzose
Quatremère de Quinci und die Deutschen Semper und Walz
haben jenes Dogma zerstört; der Künstler Gibson ist ein Schotte,
und in Rom hat er seine Schule genossen und seit vielen Jahren seine Werkstatt. Nur unter dem Himmel Italiens konnte
der Versuch gewagt werden; in unseren nordischen Klimaten ist
der Ausspruch, den Newton in seiner Optik thut: „einer der
dunkelsten Gegenstände ist das Licht", noch in einem anderen
Sinne wahr. Gibson, von Hause aus Schiffszimmermann, hat
längst Ruf durch seine Büsten, nicht durch ursprüngliche Werke.
Seine Venus ist Kopie einer Statue, die er in mehreren Exemplaren für reiche Kunstliebhaber gearbeitet hatte. Die Göttin, in
Lebensgröße, hält betrachtend den ihr eben zuerkannten Apfel in
der rechten Hand, während das Gewand noch über dem linken
Arme hängt. Das Fleisch hat eine matte Färbung, die anfangs
gelblich erscheint, unter dem längeren Anschauen aber, das sie
verdient, sich zu dem Kolorit einer gesunden Haut erwärmt; die
Augäpfel sind braun, das Haar hellblond, Stirnband, Armband
und Apfel vergoldet und der Saum des weißen Gewandes leicht
gefärbt. Die Figur ist fehlerhaft, der Rücken zu viereckig; aber
den Versuch der Färbung halte ich für gelungen. Vor diesem
Bilde begreift man das Gebet des griechischen Bildhauers, daß
die Götter sein Werk beleben möchten; und wenn unsere Götter
auch solche Bitten nicht mehr erfüllen, so haben wir selbst uns
neue, reiche Genüsse erobert.

4. Die Kolonien.

Hiesige Blätter nennen die Ausstellung the world's fair;
mit Unrecht, denn sie ist nicht von der ganzen Welt, nicht von

dem ganzen Menschengeschlecht beschickt; von der zahlreichsten Religionsgesellschaft, den Buddhisten, sind nur zufällig ein Paar verstreute Werke da. Die Ausstellung giebt auch nicht ein richtiges Bild von der Industrie der im Katalog genannten Länder; denn das Maaß der Betheiligung und die Auswahl der Beiträge sind durch die Entfernung, durch die Lust und Unlust der Einzelnen, durch Erfahrungen, die man bei frühern Ausstellungen gemacht hat, durch Krieg und finanzielle Zustände und andere Zufälligkeiten bedingt. Sie giebt auch nicht ein richtiges Bild dessen, was seit der letzten, der Pariser, Ausstellung geleistet worden ist; denn abgesehen davon, daß manches Neue nicht eingeschickt sein mag, bin ich in der englischen Abtheilung schon vielen Bekannten begegnet, die meines Erachtens gar nicht hätten zugelassen werden sollen. Wie die Ausstellung keinen richtigen Horizontaldurchschnitt von der menschlichen Arbeit, kein richtiges Bild des gegenwärtigen Zustandes, des Seienden, giebt, so darf man in ihr erst gar nicht nach senkrechten Durchschnitten, nach einem Bilde des Werdens, der Geschichte der menschlichen Arbeit suchen, wenn man auch oft genug in dem einen Dinge die Wurzel des andern finden wird. Was denn also ist die Ausstellung? was ist sie insbesondere für den „general reader", den chemisch reinen Leser, und für mich, die wir beide von alle den Künsten und Handwerken sehr wenig verstehen? Jedenfalls eine gute Gelegenheit, von alle den Künsten und Handwerken selbander etwas zu lernen. Die Warnung, man möge lieber eine Sache gar nicht treiben als nicht ordentlich, lieber nichts wissen als ein Stückwerk, ist nur in gewissen Wissenschaften angebracht und auch in ihnen nur für den, der es unternehmen will, Andere zu lehren. Von den Kenntnissen, mit denen wir es hier wesentlich zu thun haben, ist vielmehr zu sagen: ein wenig Wissen ist besser als gar kein Wissen. Es hat noch nie Jemandem geschadet, daß er den Gebrauch von Hammer und Säge abgesehen, wenn er auch nicht das Examen als Tischlermeister machen kann, daß er die gewöhnlichsten Erze, wenn er auch kein schulgerechter Bergmann, die Getreidesorten, wenn er auch nicht Landwirth, die Kennzeichen einiger Waaren und die Prozesse einiger Fabrikationen kennt, wenn er auch nicht Kaufmann oder Fabrikant sein konnte. Nur irgend eine Sache muß er gründlich treiben. Treten wir also wohlgemuth unsere Wanderung an mit eben nur so viel Plan im Kopfe, daß wir uns immer wieder zu einem festen Punkt zurückfinden, an dem wir schließlich unsere Ausbeute sammeln und vielleicht ein wenig verarbeiten wollen. Ich werde dabei im Ganzen den Klassen des Kataloges folgen. Freilich werden der unfertige Zustand der Ausstellung und andere Gründe mich zuweilen nöthigen, die Reihenfolge zu verlassen, und wird es in andern Fällen für mich und den Leser bequem sein, Dinge zu verbinden, die in dem Schema des Kataloges weit auseinander liegen.

Solche Verknüpfungen machen sich gleich bei den ersten Klassen ganz von selbst. Die erste enthält die Mineralien, die zweite die Chemikalien, die dritte die Nahrungsmittel, die vierte die Manufakturstoffe des Thier- und Pflanzenreichs. Für alle diese Klassen versprechen die Kolonien, wenn nicht die reichste, doch die anziehendste, weil die am Wenigsten bekannte Ausbeute. Selbst wenn die europäischen Länder die bezeichneten Stoffe mit demselben Eifer gesammelt und hierher geschickt hätten, wie die Kolonisten und die Agenten in fremden Welttheilen, würden wir uns von den Ausstellungen jener weniger angezogen fühlen. Die Erze und Steine, die Hölzer und anderen Pflanzen der europäischen Staaten sind längst in Museen gesammelt, in Werken beschrieben, von der Industrie in Besitz genommen; und wenn dann irgendwo eine neue Verwendung gefunden wird, dann erhält alle Welt schnell Kenntniß davon durch die technischen Journale. Und weil das so ist, haben die europäischen Staaten es sich

wenig angelegen fein laffen, den ganzen Reichthum ihrer Rohftoffe zu entfalten. Wozu hätte man in Kenfington ein kleines
Mineralienkabinet von England auffstellen follen, während eine
Viertelftunde davon, in dem Geologifchen Mufeum in Jermyn
Street, das jeder Reifende befuchen möge, das vollftändigfte,
das fich denken läßt, vorhanden ift? Anders die Kolonien. Ab-
gefehen von der, man möchte fagen übermüthigen Verfchwen-
dung, mit der die Natur einzelne von ihnen ausgeftattet hat,
werden fie durch mehr als Einen Grund beftimmt, ihre Schäße
beftens zur Schau zu ftellen. Sie find noch dabei, Inventarium
von ihrem Befiß aufzunehmen. Sie müffen Auswanderer an-
locken. Sie wollen Ausfuhrartikel an den europäifchen Markt
bringen, wollen die europäifche Induftrie mit neuen Rohftoffen
bekannt machen, wollen den bei kleinen und jungen Gemeinwefen
lebendigeren Heimathftolz befriedigen und von dem „alten Lande",
das fie mit ihrer Induftrie nicht ausftechen können, um den
Reichthum ihrer Natur beneidet fein. Es find daher aus den
meiften Kolonien fehr bedeutende, in manchen Fällen wiffenfchaft-
lich geordnete Sammlungen von Mineralien und Pflanzenftoffen
eingefandt. Eben diefe Kolonien, und nur fie, haben uns aber
auch die Arbeit in dem Kindesalter des Menfchengefchlechts vorführen, [uns Proben von der Induftrie der „Wilden" fchicken
können. So werden wir auf einer Reife durch das öftliche
Querfchiff und feine Nachbarfchaft dreierlei abmachen können,
die Kolonien, einen fehr wichtigen Theil der Rohftoffe und die
Urahnen unferer Gewerbthätigkeit.

. Die englifchen Kolonien in Nordamerika und auf der füd-
lichen Halbkugel haben mir 1851 und 1855 verurfacht und ver-
urfachen mir jeßt wieder ein aus Wohlwollen und Verdruß, aus
Befriedigung und Ungeduld, feltfam gemifchtes Gefühl, das mich
noch lange prickeln wird, wenn ich wieder hinter den deutfchen
Kachelofen gebannt bin und nicht weiter als bis an den Schaf-

graben sehe. Trete ich in eine solche Abtheilung, so überfallen mich Erinnerungen an Frühjahr und Herbst, wie sie nur jemand haben kann, der in einer kleinen Landstadt aufgewachsen ist, was ich, beiläufig gesagt, für einen Vortheil halte; die Erinnerung an die Tage, da die Jungen zum Erstenmale in den Garten zogen, die abgestorbenen Pflanzen des vorigen Jahres niederhieben, das dürre Laub auf den Düngerhaufen scharrten und das letzte Eis aus dem Brunnen fischten; und zugleich die Erinnerung an den Geruch wohlgefüllter Bodenkammern im Spätherbst. Soweit ist der Eindruck angenehm; sofort stellt sich aber der Gedanke ein, daß Deutschland keine Kolonien hat, und man möchte sich eine der Keulen der Neuholländer da herablangen und nach verschiedenen Seiten mit Nachdruck handhaben. Jeder tüchtige Stock schwärmt und die Auswanderer verzetteln sich nicht in andere Stöcke, sondern gründen einen neuen. Wie würde die Welt aussehen ohne die Kolonien der Phönizier, der Griechen, der Römer, der Hanse, der Spanier, Holländer und Engländer? ohne die Kolonisten, welche die sieben Burgen, welche Dresden, Berlin, Königsberg gebaut? Die Engländer haben soviel Kolonien, daß es ein Kunststück ist, sie alle herzuzählen; die Franzosen haben sich nach allen Verlusten doch wieder bis auf zwölf, ohne Algier, hinaufgearbeitet; die Italiener haben schon vor dem Jahre 1859 von einem mächtigen Neu-Italien am La Plata geträumt und für den Traum gearbeitet; sogar die kleine Schweiz macht es möglich, ihre Auswanderer in geschlossenen Gemeinden, aus denen Staaten werden können, zusammen zu halten. Und Deutschland? Doch wozu soll ich einen schlechten Auszug machen aus soviel guten Büchern, die über den Jammer geschrieben sind? In der neuesten Broschüre von J. J. S t u r z „Kann und soll ein Neu-Deutschland geschaffen werden" ist alles zu lesen für wenige Groschen, die noch dazu der deutschen Flotte zu Gute kommen. Leset sie, o Germanen, männlichen und weiblichen Geschlechts und gebt sie Euren Kindern zu lesen; es liegt nicht blos an den deutschen Regierungen, an den preußischen Landräthen und Landwehrpremierlieutenants. Leset sie, denn es ist Zeit. Wenn wir endlich einmal mit dem Bundestage und dem Dualismus, wenn wir in Süddeutschland mit dem Konkordat und in Norddeutschland mit den komischen Vorstellungen von den Wirkungen des Konkordats, wenn wir mit der Heiligkeit des Nationalitätsprinzips, das uns verbietet, über andere Racen, ich vermuthe auch über Gauchos zu herrschen, und uns gebietet, unsere Landsleute von anderen Racen, ich vermuthe auch von Gauchos, beherrschen zu lassen, wenn wir mit dem Nichts-als-Freihandel und seinen rohen Vorstellungen vom Staat, wenn wir mit der Hochherzigkeit, die aus eigener Tasche nicht einen Pfennig für gemeinnützige Zwecke hergeben will, ohne für einen Groschen Bier dazu zu trinken, aber ganze Länder wegschenkt, die unserm unsterblichen Volke gehören, wenn wir mit alle dem einmal fertig sind, und Vetter Michel sich jenseits der Meere umsieht, so wird es heißen: die Welt ist weggegeben und auch der Himmel nicht einmal mehr offen. Wo war doch die Keule?

Wir stehen vor der Kolonie Port Natal; es ist einerlei, mit welcher wir anfangen. Mit der Geographie ist der gestrenge Leser vielleicht nicht ganz im Reinen; eine vortreffliche, in Natal gearbeitete Wandkarte wird uns beiden zu statten kommen, und ein alter Herr, der lange „draußen" gewesen ist und sichtlich sein Schäfchen geschoren hat, bietet uns wegen des Notizbuches, das er bemerkt, freundlich seine Dienste an. Er hatte seine Sprache und alle seine Lebensgewohnheiten mit nach draußen genommen und ist in England wieder so zu Hause, als wenn er es nie verlassen gehabt. Ein ungeheurer Rahmen in fünf Abtheilungen, aus „Stinkholz" schön geschnitzt, bedeckt die eine ganze Wand. Das größeste, mittlere Schild enthält die Karte, die beiden Schilde rechts und links zeigen Diagramme des Thermometer- und Ba-

rometerstandes durch das ganze Jahr, und in den zwei schmalen
Abtheilungen des Rahmens neben dem Mittelschilde sind hübsche
Photographien und Aquarelle von Gebirgsgegenden, namentlich
von dem senkrechten, 327 Fuß hohen Fall des Flusses Umgeni,
aufgehängt. Natal liegt an der Südostküste von Afrika, zwischen
dem Kap und Madagaskar, und seine Grenzen laufen von der
Küste ziemlich in der Richtung von Süden nach Norden in das
Land. Es besteht aus einer aufsteigenden Reihe von Stufen,
deren letzte der Drakensberg, holländisch für Drachenberg, ist,
das gewaltige Randgebirge des centralen Hochlandes. An der
Küste ist das Klima tropisch; auf jeder höheren Stufe wird es
gemäßigter; auf der dritten gedeihen die europäischen Cerealien.
Die europäische Bevölkerung beläuft sich auf 15,000 Seelen.
Von den ersten Ansiedlern, Holländern, haben viele sich vor der
englischen Herrschaft in das Innere geflüchtet und leben daselbst
in Bauern-Republiken, unberücksichtigt von dem Gothaer Kalender.
Von Mineralien ist nicht viel eingesandt; mit der geologisch
ausgeführten Karte und dem Vermerk, daß Natal, ein zweites
Devonshire im größeren Maßstabe sei, ist alles Nöthige gesagt.
Aber welche Masse von vortrefflichen Nußhölzern! Niesholz,
Pteroxylon utile, gleicht in Schönheit des Schnittes dem indischen Satinwood und hat seinen Namen von der Wirkung
der Sägespähne. Wenn grün, brennt es wie eine Fackel, und
sein Harzreichthum macht es unzerstörbar in Luft und Erde.
Das Stinkholz, Oreodaphus bullata, so genannt wegen des
abscheulichen Geruches, den es unter der Säge von sich giebt,
läßt sich vortrefflich schnitzen und poliren, wie der große Rahmen
um die Karte beweist; es gleicht dem Holz der schwarzen Wallnuß und an manchen Stellen dem Schildpatt. Aus diesem
kostbaren Holze werden, wie unser Führer in einer Mischung
von Holländisch und Englisch sagt, die Joche für **treck-oxen,**
Zugochsen, gemacht. Assagai-Holz zu Speichen, Eisenholz zu

Achsen, Umsimbiti zu Spazier-Stöcken, das rothe Ebenholz, die wilde Citrone, das Safranholz, der Kameeldorn, dessen Holz sich fast wie ein Stück Metall anfühlt, das wohlriechende Umcacose und eine Menge anderer, die noch nicht botanisch bestimmt und lateinisch getauft sind. Alle diese Bäume, ausgenommen vielleicht den Kameeldorn, der nur auf den höchsten Gebirgen vorkommt, wachsen in solchen klimatischen Zonen, daß an eine Einführung in Europa nicht zu denken ist. Von den einheimischen Nahrungspflanzen möchten manche eines Versuches, wenn auch nur in Glashäusern, lohnen. Sweet Potatoe, die Knolle eines Convolvulus, reich an Stärke und Zucker und von ungeheurer Größe; die Granadilla, die köstliche Frucht einer Passionsblume; die Kapstachelbeere, physalis pubescens, wie Unkraut wuchernd und, ungeachtet der verdächtigen Verwandtschaft, wohlschmeckend und gesund; die Arduina grandiflora, Kaffernpflaume (Martingula), die steinlose, saftige Frucht eines hübschen immergrünen Strauches; der Kei apple, ein Diospyrus, gleichfalls immergrün. Der einheimische Mais gehört zu den besten Arten, die bekannt sind. Eingeführt und mit großem Erfolg gebaut sind Zuckerrohr, Kaffee, Arrowroot, Weizen, Gerste, Hafer, Thee von Assam. Aus der einheimischen catha edulis, dem Khât der Araber, wird der sogenannte Buschmännerthee bereitet, ein Getränk, das außerordentlich anregend auf die Nerven wirkt und näher untersucht zu werden verdiente. Im Jahre 1850 hatte ein Pflanzer aus dem einheimischen Zuckerrohr mit Hülfe einer Zeugrolle und eines Waschkessels eine kleine Quantität Zucker hergestellt, die er als Merkwürdigkeit zeigte. Seitdem sind bessere Pflanzen eingeführt, längs der ganzen Küste Plantagen angelegt und 1860 und 1861 für 50,000 £ Zucker nach Bestreitung des ganzen inländischen Verbrauches ausgeführt worden. Das Wichtigste aber in diesem Augenblicke ist die Baumwolle, mit der erst einige rohe, aber schon recht befriedigende

Versuche gemacht sind. Der Seidenwurm gedeiht bei dem Ueberfluß an weißen Maulbeerbäumen vortrefflich, hat aber bis jetzt
wenig Pflege gefunden, weil man mit anderen Beschäftigungen
schneller Geld machen kann. Thierhäute und Hörner und Zähne
sind in Menge da und dürften dem Naturforscher manches Neue
bieten; wir begnügen uns mit der Erwähnung des Gnu oder
Wildebeest (wieder ein anglisirtes holländisches Wort; englisch
würde es wild beast heißen), das die Nüstern, die Mähne und
den Schwanz des Pferdes mit dem gespaltenen Huf und den
Hörnern des Ochsen verbindet und zu dem Wappenthier der
Kolonie gewählt ist. Wolle von Port Natal steht längst auf
europäischen Preislisten. Daß die Speisekammer vortrefflich gefüllt ist, versteht sich von selbst, mit Zucker, Arrowroot, Mehl,
eingemachten Früchten, zwei stattlichen Schinken und den nöthigen
Cigarren. Erwähnt sei noch, daß man mit der gelben Pfirsich
die Schweine füttert, und daß in manchen Jahren die Obst-
gärten mit den Steinen der am Boden verfaulten Früchte buchstäblich gepflastert sind. Und bei uns quält sich Generation auf
Generation mit fünfjährigem Haferlande.

Die Leistungen der englischen Ansiedler in Tischlerei und
Gerberei sind ganz achtbar, aber nicht eigenthümlich. Weit mehr
so die Industrie der Holländer und Kaffern. Die Ersteren sind
vertreten durch einen Reisewagen, zugleich Wohnhaus, auf ein
Gespann von 14 Ochsen berechnet, in einem Drittel der gewöhnlichen Größe mit voller Ausrüstung. Von den Fabrikaten der
Kaffern hat deren Häuptling, Moshesh, vor einigen Jahren oft
genannt wegen einer diplomatischen Korrespondenz mit dem englischen Gouverneur, in der er das letzte und beste Wort behielt,
aus seinem königlichen Kraal eine artige Sammlung ausdrücklich für die Ausstellung nach Natal geschickt: Körbe und Flaschen
aus Gras so dicht geflochten, daß Bier und Milch darin aufbewahrt werden kann, Bierkrüge mit Fußgestellen, so groß wie

Taufsteine, aus einem Block geschnizt und, was bemerkenswerth, außen mit Reliefs verziert, deren Motiv offenbar von dem Flechtwerk der älteren Körbe genommen ist; eine Mühle aus zwei Steinen, ganz ähnlich denen, mit denen man bei uns die Malerfarben reibt, nur daß der flache etwas ausgehöhlt und von einer körnigen Steinart ist; ein Schemel mit durchbrochener Lehne, das ganze aus einem Block geschnizt (1851 war aus Westafrika gar eine lange hölzerne Kette ausgestellt, die aus einem Baumstamm geschnizt war!) Assagaien und Schilde; Schmucksachen von Glasperlen, Beeren und Käferflügeln, alle von dem einfachen richtigen Geschmack in Zeichnung und Farbenzusammenstellung, der in der Civilisation so oft verloren geht; ein sehr einfaches Narghile, aus dem der wilde Hanf ohne Zubereitung geraucht wird; endlich eine Leier, deren Beschreibung unsern Alterthumsforschern nützlich werden kann. Sie besteht einfach aus einem Kriegsbogen, von elastischem Holze, an dem als Resonanzboden eine Kalabasse befestigt ist und dessen Sehne verschiedene Töne giebt, je nachdem sie durch einen Druck auf den Bogen schärfer angespannt und in der Mitte oder nach den Enden zu berührt wird. Auch die Leier des Apollo, wie die Bildhauer sie formten, läßt sich aus dem Hornbogen des Odysseus herstellen, indem man die beiden Hörner anstatt in gerader Linie rechtwinklich an den Bügel setzt. Die ältere Mythe freilich bildet die Leier aus der Schale und den Därmen der musikliebenden Schildkröte. Eine Anzahl von Wurzeln und Kräutern, die von den Kaffern als Medizin benutzt werden, verdienten eine Untersuchung; der glücklichen Beobachtung der Wilden verdankt ja unsere gelehrte Medizin ihre meisten Heilmittel via Amerika und via Hippokrates.

Gehen wir ein Haus weiter, nach der Kap-Kolonie. Sie hat nur Eins geschickt, aber etwas ganz Neues, ein Fabrikat aus einem Pflanzengeschlecht, das in größeren Massen als irgend ein anderes auf dem Erdball vorhanden ist und fast gar nicht benutzt wird, aus den Algen, schlechtweg Seegras genannt, und zwar aus der Buccinalis oder hornplant, Hornpflanze. Sie besteht aus einem schwarzen Schlauch, wie er auch an der Küste der Insel Wight vorkommt; aber während sie dort selten die Dicke eines Gänsekiels und die Länge einer Elle übersteigt, wächst sie um das Kap her zu der Dicke einer Faust und zu unabsehbarer Länge. Schon frisch, noch mehr aber, wenn sie trocken und steinhart geworden ist, legt sich die Oberfläche in Runzeln, genau wie ein Hirschgeweih; daher der Name. Außerdem treibt sie, was ich an der europäischen nicht bemerkt habe, Blasen oder Säcke bis zur Größe eines Menschenkopfes. Ein Mr. Ghislin ist endlich auf den Einfall gekommen, die Pflanze ihrer Aehnlichkeit und ihrem Namen nach zu benutzen und zu laminite horn, wie er es nennt, zu verarbeiten; und ganz allerliebste Sachen hat er geliefert. Aus den Schläuchen Spazierstöcke, Pfeifenröhre, Flöten, denen der Silberschlag vortrefflich steht; aus den aufgeschnittenen Säcken Tapetenborten und Aehnliches. Er hat ferner Mittel gefunden, die Masse zu bleichen, auch sie zu einer Paste aufzulösen, welche die schärffsten Abdrücke giebt und eine vortreffliche Politur annimmt, ähnlich dem erhärteten Kautschuck, aber leichter an Gewicht und viel billiger herzustellen. Die aus ihr verfertigten Bilderrahmen werden gewiß schnell einen Markt finden. Alle diese Gegenstände sind sehr entbehrlich; aber es ist eine oft gemachte Erfahrung, daß Stoffe, aus denen man anfangs nur Spielereien zu machen wußte, einem bestimmten Bedürfniß in den Gewerben auf das Glücklichste abgeholfen haben. Man sollte namentlich prüfen, wie dieser Stoff sich zur Elektrizität verhält. Läßt sich unser Fucus vesiculosus zu einer ähnlichen Paste auflösen?

Die Urbevölkerung von Natal und dem Kaplande gehört bekanntlich nicht dem Negerstamme an. Diesen finden wir vertreten in einer Sammlung, hauptsächlich von Geweben, die ein

englischer Schiffsarzt aus „Centralafrika" mitgebracht hat, in
Pflanzenstoffen, eingesandt von dem „kaufmännischen Verein in
Abeokuta" an der Westküste, in den Beiträgen des Präsidenten
von Liberia, der Regierung von Hayti und, suchen wir,
finden wir aber nicht in der brasilianischen und der spanischen
Ausstellung. Aus fast allen diesen Ländern, auch aus mehreren
Kolonien mit Neger-Bevölkerung ist das hölzerne Negerschloß
eingesandt, dem unzweifelhaft Bramah seine Erfindung abge-
gesehen hat. Wenn der Riegel vorgeschoben ist, wird er durch
drei oder vier kleine Balken festgehalten, die in ihn eingreifen;
um dieselben aus dieser Lage zu bringen, und den Riegel frei
zu machen, muß man ein Facsimile des letzteren haben, den
Schlüssel. Dasselbe Schloß soll auch bei dem schlesischen Landvolk üblich sein. Psychologisch merkwürdig ist es, daß von dem
einen freien Negerstaate, Hayti, zwei allmächtige Peitschen, von
dem andern, Liberia, ein ganzes Lager sehr sauber gearbeiteter
Peitschen, Karbatschen und Kantschu's eingeschickt sind. Uebrigens
haben die Herren in Hayti sich nicht besonders gerührt; außer
dem Schloß und einigem rohen Thongeschirr ist nur ein Sattel
und ein ungeheurer Mahagoniblock da. Die Sendungen von
Liberia verrathen weit mehr Eifer und Einsicht: Eisenerz, Kaffee,
Baumwolle, Matten, sehr gute Lederarbeiten, Sämereien, Fasern
und Cocons, braun, 7 Zoll lang und 3 1m Durchmesser, von
einer geselligen Seidenraupe (living in communities) mit einem
Zweige des Baumes, der Bastard Whismore (?) genannt ist;
aber keine Grains. Einige Mandeln der in Liberia wildwach-
senden Arachis hypogaea sind begleitet von einer in gutem
Englisch und mit botanischen Kenntnissen verfaßten Beschreibung
dieser merkwürdigen Pflanze. Die Blumen sind goldgelb, glocken-
förmig und hängen bis auf die Erde herab. Haben sie abge-
blüht so wächst der befruchtete Stempel in die Erde hinein und
entwickelt sich dort zu einer Mandel mit einem schmackhaften

und gut brennenden Oele. Da die Pflanze viel Wärme verlangt, so wird sie zu Einfassungen von Ananasbeeten empfohlen.
An den meisten Negergeweben ist das Vorherrschen matter, un-
reiner Mittelfarben auffallend.

Die übrigen englischen Kolonien zerfallen in drei natürliche
Gruppen: die nordamerikanische, die tropische und die in manchen Beziehungen das Mittel zwischen beiden haltende australische.

Die nordamerikanischen liegen von Osten nach Westen,
in dieser Reihenfolge: Neufundland, von dessen äußerstem Vor-
gebirge Cape Race die letzten Nachrichten auf die ausgehenden
Dampfschiffe gebracht werden, Neu-Schottland, Neu-Braunschweig,
Canada und an der Westküste in dem Winkel, wo Britisch Nordamerika und das Gebiet der Vereinigten Staaten an einander
stoßen, Vancouver. Beginnen wir mit Canada, der reichsten
in Natur und in der Ausstellung. Sie hat sich nicht begnügt,
von ihren Schätzen kleine Proben einzuschicken, wie für ein Na-
turalienkabinet, sondern hat ein ganzes Schiff mit Stämmen,
Blöcken, Planken und Quadern beladen, und vortrefflich ist dies
Material wieder von Semper aufgestellt. Aus den Stamm-
stücken, manche vier Fuß lang und noch mehr im Durchmesser,
ist ein Blockhaus aufgebaut, das zum Bureau dient und einen
pyramidalisch zulaufenden Thurm von vielen Etagen trägt, aus
Balken und Planken-gebildet, an den Baukasten der Kinder in
Deutschland erinnernd. Um dies Gebäude, das kräftig nach
frischem Holze duftet, wie eine Böttcherwerkstatt, ist ein Gehöft
angelegt, an drei Seiten von Brettern und Planken, zugeschnit-
tenen Holzstücken, Baumfrüchten, getrockneten Blüthenzweigen und
botanischen Abbildungen eingefaßt, an der vierten von Quadern
und kleineren Mineralien. In einem Vorhofe stehen die Maschinen,
Werkzeuge und Vorräthe. Es sind nicht weniger als drei Spe-
zialkataloge vorhanden, von denen der eine, über die Mineralien,
aus der Feder des verdienten Geologen Sir W. E. Logan,

einen bedeutenden wissenschaftlichen Werth haben soll und jedenfalls ein Muster von Uebersichtlichkeit ist. Von diesen Schätzen, beneidenswerth in den Augen eines Flachländers, können wir leider nichts entführen; dagegen habe ich die Bekanntschaft mit einem erfahrenen alten Kanadier benutzt, um mir aus der Masse wundervoller Hölzer diejenigen bezeichnen zu lassen, die in Norddeutschland fortkommen würden. Er ist der Ansicht, daß die festesten Hölzer in den Theilen seines Landes wachsen, die einen sehr harten Winter, eine große, wenn auch kurze Sommerhitze und im Jahre eine bedeutende Regenhöhe haben. Nachdem ich mir die nothdürftigsten klimatologischen Angaben verschafft hatte, empfahl er folgende Bäume aus Ober-Canada mit dem Bemerken, daß es zweckmäßig sein dürfte, sie zunächst in kleinen sonnigen Lichtungen von Kiefernforsten, mit der nöthigen Rücksicht auf den Boden anzupflanzen.

Den Tulpenbaum (Liriodendron tulipifera) 130 Fuß hoch, 70 bis zum ersten Zweige, 36—30 Zoll Durchmesser, Holz gelb, leicht zu verarbeiten, schöner Politur fähig, spezifisches Gewicht 0,5; gedeiht auf der Pfaueninsel ganz gut. Die Linde (Bass-wood, Tilia Americana) 110,65, 24—30, oft viel größer; das Holz spaltet nicht, gut für den Drechsler; spez. Gew. 0,48; wird wegen der hellen, freundlichen Flamme vorn in die Kamine gelegt. Den Zucker-Ahorn (Acer sacharinum) mit mehreren nach dem Kern des Holzes benannten Abarten: Vogelauge, welliger Ahorn, Bird's-eye maple, curled maple; 130 Fuß; sein schönes Blatt das Wappenbild von Canada; das Holz, wenn gehörig trocken, eines der härtesten, Gewicht 0,6; der Saft wird zu Zucker eingekocht. Den weißen Ahorn (Silver maple, Acer dasycarpum) 80 Fuß, 48 Zoll; liebt feuchten, fetten Boden, das Holz nicht so gut wie von A. sachar., aber der Baum in Gärten vorgezogen wegen seines schnellen Wuchses. Den gestreiften Ahorn (Moose wood, A. Pensylvanicum).

Den Schwarzdorn (Crataegus tomentosa). Den Crabapfel (Pyrus coronaria); kommt in englischen Parks in ungeheuren Exemplaren vor, bei Sevenoaks in einem Buchenwalde. Die kanadische Eberesche (Pyrus Americana). Die weiße Esche (Fraxinus Americana), 110, 60, 26—36, wächst schnell; das Holz, von jungen Bäumen werthvoller als von alten, ist zäh und elastisch, wiegt 0,616 und hat eine Heizkraft von = 70, wenn Carya alba zu 100 angenommen wird. Das Lederholz (Dirca palustris). Die weiße Ulme (Ulmus Americana), 60 Zoll Durchmesser; verlangt fetten Boden, Holz zu Kielen. Die rothe Ulme (Ulmus fulva). Die Sumpfulme (Ulmus racemosa) 150, 80, 22; Holz sehr fest, wenn stets in Nässe, 0,59. Die Butternuß (Butternut, Juglans cinerea) 100, 65, 24—30; liebt kalten, unebenen steinigen Boden; die Borke zum Färben. Shell-bark hickory (Carya alba) 110, 50, 18, Frucht eßbar; Borke lappig, giebt einen gelben Farbestoff; Holz fest, elastisch, wiegt 0,929, und hat die größeste Heizkraft (100). Die weiße Eiche (quercus alba) die werthvollste der 20 amerikanischen Arten; 130, 70, 30 bis 84 Zoll; Gewicht 0,84; Heizkraft 81. Die rothe Eiche (q. rubra) 130, 70, 30; giebt die besten Stäbe zu Oelfässern; Gewicht 0,675; Heizkraft = 69. Hasel (Corylus americana). Papierbirke (Betula papyracea) von deren Borke die Indianer ihre Kanoes machen. Die schwarze Birke (B. lenta), die größeste aller Birkenarten, 70 Fuß, 20 bis 30 Zoll; Holz röthlich, fest, wenn polirt, kaum von Mahagoni zu unterscheiden, widersteht der Friktion und Erschütterung besser, als irgend ein anderes: Gewicht 0,65; Heizkraft = 65. Borke fest und hart, mit aromatischem Geruch. Die gelbe Birke (B. excelsa) ein schöner schlanker Baum mit gelber Rinde; gutes Brennholz. Die pappelblätterige Birke (B. alba). Zwei Erlen, Hoary Alder (Alnus incana) und Mountain Alder (Alnus viridis). Die weiße Kiefer (White Pine, in England

Weymouth Pine genannt, Pinus strobus) bis 220 Fuß,
120 bis zum ersten Ast, bis 22 Fuß Umfang; zu Masten;
Gewicht 0,46. Die rothe Kiefer (P. resinosa), liebt trockenen
Boden, kaltes Klima; harzig; Gewicht 0,66. Die gelbe Kiefer
(P. mitis) liebt trockenen und sandigen Boden. Die Pechkiefer
(P. regida). Die Balsamtanne (Abies balsamea). Die Schier-
lingtanne (A. Canadensis) auf steinigem Boden, Holz zu Eisen-
bahnschwellen, 0,45; Rinde zum Gerben. Die Schwarztanne
(A. nigra); von den jungen Zweigen wird das spruce-beer
gemacht. Den Jamarac oder Hackmatac (Larix Americana)
auf tiefem, feuchtem Boden, das beste Holz zu Innhölzern der
Schiffe, Gewicht 0,6; kommt in hohen Breitengraden, bis an
die Hudsonsbai vor. Die rothe Ceder (Juniperus virginianus)
auch Bleistift-Ceder genannt, liebt trocknen, steinigen Boden. Von
den prächtigen Farben des Herbstlaubes sehen wir in dem Canada der Ausstellung nur wenig, aber in der benachbarten Provinz Neu-Schottland ein wahres Gemälde in zwei geschmackvoll
geordneten Sträußen, eingesandt von zwei jungen Damen. Wo
Friedrich der Große geweilt hat, da ist man sicher Platanen zu
finden (orientalische; die canadische würde in Deutschland nicht
gedeihen); und Friedrich Wilhelm II. hat sich wenigstens ein
Denkmal gestiftet in seinem Lieblingsbaume, der Akazie, die sich
schon in die Wälder um Potsdam verlaufen hat und, wenn
sie auch einzeln keine besondere Figur macht, inmitten andern
Laubes durch ihre Blüthe im Frühjahr und ihr spät ausdauern-
des Laub im Herbste für das Landschaftsbild nicht weniger
werthvoll ist als durch ihr festes zähes Holz für die Schirrkammer. Was ist seitdem akklimatisirt worden? Die Gleditschia, gut dazu, ihren elfenhaft spielenden Schatten einem auf
das Gesicht zu werfen, wenn man sich im Grase sonnt, und zu
weiter nichts.

Doch ich muß diese botanischen Sammlungen noch etwas

näher beschreiben, um den Leser lüstern zu machen. Aus Ober-
Canada hat die Regierung eingesandt 1) 60 Planken, 12 Fuß
lang, 4 Zoll dick, mit der Rinde an beiden Kanten, darunter
eine Kiefernplanke von 50 Zoll, ohne den kleinsten Astknoten;
2) 34 Stammstücke; 3) 250 gehobelte und polirte, an einer
Seite gefirnißte Brettchen; 203 kleine Stammschnitte, von 3 Zoll
Durchmesser, mit der Rinde, an einem Ende gerade, an dem
andern schief geschnitten, in der Mitte gespalten, gehobelt und
polirt, zu jedem ein paar Aestchen mit Blättern, Blüthen und
Früchten; endlich 4) eine Sammlung von Faßstäben, Pfählen,
Speichen, Stielen und andern Arbeiten der Schirrkammer. Aus
Unter-Canada sind eingegangen: 1) eine Sammlung von 66 Höl-
zern, gleich der aus Ober-Canada Nr. 3, aus der Umgegend von
Quebec, dem geographischen Mittelpunkte des Landes, von dem
Abbé Provancher in Saint-Joachim; 2) eine desgleichen von
54 Exemplaren aus der Grafschaft Saint-Jean, Südspitze des
Landes; 3) eine desgleichen aus Rimouski, 48° N. B.; 4) eine
desgleichen von 48 Exemplaren aus Saint-Maurice, 46° 30′
N. B.; 5) eine desgleichen Quaus taouacs, 45° 30′ N. B.;
eine desgleichen aus Chicoutimi, 48° 30′ N. B. Alle diese
fünf Sammlungen enthalten 74 Gattungen und Varietäten.
Dazu eine vollständige Sammlung der marktgängigen Hölzer aus
Quebec. In dem Vorhofe hängen die Aexte, Beile und andere
Werkzeuge zur Arbeit in Holz, aus dem vortrefflichen Eisen des
Landes. Das Eisen, die Stiele und die Formen sind unüber-
trefflich in Zweckmäßigkeit, und es juckt einem die Hand darnach.
Ueber die Ackerbaumaschinen will ich kein Urtheil wagen, da ich
noch keine Versuche damit gesehen habe; aber die für Preußen
erworbene Ziegelmaschine von Bawden, mit der ein Mann und
ein Pferd im Tage 15,000 Steine liefern können, wird hoffentlich die Miethen in Berlin etwas billiger machen. Die Pelze
sind nicht so vollständig wie 1851; aber für Essen und Trinken

ist bestens gesorgt mit Weizen, Mehl, Schinken, Fischen, Ahorn-
zucker, sogar mit Wein von der wilden Waldrebe, die ja auch
in Deutschland fortkommt.

Neu-Braunschweig mit einer ähnlichen Natur hat weniger Rohprodukte ausgestellt, aber sehr schöne Arbeiten der Indianer. Man sieht hier einmal eins der Kanoes aus Birken-
rinde, von denen man in der Jugend so viel gelesen, so leicht,
daß ein Mann es tragen kann, mit sehr gefälligen Curven,
sicher, scharf und gehorsam, als wäre es ein Theil unseres Körpers, ein Werk der Götter verglichen mit unsern schwerfälligen,
gefährlichen Seelenverkäufern. Freilich kann der Indianer nicht
einen Seelenverkäufer machen, so wenig wie eine Generalsuni-
form; aber an dem Kriegsanzuge eines Häuptlings der Meta-
jits, der unweit des Kanoes hängt, könnten unsere Militär-
Bekleidungs-Künstler manches lernen. Das Hemde ist scharlach
mit Stickereien von weißen Perlen auf dem Brustlatz, die Hosen
scharlach mit blauen seidenen Biesen, der Mantel schwarz mit
reichen Perlenrabatten, die Muster der Stickereien zuweilen etwas
hart ausgeführt, aber immer richtig gedacht und die Farben
immer harmonisch im Kontrast. Dazu Mocassins von Leder, die
neuerdings in England unter dem Namen leggings for walking
patentirt worden sind, eine Kappe für das Gefecht, eine für das
Berathungsfeuer — die Rothhäute erachten es wie die Engländer ungehörig, für gewöhnlich im Kriegsanzuge umherzulaufen;
nur die Freiwilligen setzen sich zuweilen in den Parks der Bewunderung der Kindermädchen aus — Gürtel, Messerscheide,
Pulverhorn, Kugelbeutel und Wampumschnur, alles mit Perlen
besetzt oder mit farbigen Fäden ausgenäht. Der Leibrock will
davon nichts hören, daß die Wilden einen besseren Geschmack
haben könnten, als wir; er hält das und die Bewunderung des
Alterthums für Spleen, für ruchlose Unzufriedenheit mit „Uns,
die wir's so herrlich weit gebracht." Er ist so glücklich im Be-

fiße deſſen, was er hat, und in der Unkenntniß von dem, was
ihm fehlt. Er hat ein Paar geſtickte Morgenſchuh mit zwei
Päonien darauf, „täuſchend ähnlich"; was will man mehr?
kann der Wilde je ſo etwas machen? Nein, Verehrungswürdigſter,
das kann der Wilde nicht; nicht als ob er nicht mit dem Kreuz-
ſtich umzugehen wüßte, der wäre ihm ſchon beizubringen und
der Petit-Point obenein, ſondern weil es gegen ſeine Natur läuft,
einen ſo gräulichen Ungeſchmack zu begehen. Es ſcheint mit
dem Farbenſinn wie mit den anderen Sinnen zu gehen. Der
Wilde ſieht, riecht, fühlt es einer Pflanze an, ob ſie giftig iſt,
wie das Thier; er hat

— die Augen falkenhelle,
Die des Wildes Spur
Zählen auf des Graſes Welle,
Auf dem Thau der Flur.

Der Neuholländer weiß nach wochenlangem Wandern in
den Wäldern genau die Richtung anzugeben, wo der Ort liegt,
von dem er ausgegangen, und marſchirt ſchnurgerade darauf los,
wie die Brieftaube auf ihr Neſt. Der Wilde hat unaufhörlich die
Farben und Farbenkontraſte der Natur, und nichts als ſie vor
Augen. Der civiliſirte Menſch erſetzt den verlorenen Ortsſinn
durch Kompaß und Sextanten, und den verlorenen Farbenſinn
durch das Modenjournal. Doch es iſt unrecht, zuviel von dieſen
Dingen auszuplaudern, über die genug geſchrieben iſt, und die
doch Wenige wiſſen. Die Unglücklichen, die keine Morgenſchuh
mit Päonien haben, müſſen doch Etwas voraus haben: die
Freude an der Freude der Glücklichen.

Reicher und der canadiſchen ähnlich iſt die Ausſtellung von
Neu-Schottland, nur daß die Exemplare von Mineralien
und Hölzern nicht ſo groß ſind. Die erſteren ſind etwa 300,
darunter ſchöne Thierformen in ſiluriſchem Geſtein und ein
35 Fuß hoher Durchſchnitt des Kohlenlagers von Picton, eines

der mächtigsten in der Welt. Der Hölzer und Pflanzen sind 83, von denen die Wachsmyrthe, bayberry, Aufmerksamkeit verdient. Der Bokharaklee, Melilotus, figurirt als „eine ganz neue Entdeckung von William Pryor Esq. in Halifax". Ich habe die Pflanze, ihre Kultur, ihren Ertrag und ihre Verwendung zu Futter, Papier und Seilen 1855 von Paris aus beschrieben, und sie ist seitdem auch den deutschen Landwirthen bekannt geworden. Ausgestellt ist die Pflanze, die Faser in verschiedenen Stadien der Behandlung, Papier und ein Stück Tischzeug. Die Pflanze ist hier M. Leucantha major genannt; in Paris hieß sie anders, wenn ich nicht irre, arborea; aber es ist unzweifelhaft dieselbe. Für die Fabrikation giebt hier Pryor den Wink, man könne sich das Wässern und Rösten dadurch ersparen, daß man den Stamm den Winter über auf dem Felde stehen lasse. Auch der wilde Yam ist zu beachten. Das Klima eignet sich besonders für den Apfelbaum; „Gloria mundi", der mit vielen anderen Sorten in Spiritus aufgestellt ist, erreicht einen Umfang von 17 Zoll. Von Kartoffeln sind 24, von Korn 17 Arten zu sehen; unter den vielen anderen Gemüsen ist eins genannt „Kohl Rabbi". Von einem Hummer mit 15 Zoll langen Scheeren erfahren wir, daß seine Mitbürger auf dem Markt in Halifax gewöhnlich einen Penny das Stück kosten und zuweilen von Stürmen in solcher Masse auf den Strand geworfen werden, daß man sie als Dünger benutzt.

Ueber das Gebiet der Hudsonbai-Companie, die diesmal nichts ausgestellt hat, wahrscheinlich um den bereits erwachten Appetit nach ihrem Privilegium nicht noch zu schärfen, springen wir nach Vancouver oder Quadra, dem neuesten Goldlande, das Erze, einen 220 Fuß langen Stamm der Douglas-Fichte, einen Faserstoff, die hemp-nettle, Hanfnessel (Urtica canabina), und natürlich, wie alle jungen Kolonien, ihr photographisches Portrait eingesandt hat. Die Insel hat ein Klima wie das englische, nur noch milder, ist größesten Theils mit einem 18 Zoll tiefen Humus bedeckt, und hat so viel Eisen, daß dem vorüberfahrenden Schiffe zwar nicht die Nägel ausgezogen, aber die Kompasse abgelenkt werden. Die Kohle liegt dicht dabei. Von dem gegenüber liegenden Festlande, Britisch Columbia, ist nur ein Prospektus da, aber ein merkwürdiger.

Flächenraum: ungefähr 200,000 Quadratmeilen. Bevölkerung: Weiße 20,000, darunter 500 Weiber; Chinesen 2000; Indianer 10 bis 15000. Klima: sehr gesund. Land: gut und im Ueberfluß zu haben für 4 Schilling 2 Pence den Acre. Lebensunterhalt: 8 Schilling täglich, wenn man selbst für sich kocht. Tagelohn: 20 bis 40 Schilling täglich. Arme: selten. Kapital: höher zu 12 Prozent anzulegen. Besondere Bemerkungen: Die Goldgräberei ist eine Lotterie ohne Nieten; fünf Mann fanden in zwei Monaten 20,000 £.

Ich will aber bei Leibe niemandem rathen, sich auf diesen Steckbrief zu verlassen; was darin steht, mag richtig sein, aber wieviel ist ausgelassen? Gesetzt z. B. eine Köchin erhielte 40 Schilling Tagelohn, wie will einer zu seinem Mittag kommen, der nur 20 Schilling verdient?

Der Gürtel der 500 Bahama-Inseln, die nichts besonders Merkwürdiges gestellt haben, verbindet das Festland von Nordamerika mit den großen Antillen, auf denen wir uns nicht lange aufzuhalten haben, weder bei Jamaika mit 120 Ausstellern von Rum und Zucker (Zeugniß von dem Fleiße der chinesischen Arbeiter) und 123 Faserstoffen, darunter Ochroma lagopus besonders reich vertreten, noch bei Cuba, das nicht da ist. Ein ähnlicher Gürtel, die kleinen Antillen, reicht bis an den südlichen Kontinent. Guadeloupe und Martinique sind französisch; zwischen ihnen liegt Guanahani, das erste Stück amerikanischer Erde, das Kolumbus sah. Die Spanier legten keinen besondern Werth darauf — vielleicht werden sie jetzt zu einem

Denkmal an der Landungsstelle subskribiren — und gaben den Ansprüchen, die England und Frankreich erhoben, so weit nach, daß die Insel 1759 neutral blieb. Seitdem kämpften die beiden letztern Mächte darum, bis sie 1783 definitiv an England kam. Heute heißt sie Dominica und ist auf der Ausstellung durch einige der gewöhnlichen Produkte der Antillen und durch Karaibische Arbeiten in Holz und Beeren vertreten. Von Trinidad, das hart am Festlande liegt, sind 141 Hölzer da, aber noch nicht katalogisirt, und eine Anzahl Faserpflanzen, darunter Ochroma, hier Korkbaumwolle genannt; Oenocarpus batawa; Carata; Sanseviera; Heliconia und eine auch auf den Inseln des Stillen Meeres vorkommende Sterculia.

Wir kommen zu den australischen Kolonien. Auf älteren und noch auf ganz neuen englischen Karten sind nur am Südrande Stücke aus dem ungeheuren Kuchen herausgeschnitten und englisch angetuscht. Auf der allerneuesten, von Arrowsmith 1862, hat man sich aber das Herz gefaßt, unverschämt genug zu sein und die beiden Grenzlinien, die parallel mit den Meridianen laufen, von der Südküste quer durch den Kontinent bis an die Nordküste zu verlängern. Alles Land westlich vom 128. Gr. heißt darauf Westaustralien mit der Hauptstadt Perth; daran stößt östlich Südaustralien, Hauptstadt Adelaide, in den alten Grenzen zwischen 128. und 141. Gr. Oestl. Länge und bis 24. Gr. Südl. Breite; östlich davon liegen Victoria, Hauptstadt Melbourne, und Neu-Süd-Wales, Hauptstadt Sydney, getrennt durch den Murray-Fluß. Die Grenze zwischen Südaustralien und Neu-Süd-Wales, die in 141 Gr. östl. Länge läuft, ist auf dieser neuesten Karte bis an die Bai von Carpentaria verlängert und der dadurch abgeschnittene nordöstliche Zipfel des Festlandes, groß genug für ein paar europäische Königreiche, Queen's Land getauft. In dem Katalog entdeckte ich auch, daß das nicht bloß eine geographische

4

Bezeichnung ist, sondern daß eine Kolonie Queen'sland auch schon politisch konstituirt sein muß, wenigstens im Embryo; denn es giebt einen Oberstaatsanwalt von Queen'sland, der, anstatt sich den Kopf darüber zu zerbrechen, ob eine auf die Pflastersteine geschriebene Anzeige ein Vergehen gegen das Plakat-gesetz ausmache, eine Sammlung von Mehlpflanzen und Spazierstöcken eingesandt hat. Viel Amtsgeschäfte kann der Mann freilich nicht haben, denn auf Arrowsmith's Karte ist nur Eine Stadt, Brisbane, angegeben, und die Bevölkerung des ganzen Landes betrug nach dem letzten Census nur 17,000. Der Geburtstag des jungen Staates ist, wie ich weiter ermittelt, der 1. Dezember 1859, und an einem auch für Preußen denkwürdigen Tage, 22. Mai 1860, trat das erste „Parlament" zu-sammen und erfand ein Wappen, über das dem Garter king of Armes und dem Herrn v. Zedlitz die Haare zu Berge stehen müssen: einen vierfelderigen Schild mit einem Schafvließ, einem Ochsen — das ließe sich hören — einer Ananas — ginge auch noch — und einem — Ballen Baumwolle; zu Schildhaltern einen Schäfer — ginge auch, wegen des Krummstabes, den er führt — und einen Ochsenjungen. Eine Zeitung ist auch schon da, The Queen's Land Guardian. Wir sehen hier, wie ein Staat, in hundert Jahren ein mächtiger Staat, entsteht, werden aber um nichts klüger über den Contrat social, denn was hier vorgegangen ist, entspricht der Zertheilung der Stauden in der Gärtnerei: man hat von Neu-Süd-Wales die nördlichsten Nieder-lassungen abgeschnitten; Brisbane liegt hart an der Grenze. Es ist etwas Auffallendes darin, daß man eine so kleine Bevölke-rung abtrennt und ihr ein ungeheures, ganz unangebautes Ge-biet zuweist. Vielleicht hat derselbe Grund dazu gewirkt, wie bei der Hals über Kopf bewirkten Besiedelung von Westaustralien, den wir kennen lernen werden. Zu diesen fünf festländischen Provinzen kommt Tasmanien, wie die Engländer Van Diemens

Land umgetauft haben, um die Erinnerung an die Strafkolonie zu verwischen.

Alle sind einander sehr ähnlich an Rohprodukten und Industrie, und wenn wir uns mit der am weitesten entwickelten, Neu-Süd-Wales, bekannt gemacht haben, werden wir von den andern nur einzelne Eigenthümlichkeiten nachzutragen haben. In seiner geologischen Struktur hat das Land eine frappante Aehnlichkeit mit der Gegend, wo Natal liegt. Parallel mit und nahe an seiner nach Südosten schauenden Küste läuft ein mächtiger Gebirgszug hin, von dessen westlichem Abhange große Ströme einem entfernten Meere zufließen, so der 150 deutsche Meilen lange River Darling. Die Ansiedlung beschränkt sich im Ganzen auf den östlichen Abhang, der, zwischen dem 28. und 38. Grad südlicher Breite gelegen, etwa das Klima von Neapel hat. Die höheren Gebirgsterrassen aber werden von harten Frösten heimgesucht. Die Wälder sind so dicht wie in den Tropen und sollen, wenn das Auge sich einmal an die seltsamen Formen gewöhnt hat, bezaubernd sein. Von der Feige (Ficus makrophylla) z. B., von deren unbrauchbarem Holze ein Stück ausgestellt ist, lesen wir folgende Beschreibung. Aus einem Samenkorn entsprossen, welches die Vögel hoch auf die Aeste eines Baumes getragen haben, beginnt die Pflanze ihr Wachsthum damit, daß sie ihre Wurzeln abwärts treibt. Nachdem sie im Erdreich festen Fuß gefaßt, senkt sie immer neue Wurzeln, die allmählig den Charakter von Stämmen annehmen, rings um den Stamm, auf dem sie steht, hinab, bis der letztere in einer ungeheuren kannelirten Säule verschwindet, an die sich mit der Zeit noch mächtige Strebepfeiler ansetzen. Gleichzeitig erhebt der Baum sein kuppelförmiges Haupt hoch über alle Nachbarn. Man hat einen gemessen, der über der Erde 86 Fuß Umfang hatte. — Aber fast alle australischen Hölzer, so schön sich ihre polirten Schnittflächen ausnehmen, zeigen bei näherer Unter-

4*

suchung einen großen Fehler, sie sind rissig und zwar konzentrisch, während die schweren canadischen Bäume so fest und eben sind, wie Kruppscher Gußstahl. Manche haben Adern und Drüsen mit Harz gefüllt; die meisten erfordern ein Auslaugen und sehr sorgfältiges Trocknen. Ein anderer sehr allgemeiner Uebelstand ist, daß die alten Bäume in der Mitte faul werden; man sieht deswegen mehr Stammabschnitte als Stammdurchschnitte ausgestellt. Es werden also schwerlich Erwerbungen von daher rathsam sein, selbst wenn sie unser Klima vertrügen. Mit den besten Faserpflanzen ist dies nicht der Fall, namentlich wird der Nesselbaum (Urtica gigas) schon von leichtem Frost beschädigt. Wie vortrefflich das Land sich zur Viehzucht eignet, ist bekannt. Im Jahre 1796 bestand das ganze lebende Inventarium Australiens aus 57 Pferden, 227 Stück Hornvieh, 1531 Schafen. Nach dem Census von 1860 aus 314,722 Pferden, 3,886,641 Haupt Rindvieh und 19,888,381 Schafen. Die Schafzucht ist neuerdings in Neu-Süd-Wales sehr verbessert worden durch die gelungene Einführung der Alpacas, von denen sieben ausgestopfte Exemplare eingeschickt sind. Einige Notizen über diese Einführung werden vielen Lesern willkommen sein.

Mr. Ledger in Sydney, der sich anfangs auf eigne Hand mit den Alpacas beschäftigt und als er dadurch einen gewissen Namen gewonnen hatte, Auftrag und Mittel von der Kolonialregierung erhielt, brach am 4. März 1858 mit seiner letzten Heerde von Alpacas, 843 Köpfe stark, von Laguna Blanca am Ostabhange der Andes auf, langte am 8. September mit 345 Stück in dem Chilesischen Hafen Caldera an und landete am 2. Dezember mit 252 Stück in Sydney. Die 750 englische Meilen lange Landreise durch unwirthbare, zum Theil wasserlose Gegenden, den Wechsel von Gebirgsluft zu der drückenden Atmosphäre eines Zwischendecks, die 87 Tage lange Seereise, die ungünstigen Weide- und Futter-Verhältnisse, unter denen sie sich nach ihrer Ankunft behelfen mußten, alles haben die Thiere glücklich überstanden, und ihre Nachkommen sind vollständig akklimatisirt. Das Alpaca ist von derberer Gesundheit als das Schaf, sorgt besser für seine Jungen, vertheidigt sich brav gegen Adler und wilde Hunde und kehrt Abends von selbst nach der Hürde zurück. Es schwißt nicht und ist außerordentlich reinlich, so daß es vor der Schur nicht gewaschen zu werden braucht. Man hatte die Ankömmlinge in drei Heerden getheilt und die eine auf Klee, die zweite auf Luzerne gebracht, die dritte auf das natürliche Grasland getrieben. Die letzte ist am besten gediehen. Ledger behauptet, andern Beobachtern entgegen, mit der größesten Bestimmtheit, daß Lama und Alpaca nicht verschiedene Species, sondern Varietäten sind und hat zum handgreiflichen Beweise die sieben Thiere ausgestellt: Nr. 1 reines Mutterlama, 5 Jahr 3 Monat, braun und weiß; Nr. 2 reiner Alpacabock, 2 Jahr 9 Monat, schwarz; Nr. 3 Kreuzung von Thieren wie 1 und 2, 2 Jahr 9½ Monat, schwarz; Nr. 4 Kreuzung von einer Mutter wie Nr. 3 und einem Vater wie Nr. 2, 1 Jahr 8 Monat, braun; Nr. 5 Kreuzung von einer Mutter wie Nr. 4 und einem Vater wie Nr. 2, 1 Jahr 3 Monat, braun; Nr. 6 von einer Mutter wie Nr. 5 und einem Vater wie Nr. 2, 7 Monat, schwarz; Nr. 7 Säugendes Lamm von Mutter wie Nr. 6 und Vater wie Nr. 2, 3 Monat. Das Lama (Nr. 1) hat den stärksten Knochenbau, kurze, grobe Wolle; Beine, Bauch, Kopf, Gesicht nackt, Hals lang, Ohren groß. Das reine Alpaca (Nr. 2) ist kleiner; die Wollfaser feiner, länger und schwerer; die Beine bedeckt; der Hals kurz, mit feiner Wolle bedeckt; Kopf und Gesicht bedeckt; die Ohren kurz. In jeder folgenden Kreuzung schlägt das Alpaca mehr durch; Nr. 5 würde schon ¼ Pfund mehr Wolle geben als der Vater; Nr. 6. übertrifft den letzteren noch mehr. Fleisch und Talg vortrefflich.

In Victoria geht man durch ein Bogenthor ein, dessen

Säulen und Gewölbe aus Quadern von Wollenballen bestehen. Südaustralien wird den Preis in Weizen davontragen. Westaustralien will sichtlich nicht recht vorwärts; seine Industrie ist unbedeutend, seine Naturschätze sind noch nicht wissenschaftlich untersucht; die Hölzer scheinen nicht an den Mängeln zu leiden wie die von der Ostküste. Südaustralien und Neu-Süd-Wales haben eine Menge Weine, das Erzeugniß deutscher Winzer, gestellt und versprechen sich große Dinge davon. Auf das Urtheil der Jury, die einen ganzen Tag lang kostet und nach der ersten halben Stunde schon allen Geschmack verloren hat, wird indessen nicht viel zu geben sein, und von dem australischen Wein, den ich hier zuweilen getrunken habe, muß ich sagen: er riecht wie Rheinwein, schmeckt wie Sauterne und kratzt wie nichts Gutes. Längere Kultur mag diesen Erdgeschmack beseitigen; zur Zeit des Kaisers Carus wird der Rheinwein auch nicht wie Strohwein gemundet haben. Australien hat auch allerlei Gold- und Silberarbeiten geliefert: ein Känguru und einen Emu (australischen Strauß) in reinem Golde, 8 Zoll hoch, von einem Schüler Thorwaldsens, und eine Reihe von Bechern aus dem schwärzlichen Ei des Emu mit einer so geschmackvollen Silberfassung und in einem so ganz anderen Sinne gearbeitet als die englischen Testimonials, Ehrengeschenke in Silber, daß ich neugierig nach dem Namen des Künstlers sah. Ich las einen unzweifelhaft deutschen Namen, J. M. Wendt. Goldstufen; Eisen- und Kupfererze und Kohle sind natürlich nicht vergessen, und Malachit in Blöcken so groß wie der russische, ist meines Wissens etwas Neues. — Die Beiträge von Neu-Seeland sind dürftig, was die Mannigfaltigkeit betrifft, aber nicht nach ihrem innern Werthe: Wolle, Mais, Weizen und Flachs (Phormium tenax).

Eine merkwürdige englische Kolonie ist nicht vertreten, die Norfolksinseln. Man erinnert nicht gern an diese „Hölle des

Oceans", wie sie in der englischen Spitzbubensprache heißt, an diese Menagerie der unbändigsten Verbrecher, die wie reißende Thiere behandelt werden und, wenn sie einmal in diesen Ort der Verzweiflung eingegangen sind, behandelt werden müssen.

Sehen einen die englischen Niederlassungen an, wie das Gehöft und Haus eines Pflanzers von starken Knochen, mit wettergebräuntem Gesicht und schwieligen Handtellern, ein Gehöft, aus dem künftig einmal ein Staat werden kann, so wird man beim Eintritt in die französischen Kolonien an einen zierlichen Laden der Boulevards erinnert, der künftig einmal noch zier- licher sein kann. Meistens zwischen den Wendekreisen gelegen, reizen sie den Neid des Deutschen nicht; und ich könnte hier Be- trachtungen darüber einflechten, daß die romanischen Völker auf die Tropen, die germanischen auf die gemäßigten Zonen mit ihren Kolonien angewiesen seien — alles sehr schön zu lesen, sehr leicht zu schreiben, und alles nicht wahr. Wenig Engländer, Mann, Weib und Kind, werden sie durchwandern, durch deren Seelen nicht, mehr oder weniger flüchtig, der Gedanke striche, that it would be very nice, daß es sehr hübsch sein würde, bei Gelegenheit des nächsten Krieges auch diese Kleinigkeiten sich zu Gemüthe zu führen. Und die Franzosen wissen das; und ich habe ein Vögelchen singen hören, daß auf mehr als einer dieser Inseln, deren Namen uns so wenig geläufig sind, mit aller Hast Bauten ausgeführt werden, von denen die herzlichen Alliirten gar so gern die Pläne haben möchten. Ich wünsche den Franzosen, daß sie zur Zeit fertig werden und sich dermal- einst ihres Besitzes wehren; es wäre gar kein Glück, wenn die Engländer mit ihrer doch sehr monotonen „Civilisation" und ihrem prayerbook alles meerumflossene Land bedeckten. Mit dem Vorgang, den wir den siebenjährigen Krieg nennen, geht es vielen Norddeutschen, wie dem Straßenpublikum mit dem Aus- stellungsgebäude: sie sehen nur das eine Gesicht, und nicht das richtige. Jener Vorgang bestand aus zwei Kriegen, die neben einander hergingen und in einander überspielten. Freilich ist das bekannt, o gelehrter und kritischer Germane, der Du etwa eben den Vortrag Ranke's zur Geburtagsfeier Friedrich's II. gelesen hast; freilich ist das bekannt, woher müßte ich es denn sonst? Aber nicht Allen ist es bekannt, und nicht Alle, die es wissen, haben die Schlüsse gemacht, die nothwendig daraus folgen. Die blühenden Phrasen von der Stammverwandtschaft und der natür- lichen Allianz, die einen anduften wie Rhabarbersaft, sind aus den falschen Vorstellungen vom siebenjährigen Kriege erwachsen und blühen und wuchern fort, obwohl ihnen die Wurzel längst durch- schnitten. Benützen wir also immerhin das Bilderbuch der Aus- stellung, um uns an Verhältnisse zu erinnern, die etwas weit abliegen von der Panke. In der Mitte des 18. Jahrhunderts besaßen die Franzosen ein gewaltiges Kolonialreich in Nord- amerika, wo sie sehr gut einschlugen, und waren im vollen Zuge, eine gewaltige Eroberung in Ostindien zu machen. Sie waren im Dekkan den Engländern weit voraus; sie waren es, die da- selbst die Subsidiirung der Fürsten und die Bildung von Sipoy- truppen eingeführt. Dazu kam der Familienpakt mit Spanien, dem damals noch die Hälfte der neuen Welt gehörte. Die Eng- länder sahen ihre Meerherrschaft bedroht und hatten um ihrer willen bereits einen Krieg gegen Frankreich begonnen, ehe der Kampf in Deutschland ausbrach. Was der Frieden von Ver- sailles den Franzosen ließ, verloren sie fast alles durch die Kriege Napoleons. Der erste Versuch neuer Erwerbungen war die Er- oberung Algiers, gegen die Aberdeen förmlich protestirte und die Palmerston erst neuerdings unförmlich dadurch anerkannt hat, daß er für einen englischen Konsul in Algier von der franzö- sischen Regierung das Exequatur forderte. Das Bestreben der Franzosen, sich im Stillen Meer festzusetzen, verursachte den Pritchard-Lärm, der auch, von französischer Seite angesehen, sich

ganz anders ausnimmt, als in englischen oder aus englischen
Quellen geschöpften Darstellungen. Als man etwas später in
England Wind davon bekam, daß die Franzosen ein Auge auf
Westaustralien hatten, schickte man Hals über Kopf einige Gentlemen an den Schwanenfluß, obgleich man in Südaustralien
keinen Mann entbehren konnte; und das, der Mangel an Arbeitern, ist die Fatalität, die über dieser Kolonie waltet. Als
man im Jahre 1852 von ähnlichen Absichten auf das Birmanenreich erfuhr, fing man wegen einer Schuld von 93 £
einen Krieg an, und nahm den ganzen Küstenstrich, das Delta des
Irrawadie, mit vielem Geseufze über die Last, die man sich
aufbürden müsse, in eigene Verwahrung. Seitdem ist aber der
große Alliirte so groß geworden, daß man dergleichen nicht mehr
wagt. Er bemächtigte sich Neu-Kaledoniens; man brummte
nur noch ganz im Stillen, und in der Ausstellung ist es in
weißen Buchstaben auf rothem Tuch zu lesen, daß die werthvolle Insel französisch ist, die der Kapitän Kent von Sr. Maj.
Schiff „Buffalo", im Jahre 1803 durch Aufpflanzung einer
Flagge für die englische Krone in Besitz genommen.

Martinique und Guadeloupe, zwischen den großen
Antillen und dem Festlande von Südamerika gelegen, spielen
in vielen Friedensschlüssen. Sie glänzen in der Ausstellung
durch Hölzer, jenes 34, dieses 40, durch Oel-, Farbe- und Arzneipflanzen, mit wenigen Ausnahmen alle botanisch bestimmt,
ferner durch merkwürdige Faserpflanzen: vegetabilische Seide
(Asclepias curassavica), die auch auf Tahiti in großem
Ueberfluß vorkommt und sich sehr gut mit Baumwolle verspinnen und verweben läßt: vegetabilisches Pferdehaar (Arenga
sacharifera), das auch in Algier vorkommt und weil es billiger
als echtes Pferdehaar, crin, vielleicht die hölzernen und stählernen Aalreusen ersetzen kann, die heute unter dem Namen
crinoline zu Ehren des Prince Impérial getragen werden,

auch wo sie nicht nöthig sind; vegetabilische Eiderdaune (Ochroma lagopus), die Wolle einer Samenschote, wie an der Akazie, aber hundertmal länger, und viele andere, von denen manche mir ganz neu sind; vor Allem aber durch Baumwolle. Von Guadeloupe kam der Samen der feinsten in Nordamerika gebauten Sorte, daher Sea Island genannt, und 28 Sorten auf dieser Ausstellung geben einen Begriff, was die Insel mit mehr Kapital und mehr Arbeitslust leisten könnte. Der Verfall des Kaffeebaus in Folge einer Krankheit, die den Baum ergriffen hat, und der Krieg in Nordamerika werden den Bemühungen der französischen Regierung mächtig zu Hilfe kommen. Von den vielen Mehlpflanzen will ich das Maniok erwähnen, weil es ein Nahrungsmittel liefert, das in Deutschland fast unbekannt ist, und in England bei jedem Kolonialwaarenhändler zu haben ist, die Tapioca. Man macht sehr wohlschmeckende und leicht verdauliche Puddings daraus, indem man die Körner erst in warmer Milch aufweicht und dann mit Eiern und Zucker bäckt, bis die Kruste braun wird. Das Pfund kostet hier 5 Sgr.

Französisch Guiana schickt 78 Hölzer, darunter Acaju, Balata, das die beste Guttapercha liefert, Rosenholz, Stinkholz, vier Cedern, sechserlei Ebenholz, das vortreffliche Schiffsbauholz Bucida buceras, fünferlei Mahagoni, und fast ein Dutzend anderer Schiffshölzer; zahlreiche Faserpflanzen, darunter eine vegetabilische Watte (Bombax ceiba), ähnlich unserer Wiesenwolle, aber viel weicher; eine unübersehliche Masse von Arznei-, Färbe-, Harz-, Oel- und Seifenpflanzen, darunter Omphalea diandra, die ein vortreffliches Oel zum Schmieren der Maschinen liefert, und die Virola sebifera. Unter den Mehlstoffen verdienen die Präparate von der Pisangfrucht (Musa paradisiaca) von Mölle. Mathias in Cayenne als höchst nahrhaft und leicht verdaulich die Aufmerksamkeit der Aerzte (das

Pfund 18 Sgr). Endlich Zucker; sehr feine Kaffee's; Cacao und Gewürze. Das Land besteht bekanntlich aus einer nach dem Meere abfallenden Alluvialschicht mit einer Lage groben Sandes darunter, die als Siel wirkt. Von den landeinwärts gelegenen Gebirgen kommt goldhaltiger Quarz herab.

Saint Pierre und Miquelon sind zwei Inselchen südlich von Neufundland, Stationen für den französischen Stockfischfang, in dem die Anforderungen der katholischen Kirche und das Interesse der französischen Kriegsmarine sich auf eine schöne Weise begegnen. Der Fang beschäftigt 200 Fahrzeuge mit 4 bis 50,000 Mann Besatzung und wird durch Prämien unterstützt, gegen die von Theoretikern der Volkswirthschaft viel deklamirt worden ist. So lange es aber Kriegsmarinen giebt — und die wird es wahrscheinlich geben, so lange nicht die ganze Welt in einem großen shop, eine boutique, verwandelt ist — muß es auch Pflanzschulen und Reserven geben, und um deren zu gewinnen, ist diese Einrichtung sicher nicht die schlechteste. Es wäre auch für Deutschland besser, wenn die Hamburger Rheder anstatt ihre Schiffe auf dem stillen Meere Frachtdienste thun zu lassen, sich auf den Fischfang legen wollten. Ausgestellt sind getrocknete und gesalzene Fische und Leberthran, ein wichtiges Ding in diesem skrophulösen Zeitalter.

Der Gouverneur der Kolonie am Senegal hat eine große Sammlung von Landesprodukten ausgestellt. Von den 31 Oelpflanzen nenne ich die schon vorhin erwähnte Arachis hypogaea, von deren Frucht das Land 20 Millionen Pfund jährlich bringt (der Centner 10 bis 12 Franken) und Cucumis melo, neuerbings auf den französischen Markt gebracht und sehr günstig aufgenommen. Unter den 21 Mehlpflanzen befinden sich 6 Arten Sorghum, mit dem jetzt auch in Deutschland Versuche gemacht werden, und unter den Präparaten das vortreffliche Cuscussu, leider ohne Rezept. Ich habe es öfter bei einem Bekannten gegessen, der es aus Marocco bezieht. Es besteht aus Körnern von Mehl (Mais- oder Hirsemehl) etwa von der Größe wie feines Schnepfenschroot und wird in einem Körbchen über Wasserdämpfen gar gekocht. Wie die Mehlkörner erzeugt werden, und über manches andere Bäckereigeheimniß sollten uns billig die Mode gewordenen „wissenschaftlichen" Vergnügungsreisen nach Afrika belehren. Bei manchen der Arzneipflanzen sind die Wirkungen angegeben; Bouloko dient gegen maladies vermineuses, Negerkaffee (cassia occidentalis) gegen Sumpffieber, die Wurzel der Iboga vertreibt den Schlaf, eine noch nicht bestimmte Borke befördert die Gährung des Palmweins. Auch Golderze sind da aus den Minen von Kéniéba am oberen Senegal, deren Betrieb ein Monopol der Frauen ist, und sehr saubere Schmiedearbeiten, die man von den mitausgestellten einfachen Werkzeugen nimmermehr erwarten sollte.

Réunion, eine ältere französische Besitzung, nahe bei Mauritius, und die Inselchen Mayotte, Nossibe, okkupirt 1843, und Sainte Marie, alle drei in der Nachbarschaft von Madagaskar, haben gleich der englischen Besitzung Mauritius mancherlei Fabrikate von jener merkwürdigen Insel eingesandt. Madagaskar ist nicht von Negern, sondern von Kaffern und Malayen bewohnt, deren Gesammtzahl auf 5 Millionen geschätzt wird. Engländer und Franzosen haben seit lange lüstern auf das reiche Land gesehen, aber gefunden, daß die Nuß hart zu knacken sei. Die Küstenstriche sind tödtlich für Europäer, das Innere gebirgig und von einer streitbaren, selbstbewußten Bevölkerung bewohnt. In einem älteren englischen Werke finde ich eine Berechnung angelegt, nach der die Eroberung eine Armee von 30,000 Mann und die Steuerbeitreibung eine immerwährende starke Besatzung erfordern würde. Die Engländer schickten daher ihre leichten Truppen und Geschütze voran, die Missionäre und Traktätchen; „trade and religion" gehen bei ihnen so harmonisch zusammen, daß sie nach einer ausdrücklichen Bestimmung in der Geschäftsordnung des Unterhauses mit gleicher Sorgfalt behandelt werden sollen. Sie befreien die Heiden von dem Mammon und schenken ihnen dafür die Anweisung auf die ewige Seligkeit in dem königlich großbritannisch-irischen Himmel. So lange der König Ramana lebte, ließ sich die Sache ganz gut an; seine Nachfolgerin Ranavalona erließ aber bei ihrer Thronbesteigung 1827 ein Edikt, daß „die neuen Götter, Jehovah und Christus" abgeschafft, die Bibeln verbrannt und die reverend gentlemen aus dem Lande gejagt werden sollten. Seitdem haben die französischen Missionäre sich versucht. Von der Religion der Eingebornen weiß man nur, daß sie ein gutes und ein böses Prinzip verehren. Ihre politischen Einrichtungen erinnern an Indien, sie haben neun Kasten in folgender Rangordnung: Stahl- und Eisenarbeiter, Goldschmiede, Töpfer, Drechsler, Zimmerleute, Seiler, Weber (nur Frauen), Ombiasses, d. i. Gelehrte und Aerzte, Komödianten und Tänzer. Die Arbeiten, namentlich die in der Abtheilung Mauritius ausgestellten, zeigen eine erhebliche Kunstfertigkeit, gepaart mit dem ursprünglichen Sinn für Zweckmäßigkeit und für Farben. Die goldenen Schmucksachen sind sehr künstlich; die Stahl- und Eisenwaaren von vortrefflichem Material und mit einem gesunden Menschenverstande geformt, der ordentlich wohlthuend ist. Die Lehne des eisernen Stuhles, die gerade die Hüften- und Schulternwirbel unterstützt, sollten unsere Tischler sich zum Muster nehmen. Die baumwollenen und seidenen Shawls, Lamba genannt, zeigen Muster, die an die reinen, alten, unverbesserten Tartans aus Schottland erinnern, aber eine viel kühnere und dabei viel wohlthuendere Farbenzusammenstellung. Ich möchte wetten, daß schon ein Fabrikant das schwarz und weiße Muster mit goldener Borte stiebitzt hat und nächstes Frühjahr als neuesten Triumph der Civilisation durch einige dazu gemiethete Damen der demi-monde einem hohen Adel und verehrungswürdigen Publikum in Hyde Park vorführen läßt. Réunion hat eine Masse von Zuckerproben, einige feine Kaffee's, viele Arzneipflanzen, von denen nur die Namen angegeben sind, und saubere Stickereien von der Faser der Agave americana ausgestellt. Von Mayotte kommt eine andere vegetabilische Watte (Bombax pentandrum) und von einer andern der Inseln Fledermausguano, aus einer Höhle, in der die Thiere seit Jahrhunderten, vielleicht seit Jahrtausenden genistet haben.

Die schon erwähnte Insel Neu-Caledonien, östlich von Neuholland in der Nähe des Wendekreises, 80 bis 90 deutsche Meilen lang und etwa den vierten Theil so breit, ist von der Natur auf eine merkwürdige Weise befestigt. Sie ist in einem Abstande von wenigen Seemeilen umgeben von einem Ring von Korallenriffen, die senkrecht aus ungründlicher Tiefe aufsteigen, zuweilen über das Meer hervorragen, zuweilen nur über den Wasserspiegel reichen und zahlreiche Ausläufer, gleichsam Außenwerke, haben, die nur bei ganz stiller See und hellem Sonnenschein zu erkennen und zu vermeiden sind. Dieser Ring hat nur zwei oder drei Lücken, die natürlich nur von einem sehr kundigen Lootsen zu finden und durch Wegnahme der Bojen und Baken und Anlage einiger Festungswerke unpassirbar zu machen sind. Sollte aber je eine feindliche Flotte eingedrungen sein, so bieten die senkrechten Uferfelsen eine zweite furchtbare Vertheidigungslinie. Innerhalb des Ringes ist das Wasser still, und ein englischer Reisender bezeichnet die Insel in jeder Beziehung als eine der besten Stationen für Dampfschiffe in der Welt. Also wäre sie auch wohl eine gute Station für Kreuzer, die den australischen Schiffen aufpassen; und ich denke, die Zeitungsleser werden einmal viel von Neu-

Caledonien zu hören bekommen. Politik treiben aber heißt vorher wissen. Rossibe erfreut sich einer ähnlichen Befestigung. Das Klima ist gesund und begünstigt mit dem Graswuchs die Viehzucht; Wasser, Eisen, Kohlen und Kaolin (zur Porzellanmanufaktur) sind im Ueberfluß vorhanden und die geologische Bildung deutet auf Gold; die Flora hat bisher 2500 Arten geliefert, darunter viele neue. Baumwolle wächst wild.

Tahiti ist nicht eine Kolonie, sondern, wie wir aus dem Katalog ersehen, ein „Protektorat“, das sich über folgende Inseln erstreckt: die Marquesas-Inseln, die Gesellschafts-Inseln, die Gambier Inseln, die Pomotou-Inseln, die Tubuaï-Inseln, eine artige Besitzung. Ihre reiche Natur ist nur dürftig vertreten. Merkwürdig ist ein eßbarer Pilz, Rattenohr, Exidia auricula Judae, der in Schiffsladungen nach China geht, und Piper snethysticum, neuerdings bei den französischen Aerzten zu großem Ansehn gekommen.

Von Cochinchina, wo die Franzosen sich neuerdings festgesetzt haben, verspricht man sich mit der Zeit Baumwolle genug, um die französischen Spinnereien zu versehen. Der Hanf von Siam ist schon im Handel bekannt als eine der stärksten Pflanzenfasern, die es giebt. Die Produkte von Pondichery, an der Küste Coromandel, und Chandernagor, am unteren Ganges werden wir in British Indien wiederfinden.

In der Nachbarschaft der französischen Kolonien, und mit gutem Grunde gerade da, ist eine Sammlung ausgestellt, an der die geputzten Besucher gleichgültig vorübergehen und die uns eine halbe Stunde festhalten soll. „Produkte der Landes“. Die Landes sind ein Dünenstrich zwischen Bordeaux und Bayonne, ganz ähnlich denen, die sich an der pommerschen und preußischen Küste hinziehen. Sie bestehen aus einem feinen Kieselsande, nicht ganz so weiß wie an der Ostsee, der zunächst dem Meere Hügel bildet, landeinwärts

weite flache Strecken bedeckt. Die Dünen „wandern", wie bei
uns, aber nicht längs der Küste, sondern bei den vorherrschenden
Westwinden auch landeinwärts, verschütten den dürftigen Pflanzenwuchs, der sich auf den Sandebenen gebildet, ja, den schweren
Boden, der dahinter liegt. Bei uns befestigt man, so viel mir
bekannt, die Dünen so, daß man erst Strandhafer säet, dann
die schwarze Strandweide pflanzt, auf größeren Strecken auch
Kiefern ansäet. In den Landes betreibt man seit Colbert, der
1658 Schweden als Lehrmeister kommen ließ, eine einträglichere
Kultur, von der Mr. Leopold Javal, Eigenthümer des Gutes
Arès, Departement der Gironde, ein sehr vollständiges Bild
gegeben hat. Seine Ausstellung zeigt in einem sehr starken
Glascylinder die Erdschichten, obenauf ein wenig fliegenden
Sandes, dann die schwärzliche Schicht von geringerer Dicke, in
welcher der Sand mit verwesten Pflanzen gemischt ist, darunter
eine Schicht, die aus Konglomerationen von Grand, Thon und
Pflanzentheilen besteht und das Wasser nicht durchläßt, Alios
genannt, darunter ein leichter Lehm. Der Alios, der bei uns
nicht vorkommt, hat kostspielige Entwässerungs-Anlagen nöthig
gemacht. Wir sehen ferner die eingeborenen Pflanzen, die man
ansäet, wo sie fehlen, einige Haiden, die auch bei uns auf
Grandboden landeinwärts vorkommen und wahrscheinlich in
den Dünen gedeihen würden. Wir sehen endlich die Pinus
maritima, von der man ganze Wälder nicht nur auf den
flachen Strichen, sondern auch auf den Dünen, wo sie auf eine
große Tiefe nichts als Sand unter sich hat, angelegt und in
regelmäßigen Betrieb gesetzt hat; junge Pflanzen von 1, 2, 3, 4,
5 Jahren, eine Schonung von Weihnachtsbäumen, einen Stamm
von 37 Jahren, der seit zwei, und einen von 125 Jahren,
der seit 96 Jahren auf Terpentin gezapft worden ist. Das ist
nämlich die Art und Weise, wie diese Forsten hauptsächlich
nutzbar gemacht werden. Die Produkte des Zapfens, von dem

schwärzesten Pech bis zu dem weißgebleichten Terpentin, Pfähle, Rundhölzer und Planken von den verschiedensten Jahrgängen, Kohlen, endlich die Werkzeuge zum Gewinnen des Harzes, alles ist vollständig und belehrend aufgestellt. An dem großen Stamm ist zu sehen, wie er angezapft worden ist; man hat dicht über der Erde ein Stück Borke etwa 3 Fuß hoch und 1 Fuß breit weggenommen, das Holz bis auf eine Tiefe von etwa 2 Zoll nischenförmig weggeschnitten und quer über diese Wunde ein Eisen, das wie ein Stück Faßreifen gestaltet ist, mit der einen, geschärften Längsseite in das Holz getrieben; von diesem Eisen träufelt das Harz in ein untergestelltes Thongeschirr. Eine eigenthümlich geformte Leiter, die zu dem Handwerkszeug gehört, scheint zu beweisen, daß man unter Umständen den Einschnitt auch höher an dem Baume macht. Sie ist etwa 20 Fuß lang, sieht wie eine Stelze aus, die aber statt eines, ein halbes Dutzend Tritte hat. Man lehnt sie fest an den Baum und befestigt sie mit eisernen Klammern. Nach einer aufgelegten Rechnung haben 100 Bäume im Jahre 1861 an Harz 102 Franken reinen Gewinn gegeben; der Durchschnitt des gewöhnlichen Ertrages ist auf 72 Centimes angegeben. Eine Schonung wird zum ersten Male nach 6 Jahren, zum zweiten Mal nach 10 Jahren, zum dritten Mal nach 15 Jahren gelichtet, zum vierten und letzten Mal nach 25 Jahren. Die Bäume, die in dieser Lichtung zu fallen bestimmt sind, werden während dieser 10 Jahre, also von ihrem 16. bis zu ihrem 25. Jahre gezapft; die übrigen, 200 auf dem Hektare, bleiben bis zum vollendeten 25. Jahre unberührt, werden alsdann aber jährlich gezapft. Dieses ganze System kommt seit einiger Zeit bei allen französischen Dünen zur Anwendung. Ich bat um einigen Samen und erhielt einen ausgezeichnet schönen Zapfen obenein; beides werde ich bei nächster Gelegenheit der Afklimatisationsgesellschaft in Berlin zur Verfügung stellen. Der Umstand, daß die Lehrmeister aus

Schweden gekommen, spricht dafür, daß der Baum auch in einem kälteren Klima als dem gascognefchen einen guten Ertrag giebt.

Wir werden den Abschnitt Kolonien zweckmäßig beschließen mit der Ausstellung der Pariser Akklimatisationsgesellschaft (Nr. 880). Sie enthält, vortrefflich ausgestopft, sechs Säugethiere, deren Akklimatisirung entweder schon bewirkt oder doch im Werke ist: das Alpaca der Cordilleren (Auchenia pacoo), das Guanaco (Auchenia guanaco), das Lama (Auch. lama), die Vigogne (Auch. vicuno), die Angoraziege (capra Angorensis) und den Manchamp-Merino mit Seidenwolle; und 25 Vögel: den Strauß, den australischen Casuar, den Cereopsis, den schwarzen Schwan und zweierlei Tauben, sämmtlich aus Australien, den schwarzhalsigen Schwan, den Hocco (Crax alector), die Penelope aus Südamerika, die kanadische Ente, Ortix Virginianus Tetras cupido und die Anas sponsa aus Nordamerika, die ägyptische Gans, Numida mitrata, aus Madagaskar, Perdix petrosa aus Algier (im wilden Zustande eingeführt), die Mandarinenente, einen Goldphasan (Phasianus pictus), einen Silberphasan (Phas. nycthemerus), sämmtlich aus China, Lophophorus refulgens aus Ostindien, Ortix Californicus und Perdix cristata aus Mexiko; eilf Seidenwürmer, in der Regel den Schmetterling, die Cocons, Haspelseide und von einigen auch Gewebe, nämlich: Bombyx Cynthia von dem bekannten Seidenzüchter Grafen de Lamote Barraie: B. Pornyi, in China wild auf der Eiche lebend, nur Cocons und chinesische Gewebe; B. Mylitta, von Chandernagor, französisch Indien, wild auf der Eiche, nur Cocons, schön grün, und indische Gewebe; B. Gama May, in Japan wild auf der Eiche, nur Cocons, grün; B. arrindia, Ricinusspinner, mit Geweben von Schlumberger in Gebweiler; B. mori, von Japan, Cocons; B. vesperus, von Guiana,

Cocons; B. Polyphemus, aus Nordamerika, mit offenem Cocon; B. Selene, aus Chandernagor; B. Cecropia, aus Südamerika; B. Aurota und B. Speculum, ebendaher; B. Pro-
metheus aus den Vereinigten Staaten; B. Ceanothi, aus Ca-
lifornien; endlich einen Schmetterling, der 6 bis 8 Zoll mißt,
mit prächtigen Perlmutterschildern auf den Flügeln, B. Atlas,
mit Cocons von entsprechender Größe aus Indien. Cynthia,
arrindia, aurota und speculum haben „offene Cocons", d. h.
die Raupe läßt eine Oeffnung in dem Gespinnst, durch welche
der Schmetterling auskriecht; die Gräfin Corneillan und der
Doktor Forgemol haben ein Verfahren gefunden, nichtsdestoweniger einen ganzen Faden zu gewinnen. Ferner folgende
Pflanzen: die Dioscorea Japonica mit ihrer feinmehligen
ausdauernden Wurzel, die 1855 erst in wenigen Gärten gezogen wurde und jetzt schon weit verbreitet ist, sehr zu empfehlen;
Fortpflanzung durch Knollen und Stecklinge. Die weiße Nessel,
den Bambus, den Rhamnus chlorophorus, die ölhaltige
Erbse (Soja hispida), sämmtlich aus China und Cherophil-
lum Prescottii aus Sibirien. Wenn man bedenkt, wie wenig
Thiergattungen der Mensch, und auch diese fast alle in vor-
historischen Zeiten, gezähmt hat, und sich vorstellt, wie es heute
in Europa ohne die Kartoffel aussehen würde, so fühlt man
sich zu dem bittersten Spott darüber herausgefordert, daß von
den vielen tausend Gutsbesitzern in Deutschland so wenige den
Betrag eines ordentlichen Kellerfrühstücks einem Zwecke widmen
wollen, der vor Allen ihnen zu Gute kommt. Wenn eine Einführung gelungen und der Gewinn schwarz auf weiß nachgewiesen ist, werden die Herren schnell bei der Hand sein. Auch
das Geld für manche Denkmäler würde besser auf die Erwerbung kanadischer Waldbäume verwandt.

5. **Europäiſche Kultur im Kontakt mit fremder.**

Daß ich zum letzten Male Lord Palmerſton in der Nähe ſah, war bei einer Preisvertheilung in der hieſigen Univerſität, wo er als Ehrenpräſident fungirte, alſo eine Rede zu halten hatte. „Wir haben,“ ſagte er, „die angenehme Pflicht gehabt, Preiſe zu ertheilen nicht nur an Söhne der vereinigten Königreiche, ſondern auch an Studenten aus unſerer Kolonie Canada, aus unſern auſtraliſchen Kolonien, aus unſerer“ — Stocken, Stottern, Hüſteln — „aus unſerem Etabliſſement (establishment) in Indien“. Und natürlich genug, daß er, vorſichtiger als der Katalog, der Indien unter die Kolonialbeſitzungen wirft, ein Wort erſt ſuchen mußte zur Bezeichnung eines Verhältniſſes, das nie dageweſen. Das engliſche Reich in Indien hat etwas von Kolonien der neuen Zeit und etwas von den „Provinzen“ der Römer und unterſcheidet ſich von beiden in weſentlichen Dingen; vielleicht wäre in einigen der Reiche, welche die Nachfolger Alexanders ſtifteten, die nächſte Aehnlichkeit zu finden. Auf die politiſchen Verhältniſſe einzugehen, würde uns indeſſen zu weit von der Ausſtellung abführen, wäre auch gerade jetzt die ſchlechteſte Zeit, wo Indien ſich in einem Uebergangszuſtande befindet. So lange die Kompagnie beſtand, kamen außer ihren Beamten, die regelmäßig nach funfzehn Jahren in die Heimath zurückkehrten und ein beſtimmtes Quartier von London, einſt Bloomsbury, ſpäter Tyburnia, bevölkerten, ſehr wenig Europäer nach Indien, und in das Innere gar keine. Die Kompagnie begnügte ſich, die nöthigen Einkünfte für die Aktionäre und für die Verwaltung zu erheben und ihre Beamten reich zu machen. Ihre Einkünfte nahm ſie theils aus werthvollen Handelsmonopolen, theils aus Steuern, die bis zum Jahre 1856 in der Präſidentſchaft Madras durch 22 Arten von Folter flüſſig gemacht wurden, theils aus den Abgaben von Grund und Boden, die einen aus

Pacht und Steuern gemischten Charakter haben. Um die Industrie kümmerte man sich nur insoweit, daß man die Beobachtung der Monopol- und Steuergesetze überwachte. Von einer Erfüllung der Pflichten des Staates war keine Rede; und weil man die einheimischen Fürsten in eine Stellung herabgedrückt hatte, in der sie die Lust und Kraft zu gemeinnütziger Thätigkeit verlieren mußten, und, was die früheren Eroberer Indiens nicht gethan hatten, durch eine auf Mißverstand beruhende Behandlung der Landabgabe auch den Organismus der Gemeinde gestört und zuweilen zerstört hatte, so verfielen auch manche der öffentlichen Anlagen, auf denen der Wohlstand, ja die Existenz der Bevölkerung beruhte. Es verfielen namentlich die Behälter, tanks, in denen man den Regen und das bei Ueberschwemmungen ausgetretene Wasser sonst gesammelt und für die Zeiten der Dürre aufgespart hatte. Gab es nun Hungersnöthe, so beruhigte die Kompagnie sich damit, Hungersnöthe seien einmal üblich in Indien, und war ihr Gewissen gar beschwert, so kam ihr die Manchester-Wissenschaft zu Hülfe mit der Lehre, daß dergleichen öffentliche Arbeiten ein Eingriff in das Selfgovernment und in die wirthschaftlichen Naturgesetze seien; die Inder hätten einleuchtend die Wahl zwischen der Ausgabe für die Unterhaltung von tanks, und der Unannehmlichkeit des Todthungerns, und hielten offenbar das letzte Uebel für das kleinere. Mit den Forsten ging es ähnlich; die einheimischen Regierungen müssen eine gewisse Obhut über dieselben geübt haben, sonst hätten die großen Wälder, die unter der englischen Herrschaft zerstört worden sind, gar nicht existiren können. Um etwanigen anglomanen Korreferenten eine Mühe zu sparen, will ich erwähnen, obwohl es mit der Industrie-Ausstellung nicht viel zu thun hat, daß es mir sehr wohl bekannt ist, daß die Kompagnie vorsichtig die Sutti, die Selbstverbrennung der Wittwen, abgeschafft und Buddhas Zahn dieselben militärischen Ehren erwiesen hat wie dem Venerabile. Außer ihren Beamten ließ sie niemanden in die Provinzen ohne eine ausdrückliche Erlaubniß, die nur in seltenen Fällen ertheilt wurde. Für diese Politik, wurde in der Regel der Grund angeführt, daß von „der Habsucht und Gewaltthätigkeit englischer Ansiedler die übelsten Folgen, ja eine Gefährdung der englischen Herrschaft zu fürchten sei." Einer der ausgezeichnetsten Beamten der Kompagnie, Munroe, machte in einem konfidentiellen Aktenstück, das ich gelesen habe, noch eine andere Rücksicht geltend: es sei zu fürchten, daß indische Kreolen nach einigen Generationen die Anhänglichkeit an das Mutterland verlieren und an Losreißen denken würden.

Seit einigen Jahren ist die Kompagnie begraben, wird Indien von hier aus regiert, wird die Ansiedlung von Engländern begünstigt; und daß seitdem die beiden Civilisationen in nähere Berührung gekommen sind, ist an dieser Ausstellung schon deutlich zu erkennen. Im Jahre 1851 sah die Abtheilung Indien noch wie ein Raritäten-Kabinet aus; 1855 hatte man wegen des russischen Krieges aus den Vorräthen des Indiahauses einige Pflanzenfasern hervorgesucht und einer eiligen Prüfung unterworfen, ob sie wohl den Hanf ersetzen könnten, darunter die seitdem in den Handel gekommene Jute. Heute erkennt man das Bestreben, die Naturschätze des Landes systematisch zu erforschen und mit Hülfe europäischer Technik auszubeuten. Heute sehen wir europäischen Einfluß auf die einheimische Industrie, und Produkte von europäischer Industrie, die in Indien betrieben wird. Heute spornt Manchester die Regierung an, Eisenbahnen, Wasserleitungen und Baumwollenschulen anzulegen; denn wenn die Spinnereien kein Futter haben, so hört die Manchesterwissenschaft auf. Auch an diesem Kontakt der beiden Industrien, der jetzt erst eingetreten ist, zeigt sich der Unterschied zwischen Indien und den Kolonien. In Nordamerika, Westindien, Australien begegnen wir nur vereinzelten Arbeiten einer in der Kind-

heit hinsterbenden Urbevölkerung, einer Industrie, die der Europäer zertritt, nachdem er ihr ein paar Kunstgriffe abgesehen hat.
Die 130 oder 150 Millionen Bewohner des „Etablissements"
in Indien lassen sich nicht „von dem Antliß der Erde hinweg
verbessern", wie die Yankees sagen, lassen sich nicht bekehren,
ein paar Ueberläufer aus der höchsten Geldaristokratie und aus
den untersten Kasten abgerechnet, lassen sich nicht, wie mit den
Bewohnern von Neu-Seeland eben geschieht, zu Tagelöhnern auf
dem Lande ihrer Väter herabdrücken, Hindus so wenig wie
Muselmänner und Sikhs. Ihre Industrie und Kunst ist eng
verwachsen mit ihren Religionen und Sitten. Führt der Engländer die Dampfmaschine ein, so ist der Brahmane gescheidt
genug, sich auch so ein eisernes Thier anzuschaffen und in seinem Sinne arbeiten zu lassen. Er stiftet Schulen, in denen alle
exakten Wissenschaften Europas gelehrt werden, und wenn man
beim Anblick der Naturschätze sich überwältigt fühlt von der
Vorstellung, welche Gütermasse die europäische Technik daraus
gewinnen wird, so wird eine noch viel mächtigere Gedankenreihe
angeschlagen durch die Frage, welche Entwicklung eine Philosophie, aus der Aristoteles sein Bestes geholt haben soll, dereinst
nehmen wird, wenn sie von europäischer Naturwissenschaft und
Geschichtskunde befruchtet ist.

Dasselbe Verhältniß, der Kontakt zweier Kulturen, die nicht
eine in der anderen aufgeben wollen, findet sich in Algerien;
Reste desselben sind in den aus den spanischen Besitzungen in
Amerika hervorgegangenen Reichen, Anfänge desselben in China
und Japan zu erkennen. Wir werden also für diesen Zweck
alle diese Länder, wenn auch lose, doch richtig, verknüpfen dürfen.

Zuerst also Indien. Wenn ich Erlaubniß hätte oder die
Macht, die in solchen Dingen immer die Erlaubniß einschließt,
das Indien der Ausstellung zu plündern oder to loot, wie der
aus Indien entlehnte anständigere Ausdruck lautet, so würde ich

nebst einer guten Klinge von Eierstahl, einer halben Metze Juwelen und einigen Shawls auch die Reliefkarte mitnehmen, die
Montgomery Martin vor Jahren entworfen und in die ein
Anderer die Resultate der seit sechs Jahren betriebenen Ver-
messungen und geologischen Untersuchungen eingetragen hat.
Die Verhältnisse sind zwar, wie mich dünkt, nicht richtig, die
Gebirge zu hoch; aber mir gefällt das, die flachen Karten, auf
denen die Höhenzüge schwarz schraffirt sind, sprechen nicht zu
meiner Einbildungskraft. Ich halte es mit dem alten Fritz, der
einmal bei einer Rekognoscirung zum Entsetzen seines topogra-
phisch gebildeten Stabes Jemandem den Auftrag gab: Die höchsten Punkte lasse er ganz weiß, und je tiefer das Terrain, desto
schwärzer mache er es. In Dreiecken vermessen und geologisch
untersucht sind 94,000 englische Quadratmeilen, viel mehr als
der Flächenraum von England und Schottland, aber ein kleines
Stück von Indien. Eine andere wichtige Hülfe sind die zahlreichen Photographien, namentlich von Bauwerken. Daß auf
dem unermeßlichen und unendlich mannichfaltigen Gebiete von
den Abhängen des Himalaya bis zum Kap Comorin und von
dem westlichen Thalrande des Indus bis zu der östlichsten Mün-
dung des Irriwadi die Engländer in den letzten Jahren sich
mehr zu Hause gemacht haben, ist schon aus dem Katalog zu
erkennen, der diesmal eine Menge von Ausstellern enthält, die
weder Offiziere sind, noch das C. S. (Civil Service) hinter
ihrem Namen haben und an entlegenen Orten wohnen. Die
Erläuterungen vollends, von denen die Sendungen begleitet sind,
erinnern an die Berichte der Männer, die Josua in das gelobte
Land geschickt. Hier hat einer gebohrt, da geschürft, dort die
Wälder durchforscht, die Erde zerlegt, und überall hat man den
Eingebornen auf die Finger gesehen, ob ihnen nicht ein Gewerbe, ein Handel zu entreißen. Einer hat die Hüttenleute in
Mirzapor beobachtet, die einen kleinen Hochofen von drei

Fuß Höhe bauen und den ganzen Tag auf einem Sack von Ziegenfell „tanzen“, der den Blasebalg vertritt, während Frauen und Kinder das Eisenerz und die Holzkohlen zutragen, und die froh sind, wenn an dem kleinen Brode Eisen, das unten im Ofen zusammenläuft, die Familie ein Tagelohn von 1½ Annas oder 2 Groschen verdient hat. Der Beobachter hat ein verbessertes Oefchen der Art gebaut und das erstemal das Eisen und die Schlacken in einem Klumpen erhalten, weil er einen kleinen Kunstgriff des Tänzers übersehen hatte. Ein Anderer hat herausgebracht, daß die Sasum-Brahmanen sich ein Monopol an dem Pan, dem aus Arecanuß und Betelblättern bestehenden Priemchen der Orientalen, dadurch verschafft haben, daß sie die Vorstellung verbreitet, die Kultur der betreffenden Bäume sei eine heilige, nur den Brahmanen zuständige Sache; er wird diesen Aberglauben bekämpfen und den „werthvollen“ Geschäftsbetrieb selbst in die Hand nehmen. Ein Dritter knüpft an eine Beschreibung der Teppichweberei in Shahabed folgende Betrachtung: „Ich glaube, daß Manchester mit großem Vortheil einschreiten und einen großen Absatz gewinnen könnte. Wenn die Fabrikanten eben diese Zeuge in langen Stücken machen wollten, so würden sie sicherlich die einheimische Industrie von dem Markte treiben und zu andern Beschäftigungen nöthigen und sich eines werthvollen Handels durch ganz Indien bemächtigen. Die größere Steife, Stärke und bessere Qualität ihrer Waaren würden allmählig aber sicher, wie es mit den Kattunen geschieht, die einheimische Manufactur ganz und gar beseitigen. Um das zu erreichen, ist es aber nothwendig, nach indischen Mustern zu arbeiten; die Eingebornen sind ein Volk der Gewöhnung, sogar in ihren Teppichen, und würden einen plötzlichen Wechsel in Mustern und Farben nicht gut aufnehmen.“

Die Einsendungen sind so zahlreich, daß sie nicht alle in der Ausstellung Platz gefunden haben, sondern zum Theil an das Indische Museum abgegeben worden sind. Eisenproben sind in großer Menge da, aus den verschiedensten Gegenden und von der verschiedensten, zum Theil ausgezeichneten Beschaffenheit. Besonders reich scheinen die Gebirge an der Soane zu sein, und hier wird auch, wenn die Eisenbahn zwischen Ganges und Nerbudda erst fertig ist, die Steinkohle leicht herangeschafft werden können, während die meisten andern Lager mit Holzkohle verhüttet werden müssen und deßhalb zwar ein sehr gutes, aber zu theures Metall liefern. Gold wird nur gewaschen und in kleinen Quantitäten; die alten Minen sind entweder erschöpft oder es ist, wie manche vermuthen, den Eingebornen gelungen, sie zu verheimlichen. — Die Hölzer sind weniger belehrend zugerichtet als die kanadischen. Die großen Forsten sind, wie schon erwähnt, verwüstet, der Teakbaum diesseits des Ganges fast ausgerottet und zwar durch die englischen Exporteure. Nur in der vor zehn Jahren von dem Birmanenreich abgerissenen, den Franzosen vor der Nase weggenommenen Provinz Pegu sind noch gute Bestände und, da in den angrenzenden Provinzen noch viel bessere sein sollen und da in der großen Streitfrage Holz wider Eisen das Teak ganz unentbehrlich geworden ist, so wird sich der König der Birmanen wohl über kurz oder lang eine Beleidigung gegen den britischen Löwen zu schulden kommen lassen, die nur durch neue Annectirungen gesühnt werden kann. Der erste nachhaltige Anstoß zu einer regelrechten Forstkultur in Indien ging von der British association for the advancement of science aus, und diese hatte wieder den Anstoß durch Hartig erhalten. Es ist merkwürdig, daß die Engländer, die zu Hause eine fast antike Verehrung für Bäume haben und eben im Begriff stehen, sie durch ein Gesetz gegen die zerstörenden Ausdünstungen der chemischen Fabriken zu schützen, in der Forstwissenschaft gar nichts geleistet haben und draußen sich stets als Waldverwüster hervorgethan haben. Sie haben diese Neigung auf

die Yankees vererbt, die jetzt schon bitter dafür büßen; die Er-
haltung der schönen Bestände in Kanada ist wesentlich der französischen Bevölkerung des Landes zu danken. Die oben genannte Gesellschaft ließ seit 1850 die Wälder in Indien untersuchen und Pläne ausarbeiten, die in der Präsidentschaft Madras
zur Ausführung kommen sollen.

Der Faserpflanzen ist Legion. Eine bloße Aufzählung
würde das große Publikum nicht interessiren und Kaufleute und
Fabrikanten nicht befriedigen; die letztern sind auf Royle's Fi-
brous plants of India zu verweisen. Lein ist von jeher in
Indien gebaut worden, aber nicht um der Faser sondern um
des Oels willen, was sehr auffallend ist; man sollte meinen, in
dem heißen Klima müßten leinene Kleider zusagender sein als
baumwollene. Erst in der neuesten Zeit hat man angefangen,
den Flachs auszuführen, und ein Verein in Belfast, dem Mittelpunkt der irischen Linnenindustrie, hat an verschiedenen Punkten Indiens Versuche mit Rigaer Saat anstellen lassen, die
guten Erfolg versprechen. In Betreff des Hanfes sind mir interessante, und, wie ich glaube, neue Notizen zugegangen, nicht
über die Behandlung der Faser, sondern über die Bereitung
der berauschenden Tabacke, Getränke und Konfituren, die aus
den verschiedenen Theilen der Pflanze bereitet werden. Der nar-
kotischen Bestandtheile der Cannabis sativa, die gewöhnlich unter
dem Namen Bangh begriffen werden, sind eigentlich drei: Ganjah, die mit Knospen bedeckten Zweige, die geraucht und zu
Konfekt, Mudaky, verarbeitet werden; Bangh, die jungen zerstampften Blätter, nur zum Rauchen; Churrus, eine harzige
Ausschwitzung der Pflanzen, das kräftigste Narkotikum, von dem
ein paar Körner unter gewöhnlichem Taback gemischt werden.
Das Konfekt besteht außer dem Ganjah aus Zucker, Butter,
Gerstenmehl und Milch und versteckt den durchdringend bittern
Geschmack des Hanfes so vollständig, daß man ihn nicht her-

ausmerkt. Erwähnt sei von den Faserpflanzen noch die Daphne Laureola, aus deren Rinde in Nepal ein Papier ähnlich dem japanesischen, gemacht wird. Da Nepal hoch liegt und dieser schöne immergrüne Strauch mit Blüthen wie der gelbe persische Jasmin auf den Gebirgen des Landes wächst, so sollte man meinen, daß er in der gemäßigten Zone Europas fort-kommen müßte. Wenn dem Katalog zu glauben, so wäre in dem einen Schranke der ganze Prozeß der Opiumbereitung dar-gestellt; aber es ist damit, wie mit der Fabrikation der Arm-strong'schen Kanonen. Von dem Oel des Sesamum Orien-tale und Indicum werden seit einiger Zeit große Massen nach Marseille geführt und zur Verfälschung des Olivenöls benutzt. Ein Hindu, der Medizin studirt hat und als Militairarzt dient, Babu Keny Lale Dey, hat eine vollständige Arzneimittellehre der eingebornen Aerzte von 220 Nummern geliefert. Um die Fachjournale aufmerksam zu machen, hebe ich einige Proben aus. Weißer und schwefelsaurer Arsenik gegen Schlangenbiß, hartnäcki-ges Wechselfieber und leprosy; Helleborus niger gegen Was-sersucht; Nigella sativa für nährende Mütter; Berberis Ly-cium, Stamm und Zweige Ʒ ss in Wasser gegen Augenent-zündungen; Gynocardia odorata ♏ iij bis ♏ vj des Oels innerlich gegen Lepra tuberculosa; Cucumis utilissimus, die gerösteten und gepülverten Kerne bei Steinbeschwerden, 5 bis 15 Gr.; Strychnos Potatorum, die Nuß an den inneren Wänden eines Gefäßes gerieben, klärt das Wasser. — Von Reis, der in Hunderten von Varietäten vorkommt, und vielen andern Mehlfrüchten sind Analysen gegeben. Kaffee kommt nur als Zierstrauch in Gärten vor; Thee aber wird seit zwanzig Jahren an den Abhängen des Himalaya in großen Plantagen gebaut; über die Qualität kann ich nicht urtheilen.

Ueber die Seidenraupen ist ein vollständiger Bericht ver-heißen, aber nicht gegeben. Wolle wird in dem eigentlichen

Indien gar nicht produzirt; die ausgestellten Proben sind theils
aus dem Pundschab, das sich vortrefflich zu einer rationell betriebenen Schafzucht eignen würde, theils aus den noch nicht er-
oberten Ländern im Norden. Im Pundschab werden folgende
Wollen verarbeitet: 1) Paschum oder Shawlwolle — mit diesem Gegenstande hoffe ich wieder die Theilnahme der gelang-
weilten Leserin zu gewinnen; man kann nicht eher „allgemeine
Gesichtspunkte" nehmen, als bis man das Einzelne bemeistert hat,
oder man geräth in Gefahr, Literaturgeschichte zu schreiben; auch
ist eine Ausstellung doch eigentlich nicht zum Amusement da.
Paschum ist ein daunenartiger Stoff, der sich auf der Haut und
unter der dicken Wolle der thibetanischen Ziege findet; er kommt
in drei Farben vor: weiß, strohgelb und dunkel lavendelfarbig
(Tuscha). Der beste kommt aus den chinesischen Tributsländern
Turfan Kichar und geht über Yarkand nach Kaschmir. Denn
in Kaschmir, wo der Garten Eden gelegen haben soll, werden
die Shawls gemacht, verführerischer als der Apfel. Da der
Fürst die Ausfuhr nicht duldet, so müssen die Weber im Pundschab sich mit einer geringeren Sorte begnügen, die aus Châthân
kommt. In Kaschmir kostet die beste Qualität Tuscha sieben
Schilling, 2 Thlr. 10 Sgr., das Pfund. 2) Kabuli Paschum,
das Fließ des Dumbaschaafes, das in Afghanistan zuhause ist.
3) Die Wolle von Kirman, einer Provinz im Süden von Persien; Nr. 2 und 3 werden zur Verfälschung der Kaschmirwolle
benutzt. 4) Pat, Ziegenhaar aus Afghanistan, aus dem Pattu
gemacht wird. 5) Das wollige Haar des Kameels. 6) Die
Wolle des Landschaafes in Pundschab. Die Shawlweberei hat
sich in dieser Provinz, dem Gebiet der Sikhs, erst seit dreißig
Jahren eingebürgert, seit eine furchtbare Hungersnoth eine Menge
von Webern aus Kaschmir vertrieb. Aber sie erreicht die ächte
bei Weitem nicht, erstens weil die ächte Wolle nicht zu haben
ist, und zweitens weil das Wasser von Kaschmir wie die Quel-

len von Tunis eine ganz besondere, chemisch noch nicht nach-
gewiesene Eigenschaft besitzt, die den Farben eine anderswo un-
erreichbare Kraft und Wärme giebt. Indessen liefert auch der
Pundschab Shawls painful to look at, schmerzhaft anzusehen,
wie die Damen ein über das andermal bemerken. Wer sich
dies Gefühl verschaffen will, dem empfehle ich namentlich den
Mantel aus Umritsur, dessen Farben in der Erinnerung zu
einem gesättigten Olivengrün zusammenfließen. Er ist aus mehren Stücken, technisch Blättern, zusammengesetzt, und es verdient
beachtet zu werden, daß das Cypressenblatt, welches natürlich
das Muster hergegeben hat, in einigen Blättern aufwärts steht,
in andern verkehrt. — Der erste Prozeß ist das Reinigen der
Wolle, das mit Kalkwasser geschieht. Dann folgt das Aus-
lesen der Haare aus der Wolle, eine sehr mühsame Arbeit, von
der die Güte des Fabrikates wesentlich abhängt. Das Verspinnen
erfolgt auf einer Spindel, von der ein, leider unvollständiges
Modell ausgestellt ist. Versponnener, weißer Paschmin kostet
bis 17 Thlr. das Pfund; die große Differenz gegen den Preis
der rohen Wolle beweist, daß auch das Spinnen eine sehr mühsame Operation sein muß. Dann folgt das Färben. Von dem
Webestuhl ist auch ein Modell ausgestellt, aber auch nicht vollständig. Alle Shawls zerfallen in zwei Klassen, gewebte (Te-
liwalah) und gearbeitete. Die erste, die theuerste Sorte wird in
Stücken gewebt, die hernach so künstlich zusammengenäht werden,
daß die Naht nicht zu finden ist. Die zweite wird mit der
Nadel auf einen Grund (Paschmina) gesetzt. Ein gewebter
Shawl, sieben Pfund schwer, kostet in Kaschmir 2000 Thlr.,
wovon 200 Thlr. auf das Material, 700 Thlr. auf Arbeitslohn, 500 Thlr. auf Steuer zu rechnen. In neuerer Zeit haben
die europäischen Importeure so viel Beschwerden über Verfälschung der Wolle geführt, daß man den Plan gefaßt hat, in

Umritsur, einer Hauptstadt des Pundschab, eine Korporation mit einem Fabrikzeichen und Waarenbeschauern zu stiften.

Die Teppiche in Indien bestehen in der Regel aus Baumwolle und aus Matten. Sie werden unter anderen in den Strafanstalten verfertigt, und der eine auf der Ausstellung ist von einer Familie von Thugs, die gegen ihre Mitschuldigen denunzirt und gezeugt und dafür begnadigt worden sind, gesponnen, gefärbt und gewebt. Die eine Hand, die an dem Gewebe gearbeitet, hatte an achtzig Mordthaten geholfen. Von anderen Geweben sehen wir diesmal nicht nur die oft beschriebenen Musline mit Gold- und Silberstickereien, sondern ein vollständiges Probenbuch in 18 Bänden. Wer nicht glauben will, was ich über den Sinn für Farben und Ornamentirung gesagt habe, der vergleiche diese Muster mit den brutalen Möbelkattunen, die in Manchester aus indischer Baumwolle gearbeitet und herausfordernd in dieser Abtheilung ausgestellt sind. Aehnliche Vergleiche sind in einem andern Gewerbe zu machen. Unter die Juwelen, die Gold- und Silbersachen, Krümel der Schätze, welche die Engländer seit hundert Jahren aus Indien weggeschleppt haben, unter die sinnig erfundenen und zart ausgeführten Filigrane hat sich eines der schrecklichen testimonials, silbernen Ehrengeschenke englischer Fabrikation, hingepflanzt. Der Verfertiger wohnt in Kalkutta, aber die Sonne des Südens hat nicht in seine Seele geschienen. Eine andere Folie für die Kunst der Hindus bildet ein Schrank mit barbarischen Goldsachen aus Lahore, der Hauptstadt der aus dem Abschaum der Hindus und der Muselmänner zusammengeflossenen, von beiden gleich verabscheuten Sikhs. Die beiden Sättel, der eine purpurn mit Gold, der andere violett mit Silber, und einige andere Beutestücke sind sehr schön, aber zu oft gezeigt und nachgerade fadenscheinig. In der Tischlerei, und speziell an den Sophas und Stühlen sind die englische und die indische Technik die innigste Verbin-

dung eingegangen. Der Eingeborne bedarf der Möbel nicht, er
sitzt auf Kissen; keine einzige der von 1851 her bekannten Püppchen, welche die Stände und Klassen in ihren Beschäftigungen
zeigen, sitzt auf einem Stuhle. Der Engländer hat die Möbel
bestellt und der Hindu hat sie in geschnitztem Holze vortrefflich
ausgeführt und der Rücklehne einen verständigen Winkel gegeben. — Im Allgemeinen stehen die beiden Civilisationen noch
unvermittelt neben einander, wenn auch der Hindu Möbel für
den Engländer, und der Engländer Zeuge für den Hindu fabrizirt; und es wird noch lange so sein.

Algerien, das man auch in dem Kataloge weder als Provinz, noch als Kolonie behandelt hat, macht einen harmonischeren
Eindruck als Indien, nicht nur weil es mit großem Geschmack
und Geschick geordnet ist, sondern auch weil die Produktion und
Fabrikation des Landes vollständig und in richtigen Verhältnissen
vertreten ist und weil in der Fabrikation die beiden Kulturen, die
einheimische und die fremde, sichtlich auf dem Wege sind, sich in
einander zu schicken. Kein Land hat soviel Sorgfalt auf die
Ausstellung verwandt wie Frankreich; nicht nur daß man im
vorigen Jahre häufig die Erzeugnisse einzelner Gegenden oder
einzelner Industriezweige in Probeausstellungen vereinigt hat,
sondern es ist auch über die Zulassung jedes einzelnen Gegenstandes durch eine jury d'admission entschieden und dadurch
all der Schund ausgeschlossen worden, der in manchen andern
Ländern sich breit macht. Diese Prüfungsjurys haben gegen
1851 folgende Fortschritte gefunden: Eröffnung von neuen Berg-
werken und Steinbrüchen; bessere und erweiterte Kultur der
Mehlpflanzen, der Korkeiche, des Tabacks und der Baumwolle;
Zunahme des Wein-, Oliven- und Obstbaues; Gewöhnung der
eingeborenen Frauen an Nätherei und Stickerei für den Markt.
Die meisten Rohprodukte, wenn auch von den Franzosen gesammelt, der ersten Behandlung unterworfen und hin und wieder

in der Qualität verbessert, sind längst vor der Eroberung im Lande gebaut und gewonnen worden; und in der Fabrikation haben die Eingeborenen von den Franzosen die bessere Technik und diese von jenen Manches in dem Styl und der Ornamentirung angenommen. Die Sachen, vielleicht mit Ausnahme einiger Waffen, sind alle neu und sind Gegenstände der gewöhnlichen Fabrikation. Die fortschreitende Verschmelzung der beiden Industrien ist verkörpert in zwei bronzenen Standbildern eines französischen Künstlers, die auch sonst bemerkenswerth sind als gelungene Versuche in farbiger Skulptur. Die eine stellt eine Frau vom Berberstamme dar, von dem Typus, dem Shakespeare's Morisko von Venedig angehört, dem heutigen Sprachgebrauch entgegen übersetzt und der Absicht des Dichters entgegen dargestellt als Mohr von Venedig. Das Nackte ist braune Bronze, das Gewand grüne, Ohrringe und Armbänder Silber, das Haar schwarz; der Korb, den sie auf dem Kopfe trägt, und die Früchte, die darin liegen, in den natürlichen Farben. Die andere mit einem ähnlichen Korbe ist eine richtige Mohrin, d. i. Negerin; das Nackte schwarz, der Schmuck Gold, die Ohrringe korallenroth. Die Winkelmann'sche Schule bewundert zwar an den antiken Bronzen den „edlen“ Rost der Jahrhunderte, betrachtet aber die Farbe, die er der Bildsäule giebt, in Betreff des dargestellten Gegenstandes, in Betreff der Formen, als etwas gleichgültiges; und an der Antike, wie sie heute ist, mit Recht, denn grün ist doch der Herkules einmal nicht gewesen. Bei diesen beiden Statuen aber würde es ihr sauer werden, von der Farbe zu abstrahiren, besonders bei der Negerin mit ihren aufgeworfenen Lippen. Ich habe schon auf der Pariser Ausstellung darauf aufmerksam gemacht, daß wir uns mit Hülfe des Metalles am leichtesten an die Polychromie in der Skulptur gewöhnen würden.

Die wichtigsten Rohprodukte sind Baumwolle, Seide, Wolle und Taback. Eine ganze Wand ist mit getrockneten Baumwollen-

6

stauben bedeckt, in denen die aufgesprungenen Saamenkapseln wie schwere Schneeflocken hängen; 60 Aussteller haben überhaupt rohe Baumwolle eingesandt. Die Cocons und rohen Seiden, von 39 Züchtern, sind nur unterschieden in blancs, jaunes, Milanais und Ricinusspinner, der letztere in Massen vorhanden; die Züchter sind alle Franzosen. Vierzig Aussteller, darunter 22 Muselmänner, haben Wolle geschickt, die eine sorgfältige Kultur verräth; einige auch Proben von chameau noir und chameau brun. Taback bezieht die Regie schon seit Jahren in großer Masse aus Algier. Von Hölzern ist eine sehr vollständige Sammlung da, aber in kleinen Stücken; und selbst in diesen sind garstige Risse wahrzunehmen. Die Korkeiche wird forstmäßig gebaut. Fasern sind ausgestellt von der Zwergpalme, hier crin végétal genannt, von der Aloe, der Sansevicra, der Banane, der weißen Nessel, der Opuntia, von denen die Aloe die meiste Verwendung findet, zu Stricken, zu Papier, und zu sehr sauberen Geflechten, z. B. Damenhüten. Hanf und Flachs erreichen eine außerordentliche Höhe, der letztere bis zu sieben Fuß. Ceralien sind von 97 Ausstellern, meistens Muselmännern, geliefert. Die Afflimatifations-Gesellschaft in Algier beschäftigt sich vorzugweise mit der Einführung von Mehlpflanzen und hat einen Tisch mit Wurzelknollen bedeckt von Batatas edula; Dioscorea alata, sativa, Piddingtoni; Colocasia sagittifolia, die das sogenannte Karaibenbrod liefert, Cucollata, violacea, esculenta, antiquorum; Canna edulis; manihot utilissima, von der die in England käufliche Tapioca gewonnen wird. Von diesen Knollen, alle mit einer feinen, wohlschmeckenden Stärke, manche einen Fuß lang und darüber, werden einige schon in der Umgegend von Paris gebaut; es unterliegt also gar keinem Zweifel, daß sie auch in Deutschland fortkommen würden. Um wieviel näher die Franzosen und Mauren einander gekommen sind, als die Engländer und Hindu's, ist noch einmal bildlich ausgedrückt in dem ara-

bifchen Wappen des Marschalls Pelissier, „des Knechtes Allah's
und Gouverneurs von Algerien", das nach morgenländischer Sitte
aus zwei Koranversen besteht: „Allah ist sicherlich nicht geneigt,
Städte ungerechter Weise verderben zu lassen, wenn die Einwohner gute Menschen sind", und: „Der Herr über Andere sollte
nie der Sclave seiner selbst sein."

Die maurische Industrie und Kunst unterscheiden sich heute
nicht wesentlich von der türkischen; wir wollen daher gleich auf
die letztere einen Blick werfen. Einen flüchtigen, denn die Vertretung ist unvollkommen; es sind nur 15 Aussteller da, meistens nicht Produzenten, sondern Händler, welche die verschieden-
artigsten Gegenstände aufgekauft und eingeschickt haben. Der
Besucher muß nicht, wie man in England sagt, „mit der Vorstellung davonlaufen", ein richtiges Bild gesehen zu haben. Die
besten Gewebe, Stickereien, Parfümerien und Leckerbissen werden
im Hause, von den Frauen und weiblichen Dieneriunen verfertigt und sind in den Basars gar nicht zu haben, nicht nur, weil
die wohlhabende türkische Frau nicht für den Markt arbeitet und die
arme Stickerin nicht des heitern Geistes ist, den die Arbeiten des
Harems athmen, sondern auch, weil in den Basars wenig Nachfrage danach ist. Auf diese Zustände bezieht sich die eine Bemerkung, welche die algierische Jury gemacht hat. Wenn ich die
ausgestellten Stoffe für Basararbeit ansehe, so will ich übrigens
nichts Schlechtes von ihnen gesagt haben, namentlich von der
gestickten Gaze. Die Grundfarben sind unnachahmlich weich, und
die Stickerei von der reizenden, maßvollen Einfachheit wie alte
arabische Poesie. Mögen die Grazien dieses eine Stück, malven-
farbig mit Sträuschen in Grün und Gold, gnädig vor dem
Schicksal bewahren, über eine Krinoline gespannt zu werden! In
dem großen Schranke vorn hatte man erst, verständiger Weise, den
Anlauf genommen, ein türkisches Zimmer darzustellen; auf dem
prächtigen Teppich steht ein Mangal, Behälter für die Holzkohlen,

6*

der den Ofen vertritt, daneben ein Divan, wie er sein muß, mit
den niedrigen Tischchen davor. Nachher hat man aber das Bild
zerstört durch Kleider, die wie in einem Schaufenster aufgestellt
sind. Von Waffen, Pfeifen, Filigran in Silber und Gold ist
das Beste da, was Stambul aufzubringen hat. An den Handtüchern und Bademänteln mit ihrem dichten, lockern Vließ kann
man sehen, wie dürftig die Nachahmung ist, die Manchester zu
Stande gebracht hat. Zu den Cocons sind nur die Bezirke angegeben, von woher sie genommen, nicht die Namen der Schmetter-
linge, noch das Futter der Raupen. Auf der Gallerie, über der
Türkei, hat Aegypten eine ähnliche Aufstellung gemacht. Wer
weiß, was gut ist, erholt sich von der Frohnarbeit des Sehens
auf dem dunkelgrünen Divan, der dem Publikum preisgegeben
ist, und wer irgendwie mit Manchester zusammenhängt, setzt sich
dabei so, daß er nicht die Baumwolle sieht und die Laune darüber verliert. Wenn doch täglich 100,000 Centner von der
wundervollen Faser wüchsen! Und nun gar die unangenehmen
Operationen, die unser höchst intimer Alliirter in dem Lande betreibt! Wer hätte auch das gedacht, als wir uns auf seine Feste
drängten und ihn respektable machten, um diese Zeit vor zehn
Jahren?

In den spanischen Ländern Amerika's begegnen wir nur
selten Spuren von der Industrie der Eingebornen; am Wenigsten verwischt sind sie, nach der Ausstellung zu urtheilen, in
Peru. Die sprechendsten Sachen der Art sind freilich alt, wie
uns der Katalog belehrt, in Gräbern oder in den Ruinen india-
nischer Städte gefunden. Die alten Silbersachen sind nicht recht
zugänglich; sie liegen in einem verschlossenen Glaskasten, und in
so kleinen Ausstellungen, wie die peruanische, findet man nur
selten einen Aufseher. Die Kunst, mit Silber umzugehen, hat
sich unter den Eingebornen erhalten und besonders auf Filigran
gelegt, das in Europa seine Zeit gehabt hat. Von den Zeugen,
Ponchos, sieht man genug, um die Frische der Farben nach so

viel Jahrhunderten und das Geschick in ihrer Verbindung zu bewundern. Das eine Stück, ein seidener Shawl von dem dunkelsten Schwarzblau, hat eine breite Borte, in der Streifen von Meerblau, Chamois und Gold abwechseln; wo Chamois und Blau, und wo Chamois und Schwarz neben einander liegen, ist ein kleiner weißer Streif eingeschoben. Die Wollen sind ohne alle Erläuterung bezeichnet als Alpaca, Lama und Vicuna oder Vigonia. Landwirthe werden nach dem Klumpen Guano lecker, der so reich ist, daß die Ammoniaksalze sich in Nieren und Adern krystallisirt haben. Aus dem angrenzenden Ecnador hat die Landkompagnie, welche den Hafen Pailon und anderes Land erworben hat und ihn durch eine Straße mit Quito verbindet, Proben von den reichen Produkten der verschiedenen Terrassen, auf denen ihre Besitzungen liegen, und einige alte und neue Indianerarbeiten ausgestellt: Gold, Cacao, vegetabilisches Elfenbein, Taback von Esmeraldas, den besten der Welt, früher nie ausgeführt, Hölzer, Fasern, ächte Panamahüte, die man in die Tasche stecken kann, ein goldenes Sonnenbild der Inkas und Trümmer roher Thonfiguren, die bei den Bauten am Pailon in der Erde gefunden sind. Costa Rica sendet einen Kaffeezweig mit Hunderten von Beeren und Stücke Kautschuck, so dick und breit wie Elephantenleder; Venezuela einen Staudenweizen, der aus einer Wurzel 135 Aehren getrieben. Ich hoffe, unser Geschworener hat sich einige Körner geben lassen. Die brasilianische Ausstellung entspricht ganz der Beschreibung, welche die Reisenden der „Novara" von dem kaiserlichen Museum in Rio geben; sie zeigt Proben der reichsten Naturschätze und der größesten Vernachlässigung Ansprüche auf hohe Entwickelung neben Beweisen barbarischer Zustände. Da ist eine Maschine, die so schnell drucken soll, wie man spricht, aber nicht geht; da ist eine goldene Lorgnette, „Eigenthum S. M. des Kaisers"; da sind gewaltige goldene Epaulettes; da ist eine Hangematte von portugiesischer Arbeit, aber im schlechtesten afrikanischen Farbengeschmacke; da ist eine Holzbibliothek mit saubern Rücken und Titeln, aber in so kleinem Format, daß sie unbrauchbar ist, und so hoch an die Wand gehängt, daß man nicht einmal dazu kommen kann; da ist eine Photographie des botanischen Gartens, der, wie wir anderweitig wissen, groß genug angelegt und schlecht genug unterhalten ist; da sind natürlich Diamanten und Smaragden, aber von ordentlicher Arbeit zeugen nur die Leder, darunter eins von der Riesenschlange.

Aus China ist keine systematische Sammlung da, sondern ein Kuriositätenkabinet, mit dem es seine besondere Bewandtniß hat. Als die Engländer und Franzosen den Angriff auf Pekin gemacht hatten, war in den hiesigen Zeitungen zu lesen, daß die Bundesgenossen in dem kaiserlichen Sommerpalaste tüchtig geplündert hätten, während die englischen Soldaten, tugendhaft wie Spartaner, die verlockendsten Kostbarkeiten zerschlagen und dann das Ganze den Flammen übergeben hätten. Einige Leute dachten damals Einiges dabei, aber hielten den Mund, zum Beispiel der Schreiber dieses. Aus was besteht nun das China der Ausstellung? Aus Kunstwerken des Sommerpalastes, welche englische Offiziere in die Taschen gesteckt und ihre Frauen hier ausgestellt haben. Und hübsch geräumig müssen die Taschen gewesen sein, denn sie haben beherbergt ein Scepter, einen überaus reich in Gold gefaßten Menschenschädel, silberne Gefäße, große Bilderrahmen in Elfenbein geschnitzt, den Schirm, der hinter dem Thron des Kaisers stand, eine Anzahl von Porzellanvasen, drei bis vier Fuß hoch, eine aus den Anfängen der Porzellanmanufaktur, wahrscheinlich ihr Alter nach Tausenden von Jahren zählend, und zwei Teppiche, der eine groß genug für ein Gesellschaftszimmer. Alle diese Sachen sind unverkennbar chinesisch, aber so veredelt, ich möchte sagen, so vergeistigt, daß unsere Vorstellungen von der chinesischen Kunst und dem chinesischen Geiste ganz andere sein würden, wenn unsere ersten Eindrücke von solchen

Arbeiten herrührten, anstatt von den in den Matrosenquartieren der Seestädte aufgekauften Schnurrpfeifereien. Ich halte den großen Teppich für den besten der ganzen Ausstellung, finde es aber unmöglich, dem Leser direkt ein Bild davon zu geben. Man lese den chinesischen Roman, den Stanislans Julien unter dem Titel Deux filles lettrées übersetzt hat, und stelle dann folgende Proportion auf: Wie dieser Roman zu den landläufigen Vorstellungen von chinesischer Gesellschaft, so verhält sich jener Teppich zu den chinesischen Kunstwerken auf unsern Kaminsimsen. Ist es erst noch nöthig, mich gegen das Mißverständniß zu verwahren, daß ich nicht habe sagen wollen, wer für seinen Salon den besten Teppich der Ausstellung kaufen wollte, der habe diesen zu wählen? Es kommt auf den Salon an. In einer ziemlich reichen Musterkarte von chinesischem Papier sind zwei Gattungen von Material zu erkennen, das eine fein zerschnitten, wie in unsern Papieren, wahrscheinlich Reißstroh, das andere langfaserig, wie das japanesische Papier, das ich gleich beschreiben werde. Es verräth ein gewisses Anstandsgefühl, daß man die Frauen als Aussteller vorgeschoben hat; aber davon scheint man keine Ahnung zu haben, daß eine unbefangener urtheilende Zeit die Zerstörung der durch 3000 Jahre fortgeführten Annalen mit demselben Fluche belegen wird, wie die Verbrennung der alexandrinischen Bibliothek.

Die Sachen aus Japan, von dem englischen Gesandten eingeschickt, sind viel bedeutender; der Spezialkatalog zählt an tausend Nummern und ist mit folgenden Bemerkungen eingeleitet.

Die Zweige der Industrie und Kunst, in denen die Japanesen es zu großer Vollkommenheit gebracht haben, sind zahlreich und mannigfach, und viele Erzeugnisse nehmen es nicht nur mit den besten europäischen auf, sondern werden in gewissen Punkten nicht von ihnen erreicht. Manchester und Birmingham, London und Paris werden in einer japanesischen Sammlung

Gegenstände finden, die sie entweder gar nicht liefern können oder nur zu unerschwinglichen Preisen. Und viele dieser Artikel von so vollkommenem Material und so delikater Arbeit, wie das Eischalenporzellan, die eingelegten, emaillirten und eiselirten Metallwaaren, die Seidencrepes und die lackirten Sachen, sind in Japan, namentlich für den Inländer, zu mäßigen, oft billigen Preisen zu haben. Andere wieder sind sehr kostbar und nur zu Preisen zu beschaffen, die man in Europa wahrscheinlich unverhältnißmäßig finden würde, nämlich alte Lacksachen, alte Bronzen, feine Elfenbeinschnitzereien, Schwerter und Rüstungen, für welche der Lehnsadel eine solche Liebhaberei hat, daß er für die Arbeiten berühmter Waffenschmiede geradezu jeden Preis bezahlt. Da man bei dieser Sammlung den Zweck im Auge gehabt hat, soweit Raum und Mittel es gestatteten, Durchschnittsproben von den Künsten der Japanesen und von ihrer gewerblichen Leistungsfähigkeit neben den Nationen des Westens zu geben, so ist ein jeder Gegenstand so gewählt, daß er einiges Licht wirft auf die Frage, wer die Konkurrenz des Andern bestehen kann und welchen Grad von Civilisation ein Volk erreicht hat, das durch Berührung und Ideenaustausch mit der europäischen Race fast gar nicht unterstützt worden ist.

In diesen Sätzen steckt etwas, was in England die Meisten, in dem nicht so kaufmännisch geschulten Deutschland die Wenigsten herausfühlen werden. Wenn die Engländer, natürlich immer im Interesse der Civilisation, einem neuen Kunden die Zähne aufbrechen, so kommt es ihnen wenig darauf an, was sie von ihm kaufen, sondern was sie an ihn absetzen können. Zu verkaufen ist in der Regel ein Jeder geneigt: die Chinesen haben sich nie geweigert, Thee, Seide, Indigo und das Hemd vom Leibe zu verkaufen gegen „gleich baare Bezahlung," wie es in dem deutschen Auktionsdeutsch heißt, aber kaufen wollten sie nichts. In der Wissenschaft, welche England den übrigen Völ-

kern unablässig predigt, heißt es nun zwar, das schade gar
nichts; Niemand werde mehr Silber weggeben, als er übrig
habe, und wenn die Chinesen die vortrefflichen englischen Waaren
nicht kaufen wollten, so sei dies ihr eigener Schade. Die Praxis
ist aber eine ganz andere; in der Praxis hält man gar sehr
auf die wissenschaftlich verspottete Handelsbilanz. Praktisch erklärte Mr. Cobden es für eine der wichtigsten Aufgaben der
Civilisation, die 300 Millionen Chinesen dahin zu bringen, daß
Jeder sich eine baumwollene Nachtmütze aus Manchester kaufe;
praktisch fing man die Opiumkriege an und richtete man den
letzten Frieden so ein, daß, wie der Timeskorrespondent es für
nothwendig erklärte, nachdem er am Bord eines bewaffneten
Opiumschmugglers „einen guten Eispudding und eine noch bessere Flasche Chateau d'Yquem“ genossen hatte. daß die Möglichkeit gegeben ist, „den Chinesen die englischen Fabrikate in
den Leib zu treiben.“ Es wird behauptet — ich selbst habe nicht
Gelegenheit gehabt, die Sache zu untersuchen — aber es wird
behauptet von Jemandem, der sie untersucht hat, daß das Bestreben der englischen Diplomatie dahin gehe, die chinesische Regierung zu Steuern auf die nothwendigsten Lebensmittel zu
nöthigen, um das Arbeitslohn theurer zu machen! Auch der
Gesandte am Hofe des Tycun hat Japan in dieser Hinsicht
geprüft; das will er sagen mit der „question of competitive
powers of production,“ und er ist nicht befriedigt; die Japanesen produciren Alles, dessen sie bedürfen, und zu sehr niedrigen Preisen. Es wird also über kurz oder lang eine Lorcha-
Affaire geben, etwas friedfertiges Bombardiren und einen Vertrag, der die inneren Verhältnisse zerrüttet. Möchten bis dahin
wenigstens gute Nachrichten über die Verfassung und Verwaltung eines Volkes gesammelt werden, das im geschlossenen Han-
delsstaat einen allgemeinen Wohlstand und eine Ruhe genossen
hat, von denen kein europäisches Volk zu erzählen weiß.

Unübertroffen und unerreicht sind die Japanesen in der Behandlung des Lack, den man im Allgemeinen als einen harzigen Ueberzug definiren kann. Sie wissen ihn nicht nur auf Holz und Metall aufzutragen, wie wir, sondern auch auf Elfenbein, Perlmutter, Schildpatt und auf das feinste Porzellan, während bei uns nur zuweilen grobe Thonwaaren mit einem Kopalfirniß überstrichen werden; und sie wissen mit Harzen, die wir nicht haben, und mit Kunstgriffen, die wir nicht kennen, Lacke herzustellen, mit denen unsere besten aus Bernstein und Kopal gar nicht zu vergleichen sind. Sie sind auf alle die Behandlungen und Verbindungen der Stoffe gekommen, die wir, abgesehen von der Galvanoplastik, kennen, und auf einige mehr. Sie haben geschnitztes, gedrechseltes und eingelegtes Holz, gegossenes, getriebenes, cisilirtes und eingelegtes Metall, alto relievo, basso relievo, intaglio, in den mannigfachsten Zusammensetzungen, und das alles von einer Vortrefflichkeit des Materials, einer Gewissenhaftigkeit der Arbeit und einer Gesundheit des Schönheitssinnes, wie die gepriesensten Arbeiten unserer mittelalterlichen Meister. In den Verzierungen erinnert nur der Drache an das Chinesische; wo sonst Groteskes vorkommt, da ist es grotesk mit Bewußtsein, ein Ausdruck übermüthiger Laune des Künstlers, der die Menschen-, Thier- und Pflanzengestalten auch mit wunderbarer Treue darzustellen und der Bestimmung des Gefäßes oder Geräthes und den Gesetzen der Ornamentirung unterzuordnen versteht. Die kleinen, auf einen Tisch zu stellenden Schränke (cabinets im Englischen), die Chiffonnieren, Toiletten, Necessairs, Schreibzeuge, Briefkasten, Eß- und Reisebestecke, Juwelenkästchen, Handschuhschachteln, Kartenetuis, Tabak- und Cigarenkästchen, und vollends die hunderterlei Kleinigkeiten, welche die Nippestische unserer Damen bedecken, namentlich die Figürchen und kleinen Gruppen aus Elfenbein und die Lieblingsthiergestalten Schildkröte und Storch, in Bronze, sind jedes ein kleines Meisterstück. Die hiesigen Fabrikanten halten einen Wettlauf, um Patente auf die Zeichnungen zu nehmen, die sie dieser Ausstellung abgesehen, und wir werden bald eine Ueberschwemmung von Nachahmungen haben. Wenn es nur bei Nachahmungen bleiben wollte! aber ich bekomme schon Bauchgrimmen bei dem Gedanken an die Kunstwerke in „verbessertem japanesischen Geschmack", mit denen uns die gebildeten Londoner Shopkeeper beschenken werden. Einen großen Luxus treiben die Japanesen mit Broschen und Spangen, deren sie sich nicht bloß an ihren Kleidern, sondern auch zum Verschluß von Brieftaschen, Börsen, Tabaksbeuteln u. s. w. bedienen.

Von ihrer Stroh-, Rohr- und Korbflechterei, in der Regel mit Lackirung, könnten die Berliner Korbflechter viel profitiren. Auch in ihrem Porzellan, das unserm Geschmack viel näher steht, als das chinesische, finden sich manche unserer berühmtesten Gattungen, z. B. das Palissy, und ihr durchsichtiges Eierschalenporzellan haben wir noch lange nicht erreicht.

Auch Tischlerwerkzeug ist ausgestellt, aber auf keinen Fall vollständig: ein schwerer Hammer, der Kopf cylindrisch, ein leichterer Spitzhammer, eine Blattsäge mit langen, abwechselnd ausgebogenen Zähnen, eine Stichsäge, Hobel, Zange, Stemmeisen und ein sehr sorgfältig gearbeitetes eisernes Winkelmaaß, das zugleich als Zollstock dient. Der japanesische Zoll ist gleich 1⅛ engl. Zoll, und die übrigen Eintheilungen, aufsteigende und absteigende, sind alle im Dezimalsystem; auch ein japanesisches Dutzend besteht aus zehn.

Die Schwerter scheinen von vortrefflichem Stahl zu sein; die Bogen, darunter auch einer für Damen, sind von Holz, mit schwarzem Lack bekleidet (ohne Risse!), die Sehne von Darm. Der Helm der Feuerwehr ist von Messing, mit rundem Kopf und breitem, flachen Schirme, an dem zwei Tuchflügel zum Schutz der Schultern hängen. Die Seidenzeuge sind durch die preußische

Gesandtschaft den preußischen Fabrikanten schon bekannt geworden, namentlich die schmalen Sommerstoffe. Verschiedene Cocons und Proben roher Seide sind nicht näher bezeichnet, ausgenommen den auch schon bei uns berühmt gewordenen Yama
mai; Grains sind nicht ausgestellt. Unter den japanesischen
Büchern findet sich neben einer Encyklopädie, einem Werke über
Chemie in 21 Bänden u. A. auch eine Abhandlung „Geheimnisse des Seidenbaues", die gewiß viel Werthvolles enthält und
wahrscheinlich zuerst übersetzt werden wird — in Deutschland
würden die gelehrten Uebersetzer zuerst nach einem philosophischen
Werke suchen. Die in den Text gedruckten Abbildungen beginnen mit einer Seidenschule, deren Zöglinge aus beiden Geschlech-
tern und aus allen Altersstufen bestehen. Auf einem zweiten
Bilde wird der Thau von den Bäumen geschüttelt, auf anderen
sieht man das Pflücken, das Aufbewahren der Blätter (auf einem
Gestell von vielen Etagen), das Füttern, das Haspeln (aus
Kesseln, unter denen Holzfeuer brennt) u. s. w. Diese Abbildungen sind schwarz, wie es scheint in Holzschnitt; Landkarten
und Landschaften sind in farbigem Steindruck. Ich vollende
diese flüchtige Aufzählung mit den sehr sinnreichen Taschenspieler-
apparaten, Kompaß, Uhr, Thermometer, Schrittmesser, nach
holländischen Mustern, und zweien Kugeln von Bergkristall mit
demselben eigenthümlichen, wolkenhaften Lichtspiel, wie die Instrumente der schottischen Wahrsager, von denen eins aus dem Nach-
laß von Sir Walter Scott an das britische Museum gelangt
ist, und komme endlich zu dem Papier.

Aus Reisebeschreibungen und aus der Rede, die der Sophist
Gladstone für die Aufhebung der Papiersteuer hielt, wissen wir
und in dieser Ausstellung sehen wir bestätigt, welche mannigfache
Anwendung die Japanesen von diesem Stoffe machen. Ueber
die Fabrikation erfahren wir leider nichts; auch von dem Material ist nichts weiter da als ein kleiner Zweig von einem der

Sträucher, aus deren Rinde das Papier gemacht wird, ohne botanische Bestimmung und ohne Angabe des Klimas, das er verlangt. Ohne dieses Material werden wir aber nie japanesisches Papier machen können, denn dasselbe besteht, selbst in den feinsten Sorten, aus einem Filz, aus dem ich Fasern bis zur Länge eines halben Zolles herausgezupft habe. Nach Vergleichung der Papierproben von Nepal mit dem japanischen und der Beschreibung von Daphne Laureola mit den hier ausgestellten Zweigen, vermuthe ich, daß der genannte Strauch auch in Japan zur Papierfabrikation benutzt wird. Die Proben belaufen sich auf 92 Sorten: 8 Nummern Briefpapier, eine für Damen; 3 Nummern zu Couverts; zwei „um Verse darauf zu schreiben", weißer Grund mit rosa und grauen Verzierungen, viel belacht von den Besuchern, die nicht merken, daß sie in ihren Valentinen und Neujahrswünschen dasselbe Ding haben; eine zu Notizbüchern; vier zu Sinnsprüchen, die unter Glas und Rahmen aufgehängt werden; vier um Geschenke und das Stückchen Seegras einzuwickeln, das alle Geschenke begleitet, zum Zeichen, daß sie von einem Geschlechte armer Fischer kommen; eine zu Papilloten galanter Damen; drei zu Dienstzeugnissen; neun zu Schulbüchern; sieben zum Einwickeln der Zahnpulver, von Medizin, von Einkäufen; zwei zu Taschentüchern für Herren und für Damen, sehr dünn mit einem Rande von hervortretenden sauberen Arabesken (diese Tücher werden wahrscheinlich weggeworfen, sobald sie einmal benutzt sind; der Europäer lacht über den Türken, der sich des Daumens und Zeigefingers bedient, der Türke ekelt sich vor dem Europäer, der „den Unrath in der Tasche bei sich trägt"); eine für „Damen von Rang zu verschiedenen Zwecken"; eine Sorte zu wasserdichten Röcken; eine durchsichtige zu Thürfenstern (sie gleicht einer Tafel feiner Hausenblase und ist, da die Faser gänzlich verschwunden ist, wahrscheinlich einem ähnlichen Prozesse unterworfen worden wie unser vegetabilisches Pergament; elf

Sorten und außerdem ein ganzes Musterbuch von Tapeten, einige mit vortrefflichen Mustern; drei zu Laternen; sieben Nachahmungen von Leder; endlich eine Menge von Gegenständen aus Papier, Stöcke, Regenschirme, Sonnenschirme, en-tout-cas, Fächer, Laternen u. s. w. So mannigfaltig wie die Arten von Schreib- und Briefpapiere, sind die Geräthe für den Schreibtisch: Dintenfässer (die japanesische Dinte besteht aus einer Auflösung von schwarzer Tusche), Federhalter, Briefbeschwerer und allerliebste kleine Kohlenpfannen, die man im Frühjahr und Herbst auf den Schreibtisch stellt. — Vergessen wir endlich nicht 198 Medizinen mit Angabe der Wirkung und 53 chirurgische Instrumente. Als die Missionäre der Jesuiten den buddhistischen Kultus kennen gelernt hatten, schrieben sie nach Hause, der Teufel habe in Indien ein Zerrbild der katholischen Kirche eingerichtet: so würde ein Engländer, der aus sich selbst heraustreten könnte, in vielen japanesischen Einrichtungen eine Karikatur seiner eigenen haben, z. B. in der Pillenschachtel, die jeder Japanese von Rang bei sich trägt.

6. In der Ausstellung.

Die Preßkarte ist doch zu etwas gut, sie gewährt den Zutritt, während die Ausstellung noch Toilette macht und für das Publikum nicht sichtbar ist. Die Räume sind leer und still und machen deshalb einen würdigeren Eindruck. Es ist schön überall, wo der Mensch nicht hinkommt mit seiner Qual. Die Sonnenstrahlen fallen anders ein als am Tage und erzeugen andere Lichteffekte. Da man als zur Sache gehörig angesehen wird, ist man weniger scharf beobachtet und darf man sich über das Gebot Visitors are requested not to touch hinwegsetzen. Der Boden ist frisch gesprengt, die Luft kühl und frei von Staub. Nach und nach werden die Schränke ihrer Vorhänge, die Bildsäulen ihrer Hüllen entkleidet; es wird geputzt, poliert, gebohnt, gestimmt, ajustirt und man lernt allerlei Toilettengeheimnisse.

Auf einer Garnitur der stählernen Reifen, die in England häufig als Thurmglocken dienen, schlägt es zehn, und ehe die letzte Schwingung verflogen ist, rieseln die ersten Tropfen der Menschenfluth durch die fünf Eingänge herein und die unseligen Stufen herab, die zu dem Schiffe führen. Wir stecken eben mit einem sachverständigen Freunde in den physikalischen Instrumenten und hätten gern an diesem Morgen die Klasse abgemacht. Aber da ist der Feind; es tappt von harten Tritten, es rauscht von seidenen Gewändern, es summt von unendlichem Geschnatter. Sie dringen schon zu den Gallerien herauf; es ist vorbei für heute! Wenn ich zu einer spätern Tagesstunde in die Ausstellung gehe, so weiß ich, was mich erwartet, und stähle meine Geduld schon auf dem Hinwege durch christliche, stoische oder industrielle Betrachtungen; ich denke: es sind

ja auch Geschöpfe Gottes, die dir heute auf die Zehen treten,
in die Rippen stoßen, ihre Sonnenschirme in die Augen bohren,
mit ihren Krinolinen den Weg versperren werden; oder ich
denke: hol' sie der Teufel! aber sie sollen mich nicht ärgerlich
machen; oder ich denke: ärgerlich ist es, aber das Geschäft muß
gethan sein. So gerüstet werfe ich mich in das Gedränge und
mache mein Pensum durch. Aber wenn ich heute nach der
stillen Morgenstunde die Fluth von Minute zu Minute steigen
sehen und meinen schlechten Humor niederhalten soll, so komme
ich mir vor, wie die Arbeitsscheuen, die man sonst in Amster-
dam in einen Keller sperrte, in den gerade so viel Wasser ein-
strömte, als ein Mann mit der äußersten Anstrengung auspumpen konnte. Es ist für heute vorbei mit dem Arbeiten.

Arbeit nennt der das! sagt wohl mancher Leser, der mit
dem Schicksal grollt, daß es ihm nicht gestattet, die Ausstellung
zu sehen. Ja, Arbeit, und eine recht mürbemachende, unbe-
friedigende Arbeit dazu! Gemäldegallerien, Museen, naturhistorische Sammlungen sehen müssen greift an, macht Genick-
schmerzen und verursacht Einem in Paris, wenn man sich zu
Anfang nicht jeden zweiten Tag Ruhe gönnt, das mal de Paris,
wie jeder Reisende weiß; alles das ist aber ein Kinderspiel gegen die
Pflicht, auf einer Industrie-Ausstellung jedes Ding anzusehen,
während man eigentlich von keinem etwas versteht, und über
alle zu schreiben. Der Leser hat von „dem Katalog" gehört
und denkt sich darunter eine kleine Broschüre, die man bequem
in die Tasche stecken kann; aber „der Katalog" bedeutet eine
ganze Bibliothek, die man doch nicht jedesmal mit sich schleppen
kann und von der man sicher bei jedem Besuche einige der
Bände nachschlagen möchte, die man gerade zu Hause gelassen
hat. Hier ist der Katalog des Katalogs: General-Katalog über
die ganze Industrie-Ausstellung; General-Katalog der Gemälde
und Skulpturen; Illustrirter Katalog über die englische Ab-

theilung, in 13 Bänden: Zollvereins-Katalog mit ausgezeichnet schönen Holzschnitten; Oesterreichischer Katalog auf Maispapier; Französischer Katalog, der zweckmäßigste; Belgischer; Italienischer; Indischer; Japanesischer; Katalog von Kanada in 3 Theilen; von Neu-Süd-Wales, von Neu-Schottland, von Natal, von Malta, von den französischen Kolonien, von Venezuela, von Uruguay und wer weiß welche noch, die erschienen sein mögen, seit ich zum letztenmale nachgefragt. Und nun erst die Kataloge der einzelnen Aussteller; ich habe eine ganze Kiste voll. Und hätte man sie nur alle in den ersten Wochen beisammen gehabt, so hätte man sich an ein paar Regentagen hinsetzen können, sie durchzuarbeiten und den Inhalt zu ordnen; aber der italienische soll seit einem Monat „morgen" erscheinen, und wenn das Manuskript über einen Abschnitt längst abgesandt, freilich noch lange nicht gedruckt, entdeckt man, daß inzwischen ein Katalog mit schätzbarer Auskunft erschienen ist. Dann ist ein Katalog nicht immer leicht zu lesen, auch wenn man die Sprache versteht, in der er geschrieben ist. Wer soll z. B. rathen, daß College of Economy Landesökonomiekollegium bedeuten, und daß paysan de machine die Uebersetzung von Maschinenbauer sein soll? Die kostbarste Probe von internationalem Sprachgemengsel habe ich in folgendem Briefe eines französischen Journalisten an ein hiesiges Blatt gefunden; der ärgste Griesgram wird ihn nicht ohne Lachen lesen können, vorausgesetzt, daß er die beiden Sprachen versteht, die in dem Kopfe des Verfassers ineinander geflossen sind. Um den Humor der Stelle über den Lord-Mayor zu genießen, dazu gehört freilich mehr als Wörterkenntniß; da aber in Deutschland noch immer Leute, die nichts von England und den Engländern wissen, diejenigen zurechtsetzen, die etwas wissen, so sollten die letzteren eine stillschweigende Verschwörung eingehen, den ersteren nicht alles zu erzählen, und sich dadurch für die Zukunft ein ähn-

7

liches Vergnügen sichern, wie dieser Brief ihnen gewährt. „The upper dix mille who surround the Lord Maire" und die „Stammverwandtschaft", es ist eins so lustig wie das andere. Der Brief lautet:

SIR, — The Messieurs, your cotemporaries, put themselves diabolically in choler because that the Messieurs the correspondents of the French journals charged to render account of the Exhibition International permit themselves to give a description of the town of London. You say that their appreciations are erroneous. I do not say the contrary. But what do you will? You have not want to know that which is London. This that you want to know it, behold! How presents itself the town of London to the eye of a stranger who visits it for the first time? Eh! well! The populace do not themselves dress well. I do not will to say that the upper dix mille who surround the Lord Maire do not dress well. All the contrary; but the low classes in the neighbourhood of the Halles put all that there is of liquid in the inside, and none at all on the figure and the hands. This is not the fault of John Bull; but is it not the verity that which I say? And then, Sunday is not gay to a stranger, and you will of me that I do write it is gay. You are liberal, Monsieur, and you know that during twenty years past Messieurs your cotemporaries do entertain correspondents in Paris who do not give themselves the pain to spare our social feeblenesses. And when by hasard a few letters of the same kind are sent to the French journals you vex yourselves, and cast of the mud in our figure. This is not well. It is a bad pleasantry. I did not think that John Bull had the skin so thin. Jean Crapaud has got it more thick — that is to say, he is more careless.

Soyons amis, Cinna. I do press your paw. — Receive sir, the assurance of my consideration very distinguished.

ARISTIDE DE GRANDPIERRE.

Hôtel de Provence, Leicester-squar, Mai 30.

Nr. 380, Frankreich; Apparat, um den Klebergehalt des Mehles zu ermitteln. Müssen wir ansehen. Steht nach dem Grundriß in A. i. Hier ist A. i.; hier ist Nr. 379, da Nr. 381. Aber wo hat der Kuckuck Nr. 380? Ich geh die Reihe auf und ab und seh nach allen Nummern; keine 380. Ich

mache alſo die herkömmliche Reihe der herkömmlichen Fragen
durch. An den Polizeimann, der ſeit Wochen an der Ecke
ſteht: Do you happen to know etc.? Antwort: Certainly
not; but the attendant will tell you. An den attendant
in grüner franzöſiſcher Uniform: Monsieur est ce que vous
pouvez m'indiquer etc.? Antwort: No. 380? ça doit être
ici. Ich: Mais il n'y est pas. Er: Tenez! c'est un appareil?
Vous le trouverez parmi la machinery in motion. Ich:
Um Vergebung; es iſt keine Dampfmaſchine, ſondern ein ganz
kleiner Apparat, wahrſcheinlich eine Flaſche. — Berathung meh-
rer attendants und Beſchluß, der geſuchte Gegenſtand ſtehe
wahrſcheinlich unter den Modellen von Mühlen und Backöfen
am anderen Ende des Gebäudes: Expedition dahin; ohne Erfolg. Mögen Andere glücklicher ſein!

Nein, es geht heute mit dem Arbeiten nicht; ſehen wir
uns die Menſchen an. Die erſten, die eintreten, ſind Pro-
vinzler, die nach London gekommen to do the exhibition;
ſie ſind in einer entfernten Vorſtadt abgeſtiegen und früh auf-
geſtanden. Sie treten durch die öſtliche Thür ein, ſtoßen zu-
erſt auf die Goldpyramide von Victoria, und die Damen fragen den Paterfamilias, ob das ächtes Gold ſei. Der zweite
Gegenſtand iſt die Majolicafontaine von Minton, die einen
kräftigen Wohlgeruch verbreitet. Die Damen tauchen ihre
Taſchentücher in das große Waſſerbecken, in welches der parfümirte
Sprühregen niederfällt, und wundern ſich, daß das Tuch nicht
riechen will. Dann ſteigen ſie in das Schiff hinab, wo
während der erſten Stunde ſich Alles zuſammendrängt. Merkwürdige Aeußerungen, die man da hört; denn ſeltſamer Weiſe
halten die Meiſten ſich für unbelauſcht. Die Engländer meinen,
ſie werden von dem Manne nicht verſtanden, der Kleider von
ausländiſchem Schnitte trägt und eben in einer fremden Sprache
geredet hat; die Ausländer meinen, ſie ſeien von lauter

7*

Engländern umgeben. Ich neige mich zu der Ansicht, daß der Nutzen, den eine solche Ausstellung schafft, in keinem Verhältniß zu den Kosten steht, die sie verursacht: der Sachverständige kennt das Meiste ohnehin, und der Nichtverständige profitirt leider wenig; die meisten Aeußerungen, die man hört, sind Wiederholungen dessen, was Tags zuvor in den Zeitungen gestanden hat.

Die größeste Anziehung haben Musik und jedweder musikalische Spektakel. Wer das Gedränge nicht liebt, der hüte sich, in die Nähe folgender Objekte zu gerathen: des trommelnden Hasen in der französischen Abtheilung — möge sein Urheber im Fegfeuer büßen! — des Orchestrions im Zollverein, des singenden Buchfinken unter den Schweizer Spieluhren, und besonders der musikalischen Instrumente in der englischen Abtheilung. Wenn der Urheber des trommelnden Hasen ein wenig musikalisches Gehör und Gefühl hätte, würde er härter als durch das Fegfeuer durch Einsperrung in diese Folterkammer bestraft werden. Auf drei Piano's, innerhalb Gehörweite, tragen drei von den Fabrikanten angenommene Spieler etwa folgende Stücke gleichzeitig vor: einer God save the Queen, der zweite den „Kleinen Rekruten," der dritte

Do you remember, sweet Alice been bold?

Titiralala!

Einem hübschen Mädchen gestattet der galante Aussteller, sich an einem Akkordion zu versuchen, während ihr Liebhaber der Leibgardist, einer Baßtuba zweideutige Töne abzwingt. Piano, Akkordion, Tuba werden verschlungen von dem Mälstrom, in dem die von zwei riesigen Orgeln ausströmenden Ton-Fluthen aufeinander stoßen; und durch alles das gellen die Stahlglocken wie der Feuerlärm durch das Getöse einer brennenden Stadt. Als Vorwand für ein längeres Verweilen in diesem Höllen-Konzert dienen häufig die babies, kleinen Kinder, die in großer Zahl in die Ausstellung gebracht werden. Daß eine Familie, die keine oder keine zuverlässigen Dienstboten hat, Kind und Kegel mitnimmt, ist natürlich genug; weshalb aber geputzte Damen sich ihr Jüngstes von einer ebenso geputzten Amme durch das Maschinendepartement nachtragen lassen, habe ich noch nicht ergründet. Babies haben die Gewohnheit zu schreien und werden in der Ausstellung auf verschiedene Weise zur Ruhe gebracht. Eins wird gestillt; eins wird von allen Frauen in der Nähe unisono versichert, daß es das artigste Kind von der Welt sei. In extremen Fällen wird durch Afklamation verordnet, den kleinen Schreihals to that dear sweet, piping bull-finch in the Swiss department zu tragen.

Etwa um 12 beginnt das Essen, entweder von mitgebrachten Vorräthen oder in Restaurationszimmern, die, auf dem Grundriß gemessen, eine Länge von 2600 Fuß haben. Die eine Hälfte ist einem englischen Unternehmer übergeben, die andere einem französischen. Der erstere hat zur Bedienung hinter den Schenktischen nur Mädchen mit dunkelm Haar angenommen, um das Vorurtheil zu zerstören, daß alle Engländerinnen blond seien. In Deutschland schreibt sich diese Vorstellung, wie so manches ernstere Mißverständniß über England, von einer falschen Uebersetzung her. Fair kann allerdings blond heißen, heißt aber auch schön: welches von Beiden, muß der Zusammenhang ergeben; im Allgemeinen wird man sagen können, dieses in schwunghafter, jenes in alltäglicher Sprache. Wenn jemand, indem er eine Dame beschreibt, von ihr sagt: she is fair, so meint er allerdings, daß sie blonde Haare habe. Wenn aber ein Engländer von our fair countrywomen spricht, so schließt er auch die Brünetten ein. Ich glaube nicht, daß die Ausstellung von 400 englischen Schwarzköpfchen die gewünschte Wirkung haben wird, obgleich man zur Verstärkung

des Eindruckes eine blonde kleine Französin in die Chokoladen-
bude gesetzt hat. Hat nicht jeder Gebildete die Stahlstiche zu
Byron gesehen, auf denen alle Frauen blond erscheinen? klingt
die Phrase the fair daughters of Albion nicht so herzer-
hebend? und steht es nicht in so vielen Büchern, daß die Engländerinnen blond sind? Was vermag dagegen der Augenschein!
Für Gegenstände, die sich nicht zuzählen lassen, wie Eis,
Thee, Kaffee, dürfen in der englischen Abtheilung die Mädchen
und Kellner keine baare Bezahlung annehmen, sondern nur
Marken, die man von einem Kontrolleur kauft und die wie
Eisenbahnbillets fortlaufend numerirt werden. So können die
jungen Damen sich nur dadurch einen honest penny, auf
deutsch Schwänzelgroschen, machen, daß sie ein Vierpennystück,
welches sie einnehmen, regelmäßig für ein Dreipennystück ansehen und ein Dreipennystück, das sie ausgeben, für ein Vierpennystück. Der französische Unternehmer hat keine Kontrolle
durch Marken eingerichtet und wird dafür büßen müssen.

Wer kalte Fleischpastete, ein gutes Glas Bier oder Thee
haben will, gehe in die englische Abtheilung, linker Hand, wer
Kaffee, Chokolade, Eis vorzieht, wird auf der französischen Seite
besser bedient. Zwischen beiden ist ein amerikanischer Schank
aufgeschlagen, der als Ergänzung der amerikanischen Ausstellung
anzusehen ist. Er vertritt, und in würdigster Weise, eine Industrie, die sich darauf gelegt zu haben scheint zu ermitteln,
wieviel Kombinationen aus den bekannten Weinen, Liquören,
Früchten, Gewürzen und Kräutern der Welt in Verbindung
mit Eis herzustellen sind. Hier folgt ein Stück der Karte.

Juleps.

Mint,	Claret,	Brandy,
Grape,	Hock,	Raspberry,
Sherry,	Catawba,	Strawberry,

Port,	Madeira,	Orange,
Moselle,		Pine Apple,
Groseille,		Champagne.

Cock tails.

Brandy,	Whisky,	Port,
Rum,	Champagne,	Hock,
Gin,	Claret,	Sherry.

Cobblers.

Sherry,	Catawba,	Moselle,	Grape,
Madeira,	Hock,	Groseile,	Orange,
Champagne,	Port,	Strawberry,	Pine Apple,
Claret,	Brandy,	Raspberry,	Burgundy.

Punches.

Brandy,	Chilled Brandy,	I. O. U.	Old American,
Rum,	Madeira,	Romain,	Hock,
Whisky,	Moselle,	Sherry,	Milk,
Claret,	Catawba,	Bourbon,	Burgundy,
Champagne,	Chablis,	Strawberry,	

Fancy Drinks.

Brandy Smash,	Porcupine,	Private Inquiry,
Exhibition Smash,	Rattle Snake,	Doctor,
Stone Fence,	Shandy Gaff,	Egg Nog,
Any other Man,	Chambro Rail,	Octaroon,
General Jackson,	Port Sangaree,	Peep o' Day,
Riverton,	Eye Opener,	Night Cap,
President,	Gum Tickler,	Knickerbocker,
Flasch o' Lightning,	Colleen Bawn,	Silver Top,
Napoleon,	Garibaldi	Washington,
Egg Cyder,	Morning Dew,	Locomotive,
Nike Pine,	Puss Coffee,	Ladies Wish,

Whisky Skin und unfer alter ehrlicher Bishop.

Außerdem Spiders (Spinnen), Cups (Becher), Li-

queurs, Cordials (Herzstärkungen) und kohlensaure Getränke.
Julep wird in Dr. Johnson's Wörterbuch erklärt a pleasant
liquid medicine; cocktail heißt bekanntlich Hahnenschwanz,
cobbler Flickschuster; catavba ist die einheimische amerikanische
Rebe. I. O. U., gesprochen I owe you bedeutet einen Schuld-
schein. Colleen Bawn ist der Titel eines beliebten Rührstücks.
Private inquiry ist eine geheime Polizei, die in London und
Newyork von Privatpersonen für Geld betrieben wird; wenn
z. B. ein Mann unruhig ist über die Gänge seiner Frau, so
wendet er sich an ein private inquiry office und erhält nach
einiger Zeit einen genauen, häufig einen zu genauen Bericht.
Ony other man, irgend ein anderer Mann, ist eine sinnlose
und sehr beliebte Londoner Redensart, die an irgend einen
Namen angehängt wird, erfunden von einem der Spaßredner,
welche als Abkömmlinge des Hanswurstes zu betrachten sind.
Er sagt z. B. „wenn das Oxhoft Brod 6 Pence kostet,
würde Lord Palmerston darum Bedenken haben, seine Stiefel
auf den Armen zu tragen, falls er dem Kaiser der Franzosen
begegnete, oder irgend einem andern Manne?" Das Audito-
rium will bersten vor Vergnügen und wenn zwei davon sich
den andern Tag in der Ausstellung treffen und der eine er-
kundigt sich bei dem anderen, wer die farbige Venus gemacht
habe, so wird die Antwort lauten: Gibson or any other
man. Ich hoffe, das Getränk ist besser als der Witz. Eine
Treppe hoch sind warme Mahlzeiten zu haben auf Englisch
und auf Französisch.

Auch für geistliche Nahrung ist bestens gesorgt, zwar nicht
in der Ausstellung, aber dicht dabei. An der nächsten Ecke,
nach der Stadt zu, steht ein Gebäude von welligem Eisen ohne
Fenster, das ich für einen Stall angesehen, bis ich die Aufschrift Gospel Hall, Evangelienhalle, gelesen. Darin scheint

ein Relaisgottesdienst eingerichtet zu sein, denn zu jeder Tageszeit

Gar lieblich tönen die Gesänge
Der andachtsvollen Christenmenge.

Es ist aber beträchtlich kleiner als der kleinste Speisesaal. Ein Gebäude daneben hielt ich längere Zeit für eine Trinkhalle mit kohlensauern Jungfrauen, so bunt ist seine Fronte und so lustig flattern die Wimpel darüber. Eines Tages traf ein zufälliger Blick eine hebräische Inschrift in dem Giebelfelde, die ich nicht lesen konnte. Sechs andere Inschriften in sechs anderen Sprachen enthielten fromme Sprüche, und eine Ankündigung quer darüber besagt: Here the word of God is freely given away in seven languages, was ich mir übersetzte: Hier wird das Wort Gottes unentgeltlich in sieben Sprachen weggegeben. Darunter sieben kleine Läden und in jedem ein Kommis. Da ich mir längst eine englische Bibel gewünscht hatte, trat ich an den betreffenden Verschlag und erbat mir das Wort Gottes auf Englisch. Der Kommis griff in ein Repositorium und überreichte mir ein Stück Notenpapier von der Größe einer Adreßkarte, auf dem zierlich gedruckt stand:

What think ye of Christ?

d. h.: Wie denkt Ihr über Christus? und auf der Rückseite die Antwort in einigen Bibelstellen. Während ich noch etwas verblüfft auf dieses Wort Gottes sah, lenkte der Austheilende durch eine Handbewegung meine Aufmerksamkeit auf eine große Büchse mit der Aufschrift: Freely you have received, freely give, was ich wegen der Vielsinnigkeit des Wortes freely etwas umschreibend übersetzen muß: Mit vollen Händen ist Euch gegeben worden, gebet nun auch Ihr mit vollen Händen. Der Fabrikationspreis von diesem Worte Gottes beläuft sich auf einen Bruchtheil eines Penny, der in gar keiner Münze

ausgedrückt ist; wollte ich überhaupt etwas geben, so müßte es
mindestens ein Penny sein — eine vortreffliche Spekulation
für die gottesfürchtigen Unternehmer. Ich erlaubte mir also
gar nichts zu geben. Die beiden religiösen Gebäude sind eingeschlossen, auf der einen Seite von einem Telegraphenbüreau,
auf der andern von einer französischen Zeitungsbude, an die
sich in der neuesten Zeit ein Billetverkauf für das Adelphi-
Theater gereiht hat. Man kann also gar nicht verderben. Die
außerordentliche für diesen Sommer aufgebotene Seelsorge ver-
läßt einen nie und nirgends. Eines Abends beobachtete ich in
Haymarket einen jungen Mann, der an einer Ecke aus der
französischen Bibelübersetzung mit englischem Accent vorlas
und an der nächsten Ecke fortfuhr; und als ich einmal um
Mitternacht mit einem Freunde ziemlich gelangweilt Cremorne
Gardens verließ, anf Berlinisch Kroll, überreichte uns jemand
eine Karte mit folgender Benachrichtigung und Anfrage:

> You have a soul.
> Are you aware that it can be saved?
> Have you done anything to save it?

Nach der Mahlzeit, der leiblichen, denken manche Leute an
einen Gang ins Freie, andere an eine Cigarre, andere an Beides, Gelüste, die Viele verleitet haben, ein Saisonbillet für den
anstoßenden Garten der Horticultural Society zu nehmen.
Verleitet, sage ich, denn nicht genug, daß in dem Garten sehr
wenig zu holen ist, hat auch die Gesellschaft, der er gehört,
nachdem sie einige Tausend Billets zu zwei Guineen abge-
setzt, an alle vier Ecken ein strenges Verbot des Rauchens angeschlagen. In dem Gebäude war, und mit besserm Grunde,
das Rauchen natürlich von Anfang an verboten, und als die
deutschen Arbeiter sich einmal in Masse auflehnten, ließ man
ein Bataillon Konstabler gegen sie einrücken. Die intimen

Alliirten, die Franzosen, machten zwar keine Demonstration, unterhielten aber unverdrossen ein Tirailleurfeuer, das endlich die Behörden mürbe machte; einige Zeit nach der Eröffnung wurden ein paar Rauchbuden, Rauchzimmer kann man nicht sagen, angebaut, natürlich für die Foreigners, die Fremden; denn die Fiktion, daß der Engländer eigentlich nicht raucht, wird immer noch festgehalten, obgleich die Tabaksfteuer über 30 Millionen Thaler einbringt. Aber der Zuspruch war groß, auch von Engländern, wurde so groß, daß Ihrer Majestät Kommiffäre beforgt wurden, ob auch der Restaurant, dem fie fehr harte Bedingungen auferlegt haben, in präftationsfähigem Stande bleiben werde. Begnügte nicht mancher, der fich fonft an einer Taffe Kaffee erquickt haben würde, fich jetzt mit einer Cigarette, die er in der Tafche hatte? Hier mußte eingefchritten werden. Eines Tages waren die Rauchbuden, smoking rooms, umgetauft in smoking saloons, ftand am Eingange ein Beamter, der ein Eintrittsgeld von 6 Pence erhob, für das eine Taffe Kaffee oder ein Glas Bier genoffen werden darf. Aber ohne den Sixpence kein Rauchen.

Indeffen weiß man hier wenigftens, was man zu erwarten hat, und kommt mit einmaliger Buße davon, wenn man will. Wer aber auf den Garten abonnirt hat, ift in der That geprellt; die Blumenausstellungen waren, verglichen mit dem, was man fonft in London fehen kann, fo unbedeutend, daß ich fie nachträglich hier mit ein paar Zeilen abmachen kann. Die Ausstellung „amerikanischer Pflanzen" war von einem einzigen Handelsgärtner befchickt und beftand faft nur aus Rhododendron; zu der Rofenfchau waren hauptfächlich abgefchnittene Blumen geliefert worden; nur die dritte, von Pflanzen mit mehrfarbigen Blättern, war allenfalls mit dem zu vergleichen, was ich in Chiswick, in den Botanical Gardens und in Sydenham gefehen habe, intereffirte mich aber am Wenigften, denn diefe Pflanzen find

mir einzeln gleichgültig und in Masse widerwärtig. Im Allgemeinen haben es die vornehmen Mitglieder der Gesellschaft
nicht für gut befunden, ihre Schätze vor dem Mob auszubreiten,
den man dieses Jahr für sein gutes Geld einläßt. Der Genius
der Plusmacherei hat von Anfang über dieser Ausstellung ge-
waltet und wird am Ende doch zu Schaden kommen.

Besagter Mob hat sich verlaufen, das Gebäude ist geräumt
und verschlossen, es fängt an zu dunkeln; kraft einer besonderen
Erlaubniß von Mr. Owen, dem gefälligen Chef der ausländischen
Abtheilung bleiben aber ein halbes Dutzend Begünstigter zurück,
um im Dunkeln Versuche mit dem riesigen Induktionsapparat
von Siemens anzusehen, während an dem andern Ende
Seine Königliche Hoheit der Prinz Napoleon den französischen
und den preußischen Commissarien ein Diner giebt und sehr
liebenswürdig und conservativ ist. Die Funken der Reibungs-
elektrizität kennen wir Alle von der Schule her; der Voltaischen
waren bisher nur in wenigen Fällen durch ungeheure Batterien Funken entlockt worden; der Siemens'sche Apparat schleu-
dert Blitze von 1¼ Fuß Länge, die, wenn eine Leidener Flasche
eingelegt wird, wie Pistolenschüsse knattern! Welchen Lärm
würde die englische Presse erhoben haben, wenn der Aussteller
ein Engländer wäre!

Aber die Batterie wird schwächer; überlassen wir das Gebäude mit seinen spukhaften Schatten den Polizeileuten, die in
Filzschuhen und mit Blendlaternen nach Dieben suchen.

7. Die Mineralien.

Bergmann! hat nicht das Wort einen guten, einen lustigen Klang in Deutschland? Bis an die entferntesten Säume des nördlichen Flachlandes, wo wir nur Lehmgruben haben, ein paar Kalkfelsen und hier und da einen verirrten Granitblock, wissen wir von den Knappen und ihrem Leben. „Es sind Bergleute!" jubeln die Kinder, und geben die Straßenmusikanten eine reichlichere Spende. Von unsern Bergleuten haben wir die schönen Geschichten von Kobolden, Alraunen und anderem kleinen Volk. Unsere Bergleute, von den Fürsten gerufen, die Schätze zu heben, denen sie selbst nicht beikommen konnten, bauten die Städte in Siebenbürgen, von dem Kossuth den Engländern und vielen Deutschen unvertilgbar eingeredet hat, daß es magyarisches Land sei. Unsere Bergleute haben die Wissenschaft der Mineralogie geschaffen, deren deutsche Kunstausdrücke in alle Sprachen gebildeter Völker übergegangen sind. Unsere deutsche Bergakademie in Freiberg ist die erste der Welt. Der eine und der andere hat auf der Schule in Diesterweg's Lesebuch die Geschichte von dem alten Mütterchen gelesen und ihrem Bräutigam, den Kupferwasser funfzig Jahre lang so frisch erhalten hatte, wie sie ihre Liebe und Treue; und Alle kennen den schönen Gruß Glück auf! und den sinnvollen Trinkspruch:

Es grüne die Tanne, es wachse das Erz!
Gott schenke uns allen ein fröhliches Herz!

Von solchen Vorstellungen haftet nichts an dem englischen miner, und wer beide Personen kennt, der wird nur widerstrebend das Wort mit Bergmann übersetzen. Der englische Grubenarbeiter ist ein Tagelöhner, der auf der untersten Stufe

geiftiger und fittlicher Bildung fteht; er fährt ein, um das Ge-
ftein loszuschlagen, das man ihm gezeigt hat, und fährt wieder
zu Tage, um den Lohn feiner Arbeit zu vertrinken. In einem
mining-district erhielten die Kommiffarien des Unterhaufes,
die den Zuftand des Volksschulwefens unterfuchen follten, von
einem halberwachsenen Burfchen auf die Frage, ob er Chriftus
kenne, die Antwort: Nein — ja doch, er habe ja wohl ein
Bierhaus in der Nachbarfchaft. In diefem religiöfen Lande!
„dem gefündeften der Chriftenheit", wie ein deutfcher Staatsmann nach Haufe fchrieb, nachdem er einigen Verfammlungen
von Theologen und theologifchen Vergnüglingen in Exeter Hall
beigewohnt hatte. Den Bildungsgrad des miner kann man
auch an einigen Werkzeugen der Ausstellung meffen. Gegen
den fire-damp oder, wie unfer Bergmann fchöner fagt, die
fchlagenden Wetter, erfand Davy die Sicherheitslampe, geftützt
auf die Erfahrung, daß die Flamme eines Lichtes durch ein
ganz feines Drathgeflecht nicht hindurchschlägt. Man gab alfo
dem miner eine folche Lampe und erläuterte ihm den Vorzug
derfelben. Aber der miner will fich die Pfeife anftecken, die
er eingefchmuggelt hat, oder beffer fehen oder nicht thun, was
die Herren ihn geheißen haben, und öffnet das Thürchen der
Laterne. Es giebt einen Krach, als wolle die Erde platzen,
die Verzimmerung bricht zufammen, die Leitern und Winden
werden zertrümmert, die Einfahrten verfchüttet. Tage, Wochen
lang fitzen fieben Weiber oben um den Mund des Schachtes,
um zu fehen, wie ihre Verwandten hervorgezogen, und in die
hundert Särge gelegt werden, die aufgeftapelt ftehen. Die
Zeitungen nehmen die Ueberfchrift „Furchtbare Bergwerksex-
plofion" gar nicht aus der Form, und there is quite a sensation auf acht Tage. Man giebt alfo dem Sohn des er-
fchlagenen Bergmanns eine verfchloffene Laterne mit; er ver-
fchafft fich einen Nachfchlüffel oder hilft fich mit einem krummen

Ragel. Deshalb haben mehrere Aussteller ihre Erfindung angestrengt, self-extinguishing detector safety-lamps zu konstruiren, deren Licht erlischt, sobald die Thür geöffnet wird. Es
sind in der englischen Abtheilung noch andere merkwürdige Vorrichtungen ausgestellt, zur Ventilirung der Gruben, zur Förde-
rung der Arbeiter und Erze, zur Orientirung unter der Erde;
aber die Beschreibung würde weitläufig werden und doch unverständlich bleiben. Die eine Vorrichtung ist noch immer nicht
gefunden, die Wärme, die dem Bergmann so lästig wird, den
Ueberirdischen zuzuführen, die ihrer oft so sehr bedürfen. Ich
weiß auch nicht, was aus Arago's Vorschlag geworden ist, das
Wasser des Brunnens von Grenelle zur Erwärmung von
Treibhäusern und Hospitälern zu benutzen.

Die beiden wichtigsten Mineralien, für die wir, wenn uns
nur zwei gelassen werden sollten, alle andern hingeben müßten,
sind die Kohle und das Eisen. England hat sich mit seinen
Kohlen keine besondere Mühe gegeben; ihr Ruf steht fest, der
Käufer findet in der Kohlenbörse, der Bergmann in dem mit
ihr verbundenen Museum eine Auskunft, die nichts zu wünschen übrig läßt. Dort liegen Proben von allen Kohlenfeldern
der drei Königreiche und von allen Arten und Verbindungen
der Kohle, von dem magern Thon, der auf Eisen gebaut wird
und allenfalls auch als Brennmaterial benutzt werden könnte,
aber noch nicht Kohle ist, bis zu dem Mineral, welches in der
Ausstellung von Neu-Schottland als etwas ganz Neues unter
dem Namen Albertite gezeigt wird, und hier schon längst
unter dem Namen schwarzer Bernstein den Streit der Sachverständigen erregt hat, ob eine Masse, die wie Wachs schmilzt,
ehe sie Feuer fängt, noch Kohle genannt werden kann, vortreffliche Exemplare von Versteinerungen und Farnkräutern und der
zwischen unsern Kiefern und den australischen Grasbäumen in
der Mitte stehenden untergegangenen Pflanzengeschlechter, welche

die Natur in großen Meilern verbrannt und in Kohle verwandelt hat, endlich, worauf es den Besuchern der Kohlenbörse am Meisten ankommt, Auskunft darüber, was eine jede Kohle „holt", und wie sie spaltet, cleaves, norddeutsch klöbt. Nach und nach sind auch zur Ausstellung einige Proben gekommen, ausgezeichnet durch ihren Reichthum oder durch die Mächtigkeit des Lagers.

Es ist bekannt, daß die Steinkohle in England erst seit wenigen Jahrhunderten als Feuermaterial in den Häusern benutzt wird, und daß ein hoher Adel und verehrungswürdiges Publikum heftig gegen „solche Luftverstärkerung" protestirten. Bis dahin hatte man Holz gebrannt, und daraus erkläre ich ein Wort, dem in den Wörterbüchern in der Regel eine andere Etymologie gegeben wird. Fender heißt die halbrunde Eisenplatte, die vor dem Kamin auf der Erde liegt, und wird abgeleitet von to fence, einzäunen, abhalten, weil sie die Asche zusammenhalte. Mir will das weder sprachlich, noch sachlich in den Sinn; ich vermuthe vielmehr, daß das Wort von dem französischen fendre herkommt und ursprünglich die Unterlage bedeutete, auf der man das im Hofe zersägte Holz nach Bedürfniß spaltete. Auch als man angefangen hatte, die Kohle zu brennen, wußte man lange Zeit nichts anderes mit ihr anzufangen, als sie eben zu verbrennen. Der erste Schritt zu einer anderweitigen Benutzung war die Gewinnung des Leuchtgases, bei der Coles übrig blieben, Theer entwickelt wurde und „schmutziges Wasser" ablief. Allmählig hat man gelernt, aus diesem Schmutzwasser und dem Theer eine Menge wundervoller Dinge zu gewinnen. Ein Fabrikant hat in einer Sammlung seiner Produkte den gegenwärtigen Zustand dieser Industrie veranschaulicht; er zeigt Coke, Pech, Theer, Leuchtgas, Ammonium in seinen verschiedenen Verbindungen, Naphta, Naphtalin, Ruß, Creosote, Benzole, (Fleckwasser), Riechsalz, Paraffine in

Blöcken und in Kerzen, Anilin und die neuerdings daraus
entwickelten Farben, Mauve und Magenta, alles in kleinen
Proben. Ein Anderer hat einen Block von Anilin ausgestellt,
zu dessen Gewinnung, wie behauptet wird, 2000 Tonnen Kohlen
gehört haben und der hinreichen würde, 100 Meilen Kattun
zu färben. Ein Dritter hat die Magentafarbe, die im festen
Zustande zwischen Grün und Purpur schillert, in Gestalt einer
Krone krystallisirt. Diese Kohlenfarben, zuerst in Lyon ausgebeutet, bringen einzelnen Engländern große Summen ein und
drohen, den Engländern unberechenbar theuer zu werden. Man
sucht jetzt auch die Indigofarbe aus Anilin herzustellen; und
wenn man damit zu Stande kommt, was wird dann aus den
indischen Finanzen? In der Nachbarschaft steht eine kleine
Sammlung ähnlicher Produkte aus irischem Torf. Es war ein
Deutscher, Johann Joachim Becher, der in seinem Buche
„Närrische Weisheit und weise Narrheit", Frankfurt 1683, die
Kunst lehrte, aus Torf Theer zu gewinnen, „so gut wie der
beste schwedische Fichtentheer."

Auch die Kohlenproben der französischen Abtheilung sind
keine richtige Musterkarte von den Vorräthen des Landes, die
man während der letzten zehn Jahre mit immer steigendem
Eifer erforscht und ausgebeutet hat. Wozu ausstellen, wenn
man noch immer vom Auslande kaufen muß? Vor einem
Kohlenblock aus einem kürzlich erst entdeckten Lager hörte ich
ein merkwürdiges Gespräch zwischen zwei Franzosen mit an.
Der eine sprach davon, wie eifrig man überall bohre, und wie
stiefmütterlich die Natur mit dieser Gabe gegen Frankreich verfahren sei. Wo die Lager anfangen, gut zu werden, sagte er,
da schneiden unsere Grenzen ab; in das französische Flandern
reicht nur gerade ein schlechter Zipfel der belgischen Lager;
ähnlich ist es an der Saar. Seit Abschluß des Handelsver-
trages bekommen wir zwar die englischen Kohlen billiger, aber

das genügt nicht; wir müssen entweder Belgien haben, oder das Saarbecken, oder die Insel Sardinien, auf der auch Kohlen liegen. — Aber wie verträgt sich das mit dem Prinzip der Nationalität? fragte der Andere lächelnd. — Parfaitement bien! war die Antwort. Die Bedeutung des Nationalitäts-prinzips ist, daß die Völker gleichsam Individuen werden und als solche sich in die Arbeit theilen, welche die humanité er-fordert. N'est ce pas? — Mais oui! — Eh bien! die erste Pflicht eines Individuums ist die Selbsterhaltung; folglich hat ein Volk das Recht, ja die Pflicht, sich diejenigen geogra-phischen Erfordernisse zu verschaffen, die zu seinem Bestehen, zu seiner erfolgreichen Arbeit gehören. Frankreich bedarf der Kohlen, wenn es an der Spitze der Civilisation marschiren soll, folglich —. Vor den Grenzen stehen zu bleiben, die gezogen wurden zu einer Zeit, wo die Kohlen noch keine Bedeutung hatten, ça serait absurde. — „Aber mein Herr, wir Deut-schen bedürfen auch der Kohlen zu unserer Existenz", warf ich ein. — „Monsieur", antwortete der Franzose, „das ist der Fall der beiden Schiffbrüchigen auf einem Brette". — „So wird das Eisen über die Kohlen entscheiden!" versetzte ich. „In dem Sie uns noch voraus sind, je le sais," sagte der Fran-zose verbindlich, „ich habe Ihre steyerischen Sensen und Ihren Krupp'schen Gußstahl gesehen."

Dem Berichterstatter der „Times", der in der deutschen Abtheilung nichts als Spielzeug gesehen hat, und die Deutschen deshalb für „große Kinder" erklärt, zum behaglichen Nasenkitzel für John Bull, müssen nicht nur diese beiden Artikel entgangen sein, sondern auch die Aufstellungen von Mineralien, welche der Zollverein und Oesterreich gemacht haben. An der Masse der Besucher ist es ganz natürlich, daß sie um die „hübschen" Sachen flattern, um die schönfarbigen und schöngestalteten Blüthen der Technik. Ein Berichterstatter aber sollte auch zu

den Wurzeln hinabsteigen, vor allem in die Grubenwerke der
Ausstellung einfahren; und ich thue das zum Besten der entfernten Leser, um so mehr, als ich eine erfreuliche und vielen von
ihnen fremde Kunde über ihr eigenes Vaterland heraufbringen
kann. Ich schreibe nicht einen flüchtigen Einfall, sondern das
Resultat langer Beobachtung nieder, und ich wünsche, auch der
Leser möge ein flüchtiges Urtheil zurückhalten, wenn ich sage,
im Allgemeinen wissen die Deutschen von auswärtigen Gruben
mehr als von den deutschen. Jeder Leser weiß von Wieliczka;
aber wissen auch alle von Staßfurth? Jeder hat sagen hören,
daß die Ueberlegenheit Englands in gewissen Zweigen der Industrie darauf beruhe, daß in England Kohle und Eisen neben
einander liegen; aber wissen alle, ohne sich zu besinnen, anzugeben, in welchem täglich wichtiger werdenden Mineral Deutschland mit nur noch einem Lande das Monopol theilt? Anstatt
solche Fragen zu häufen, will ich die Freiheit, welche mir die
feuilletonistische Form gewährt, benutzen, um, einen Augenblick
von den Dingen abschweifend, die Gründe zusammen zu stellen,
aus denen ich mir eine solche, in viel größeren Gebieten auf-
tretende Erscheinung unseres Geisteslebens erkläre, abgesehen
von dem unglückseligen Respekt für das Ausländische. Den
Hauptgrund, aus dem sich die anderen von selbst entwickeln,
finde ich in Nachwirkungen der Censur, in einer Gewöhnung,
die sich aus der Zeit herschreibt, da man unter der Rubrik In-
land nur Nachrichten über verfrühte Maikäfer und verspätete
Kirschenblüthen fand, einer Gewöhnung der Leser und der Zeitungen, einer Gewöhnung des Denkens und der journalistischen
Technik. Das Letztere sei mit einem Beispiel belegt: Vor
einigen Monaten brachte ein großes westdeutsches Blatt die
Neuigkeit, daß man in Frankreich ein Mittel gefunden habe,
die Raupen abzuhalten, indem man die Stämme der Obst-
bäume mit Kalk anstreiche! Man wird um Berlin schwerlich

8*

einen längeren Winterspaziergang machen können, ohne geweißte Stämme zu sehen; ich kenne das Mittel von meiner frühesten Jugend her, und wenn ich mich recht erinnere, ist es von einem Deutschen zuerst angegeben worden. Ein solcher Irrthum wird in England und Frankreich schwerlich vorkommen, wohl aber der umgekehrte, für eine inländische Erfindung auszugeben, was im Auslande längst bekannt ist. In beiden Ländern hat man die Gewöhnung, was daheim vorgeht, was von dem eigenen Volke geleistet wird, über Alles zu stellen, und eben deßhalb bieten uns die fremden Blätter jeder Zeit ein bereites Material zu Lückenbüßern.

Kein Zweifel, daß über die deutschen Bergwerke die reichlichste und zuverlässigste Auskunft zu finden ist, aber in Fachschriften; kein Zweifel, daß die größeren Zeitungen jede neue Grube einmal erwähnt und alle Jahresausbeute richtig angegeben haben, aber in dem Theile, der dem Geldverkehr gewidmet ist und nur von Grubenbesitzern, Aktionären und Fabrikanten gelesen wird. Aber wenn deutsche Besucher der Ausstellung nicht in der ersten und zweiten Klasse des Zollvereins allerlei Neues, selbst Ueberraschendes finden, nicht zum Erstenmale von dem Gedanken erfaßt werden sollten, daß, während wir freilich keine Kolonien erworben haben, der deutsche Bergmann uns seit 30 Jahren ein neues unterirdisches Deutschland entdeckt und erobert hat, so müßte ich mich sehr geirrt haben. Machen wir die Probe!

Der Zollverein hat in der ersten Klasse die beste Ausstellung gemacht, die beste, weil sie ein richtiges Bild von den Mineralschätzen, die den Gewerben dienen, und nur von diesen, darbietet, und weil sie wissenschaftlich geordnet ist. Die letztere Eigenschaft theilt sie nur mit der Kanadischen, und diese, obgleich vollständiger, ist eben nur nach dem Bedürfniß der Wissenschaft, nicht der Gewerbe ausgewählt, und deßhalb an diesem Orte weniger sachgemäß zu nennen. Ein vortrefflicher Speziallatalog unter Leitung des Herrn v. Dechen von dem **Dr.** Hermann Wedding bearbeitet, und eine Reihe von Durchschnitts-Karten erleichtern die Selbstbelehrung. Die Sammlung beginnt mit den Brennmaterialien des Mineralreiches: Steinkohle, Braunkohle, Torf, die Steinkohle unterschieden in Fettkohle, Sinterkohle und magere Kohle oder Sandkohle. Die Karten, zu vergleichen mit dem Durchschnitt einer gänzlich mißrathenen Baumtorte, zeigen uns, wie die über einander liegenden Schichten durch Erdrevolutionen gehoben und gesenkt, verschoben und zerbrochen sind. Zuweilen ist nur eine Kohlenschicht da, in der Regel ihrer mehre; zuweilen liegen sie wagerecht, meistens unter einem Winkel, zuweilen fast senkrecht. Bald gehen sie wellenförmig, bald sind sie zerbrochen, bald faltig aufgehoben oder niedergedrückt. Vertreten sind eilf Kohlenlager: 1) die Hohe Veen, R.-B. Aachen, aus dessen erforschten Schichten, bei Eschweiler allein, 45 an der Zahl, 61¼ Fuß mächtig, noch 100 Millionen Centner vortrefflicher Fettkohle zu gewinnen sind; 2) das Lager an der Ruhr, eins der bedeutendsten auf dem Festlande von Europa, auf 329 engl. ☐Meilen erforscht; 3) das Lager am Hundsrück, 1210 engl. ☐ Meilen, wovon 198 ☐ Meilen 600,000 Millionen Centner Kohle, das kleine bairische Stück bei St. Ingbert 1000 Millionen enthalten; 4) das Lager am Schwarzwald, geschätzt auf 43 Millionen; 5) das im Teutoburger Walde, geschätzt auf 2374 Millionen; 6) das im Thüringer Walde und 7) das im Harz, beide unbedeutend; 8) das an der untern Saale, das seit 1466 in Betrieb sein soll; 9) das erzgebirgische, in seinen obersten Schichten seit 1348 bekannt, 1841 in einer viel größeren Tiefe und in einer Ausdehnung von 132 ☐ Meilen erbohrt; ein Theil desselben brennt und wird wenigstens zu Treibhäusern benutzt; 10) am Ostabhange des Riesengebirges; endlich 11) das gewaltige, erst seit 1784 bekannte und noch jetzt erst unvollstän-

dig erforschte Lager von Oberschlesien, dessen Flächenraum zu
550 engl. ☐ Meilen angenommen wird. Die Gruben, die sich
an der Ausstellung betheiligen, haben in der Regel nicht blos
Kohlen, sondern vollständige Mineraliensammlungen gestellt. Die
kohlehaltigen Minerale jüngerer Formationen sind nur spärlich
vertreten.

Wir kommen zur Braunkohle, die in Westdeutschland
am Niederrhein und im Westerwald in unermeßlichen Lagern
vorkommt, zwischen dem linken Ufer der Elbe bei Magdeburg
und Leipzig, zwischen Elbe und Oder bei Zittau, Görlitz, Sorau,
Perleberg, Freienwalde (Falkenberg), Buckow, Schwedt, Stettin,
Rauen, zwischen Oder und Weichsel in vereinzelten Brocken,
namentlich an der Warthe und sich bis an die pommersche
Küste und nach Samland verläuft. Von den zwischen dem
Bodensee und der Donau entdeckten Lagern sind keine Proben
vorhanden. Aus Salzhausen in Hessen sind schöne Proben
von Blätterkohle und ein mächtiger in Braunkohle verwandelter
Stamm eingesandt. Ruge (Nr. 828) Dr. Hübner (751),
die Weißenfelser und die Hallische Gesellschaft haben
die aus der Braunkohle zu gewinnenden Produkte ebenso vollständig und reich ausgestellt, als es in der englischen Abtheilung mit den Produkten der Steinkohle geschehen ist,
nämlich Coke, Theer, Benzine, Photogen, Solaröl, Paraffin, in
Blöcken, Broden und Kerzen, Anilin; das letztere auch, und in
großer Vollkommenheit, von Jaeger in Barmen (992.) Unsere
reichen Torflager sind nur durch einen Aussteller vertreten,
Thisquen in Montjoie (861), der durch Erhitzung des Torfes
ein Material hergestellt hat, das er Holzkohlensurrogat nennt
und das für Hoch- und Puddelöfen, sowie für Lokomotiven
benutzt wird.

Von den brennbaren Fossilien haben wir aus Oesterreich eine ähnliche Sammlung von dem geologischen Institut

zu Wien. Sie besteht aus 239 Proben, die so geordnet sind, daß die Reihe mit Torf beginnt und durch die jüngeren Formationen dann bis zur ächten Kohle hinabsteigt, und ist begleitet von den vortrefflichen geologischen Plankarten, mit deren Aufnahme man seit 1850 beschäftigt ist. Vollendet sind davon Ober- und Nieder-Oesterreich, Salzburg, Steyermark, Illyrien, Böhmen in dem Maßstabe 1:144,000 oder 1 Zoll auf 2¼ englische Meilen; Tyrol und Vorarlberg, Lombardei und Venedig, Ungarn und Kroatien, das Banat in dem Maßstab von 1:288,000; von Siebenbürgen und Galizien existiren erst cartes routières. Ein Spezialkatalog giebt bei jeder Grube, mit wenig Ausnahmen, die Zahl der Arbeiter und Dampfmaschinen, die Prozente von Asche, Wasser und Coke und die Heizkraft, ausgedrückt durch die Atome Wasser, die durch Verbrennung von einem Atom des Minerals von 0 Gr. auf 100 Gr. Celsius erwärmt werden können. Aus der Lombardei, soweit sie noch zu Oesterreich gehört, und Venetien ist nichts eingesandt. Mit Gewinnung fossiler Brennstoffe sind überhaupt beschäftigt 14,759 Arbeiter und 147 Dampfmaschinen, davon in Ungarn, Siebenbürgen, dem Banat, Kroatien, Slavonien 2864 Arbeiter und 21 Maschinen und davon wieder in Gruben, die von den deutschen Privatleuten oder Gesellschaften betrieben werden, 2558 und 17. Im Jahre 1860 sind im ganzen Staate überhaupt gefördert worden 3¼ Mill. Tonnen.

In England hat man Berechnungen darüber angestellt, wie lange wohl der Kohlenvorrath reichen werde. Wen das Ergebniß beunruhigt, den wird der regenerirende Ofen, die wichtige Erfindung von C. W. Siemens in London, einem Bruder des Dr. Werner Siemens, zum Trost gereichen. Der Ofen, ein rechtes Ei des Kolumbus, besteht aus mehreren Heizkammern, die nach einander gefeuert werden und dergestalt verbunden sind, daß der Zug nicht unmittelbar in den Schornstein geht, sondern die andern Kammern und ihren Inhalt vorwärmt, und daß die ausgebrannten Kammern als heißes Gebläse für die brennende wirken. In einer auf diese Weise eingerichteten Glashütte war der Ofen zur Weißglühhitze gebracht, und im Schornstein zeigte das Thermometer nur 300 Grad Fahrenheit; die Wärme, die sonst in die Wolken verflogen wäre, war bis auf diesen verhältnißmäßig geringen Rest nützlich verwandt. In einem gewissen Staate soll man sich geweigert haben, diese Einrichtung als neu und eigenthümlich anzuerkennen, weil die Deutschherren in Marienburg ihre Zimmer vermittelst heißer Steine erwärmt hätten.

Die Eisenerze werden populär unterschieden in Magnet-Eisenstein, Eisenglanz, Brauneisenstein, Spatheisenstein, von dem eine Art, der Kohleneisenstein, unter dem Namen blackband in England eine große Rolle spielt, und endlich Sumpfeisen, dessen Anwesenheit sich durch eine schillernde Haut auf Wiesengewässern verräth, die jüngste Eisenformation. Die wissenschaftlichen Unterscheidungen und die Lagerstätten sind so zahlreich, daß wir nur Beispiele herausheben wollen. In Granit kommt Eisen vor im Schwarzwalde, im Odenwald, im Thüringer Walde, im Erzgebirge, im Fichtelgebirge, im Riesengebirge, nur aus dem letztern vertreten; in silurischem Gestein im Harz, im Voigtlande; in devonischem Gestein liegen die unermeßlichen Lager, die sich von der Mosel durch Westphalen bis an das westliche Gehänge des Harzes ziehen, namentlich die 47 Meilen langen reichen und feinen Adern um Siegen her, das Lager von Wetzlar, 42¼ Ml. lang und an manchen Stellen 10 Meilen breit; diese ganze Gruppe ist durch 200 Exemplare vertreten. In Verbindung mit Kohle, blackband, findet sich Eisen an der Worm, an der Ruhr, bei Waldenburg und in Oberschlesien, aber mit Ausnahme der zuletzt genannten Gegend in der Regel so arm, daß man nicht mit so großem Vortheil, wie in England geschieht, das Eisen in seinem eigenen Fett, der beigemischten Kohle, schmelzen kann. Die Ruhrgegend hat sich mit einigen 50 Exemplaren betheiligt. In Buntsandstein kommt das Eisen bei Pforzheim vor, wo schon die Römer darauf bauten. Sumpfeisen, wenn verhärtet, Orthstein genannt, liegt über das ganze norddeutsche Flachland verbreitet, in den Hannöverschen Niederungen und in den Thälern der Oder, Spree und Havel in unermeßlichen Quantitäten, freilich oft so arm, daß es nicht zu verwenden ist, sondern nur den Landwirth plagt. Es sind einige Proben davon da aus Westphalen und Schlesien, die besten aus Neusalz, ausgestellt von Krause in Berlin.

Oesterreich hat in allen Provinzen Eisenlager, die im Jahre 1860 20 Millionen Centner Erz und daraus 6,200,000 Centner Metall lieferten, meistens mit Holzkohlen geschmolzen, und daher frei von Schwefel, Phosphor und anderen schädlichen Beimischungen, welche das Eisen aus der Steinkohle annimmt. In demselben Jahre wurden eingeführt 29,500 Centner, ausgeführt 211,500 Centner. Der große Reichthum von Erzen ist nur sehr dürftig vertreten.

Eisen giebt es in der Ausstellung nicht, giebt es in der Natur 'nicht; Eisen ist ein Ideal; nur durch Kunst und in ganz kleinen Quantitäten kann man reines Eisen herstellen. Zur Gewinnung des Metalles können nur die Erze benutzt werden, in denen es im oxydirten Zustande vorkommt, und aus dem Hochofen fließt es immer gemischt mit Kohlenstoff.

Dem Herrlichsten, was auch der Geist empfangen,
Drängt immer fremd und fremder Stoff sich an.

Das verschiedene Mengenverhältniß der Kohle zu dem Metall und gewisse davon abhängige Eigenschaften unterscheiden die drei Arten von Eisen, in denen wir arbeiten, das Gußeisen, das Schmiedeeisen und den Stahl. Ein Stück, das wir in die Hand nehmen, ist unzweifelhaft Gußeisen, ein anderes unzweifelhaft Schmiedeeisen, ein anderes unzweifelhaft Stahl. Aber es giebt Stücke, deren Charakter nicht zu bestimmen ist; die drei Arten sind nicht zu definiren, die drei Wörter bezeichnen nicht Begriffe. Das Guß- oder Roheisen wird im Hochofen aus den schmelzenden Erzen gewonnen; es ist hart, spröde, nicht zu hämmern, kann aber aufs Neue geschmolzen und in beliebige Formen gegossen werden, und diese durch einen zweiten Guß erzeugte Gestalt ist es, in der das Gußeisen uns am häufigsten zu Gesichte und in die Hand kommt. Indem man das Gußeisen längere Zeit unter einem Luftstrom schmilzt und einen Theil seines Kohlengehaltes an dem Sauerstoff der Atmosphäre verbrennt, verwandelt man es in Schmiedeeisen, das sehnig, zähe, hämmerbar, im Großen nicht zu schmelzen, aber im weißglühenden Zustande zu schweißen ist. Stahl, der in der Mitte zwischen beiden steht, gewisse Eigenschaften von beiden hat, wird aus Gußeisen gewonnen, indem man ihm einen geringeren Theil seines Kohlengehaltes entzieht, Gußstahl, oder aus Schmiedeeisen, indem man ihm Kohle zusetzt. Von feineren Unterschieden in dieser Behandlung und von dem Verfahren bei der Abkühlung, von dem „Härtewasser", hängt es ab, ob der Stahl „glashart" wird, wie zu Feilen, oder „federhart", wie zu Säbelklingen. Wenn unsere schönwissenschaftliche Literatur sich nicht zu spröde gegen die Technologie verhielte, würde sie längst bemerkt haben, welche glückliche Anwendung sich von diesen Ausdrücken machen läßt, würde sie dieselben längst zur Bezeichnung von Charakteren gang und gäbe gemacht haben; und da ich einmal davon spreche, will ich erwähnen, das Eisen, welches weder kalt noch warm zu einem sehnigen Gefüge auszuhämmern ist, „faulbrüchig" oder „haderig" genannt wird.

Die Güte des Eisens hängt ab von der natürlichen Beschaffenheit des Erzes, von der Feuerung, die im Hochofen verwandt wird, und von der Kunst und Sorgfalt der Behandlung.

In dem ersten Punkte sind wir schlechter daran als Schweden, mit dessen Erze sich nur das Steyermärkische messen kann, aber besser als England, das zwar viele, aber im Ganzen schlechte Erze hat und große Massen schwedischen Eisens einführen muß. Holzfeuerung kommt nur noch in Oesterreich im Großen vor; im Norden und Westen müssen wir die Nachtheile der mineralischen Kohle durch Sorgfalt und Kunst der Behandlung ausgleichen. Und daß wir in diesem dritten Punkt es mit der ganzen Welt aufnehmen, davon hat diese Ausstellung auch dem eingebildetsten Engländer die handgreiflichsten Beweise geliefert. Um dieselben recht handgreiflich zu machen, hat man bei jedem Stück Roheisen angegeben, mit welcherlei Kohle es gewonnen ist, und die Schlacke, die nach der Feuerung verschieden ist, dazu gelegt. Ich bin mehr als einmal ungebeten und unwillkürlich Ohrenzeuge gewesen von verwunderten Aeußerungen sachverständiger Engländer, und erhielt von einem, den umherzuführen ich mir das Vergnügen gemacht, zum Dank die Aeußerung: Es wird noch dahin kommen, daß Engländer nach Deutschland zu gehen haben, um die Behandlung des Eisens zu lernen. Auszusprechen, was er dachte, es sei schon dahin gekommen, das litt sein Nationalstolz nicht. Besonders erstaunt sind sie über die feinen Sachen, die bei uns unmittelbar aus dem Hochofen gegossen werden. Der freundliche Leser, der am Ende der Seite noch weiß, was er am Anfang gelesen hat, wird den Grund einsehen; andere sind daran zu erinnern, daß im Hochofen das Metall aus dem Erze ausgeschmolzen wird, und daß man sonst, um feine Sachen zu gießen, das Roheisen erst noch einmal in einen Tiegel brachte und durch Abschäumen, wie Fleischbrühe, und durch andere Mittel reinigte. Unter den Mineralen des Zollvereins finden sich aber zwei kleine durchbrochene Schirme aus der Friedrich-Wilhelms-Hütte zu Mühlheim a. R. (Nr. 721), die direkt aus dem Hochofen ge-

goffen find, und von Theodor Ulrich in Bredelar (Nr. 864)
gar eine auf dieselbe Weise erzeugte Spiralfeder! Eine große
Ausstellung von Gußwaaren aus dem Hochofen hat die Ilfen-
burger Hütte des Grafen Stolberg-Wernigerode unter dem
westlichen Dome gemacht, und es wäre zu wünschen, daß, wie
bei den vorhergenannten beiden Nummern, ein Täfelchen mit
der Inschrift Pig iron oder Cast from the blast furnace
angebracht würde. Denn ich habe Zweifel äußern hören, nicht
in Betreff der Kandelaber und andern massiven Werken, wohl
aber in Betreff der Ritterrüstung, die nach einem Pappmodell
gegossen ist, der Klingen, die zwar für den Gebrauch untüchtig,
doch einen erheblichen Grad von Elastizität besitzen, der durch-
brochenen Bücherdeckel und der dünnen Vasen und Teller mit
Reliefs, oben convex, unten concav, als seien sie mit dem Hammer getrieben.

Um die Güte des Schmiedeeisens zu zeigen, biegt, dreht,
bricht und zerreißt man es, und zwar im kalten Zustande. Je
näher der Bruch einem zerbrochenen oder zerdrehten Weiden-
zweige kommt, desto besser. Von solchen kalten Brüchen und
Biegungen sind eine Menge ausgestellt, und bessere hat die
ganze Ausstellung nicht aufzuweisen. Besonderes Aufsehen erregen ein paar Stücke von der Aktiengesellschaft Phönix aus
Laar bei Ruhrort (Nr. 812), das eine, eine Achse von 6 Zoll
im Durchmesser, die wie ein Ende Wachsstock zu einer Schleife
zusammengelegt ist, ohne die mindeste Veränderung der Textur
erlitten zu haben, ohne den geringsten Riß an der äußeren,
ohne die geringste Runzel an der inneren Seite der Biegung
zu zeigen; das andere Stück, ein sogenanntes Packet, aus dem
Achsen gemacht werden, gleichsam ein Reisigbündel von Eisen-
stangen, die gegen die Mitte des Bündels keilförmig zulaufen
und zu einer homogenen Masse zusammengeschmiedet werden.
Dieses Zusammenschmieden ist nur an dem einen Ende des

Bündels bewirkt, an dem andern ist jede Stange zerbrochen oder zerrissen, um die faserige Textur zu zeigen.

In Eisenblechen, die durch Walzen aus Schmiedeeisen gewonnen werden, glaubte ich früher, würde Oesterreich den Sieg davon tragen. Ich habe meinem letzten Briefe ein Stückchen Schwarzblech, nicht größer, beträchtlich dünner und nicht erheblich schwerer als eine Visitenkarte beigelegt, fabrizirt von der Gesellschaft für Eisen-Industrie in Prag, Nr. 44; seitdem aber habe ich die Schwarzbleche von G. W. Buderus Söhnen in Neuwied (Nr. 682) gefunden, die allerdings, wie der Katalog bemerkt, durchsichtig sind. Es leuchtet ein, daß so dünne Platten nur aus einem Eisen herzustellen sind, welches nicht die geringste brüchige oder unganze Stelle enthält; oder sollte die Durchsichtigkeit von feinen Löchern herrühren?

In Stahl endlich, wie der Franzose richtig bemerkt, schlagen wir die ganze Welt. Vielleicht klingt die Redensart, die der Engländer bei jeder Gelegenheit, auch wo sie gar nicht gerechtfertigt ist, mit einem ganz absonderlichen, dumpfen Zungentriller von sich giebt, den Alten unangenehm, anmaßlich, undeutsch; den Jungen wird sie gut thun. Der Kruppsche Gußstahl und der Steyermärker Sensenstahl haben ihres Gleichen nicht. Es ist möglich, und sogar wahrscheinlich, daß dem letztern die türkischen und indischen Säbelklingen den Rang streitig machen können; aber man kann über die ausgestellten Exemplare nicht urtheilen, weil keine Probe gestattet wird; dazu sind sie übermäßig theuer. Unter Krupps Sachen sind drei vor allen groß, groß auch in dem Sinne, der den Engländer besonders anspricht: ein Block von Gußstahl, 40,000 Pfund schwer, aus 600 Tiegeln gegossen, in der Mitte zerbrochen, um den Bruch zu zeigen, vermittelst eines Dampfhammers von 15 Tonnen Gewicht, dem größten „in der Welt"; eine Seeschiff-Achse mit zwei Kurbeln für einen Dampfer des

gehärtete und hochpolirte Walzen, 10 Zoll Durchmesser, 16 Zoll
lang, gleichfalls Gußstahl. Der Bruch des Blockes ist so eben
in Farbe und Gefüge, so vollkommen frei von Aescheln und
unganzen Stellen, als wenn die Masse nicht Stahl wäre, sondern Zucker oder ein anderer Stoff, den man auskochen und
filtriren kann; die Walzen sind blank wie Diamant. Die Engländer haben nichts, was an diese Leistungen heranreichte; sie
haben kleinere Massen von Gußstahl ausgestellt, aber sich gehütet, den Bruch zu zeigen; und sie geben eine Schiffsachse von
ähnlichen Dimensionen nur nur deshalb für Stahl aus, damit
das englische Publikum in seinem Selbstgefühl nicht irre werde;
die Sachverständigen wissen, daß sie nur aus Eisen besteht.
Der general reader geht an der Krupp'schen Aufstellung, der
freilich ein günstigerer Platz zu wünschen wäre, achtlos vorüber,
denn die „Times" geht ihm über den Augenschein.. Krupp
hat ferner ausgestellt eine Seeschiffachse mit einer Kurbel; eine
Schiffsschraube; mehrere Lokomotiv- und Setzachsen, darunter
eine für eine amerikanische Straßenbahn; Lokomotiv- und Eisen-
bahnwagen-Federn; 24 Eisenbahn-Radreifen, ohne Schweißung
rund gewalzt, darunter einer von 8 Fuß Durchmesser; 8 Kanonen, eine zerrissen, eine andere gespalten, um Bruch und Zähigkeit zu zeigen; Gewehrläufe, Kümperstangen, Bruch- und
Biegeproben — alles von Gußstahl. Auch der zum Kranz ge-
wundene Hobelspahn fehlt nicht, von dem bei der Armstrongschen Ausstellung so viel Aufhebens gemacht wird. Die Bereitung des Stahls ist Krupp's Geheimniß, das die Engländer
und Yankees ihm gar zu gern abluchsen möchten. Engländer
erklären seine Erfindung für einen glücklichen Griff; das ist sie
in einem Sinne, aber nicht in dem, daß sie ein Werk des Zu-
falls sei. In der Küche des Alchymisten, der
— nach unendlichen Recepten
Das Widrige zusammengoß,

ober auf gut Glück experimentirte, hat der Zufall auf manche werthvolle Entdeckung geführt; heutzutage geht die Naturkunde mit so wissenschaftlichem Schritte und darum in so nothwendigen Bahnen vorwärts, daß man oft vorhersagen kann, welches die nächste Entdeckung sein wird und oft dasselbe Problem von mehreren zu gleicher Zeit gelöst wird. Auch Berger & Comp. in Witten an der Ruhr (Nr. 1379) haben Gußstahlsachen, ein gezogenes Kanonenrohr mit Laffette und 20 Gewehrläufe in verschiedenen Stadien der Bearbeitung ausgestellt, deren Güte von den Sachverständigen sehr gerühmt wird, aber dem Laien nicht so anschaulich gemacht ist, wie von Krupp. Ich möchte hier überhaupt ein- für allemal bemerken, daß die Ausstellung in einige 30 Klassen, viele mit Unterklassen, getheilt ist, daß für jede Klasse Geschworne, von manchen Staaten, namentlich Frankreich, aus den ersten Männern des Faches bestellt sind, daß, wenn man einen Geschworenen aus Klasse I. über einen Gegenstand aus Klasse II. befragt, man häufig die Antwort erhält, die der Anfang aller Weisheit ist: Ich weiß nicht! daß also einem Journalisten, der in keinem dieser Fächer Fachmann ist, nichts übrig bleibt, als seinem eigenen Lichte zu folgen und sich übrigens im Voraus gegen etwanige Vorwürfe in das Elephantenleder zu hüllen, das irgendwo ausgestellt ist. Auch die Steiermärker geben einem den Beweis buchstäblich in die Hand. Ihr Vertreter gestattet uns, eine beliebige Sense zu wählen, damit aus Leibeskräften in eine Stange Eisen zu hauen und uns zu überzeugen, daß wir eine tüchtige Scharte in das Eisen geschlagen, aber die Sense nicht im Mindesten beschädigt haben — was ich den Beweis der Edda nenne. In der Ausstellung der Sheffielder wird nichts der Art erlaubt.

Ich will endlich noch einige der bedeutendsten deutschen Eisenwerke nennen, welche die Ausstellung beschickt haben. Die Bremer Lloyd, von Gußstahl, 16,000 Pfund schwer; ein Paar

Köln- und Müsener Bergwerksgesellschaft, Eigenthümerin des berühmten Stahlbergs bei Müsen und benachbarter Blei- und Kupfergruben, beschäftigt 3 Hoföfen, 5 Puddel- und Hammerwerke, 6 Dampfmaschinen, 20 Wasserräder und 700 Arbeiter, berechnet auf eine Jahresproduction von 38,000 Tonnen Eisen, 1500 Tonnen Stahl, 150 Tonnen Blei, 1¼ Tonne Silber. Die Concordia in Schenberg bei Eschweiler, 400 Ctr. täglich. Die Hörder Berg- und Hüttengesellschaft. Die Werke von Jacobi, Haniel und Huyssen mit 42 Dampfmaschinen. Die Heinrichshütte bei Hattingen, 400,000 Centner jährlich. Die Johanneshütte bei Duisburg, 23 Millionen Pfund jährlich. Die Friedrich-Wilhelmshütte bei Mühlheim, 680 Arbeiter. Der Bergische Verein, täglich 60,000 Pfund. Die königliche Hütte Königshütte in Schlesien, 273,000 Centner Roheisen, 160,000 Centner Schmiedeeisen jährlich. Die Laurahütte. Die königliche Hütte zu Rybnick, 30,000 Centner Schmiedeeisen und Blech. Das Stahlwerk der Lenne- und Ruhrgesellschaft, das u. a. Schiffspanzer liefert. Der Fabrik- und Hüttenverein zu Limburg, dessen in alle Welttheile ausgeführter Stahl 1855 die große Medaille erhielt. Die Werke der Minerva in Breslau. Die Gesellschaft für Eisenindustrie in Prag, 68 Dampfmaschinen, 5019 Arbeiter, 480,000 Centner Roheisen, 206,000 Centner Schienen jährlich. Andreas Töppers Werke in Niederösterreich, 220 Arbeiter, liefert Gasröhren, außerdem 12 bis 15,000 Tonnen Artikel von weichem Eisen, mit Holzkohle bereitet.

Den Schweden hat der Zufall dazu verholfen, die Vortrefflichkeit ihres Eisens anschaulich zu machen. Ein Dampfschiff von 150 Pferdekraft rannte mit einer Geschwindigkeit von 13 Knoten die Stunde gegen eine blinde Klippe an. Ein englisches Schiff wäre wie Glas zerbrochen; man denke an den „Birkenhead", der in der Nähe des Kap auflief, zerbrach und mit mehren Hundert Soldaten unterging. Der Schnabel des schwedischen Schiffes klappte um, wie eine Haut Wildleder, ohne daß einmal die Nieten ausbrachen, und das Schiff erreichte ohne Hülfe den Hafen. Dieser Schiffschnabel ist zur Stelle gebracht. Die schwedischen Gießereien, auf drei Jahre mit Bestellungen der italienischen Regierung besetzt, haben zwei Geschütze und einen Anker geschickt. Nach Schweden gehört von Rechtswegen auch die große Aufstellung von Gußstahl, die Bessemer in der englischen Abtheilung gemacht hat. Seine 1851 in kleinen ungenügenden Proben gezeigte Erfindung, das Roheisen, wie es aus dem Hochofen fließt, sofort in Stahl zu verwandeln, hat erst Resultate geliefert, seit er dem schwedischen Gruben- und Hüttenbesitzer Görenson in Edsken einen Theil seines Patents verkauft und die Fabrikation ganz nach Schweden verlegt hat. Frankreich hat wenig Roh- und Schmiedeeisen ausgestellt; hervorzuheben ist das berühmte Gußeisen der Firma Dalifot in Paris (Nr. 3001), das sofort zu den kleinsten Artikeln verschmiedet werden kann. Italien, dessen Kommissarius Grabau von deutscher Abkunft und ein in Deutschland gebildeter Bergmann ist, hat reiche Eisenerze aus verschiedenen Gegenden eingesandt und seine Techniker vermessen sich, daß sie es mit England aufnehmen würden, wenn sie Kohlen hätten. Die Hoffnungen, die man sich von Sardinien machte, sind aber bei näherer Untersuchung zerronnen; so täuschend ähnlich die Kohlen der Insel den Newcastlern sind, so sind doch keine Kohlen im engern Sinne, keine ächten Steinkohlen darunter, sondern nur Lignite und Arthracit. Ein Italiener, Sella, hat eine electromagnetische Maschine erfunden, um die magnetischen Eisenerze von den Kupfererzen zu trennen. Die Belgier zeichnen sich durch Bleche aus. In Portugal hat man mit Ueberwindung großer Schwierigkeiten alte Eisengruben wieder in Betrieb gesetzt; eine Sammlung der Mineralien des

9

Landes hat auch ein Deutscher, Dr. Feuerheerd in Oporto, zusammengebracht. Ebenso werden wir die geologischen Karten
von Spanien als das Werk eines Landsmannes betrachten dürfen; denn der Aussteller heißt Schulz. Die russischen Eisenwerke sind durch die Regierung, vier Fürsten und drei Privatpersonen vertreten.

In dem östlichen Dome sah man seit einiger Zeit aus
einem festverschlossenen Bauzaune einen Obelisk von vergolde-
ter Pappe aufsteigen, aus dem kein Mensch klug werden konnte.
Endlich ward das Geheimniß offenbar; eine Inschrift besagt,
daß dieser Obelisk genau die Masse des Goldes darstellt, die
vom 1. Oktober 1851 bis 1. Oktober 1861 in der Provinz
Victoria gefunden ist, nach dem Gewicht 1,793,995 Pfund, im
Werth 104,649,778 £. In den Unterbau sind Facsimiles von
einigen der größesten nuggets, Klumpen gediegenen Goldes,
eingemauert. Diese ungeheuere Masse Gold, mit deren Ziffern
wir ebenso wenig, wie mit den Entfernungen der Himmels-
körper, eine bestimmte Vorstellung verknüpfen können, ist mit
wenig körperlicher und gar keiner geistigen Arbeit gewonnen
worden. Vieles lag obenauf in den Sandflächen, die bis vor
zehn Jahren nur der Fuß des Eingeborenen betreten; anderes
wurde in Körben aus dem Rinnsal der Bäche geschöpft; und
selbst die Schachte, die man an Stellen trieb, wo Gold obenauf gelegen, und die Stollen und Quetschmaschinen, vermittelst
deren man es aus dem Quarz gewinnt, erfordern nur eine
ganz rohe, mechanische, wenn auch anstrengende Arbeit. All dies
Gold war gediegen.

In Deutschland liegt auch viel Gold; aber uns wird es
saurer gemacht, zu dem zu kommen, nach dem sich Alles drängt,
an dem zuletzt doch Alles hängt; das Gold steckt in unserm
Boden gar fein vertheilt, wie die Millionen Centner Silber
im Seewasser. Fast alle unsere Bleierze enthalten ein wenig

Silber; und kein Silber ist ohne eine Spur von Gold. Auch dem Arsenik ist in der Regel Gold beigemischt. Die Erze des Rammelsberges bei Goslar enthalten ¼ Prozent Silber und 0,00012 Prozent Gold, das heißt 100 Pfund Erz enthalten 13 Millionstel Pfund Gold, die nur durch die künstlichsten, chemischen Arbeiten auszuscheiden sind. Die Goldlager am Rhein, zwischen Basel und Mannheim, die gediegenes Gold enthalten und seit dem Jahre 667 gewaschen werden, enthalten gar nur ein Millionstel, dividirt durch 1400. Die wichtigsten Lager von Bleierzen, unter denen wir auch Galena wiederfinden, das man uns in Natal für eine afrikanische Neuigkeit ausgegeben, finden sich im Schwarzwald, im Erzgebirge, im Harz, bei St. Goar, an der untern Sieg, in der Eifel, bei Schleiden, bei Tarnowitz in Oberschlesien. Gewaschen wird auf Gold auch noch bei Johanngeorgenstadt im Erzgebirge und an dem nördlichen Fuße des Riesengebirges, aber nicht mehr mit demselben Erfolge, wie in den grauen Zeiten, von deren Thätigkeit gewaltige Haufen ausgewaschenen Gerölles Zeugniß geben. Blei ist in Menge ausgestellt, Silber und Gold in entsprechender Winzigkeit.

In Wales, einst als Goldland berühmt, hat man angefangen, Gestein, das in alten Zeiten als taub bei Seite geworfen, und die Schlacken eingegangener Kupferhütten wieder auf Gold zu versuchen und bei der Gelegenheit auch gediegenes Gold gefunden. Silber ist sonst noch da von dem berühmten Kongsberg in Norwegen, der die schönen Speciesthaler liefert, und aus Spanien von Guadalajara.

Blei hat namentlich der Rammelsberg bei Goslar geliefert, von fremden Ländern Italien, wo man auch den alten Schlacken durch einen verbesserten Prozeß noch eine lohnende Ausbeute abgewinnt.

Die Goldmacherkunst ist nicht vertreten, obgleich ernste

9*

Forscher namentlich in Paris, in ihr arbeiten. Sie scheuen das
Gelächter der Aufklärung, die ganz genau weiß, daß kein Gold
gemacht werden kann, aber vielleicht sich in dem Punkte irrt.
Allerdings hängen viel Schlacken und Thorheiten an der Geschichte der Alchemie; allerdings steht ihre eine Richtung in
innigem Zusammenhange mit der mittelalterlichen Theologie,
mit der Vorstellung, daß etwas ein Ding und zu gleicher Zeit
nicht dieses Ding sein könne. Heinrich VI. von England forderte
in vier auf einander folgenden Edikten, alle Edlen, Doktoren, Pro-
fessoren und Geistliche auf, sich dem Studium der Alchemie zu widmen, damit er die Mittel gewinne, seine Schulden zu bezahlen.
Die Geistlichen vorzugsweise sollten sich um die Auffindung des
Steines der Weisen bemühen; „da sie ja Brod und Wein in
Leib und Blut Christi verwandeln könnten, so werde es ihnen
mit Gottes Hülfe auch gelingen, eine Transsubstantiction der
unedlen Metalle in Gold zu bewirken." Die Bemühungen
hatten aber keinen andern Erfolg, als daß man anfing, falsches
Geld zu prägen und es den Schotten ins Land zu spielen.
Die Liturgie der römischen Kirche für den 27. Dezember ent-
hält folgenden Lobgesang:

> Inexhaustum fert thesaurum,
> Qui de virgis fecit aurum,
> Gemmas de lapidibus.

Ich lasse auch die Zeugnisse von Spinoza und Helvetius auf
sich beruhen und die Dukaten Leopolds I. mit der Inschrift:

> Aus Wenzel Seyler's Pulver Macht
> Bin ich von Zinn zu Gold gemacht.

Aber bewiesen ist die Unmöglichkeit einer Zerlegung und Zusammensetzung des Goldes keineswegs; und was zwischen Wirklichkeit und Unmöglichkeit liegt, ist der berechtigste Gegenstand
der Forschung. Auf eine Weise ist die Aufgabe schon gelöst;
in Birmingham werden künstliche Goldkörner aus Blei und Ver-

goldung gemacht und nach Australien befördert. Was dort damit gemacht wird, das verschweigt des Sängers Höflichkeit. Die größte Zinkgrube der Welt ist der Altenberg oder Vielle Montagne in der Gemeinde Moresket, über welche die Souveränetät zwischen Preußen und Belgien getheilt ist. Sie wird seit alten Zeiten benutzt. In Oberschlesien wurde 1810 der erste Versuch gemacht: bis dahin hatte man von dem Galmei, mit dem man selbst nicht umzugehen wußte, kleine Quantitäten nach Schweden zur Verhüttung geschickt. Die Ausbeute jenes ersten Jahres war 600 Centner; des Jahres 1861 vier Millionen Centner. Sonst kommt nur noch in Wales etwas Zink vor; das Erz aus Michigan, von dem 1851 ein großer Block ausgestellt war, scheint sich nicht bewährt zu haben. Ruffer aus Breslau (Nr. 827) hat eine Zinkplatte ausgestellt, polirt und scharfkantig, 15 Fuß lang, 30 Zoll breit und $\frac{7}{8}$ Zoll dick, 15, nicht 6, wie im Katalog steht, Centner schwer, die große Bewunderung erregt und in der Ausstellung nicht entfernt ihres Gleichen hat. Der ganze Industriezweig ist glänzend vertreten.

Dasselbe läßt sich von dem Kupfer sagen; es sind alle deutsche Gebirgsarten und so ziemlich alle Verbindungen, in denen Kupfer vorkommt, in hübschen Exemplaren da, von einem ganz armen Erz, das nur $\frac{1}{4}$ Prozent Kupfer enthält und von der Stadtberger Gewerkschaft zu Altena doch noch mit Vortheil verhüttet wird, bis zu dem reichen Kupferschiefer der Grafschaft Mansfeld, der jetzt auf eine Strecke von 66 engl. Meilen nachgewiesen ist und eine unerschöpfliche Tiefe verspricht; dazu Kupfer in Barren, Kupferblech, Kupferdraht und von der Mansfelder Gesellschaft eine Platte, 33 Fuß lang, $5\frac{1}{2}$ Fuß breit, 12 Centner schwer, auch ohne ihres Gleichen, und zwei Zuckerpfannen, 17 und 18 Centner schwer, roh gehämmert, denen eine französische Pfanne Konkurrenz macht. Das deutsche

Kupfer ist vortrefflich, aber lange nicht ausreichend für den Bedarf. Italien besitzt einen großen Reichthum an Erzen, muß sie aber zur Verhüttung größesten Theils nach England schicken.

· Von den „kleinen" Metallen, die wir für gewöhnlich nur in Büchern finden, seien zwei erwähnt, Kobalt und Nickel, von Dr. Fleitmann in Iserlohn (Nr. 717), und aus zwei Gründen, erstens weil ihre Herstellung im regulinischen Zustande sehr schwierig ist, und zweitens weil ihre Namen sprachlich merkwürdig sind. Kobalt hängt mit Kobold zusammen, und das andere hat seinen Namen von Old Nick, dem Gentleman mit dem Pferdefuß, aus dem in Deutschland Du Nickel! geworden ist. Quecksilber haben nur Felthauß u. Co. in Wetzlar (Nr. 715) aus einer Mine in der Nachbarschaft geliefert. Cadmium das Königl. Hüttenamt Königshütte; Uranium das österreichische Hüttenamt Joachimsthal.

Aus Oesterreich sind vertreten das vortreffliche Blei aus Kärnthen durch Proben der Jacomini-Hütte (Nr. 21) die Kupferminen von Graßlitz in Böhmen, deren Inhalt auf 2,900,000 Centner geschätzt wird, und der Schwefel, der im Zollverein fehlt.

Eine Metallindustrie fehlt in Deutschland noch, die 1855 zuerst auftrat und seitdem in Frankreich und England einen bedeutenden Umfang gewonnen hat. In Paris betrachtete man die kleinen Barren von Aluminium, das aus Lehm gewonnen war, als eine Kuriosität und fragte sich noch, was im Großen damit anzufangen sein würde, wenn man je dahin kommen sollte, es im Großen und auf eine wohlfeile Weise herzustellen. Seitdem hat man in Grönland ein Erz gefunden, das viel reicher ist, als der Lehm, und durch die Verbindung von Aluminium und Kupfer eine Bronze hergestellt, die sich durch ihre Leichtigkeit auszeichnet und dabei einen solchen Goldglanz und so wenig Neigung zum Anlaufen und Rosten hat, daß sie keiner Vergoldung bedarf. Die Pariser Luxusindustrie hat schon vielfältigen Gebrauch davon gemacht. Auch ein englischer Fabrikant zeigt, aus reinem Aluminium getrieben, eine Statuette, einen Helm, einen Hohlspiegel, ferner astronomische Instrumente, eingelegte Arbeit nach Art der Tulaer und einige Bronzesachen. Wer vor zwölf Jahren aus Berlin nach England kam, dem mußte, wenn er ein Auge für dergleichen hatte, bei seiner ersten Mahlzeit auffallen, daß das Salz nicht aus krystallischen Blättchen, sondern aus feinem Pulver bestand, nicht aus Soole gekocht, sondern aus Steinsalz gemahlen war; und wer in den letzten Jahren von England nach Berlin zurückkehrt, dem wird es wieder bei der ersten Mahlzeit auffallen, daß die krystallischen Blättchen verschwunden und durch Steinsalz ersetzt sind. Der Grund ist, daß bei Staßfurth, in der Nähe von Calbe, ein Steinsalzlager von 100 Fuß Mächtigkeit und von sehr großer, noch nicht erforschter Ausdehnung entdeckt und in Betrieb gesetzt worden ist. Dieser Fund ist von unberechenbarem Werthe für den Volkswohlstand. Er erspart nicht nur der Regierung den Betrieb kostspieliger Gradir- und Siedewerke, sondern liefert auch in den oberen unreinen Schichten, dem Abraum, ein kräftiges Düngungsmittel, gestattet die Heerden reichlich mit Leсksteinen zu versehen, läßt eine Menge chemischer Produkte mit viel geringeren Kosten als früher herstellen, und liefert endlich einen unerschöpflichen Vorrath von Borax, unentbehrlich zum Löthen der Metalle, der sonst nur in Maremmen bei Florenz und in den Steppen am Aralsee vorkommt. Es ist ein erfreulicher Anblick der Obelisk von Staßfurther Steinsalz (Nr. 667), umgeben von Proben der verschiedenen Salze, Boracit und Leсksteinen. Im Jahre 1860 sind 670,000 Centner Salz und 6543 Centner Abraum gefördert worden. Da gleichzeitig ein Netz von Eisenbahnen über Deutschland gezogen ist, so haben die Salzvorräthe anderer Länder und die verschiedenen Prozesse, durch die man sie z. B.

in Portugal und Italien, aus dem Seewasser gewinnt, kein
Interesse mehr für uns. Oesterreich ist durch Halein und Wieliczka versorgt.

An Bausteinen, Sandstein, buntem Marmor, Schiefer,
den verschiedenen Thonarten hat Deutschland im Ganzen hinreichenden Vorrath; nur liegen die Fundstätten in der Regel
weit von dem Flachlande. Billiger Marmor gehört zu dem
Nothwendigen des Lebens, weil aus ihm allein zweckmäßige
Waschtische gemacht werden können; allenfalls ist er zu dem
Behuf durch Schiefer zu ersetzen. Der letztere wird in England viel zu Billardtafeln und zu emaillirten Gemälden benutzt, deren man sich namentlich zur Verzierung von Schiffs-
kajüten gern bedient. Marmor ist ausgestellt aus Olpe in
Westfalen, aus Wetzlar, Koblenz, Habelschwerdt, vom Westerwald und aus Fürstenberg in Sachsen, Schiefer aus verschiedenen Orten in Nassau und Westfalen, ein gewaltiger Litho-
graphirstein, leider unterwegs zerbrochen, aus Solenhofen in
Franken. Der prächtigste Buntmarmor ist der kalifornische,
der, soviel ich weiß, auf dieser Ausstellung zum ersten Male
erschienen ist; seine Grundfarbe ist kastanienbraun, und die Zeichnung und Färbung der Schichten von wunderbarer Schönheit.

An die Kohle und das Eisen hätte ich gleich den Mühlstein reihen sollen. Freilich hören wir ihn heute nicht in
jedem Hause rasseln, wie im Alterthum; aber er ist heute noch
ein so wichtiges Triebrad in dem Leben der Menschen und
Völker, wie damals, und wenn unsere allerneueste Poesie in
der That so realistisch wäre, wie sie sich anstellt, so würde sie
es der Mühe werth finden, diesen Stein zu fassen. Sie könnte
ihm mehr als eine schöne Facette abgewinnen. Auf die erste
Wassermühle, die in Rom gebaut wurde, unter der Herrschaft
des Augustus, machte Antipater dies hübsche Epigramm:

„Ruhet von der Arbeit, Ihr Mägde, die Ihr in der

Mühle schafft; schlaft und laßt die Vögel singen in das Mor-
genroth. Ceres hat die Najaden gerufen, Eure Arbeit zu
thun; gehorsam werfen sie sich auf das Rad; wälzen die Welle
um und mit ihr den gewichtigen Stein."

Aber die Mägde müssen immer noch früh aufstehen. Von
der Güte des Steines hängt die Güte des Mehles, von dieser
unsere körperliche und geistige Gesundheit ab. Bisher wurden
die guten Steine aus Frankreich bezogen, und sie sind durch
die im Zollvereine ausgestellten Lavasteine aus Andernach nicht
zu ersetzen. Zwei österreichische Fabrikanten aber haben Mühlen-
steine aus ungarischem Quarz ausgestellt (Nr. 30 und 69), die
besser sind als die französischen, und von denen seit 1858 500
Paar verkauft sind. Sie bestehen aus reinem Süßwasserquarz,
sind nicht schwammig wie die französischen, sondern von fester
Textur, wirken also mehr schneidend als reibend, erhitzen das
Getreide weniger, geben weniger Staub und bleiben länger
scharf. Das Mehl, das sie liefern, ist weißer, feiner, glänzender
und nimmt mehr Wasser auf. Sie kosten das Paar, von
erster Qualität, bei 36 Zoll Durchmesser 180 Gulden, und
sollen 20 Jahre aushalten. Im Handel gehen sie unter dem
Namen Fonty-Mühlsteine, nach dem Fundort.

Zum Schluß noch einige Merkwürdigkeiten: aus Italien
die aus geographischen Räthselspielen bekannten „schwimmenden
Ziegelsteine" von einer sehr porösen Lava; aus Schweden Gefäße aus Talkstein geschnitten; aus Karlsbad die bekannten,
natürlichen und künstlichen Inkrustationen von Sprudelstein;
aus Salzburg Proben eines Smaragdbruches; aus Pisa eines
Lagers von Chalcedon, beide vor Kurzem entdeckt; aus dem
Stromgebiet des Jenisei gewaltige Blöcke von Graphit; endlich aus Neu-Braunschweig, Brasilien und Tyrol Asbest. Will
sich denn Niemand erbarmen und aus diesem „Bergflachs"

unverbrennliche, also keines Putzens bedürfende Lampendochte für geplagte Hagestolzen fabriziren?

8. Hölzer.

Wenn man von dem Nordkap nach dem südlichen Punkte von Sizilien eine gerade Linie zieht, so ist in Mitteldeutschland ungefähr der halbe Weg. Von da aus können wir also mit der größesten Seelenruhe beobachten, wie unsere Pflanzenwelt an dem einen Ende sich in Knieholz und Moose verläuft, an dem andern bis an die Dattel reicht. Die meisten tropischen Gewächse, die sich einmal an den botanischen Garten in Algier gewöhnt haben, werden auch in Marseille fortkommen: aber auf der langen Wanderung von da nordwärts ergeht es ihnen, wie den Franzosen auf dem Rückzuge aus Rußland; nur wenige sieche Exemplare gelangen nach Hammerfest, wo die meisten unserer deutschen Bäume nur am Spalier und unter Glas ausdauern. Die Versuche, neue tropische Mehlpflanzen für Europa heranzuziehen, habe ich bei Algier erwähnt, und ein anderes Gewächs wird uns noch einmal dahin führen; das Verschwinden der Vegetation in den Polarzonen können wir an den Produkten Norwegens beobachten. Was in der Ausstellung fehlt, ergänzt Schübeler in seinen „Kulturpflanzen Norwegens," einem Universitätsprogramm für das erste Semester 1862, Christiania 1862, deutsch geschrieben. Ein so tüchtiges Volk wie das norwegische, hält es nicht unter seiner Würde, selbst in seinen öffentlichen Anstalten sich der Sprache zu bedienen, welche die Fruchterde seiner Bildung ist, während, eine der interessanten Nationalitäten unter österreichischer Herrschaft, die uns, wenn die Dinge in Mexiko eine andere Wendung genommen hätten, in diesem Frühjahr auf den Leib gehetzt worden wären, einige Rohprodukte mit Erklärungen in

einer Sprache versehen hat, die ich nicht verstehe, nicht einmal
erkenne, und von deren Erlernung der Leser mich hoffentlich
dispensiren wird. Die Norweger bemühen sich, ihre arme
Flora zu bereichern, sie pflanzen an, was irgend fortgehen will;
wir können also ihr Land als ein großes Versuchsfeld für
Europa ansehen. Freilich dürfen wir dabei nicht übersehen,
daß der westliche Uferstrich ein viel milderes Klima hat, als
manches weit südlicher gelegene Land, weil der warme Golf-
strom an der Küste hinstreicht, und daß in dem gebirgigen
Innern zwar die Winter viel kälter sind als in Deutschland,
aber die Sommer viel heißer als in England. Aus diesen
beiden Umständen erklären sich einige merkwürdige Erscheinungen,
die Schübeler beobachtet hat. Die einjährigen Gewächse gelangen in Norwegen bei einer niedrigeren Temperatur und in
einer kürzern Zeit zur Reife, als in südlicheren Ländern. Wenn
aus diesen nach Norwegen verpflanzt, so erfordern sie anfangs
eine längere Zeit zur Reife, als die Spezies, die schon im
Lande einheimisch sind, nach Verlauf von einigen Jahren aber
nur dieselbe. Wenn umgekehrt Pflanzen aus einem höheren
Breitengrade in einen bedeutend niederen gebracht werden, so
werden sie im ersten, auch wohl noch im zweiten Jahre früher
reif, als die eingebürgerten. So lange eine Pflanze nicht
weiter nördlich kultivirt wird, als wo sie ihre volle Entwickelung
erreichen kann, wird der Samen in den ersten Jahren größer
und schwerer, je näher man die Pflanze an jene Grenze bringt,
und kleiner und leichter, je weiter man sie davon entfernt.
Ferner, je näher eine Pflanze an jene nördliche Grenze rückt,
desto kräftiger entwickelt sich der Farbestoff ihrer Epidermis,
gelbe Erbsen werden grün, gestreifte und gesprenkelte Bohnen
nehmen reichere und tiefere Farben an, verlieren aber nach zwei
oder drei Jahren diese Eigenthümlichkeit. Ebenso wird bei
manchen Gewächsen die Blüthe und bei allen Bäumen das

Laub affizirt. Eben so mit dem Aroma; Maiblumen, Vogel-
kirschen, Petersilie, Lavendel, Zwiebeln sind duftiger bei Drontheim als bei Christiania, auch das Obst, das freilich an Süße
verliert, was es an Aroma gewinnt. Außer den oben bezeichneten Verhältnissen scheint auch die Länge der Tage im Sommer auf diese besondere Entwickelung der Pflanzen einzuwirken.
In Finmarken unter demselben Breitegrade mit der eisigen
Boothia felix, hat man beobachtet, daß Gerste in 24 Stunden
2¼ Zoll, Erbsen 3 Zoll gewachsen sind.

Die Ackerbaugesellschaft in Tromsö in Finmarken stellt
folgende, unter dem 70. Grade gereiste Früchte aus: Roggen,
Gerste, Kartoffeln, Erbsen, Turnipsaamen, alle bemerkenswerth
durch ihre Schwere. Ein anderer Aussteller ebendaselbst liefert
die Gräser von Finmarken, eine verlorene, verfrorene Gesellschaft, Schübeler eine vollständige Sammlung der norwegischen
Cerealien, Möller aus Christiania ein Herbarium der wilden
Arzneipflanzen. Die gewöhnliche Gerste ist die vierzeilige; sie
reicht bis zum 70. Grade und begleitet an manchen Stellen
die norwegische Föhre bis auf deren äußerste Gebirgshöhe.
Durra (Sorghum vulgare) ist versuchsweise bei Christiania
gebaut worden (59° 54') und in 132 bis 134 Tagen reif
geworden. Auch mit Mais sind ebendaselbst zahlreiche und
sorgfältige Versuche gemacht worden; am schnellsten, in 85 Tagen,
reiste Yellow chicken Corn, am spätesten, in 144, Tuscarora
und Sugar Corn; 24 andere Varietäten erforderten im Durchschnitt 114 Tage. Ich bitte, auf diese Resultate zu achten, da
ich weiterhin ein gutes Wort für den Mais einzulegen denke.
Hafer macht 55 Prozent des ganzen Kornbaues aus, dient in
der Form von dünnen, ungesäuerten Broden und von Hafer-
muß zur Nahrung. Jene Brode, die ohne Zuthat von Zucker
ungemein süß schmecken, werden von Londoner Konditoren
als Leckerei verkauft. In der Ackerbauschule der kleinen Stadt

Bodo, 67° 17', wahrscheinlich der nördlichsten in der Welt, ist Sommerweizen im Jahre 1860 in 120 Tagen reif geworden. Turnip (Rapa rapifera, Metzger) ist das Lieblingsgemüse und gedeiht im äußersten Finmarken und auf einer Höhe von 3000 Fuß zu reichen Ernten. In der kleinen Festung Vardohus (70° 22' 35''), die den Stürmen des Eismeers ausgesetzt ist, rechnet man auf einen Ertrag von 8¼ Tonnen von dem Morgen; in Bodo erhielt man in einem Jahre 17¼ Tonnen; bei Christiania ist eine Knolle von 29 Pfund vorgekommen. Die schwedische Turnip (Napus rapifera, Metzger) gedeiht sehr gut, doch nicht jenseits des Polarkreises. Es ist merkwürdig, daß dieses auch in England sehr beliebte Gemüse in Deutschland nicht recht einschlagen will. Zuweilen liegt es an der Saat; ein Gutsbesitzer in Pommern suchte sich aus der unendlichen Reihe von Turnips in dem Katalog eines der ersten englischen Handelsgärtner die Sorte Pomeranian Bulldog aus und erhielt Wruken. Flachs, der bis zum Polarkreise gedeiht, wird in neuerer Zeit immer seltener gebaut, weil baumwollene Stoffe weniger kosten, als das Korn, das die Stelle des Flachses einnehmen kann. Helianthus tuberosus wurde vor Einführung der Kartoffel allgemein gebaut. Scorzonera Hispanica, die ich später noch einmal zu erwähnen habe, bringt im 74. Grade reifen Samen. Tomat, Solanum Lycopersicum, Ende Mai in Christiania in freier Erde gesäet, hat im September reife, gut entwickelte Früchte gebracht. Die Pflanze ist in Frankreich und in England ganz gewöhnlich, bringt in manchen Jahren unglaublich reiche Ernten und ist für jemanden, der die Kunst zu essen nicht nur versteht, sondern auch üben will, ganz unentbehrlich.

Aepfel, die in 346 Varietäten, darunter 13 dem Lande eigenthümlichen, kultivirt werden, können bis 65° 10' frei stehen, darüber hinaus nur am Spalier. In dem Städtchen Mandal,

58° 1, wurde ein Apfel gezogen, der 50 Loth wog, und ein Baum in dem Stift von Bergen lieferte 38 Scheffel. Die Aprikose, der Wein, die Walnuß werden noch am Segne Fjord, 61° 17", reif, die Johannisbeere, die Himbeere, die Erdbeere bis zum 70. Grade, und doch beginnt schon im 68. die arktische Brombeere, die wegen ihres außerordentlichen Parfüms kultivirt zu werden verdiente. Ich will endlich noch von einigen Bäumen und Sträuchern angeben, bis zu welchem Breitengrade sie in Norwegen im Freien und ohne Winterbedeckung fortkommen; Ailantus, 60; Aristolochia Sipho, Drontheim; Heuschreckenbaum, Robinia Pseudacacia, Drontheim; Salisburia adianthifolia, 60; Gleditschia 60; unächte Orange, Philadelphus coronarius, Drontheim; Paulownia imperialis, 58°, doch erfrieren die Spitzen häufig im Winter; Rothe Ceder, Bleistiftholz, Juniperus Virginianus, 60; Rhododendron Ponticum, Drontheim; Shepherdia Canadensis, 60; Sibirischer Crabapfel, Pyrus baccata, 60°; Sibirischer Erbsenbaum, Caragana arborescens, Drontheim; Tamariske, Tamarix Germanica, ein sehr zierlicher immergrüner Strauch, der in England und Frankreich die Nachbarschaft des Meeres liebt, bis nach Finnmarken; Tulpenbaum, Liriodendron tulipifera, 60; Sycamore, Acer Pseudoplatanus, in Deutschland vernachlässigt, 63° 35'; Schwarze Wallnuß, Juglans nigra, bis Drontheim, bringt bis 60° reife Früchte; Eibe, Taxus baccata, englisch Yew, 61°; bei Christiania ist einer gefällt worden, der 254 Jahresringe wies; Liebhaber von Coniferen können nicht oft genug auf diese Zierde der englischen Dorfkirchhöfe aufmerksam gemacht werden.

Nachdem wir so die beiden äußersten Grenzen, Algerien und Norwegen, abgegangen sind, wollen wir uns auf dem weiten Raume umsehen, der zwischen ihnen liegt, und beginnen am natürlichsten mit den verdienstlichen Arbeiten, die Florent-

Prévost, Assistent an dem naturhistorischen Museum in Paris, zum Schutz der Pflanzenwelt unternommen, Nr. 885. Seit 24 Jahren ist er damit beschäftigt, die Magen der französischen Vögel darnach zu untersuchen, wovon eine jede Gattung lebt, ob von Pflanzen oder von Thieren, und von welchen, welche Vögel also für die Land- und Waldwirthschaft als nützlich zu betrachten und zu hegen, nöthigenfalls durch die Gesetzgebung zu schützen seien. Er wäscht den Inhalt des Magens und zwar zu verschiedenen Jahreszeiten, aus, trennt Körner, Pflanzenfasern, Knochen, Haare, Schuppen, Flügeldecken und andere unverdauliche Glieder der Insekten, und klebt den so geordneten Inhalt auf ein Kartenblatt, das den Namen des Vogels trägt. Sein nächstes Geschäft ist alsdann, die Körner festzustellen, was wenig Schwierigkeit hat, und durch mikroskopische Untersuchung zu ermitteln, welchem Geschmeiß die unverdauten Beine, Haare und Freßzangen angehören, von denen mancher Vogel eine im Verhältniß zu seiner Größe unglaubliche Menge beherbergt. Hoffentlich wird er seine Arbeit, von der nur Proben ausgestellt sind, veröffentlichen zum Nutzen für sein Land und um stramme Protestanten zu überzeugen, daß man sich in katholischen Ländern zwar an die Heiligen um Regen, aber auch an die Spatzen um Vertilgung des Ungeziefers zu wenden versteht und darin eigentlich ein Wenig voraus ist. In England ist man grade jetzt durch mehre Umstände auf diese Arbeit sehr aufmerksam geworden. In einigen Grafschaften haben die klotzköpfigen Landwirthe in diesem Frühjahr, weil sie bemerkten, daß ihnen ungewöhnlich viel von ihren Saaten weggefressen wurde, die kleinen Vögel durch vergiftetes Futter zu Tausenden getödtet und hinterher gemerkt, daß der Schade nicht von den Vögeln verübt worden war, sondern von Maden, Larven, Raupen und andern Kharfesters, deren man sich nun gar nicht mehr erwehren kann. Eine ähnliche Warnung kommt

aus Australien. Ein Schotte, der, wie „Punch" richtig bemerkt, wahrscheinlich ein Esel gewesen, hatte zu Ehren seiner
Nationalität eine Handvoll Distelsaamen mit nach Neu-Süd-
wales genommen und ausgestreut. In wenigen Jahren hat
das Unkraut, das bis dahin in Australien fehlte, sich dergestalt
verbreitet, daß das Korn und die Wolle ernstlich davon beschädigt worden und bei dem theuren Tagelohn mit Jäten
(englisch weeding, plattdeutsch wieten) gar nichts mehr aus-
zurichten ist. Man hat daher aus England eine Menge Distel-
finken kommen lassen, deren Lieblingsspeise der Saame der
Distel ist. Derselbe Florent-Prévost macht in einer kleinen
Brochüre die Hühnerzüchter darauf aufmerksam, daß Maikäfer,
auf heißen Platten oder in einem Ofen zu Pulver gedörrt,
eine vortreffliche Nahrung für Hühner, jedoch nur für junge,
sind. Neben ihm hat das naturhistorische Museum zu Paris,
schon mit Benutzung seiner Arbeiten, die nützlichen und die
schädlichen Thiere für die drei Regionen zusammengestellt, in
welche Frankreich nach der industrie agricole zerfällt, nämlich für die Region des Getreides, des Weins und der Seide.

Von den Hölzern habe ich wenig zu sagen; ich will
daher gleich die eine und andere Art der Verarbeitung erwähnen. Der Vicomte de Courval hat einen großen Raum
eingenommen und eine dicke Broschüre geschrieben, in der eine
Geschichte von einem brüsseler Schneider und der Himmel weiß,
was noch zu lesen ist, um seine „neue Methode" des Beschnei-
dens und Kappens der Bäume deutlich zu machen, die er das
système rez-tronc nennt. Das Wort ist gebildet nach der
Analogie von rez de chaussée und bedeutet, daß man die
Zweige, die man abnehmen will, glatt am Stamme absägen
soll. Die Neuigkeit ist uns wenigstens in der Obstbaumzucht
längst bekannt, aber die Ausstellung ist immerhin nützlich, weil
sie den Vortheil dieser Methode sehr augenfällig macht. An

Stumpfen von Aesten, die in einiger Entfernung vom Stamme
mit dem Beile abgehauen worden, sehen wir, wie die Rinde
des Stumpfes verfault und abgefallen ist, wie die Rinde des
Stammes, in dem vergeblichen Bemühen, den nackten Stumpf
zu bedecken, wulstige Auswüchse getrieben hat, die endlich im
Innern verholzt sind, wie der Stumpf rissig und faul geworden ist und die Fäulniß in den Stamm hineingetragen hat.
Wo dagegen der Zweig dicht am Stamme abgesägt ist, da hat
die Rinde des Stammes die Wunde mehr und mehr bedeckt,
nach Jahren ganz geschlossen und das darunter liegende Holz
gesund erhalten. Ja, an einigen recht alten Exemplaren läßt
sich wahrnehmen, das auch der Ansatz des Zweiges, gleichsam
seine Wurzel, die in den Stamm hineingeht und in den Dielen
ein „Astloch" giebt, ganz verschwunden ist. Nebenan zeigt der
Doktor Robert Probestücke von Ulmen, die er durch Abhäutung
von Käferlarven befreit, und von andern Bäumen, deren Wachsthum in die Dicke er durch senkrechte Einschnitte in die Rinde
befördert haben will. Die Methode stammt aus dem Orient,
wo man außerdem die Kunst versteht, Orangen und andere
Bäume auf das Doppelte und Dreifache ihres gewöhnlichen
Alters zu bringen, ja, wie behauptet wird, unsterblich zu machen
dadurch, daß man von Zeit zu Zeit einen Theil ihrer Wurzeln
bloß legt und entrindet. Die unendlich viel wichtigere Entdeckung in der Behandlung des Holzes, von Klotsch, Bäume
hervorzubringen, die keine Blüthen und Früchte tragen, sondern
alle zur Fruchtbildung erforderliche Kohle als Holz ansetzen,
vegetabilische Maulthiere, ist nicht vertreten. Eine merkwürdige
Holzindustrie wird in der Gegend von Sauver in Frankreich
betrieben. „Par une taille particulière," durch ein eigen-
thümliches Beschneiden, wahrscheinlich auch durch ein entspre-
chendes Biegen und Binden der Zweige, zieht man die immergrüne Eiche und den Eßbeerenbaum (Crataegus terminalis)

so, daß der junge Stamm die Gestalt von Heugabeln mit drei bis fünf Zinken, von Sensenstielen mit dem Griff für die linke Hand daran und von andern Ackergeräthstücken annimmt. Nachdem der Baum gefällt ist, schneidet und spitzt man die Zinken zu, zieht die Rinde ab und brennt das Stück bunt, wie einen Ziegenhainer. Natürlich bricht ein solches Geräth nicht so leicht, wie eins, das aus mehreren Stücken zusammengesetzt ist. An dem einen ist gezeigt, was man mit der Methode leisten kann: der Stiel theilt sich erst in drei Arme und jeder von diesen wieder in drei. Während hier Holz das Eisen er- setzt, haben die französischen Schuhmacher angefangen, die Leisten von Gußeisen zu machen. In der Behandlung des Korks hat man in Frankreich seit 1851 große Fortschritte ge- macht: man weiß ihn in dünnen Scheiben von der Breite des Tapetenpapiers und in großer Länge herzustellen, auf eine bil- lige Weise mit erhabenen Skulpturen zu versehen und verwen- det ihn zur Bekleidung der Wände. Aus dem Zollverein ist die Eichenrinde zu erwähnen, welche die Gemeinde Adenau und Andere ausgestellt haben. Wenn die Borke von jungen, etwa funfzehnjährigen Stämmen genommen wird, so gewährt sie eine sehr einträgliche Forstkultur. Sammlungen von Höl- zern und Waldprodukten fehlen im Zollverein, sind aber zahl- reich in der österreichischen Abtheilung. Die Forstverwaltungen von neun Provinzen haben Durchschnitte der wichtigsten Bäume eingeschickt, der Curat Engl in Traiskirchen bei Riedau eine Tischplatte aus den 29 Arten Maserholz, die in Oberösterreich vorkommen, der Graf Hoyos-Sprinzenstein Proben seiner Waldhölzer mit Angabe des Bodens, auf dem sie gewachsen, und der Preise, zu denen er sie ablassen kann; der Graf Münch-Bellinghausen und der Fabrikant Kouff in Möd- ling Stumpfe von Schwarztannen, Pinus Austriaca, aus denen Terpentin gewonnen, mit Proben der verschiedenen Produfte, zu denen der Terpentin verarbeitet wird. Die Art und Weise des Zapfens ist anders als an der Pinus maritima in den Landes, der Baum wird auf einer Länge von 4 Fuß und auf ⅓ des Umfanges seiner Borke entkleidet: die näheren Angaben, die dort gemacht sind, fehlen. Münch-Bellinghausen zeigt ferner ein Stück, das er mit Recht für einzig in seiner Art erklärt, den Durchschnitt eines 280 Jahre alten Haselnußbaums, 4 Fuß 6 Zoll im Durchmesser! Drei Aussteller, Pollack in Wien, der Baron Prandau in Valpo in Slavonien und der Fürst von Schaumburg-Lippe, Herrschaft Veröcze ebendaselbst, haben Lavetten-, Stab- und Bauholz aus den prächtigen Slavonischen Forsten, den Hinterwäldern Deutschlands, aufgestellt. Das Stabholz ist von Quercus pedunculata, und der Letztgenannte von den Dreien bemerkt, seine Waldbestände seien so groß, daß er zu jeder Zeit 150 Millionen Kubikfuß Quercus robur von 200 bis 250 Jahren, 10 Millionen Quercus sessiflora von 130 bis 150 Jahren, 300,000 Kubikfuß Eschen- und ebensoviel Ulmenholz ablassen könne. Es ist nicht zu verwundern, das andere Leute diese Forsten zu ihren Hinterwäldern machen möchten. Der Berichterstatter der „Times" rühmt, daß die Nationalitäten lieber gar nicht ausgestellt hätten, als in der Abtheilung Oesterreich; diese wenigen Schinken, sagt er, und man glaubt zu sehen, wie er sich dabei eine Thräne aus dem Augenwinkel wischt, diese wenigen Schinken repräsentiren [so und so viel tausend Pfund Rauchfleisch, das Slavonien jährlich ausführt; was würde aus diesen Ländern werden, wenn sie Freihandel hätten!

In der Politik hält man der Leidenschaft viel zu Gute. Kossuth entzückte an dem einen Abend ein englisches Meeting mit der Schilderung, welche wundervolle Entwickelung Ungarn nehmen würde, wenn es die Herrschaft der brutalen Deutschen abgeschüttelt haben würde; und an dem andern Abend ein anderes Meeting durch die Schilderung, wie Ungarn bis zum Jahre 1849 seine Verfassung und sein Selfgovernement unverkümmert bewahrt habe. War es zu verlangen, daß die Zuhörer diese beiden Behauptungen an einander prüfen sollten, wenn im Jahre 1850 englische Parlamentsmitglieder, die auf einem Polenmeeting sprechen wollten, sich an Kossuth wandten mit der Bitte um Information über „Ihr Vaterland"? Die Anekdote ist verbürgt; Leser dieser Zeitung haben sie aus Kossuth's eigenem Munde. Ehrenwerthe Gentlemen hielten ihn für einen Polen, oder hielten Ungarn und Polen für Eins, oder hatten, was das Wahrscheinlichste ist, eine unbestimmte Vorstellung, daß da hinten sehr interessante Völker mit engen Hosen und höchst merkwürdigen Pudelmützen wohnten. Man kann, wie gesagt, einer politischen Agitation viel nachsehen, nur das nicht, daß Deutsche in solche Verläsierung ihrer Race einstimmen. Denn, was auch die österreichische Regierung sei, und was sie gewesen sein mag, und welche Entwicklung die Dinge auch nehmen sollen und können — alle diese Fragen sind hier ganz und gar nicht im Spiel — das Viel oder Wenig von Bildung, von Wissen, von Fertigkeit, von Kunst, was jene Nebenländer besitzen, es ist deutsch; und wenn die Magyaren, Slowaken, Slowenen, Raizen und Wallachen morgen besondere Staaten und Städtchen bildeten, so würden sie noch manches Menschenalter mit Hand und Kopf zu arbeiten haben, ehe sie soweit sein würden, dem Deutschen die Schuhriemen zu lösen. Aber auch an dem Engländer übersteigt es denn doch alles billige Maaß, wenn er heute noch und in der Arbeit für ein Blatt wie die „Times" den wirthschaftlichen Unsinn nachspricht, den Kossuth expreß für die eine Sorte von Engländern erfunden: von den magischen Wirkungen, die der Freihandel auf die unterdrückten Nationalitäten üben würde! Wer wehrt denn der „Times", heute hinzugehen und in Ungarn, Slavonien, Kroatien zu kaufen, was zu kaufen ist, Holz. Korn, Wein, Wolle? Die österreichische Regierung nicht; der österreichische Tarif macht die freie Ausfuhr zur Regel; er kennt Exportzölle nur von Lederabgängen, Horn, Knochen, Galläpfeln, Brennholz (42 Kreuzer von 100 Kubikfuß), Artillerieholz, Schwefel, Haaren, Lumpen und Cocons. Zu verkaufen aber würde die „Times" wenig finden in Ländern, in denen die Familie sich selbst ihre Kleider spinnt und webt.

Aus Oesterreich sind noch einige Verarbeitungen des Holzes zu erwähnen, die nicht unter die künstlerische Behandlung fallen, von der ich in einer andern Verbindung zu sprechen gedenke. Podany in Wien hat von den verschiedensten Holzgattungen Fourniere geschnitten, die buchstäblich so dünn wie Papier sind. Bienert in Maderhäuser in Böhmen versieht die ersten Instrumentenmacher in der ganzen Welt mit Resonanzböden, namentlich den Londoner Brabwood. An englischen Bäumen ist nichts ausgestellt. Rußland liefert eine Sammlung von 82 transkaukasischen Bäumen und Sträuchern, aber ohne Erläuterungen, und vollständige Proben der Hölzer, die von Riga verschifft werden; ein kleines aus Fichtenrundholz aufgebautes Bauernhaus dient als Schrank für die ausgestellten Borsten. Aus Italien hat der Professor Calandrini in Florenz eine geordnete Sammlung, 185 Nummern stark, von den in Toskana einheimischen oder eingebürgerten Hölzern geliefert. Spanien und Portugal zeigen Proben ihrer Holzarten, aber ohne Erläuterung, zum Theil sogar ohne Bezeichnung; Schweden und Norwegen Musterkarten ihrer marktgängigen Hölzer, die norwegischen von dem Herrn v. Wedel-Jarlsberg, dem Haupte der einzigen Adelsfamilie des Landes. Das reiche Lager von Meyer in Hamburg gehört eigentlich nicht hierher, weil es größtentheils aus ausländischen Hölzern besteht.

Verfolgt man das Holz auf seinem Wege vom Walde

her, so ist die nächste wichtige Operation, es dauerhafter zu machen gegen die Einflüsse der Nässe und des Witterungswechsels und gegen die Angriffe der Insekten zu schützen. Das Einfachste und Nothwendigste ist bekanntlich, das Holz ordentlich trocknen zu lassen. Von den künstlichen Methoden, das Trocknen zu beschleunigen, ist nichts ausgestellt. Ein weiterer Schritt ist, die Poren mit öligen oder harzigen Stoffen oder mit metallischen Auflösungen zu füllen. Die Versuche des Franzosen Boucherie, die Bäume während ihres Wachsthums solche Stoffe aufsaugen zu lassen, sind nicht gelungen. Er und die Engländer Burnett, Bethell, Kyan und Payne haben verschiedene Methoden angegeben, das gefällte Haus von den Auflösungen durchdringen zu lassen. Bethell bringt es erst in einen luftleeren Raum und treibt die Flüssigkeit dann durch eine hydraulische Presse in die Poren. Uebrigens ist die Sache nicht neu. Die Beobachtung, daß die Dauben von Talgfässern unverwüstliche Zäune geben und daß Wallfischfahrer viel länger dauern als andere Schiffe, hatte schon in der Mitte des vorigen Jahrhunderts den Engländer Hale auf den Gedanken gebracht, das Schiffsbauholz mit Thran zu tränken. Der Plan wurde an der Fregatte „Fame", freilich sehr unvollkommen ausgeführt, indem man in jede Rippe oben ein Loch bohrte, das stets mit Thran gefüllt erhalten wurde. Nach einigen Jahren fand sich, daß der Thran 12 bis 16 Zoll weit eingedrungen, und daß das Holz soweit vollkommen wohlerhalten war, während es weiterhin morsch geworden. Es fragt sich, ob diese einfache Methode nicht noch mit Nutzen bei Zaunpfählen, selbst bei Ständern und Schwellen anzuwenden wäre. Ein neues Bedürfniß für solche Operationen haben die Telegraphenpfähle gegeben. Aehnlichkeit mit diesen Prozessen hat das Durchunddurchfärben des Holzes, das 1855 von dem Franzosen Montargon Marielle auf halbzöllige Würfel von Stechpalmenholz zu Mosaikfußböden und von einem im Katalog nicht verzeichneten Aussteller aus Toskana auf ganze Kloben angewandt war. Die „Xylochromie", auf deutsch Holzfärbung von Sperl in Nürnberg scheint auf demselben Verfahren zu beruhen; wie vollständig das Holz mit Farbe gesättigt ist, zeigt sich an den ausgestellten Sägespähnen.

9. Fasern.

Cotton is King, pflegten die Amerikaner zu sagen; und ein mächtiger König ist er. Millionen sehen zu ihm auf, Millionen hängen von ihm ab, ohne es zu wissen. Und nun sein alter Thron gefährdet ist, hat er alle seine Großen aus der ganzen Welt hierher zusammen berufen wie der Papst, um zu sehen, was sie ihm helfen, oder welche andere Residenz sie ihm vorschlagen können. Aber er selber ist nicht da, liegt gefangen in der Blockade.

Die Baumwolle (Gossypium) gehört in dem natürlichen System zu der Familie der Malvaceen. Auf unserer Wanderung haben wir schon eine Anzahl getrockneter Stauden mit den Früchten daran gesehen. Die Frucht ist so groß wie eine gute Walnuß und besteht aus drei bis fünf Fächern; in jedem Fache liegen einige graue oder braune Kerne, an denen, wie an dem Saamen mancher europäischen Bäume, weiße Fäden hängen. Diese Fäden sind die Baumwolle. An manchen Gattungen sind sie gefärbt, an der Baumwolle von Nankin gelb, an manchen südamerikanischen bläulich. Wenn die Kapsel reif ist, öffnet sie sich, die Wolle quillt heraus, und kann mit Leichtigkeit abgenommen werden. Da man den richtigen Moment nicht versäumen darf, widrigenfalls die Wolle vom Winde verweht wird, oder auf die Erde fällt, und da die einzelnen Pflanzen eines Feldes nicht zu gleicher Zeit reifen, so erfordert die Ernte viel Arbeit und längere Zeit, gewöhnlich von zwei bis

zu vier Monaten. Man muß mit der Baumwolle ungefähr
so umgehen, wie mit den Erdbeeren, sie jeden Tag absuchen.
Eine Pflanze trägt ¼—1 Pfund, manche Sorten 2 Pfund
und mehr.

Am Besten gedeiht die Baumwolle auf einem Boden, der
Kieselerde und Oxyde von Aluminium enthält. In ihren ersten
Stadien bedarf sie vieler Feuchtigkeit, die ihr, wenn der Regen
fehlt, durch Ueberrieselung zugeführt werden muß; später wird
sie durch ein Uebermaß von Nässe leicht beschädigt. Zu viel
Wärme aber kann sie nie haben, sie ist eine rechte Sonnen-
pflanze. Die Faser erweist sich unter dem Mikroskop als eine
verlängerte Zelle der Haut des Saamenkorns, hohl, aber gegen
die Spitze zu platt gedrückt, ein wenig schraubenförmig gedreht,
bei den besten Sorten bis 2 Zoll lang, bei den schlechtesten
nur 7—8 Linien. Um die Fasern von dem Kern zu trennen,
an dem sie ziemlich fest sitzen, läßt man die Baumwolle zwischen
zwei Walzen durchgehen, deren Zwischenraum kleiner ist, als
der Durchmesser des Kernes. Die Maschine heißt in Indien,
wo sie seit ewigen Zeiten im Gebrauch ist, churki, in Amerika
cotton-gin. Mit den Kernen weiß man nichts Rechtes anzufangen; die Versuche, ein brauchbares Oel daraus zu gewinnen, haben bisher keinen befriedigenden Erfolg gehabt. In
England unterscheidet man die Güte der Baumwolle nach folgenden Abstufungen: fine, good fair, fully fair, fair, middling fair, good middling, middling, good ordinary, ordinary, inferior, und ein geübtes Auge muß dazu gehören,
so fein zu bonitiren. Die Blume aller Baumwolle ist bekanntlich Sea-Island; und da ich neulich nach einer französischen
Quelle angegeben habe, daß sie noch von Martinique und
Guadeloupe so heiße, so will ich heute nachtragen, daß die
Amerikaner den Namen von den kleinen Inseln an der Küste
des Staates Georgien herleiten. Der Preis von Georgia fair

dient als Maaßstab, kennt man ihn, so kann man die Preise der bessern und schlechtern Sorten berechnen.

Mit Ausnahme der Vereinigten Staaten und Spaniens sind alle Länder vertreten. Die brasilianischen Wollen kommen den Nordamerikanischen am Nächsten, Pernambuco folgt auf Sea-Island; aber sie sind in der Regel nachlässig eingesammelt und schlecht gereinigt. Guiana ist besser behandelt, aber von Natur gröber und sturrer. Peru hat nur geringe Sorten, Westindien bessere, die aber meistens ins Gelbliche spielen. Die levantische ist weißer, aber von kürzerer Faser; Senegal nichts werth; Mako oder Jumal, die einheimische egyptische, ist lang, fein, mit einem röthlichen Schimmer. Aus Italien sind statt der besten Sorte, Castellamare, nur Proben aus Kalabrien da, von einheimischer und von siamesischer Saat. Malta hat weiße, gelbe und rothe Baumwolle geschickt, die leiblich ist. Neu auf dem Markt ist die australische Baumwolle aus Queensland, die sich vortrefflich anläßt. Aus Ungarn und Frankreich je ein Versuch.

Bei Ostindien müssen wir etwas länger verweilen, um uns klar zu machen, was das schnell ausgesprochene Wort auf sich hat: Indien wird Amerika ersetzen. In Indien wird viel Baumwolle gebaut und von den Eingebornen verarbeitet. Manchester wünscht nun, daß die Inder die Wolle nach England verkaufen und im verarbeiteten Zustande zurückkaufen möchten. Aber damit hat es mehr als einen Haken. Erstens die indischen Wollen sind schlecht, kurzfaserig, und nur die unendliche Geduld und die feinen Finger eines Hindu vermögen die nebelgleichen Musline zu spinnen; die eisernen Finger von Manchester können damit nicht fertig werden. Die gewöhnlichen indischen Kattune sind schlechter als englische Waaren, genügen aber den Eingeborenen. Die schlechtere Beschaffenheit der Faser hängt von der Natur der Pflanze und von dem Boden, aber auch davon ab, daß die Baumwolle vermischt mit anderen Früchten

gebaut wird, und davon will der Hindu wegen gewisser ökono-
mischer Vortheile nicht lassen. Endlich verspinnt uud verwebt
er die Wolle im Hause und von dieser häuslichen Industrie
will er auch nicht abgehen, weil sie ihm eine wenn auch dürfti-
gere, doch sicherere Existenz gewährt, als er bei der Abhängigkeit bei einem fernen Markte, von der Börse in Liverpool, von
den Kriegen, Kabinets- und Bankkrisen, Panics, Bankerotten,
Leitartikeln und Strikes der Civilisation haben würde. Das
ist sehr unwissenschaftlich von dem Hindu; aber er ist einmal
so. Dazu kommt endlich, daß die Engländer die Bewässerungsanlagen haben eingehen lassen. Seit einigen Jahren hat man
fremde Sorten eingeführt und ich habe eine sehr lehrreiche Ta-
belle über den ganzen Baumwollenbau vor mir, deren Resultat ich kurz zusammenfassen will.

Ort:	Gattung:	Länge d. Faf.:	Stärke d. Faf.:
	Einheimisch .	$\frac{78}{100}$ Zoll	$\frac{1}{183}$ Zoll,
Indien	Amerikanisch .	$1\frac{2}{25}$,	$\frac{1}{212}$,
	Aegyptisch . .	$1\frac{1}{4}$,	$\frac{1}{365}$,
Nordamerika	New-Orleans .	$1\frac{3}{10}$,	$\frac{1}{290}$,
Sea Islands	Long Staple .	$1\frac{6}{100}$,	$\frac{1}{362}$,
Südamerika	Brasilisch . .	$1\frac{17}{100}$,	$\frac{1}{263}$,
Aegypten	Einheimisch . .	$1\frac{44}{100}$,	$\frac{1}{326}$,

Bei Gelegenheit der Ausstellung von 1851 machte ich folgende Bemerkung, unehrerbietig, wie es in dem Tone jener
Zeit lag. „Die unansehnliche, kaum drei Fuß hohe Pflanze
mit ihren weißen Flocken hat einen entscheidenderen Einfluß
auf das Geschick der Welt, als die ganze heilige Allianz mit
ihren 150 Generalen, ihrer Schaar von Diplomaten und ihren
Millionen von Soldaten. — Es ist eine große Beruhigung zu
wissen, daß es doch noch Dinge giebt, die über Warschau gehen. Dekretire doch die heilige Allianz einmal, daß Baum-

wolle fortan so und so viel kosten soll!" Die „neue heilige Allianz des Westens" — wir haben von Sykophanten das Wort gehört — L. Napoleon und Mylord Palmerston, stehen jetzt in der That vor der Aufgabe, die Baumwolle billiger zu machen. King Cotton ist ein mächtiger König. Es ist wenige Jahre her, daß ganz England über Onkel Toms Hütte in Rührung zerfloß, besonders seit die Verfasserin, Mrs. Beecher Stowe, Ehrengast der Herzogin von Sutherland gewesen. Heute findet man unter zehn Engländern vielleicht Einen, der es nicht fanatisch mit den Sklavenstaaten hält, und der Eine hat wahrscheinlich nicht den Muth, seine Ansicht auszusprechen. Der Grund ist einfach; man wünscht, daß die Südstaaten ihren eigenen Tarif haben, die Wolle nach England verkaufen und alle Fabrik- und Manufakturwaaren aus England zollfrei einführen. Ich halte es für ein Unglück, daß dieser Umschlag in England von der deutschen Presse nicht mehr besprochen wird, und daß dem deutschen Publikum eine Lehre verloren geht, die unschätzbar sein würde, wenn es den Engländern einmal wieder in ihren Kram paßt, von ihrer Sympathie für Völkerfreiheit und Menschenglück zu schwatzen.

An der Lösung der Aufgabe, die Baumwolle billiger zu machen, will auch Mr. Cobben sich versuchen. Seit längerer Zeit füllt die „Times" jeden Tag zwei Kolonnen Perlschrift mit einem Prospekt der „Algierischen Baumwollen-, Land- und Ueberrieselungs-Gesellschaft", deren Mitdirektor und alleinige Seele Mr. Cobben ist. Die Gesellschaft beabsichtigt, von der französischen Regierung eine Landstrecke in der Ebene von Macta, dem Delta der Flüsse Habra und Sig, 40 englische Meilen von Oran, zum Eigenthum und das Recht zur Benutzung des Wassers der beiden Flüsse auf 99 Jahre zu erwerben. Die Gegend liegt unter demselben Parallelkreise, wie die Baumwollenregion von Nordamerika und hat einen ähn-

lichen Boden. Die französische Regierung hat bis zum Jahre
1871 eine Prämie für jedes Pfund Baumwolle zugesagt, das
die Gesellschaft verschiffen wird, einen Schilling (10 Sgr.) für
jedes Pfund Longstaple, ¼ Schilling für andere Sorten. Diese
Prämie soll zehn Tage nach der Verschiffung von dem Prä-
fekten in Algier gezahlt werden und wird, wie Herr Cobden
rechnet, binnen Kurzem das ganze Anlagekapital ersetzen. Die
Gesellschaft zahlt zehn Jahre lang keine Steuern und führt
ihre Maschinen zollfrei ein. Sie zahlt ihren Aktionären sofort
Zinsen. Einen Theil des Landes will sie selbst bewirthschaften,
den Rest verpachten unter der Bedingung, daß die Pächter nur
Baumwolle bauen. Wahrlich King Cotton ist ein sehr mächtiger König. Was hat er aus Ihnen gemacht, Mr. Cobden?
Er hat Sie, den Apostel des Freihandels, bekehrt — ja, zu
was denn? ob Sie selbst das wohl zu sagen wissen? Also
Prämien, Steuerfreiheit und Zollbegünstigungen wollen Sie
nehmen, ein Gewerbe — haben Sie es nicht oft so ausgedrückt? — „aus den Steuern, die Alle zahlen, füttern.“ Dem
Pächter, dem einsichtsvollen Farmer, wie Sie ihn zu nennen
liebten, wollen Sie vorschreiben, was er bauen soll? — Und,
Mr. Cobden! Zinsen wollen Sie aus dem Kapital zahlen? Machen Sie es nicht mit der Baumwolle, wie die englische Regierung es sonst mit dem Korn gemacht? und könnte
man Ihnen jetzt nicht alle den Spott zurückgeben, den Sie einst
für „das Elend der Gutsbesitzer“ hatten? wonderful! most
wonderful!

Freilich, die Noth ist groß; die Arbeiter hungern mit exem-
plarischer Geduld, da man sie einsperren und zusammenhauen
würde, wenn sie ungeduldig würden. Mr. Gladstone, Doctor
supranaturalis, sagte neulich bei einer Abiturientenentlassung,
die ganze Geschichte der christlichen Kirche habe kein so glänzen-
des Blatt aufzuweisen, als die christliche Ergebung der Baum-

wollen-Arbeiter in Lancashire. Und, was noch schlimmer ist,
auch die Fabriken „hungern", die Spinn- und Webestühle, diese
zarten Thiere, rosten ein, und die Dampfmaschinen, obwohl sie
nichts zu thun haben, müssen fortwährend mit kleinen Rationen
von Wasser und Kohle gefüttert werden, wenn sie nicht verderben
sollen. Habe ich doch erst diesen Morgen einen pathetischen Artikel darüber gelesen, daß mancher englische Fabrikant wöchentlich
an seinen Maschinen einen Schaden von mehreren hundert Pfunden
erleide, daß folglich jeder freiheitsliebende Brite das lebhafteste
Mitgefühl mit dem Sklavenhalter haben müsse. Eine kleine,
ganz kleine Geschichte aber, die mir vor einigen Tagen begegnet
ist, hat mein Mitgefühl für das Elend der Baumwollenlords
beträchtlich abgestumpft. Ich kaufte eine Rolle Baumwollengarn;
indem ich den Preis hinlegte, den ich immer bezahlt, fielen mir
die „Baumwollenhungersnoth" und eine sehr hübsche Prozeß-
geschichte ein, die vor einigen Jahren vorgekommen. Das Garn
ist auf hölzerne Röllchen gewickelt; eine Angabe der Ellenzahl
ist außen aufgeklebt. Ein Spinner bestellte bei seinem Drechsler
die Röllchen dicker, wickelte weniger Garn darauf, klebte aber
dieselbe Marke auf. Nach einiger Zeit verlangte er, daß der
Drechsler auch die für Einen hohen Adel bestimmten elfenbei-
nernen Röllchen dicker lieferte. Jetzt empörte sich das Gewissen
des Drechslers; er weigerte sich, und es kam zu einem Prozeß.
In der Erinnerung daran sagte ich: Nun, jetzt ist's wohl alles
Holz inwendig? Nein, versetzte der Verkäufer, Sie werden die
gewöhnliche Ellenzahl finden. Haben Sie denn überhaupt nicht
aufgeschlagen? fragte ich weiter. Nein, antwortete er, das Publikum würde nicht mehr bezahlen. Dazu bemühte er sich, ein
recht dummes Gesicht zu machen, und ging, schnell abbrechend,
zu einem andern Kunden über. Ich erkundigte mich anderweitig
und erfuhr, daß die Baumwollenwaaren in den Läden nicht in
die Höhe gegangen sind. Wonderful, most wonderful!

Wissenschaftlich hängt die Sache so zusammen. Der Urwähler braucht jährlich so und so viel baumwollene Hemden; in einer österreichischen Statistik habe ich einmal eine Klasse der Gesellschaft so definirt gesehen: Personen, die jährlich zwei Hemden kaufen und das Prädikat Herr erhalten. Er kauft sie von dem Kleinhändler: dieser macht nach dem Umfang der Kundschaft seine Bestellung bei dem Großhändler, dieser bei dem Weber. Der Weber bestimmt den Preis nach den Kosten des Rohmaterials und der Verarbeitung. Steigt die Baumwolle um funfzig Prozent, so schlägt er um 50 + x Prozent auf, und dieser Aufschlag wirkt sofort auf den Kleinhändler, der auch seinen alten Vorrath um 50 + x + y + z Prozent theurer verkauft. Der Urwähler muß seine neuen Hemden um soviel theurer bezahlen oder seine alten Hemden auftragen. Wie hängt denn nun die Sache faktisch zusammen? Hat der Krämer mir einen Penny geschenkt? oder hat der Spinner sonst so ungeheuren Profit genommen, daß er das Steigen des Rohmaterials vertragen und zu den alten Preisen mit Vortheil arbeiten kann? Ist die ganze Wissenschaft von Manchester eine Fabel und die ganze Praxis von Manchester nicht darauf gerichtet, eine Nachfrage zu befriedigen, sondern die Waaren den Barbaren da draußen „in den Leib zu treiben?" Oder verkauft man unter den alten Namen ein ganz anderes, schlechteres Fabrikat? Ich habe alle einschlagenden Parlamentsreden, Börsenberichte, auch leitende Artikel und Abiturientenentlassungsreden durchaus studirt mit heißem Bemühen, aber nicht nur keine Erklärung, sondern auch nicht einmal eine Erwähnung der merkwürdigen Thatsache gefunden, daß seit dem 1. Januar d. J. die Preise der Baumwollenwaaren in offenen Geschäften unverändert geblieben sind.

Bis vor einigen Jahren wurde in Indien von eingehenden Manufakturwaaren ein Finanzzoll von 10 Prozent erhoben. Auf das anhaltende Geschrei der Fabrikanten in England wurde der Zoll für Baumwollenwaaren auf 5 Prozent herabgesetzt und der Ausfall durch die sehr mißliebige und sehr drückende Einkommensteuer gedeckt. Am 18. Juni, der, beiläufig, nicht mehr gefeiert wird seit dem Tode des Herzogs von Wellington, machte eine Deputation von Baumwollen-Arbeitern aus Lancashire dem Minister für Indien Sir Charles Wood ihren Besuch und bat, auch noch die fünf Prozent aufzuheben, da die englische Industrie durch die indische ruinirt werde — in Indien. Sir Charles antwortete: Es lasse sich nicht behaupten, daß der Verbrauch englischer Waaren in Indien abnehme. Allerdings aber sei es eine Thatsache, daß der indische Markt in den letzten Jahren überfüllt worden sei und viel Waare unverkäuflich da liege. Im Jahre 1860 sei doppelt soviel von hier nach Indien verschifft worden, als 1858, und 1861 (wo das Material doch schon sehr knapp war), ebensoviel wie 1860. „Wenn die englischen Fabrikanten sich beklagten, daß die indischen sie zu verdrängen suchten — in Indien — so müsse man sich doch erinnern, daß sie selbst zuerst die indische Industrie ruinirt hätten."

Die Vorräthe in Liverpool betrugen:

	1860.	1862.
am 4. April	906,000 Ballen.	455,000 Ballen.
am 2. Mai	1,016,000 „	367,000 „
am 6. Juni	1,335,000 „	289,000 „

Im verflossenen Jahre wurden nach England eingeführt aus den Vereinigten Staaten 1,766,456 Ballen.

Ostindien	822,860	„
Brasilien	99,224	„
Aegypten	97,563	„
Peru	3,039	„
Westindien	2,686	„
Afrika	997	„

Surinam und Demerara   762 Ballen
der Levante   414 ,
Summa 2,794,601 Ballen.

Am 31. Dezember 1861 kostete die beste Sorte Sea Js-
lands 3 Schilling 4 Pence das Pfund, Medium 2 Schilling;
ägyptische von Sea Island Saamen gezogen, 1 Schilling 7
Pence, einheimische 1 Schilling ¼ Penny, die theuerste ostin-
dische 10 Pence.

Die Hauptquelle nächst den vereinigten Staaten ist also
Brasilien, auch ein Sklavenland; wenn es sich dort einmal
darum handeln sollte, die 4 Millionen Schwarzen frei zu machen,
werden wir eine ähnliche Umkehrung der Pole in den Sympathien der Engländer erleben. Freilich nur eine scheinbare, denn
in der That zeigt die Nadel unverrückt auf das Interesse. So
ist denn auch ganz und gar kein Widerspruch darin, daß England es in Amerika mit der Sklaverei hält und gleichzeitig
Negerkönige von der Westküste Afrikas durch eine gelinde Ka-
nonade überredet, ihre Staaten zu verkaufen, angeblich um der
Sklaverei und den Menschenopfern ein Ende zu machen, die
man früher sehr gleichgültig angesehen hat, in der That, um
die Gebiete in englische Baumwollenfelder zu verwandeln. Als
Vorbereitung für die artilleristische Beredsamkeit hat man, seit
die Baumwolle knapp geworden, eine African Aid Society,
eine afrikanische Hülfsgesellschaft, gestiftet, die durch Traktätchen
und Civilisation überhaupt operirt und in diesen Tagen ein
Meeting hielt, natürlich unter dem Vorsitz Seiner Heiligkeit des
Grafen von Shaftesbury, Erfinders der Sipoygrausamkeiten.
Der Erfolg war der Art, daß man nichts davon in die Zeitungen gebracht hat; einem Augenzeugen verdanke ich folgenden
Bericht. Ein Kapitain verlas eine Denkschrift über Afrika; es
sei daselbst sehr unmoralisch, aber auch sehr heiß und ungesund,
die Bemühungen der Engländer, die sich aus Humanität dort

anhielten, verdienten also alle Anerkennung und Unterstützung. (Beifall.) Das Mitglied für Manchester setzte hinzu, wenn die Engländer ihre Mission an dem schwarzen Bruder erfüllen und das größeste Quantum Baumwolle aus dem Lande ziehen sollten, so sei es nothwendig, daß sie als masters, als Herren dahingingen. (Großer Beifall.) Da erhob sich ein kohlraben-schwarzer Gentleman und ließ sich in vortrefflichem Englisch und im vollen Besitz aller parlamentarischen Formen also vernehmen. Er danke im Namen seiner schwarzen Brüder dem edlen Vor-sitzenden, dem einsichtsvollen Kapitain, dem ehrenwerthen Mit-gliede für Manchester und dieser ganzen menschenfreundlichen Versammlung. Heiß sei es in Afrika, aber wenn die Eng-länder, anstatt die Hitze durch Fleischgenuß und geistige Ge-tränke zu steigern, die mäßige und kühlende Diät der Eingebo-renen annehmen wollten, so würden sie ebensowenig von dem Klima leiden, wie diese. Immoralität herrsche allerdings in manchen Theilen Afrikas, aber merkwürdiger Weise eben nur so weit, als der Verkehr mit den Engländern reiche. Im Innern würde z. B. heute noch Jemand eine verlorene Sache, die er auf der Landstraße findet, nicht einstecken, sondern entweder liegen lassen, oder, wenn sie ihm gefällt, zwar nehmen, aber eine an-dere von gleichem Werthe dafür hinlegen. Früher habe die Sitte auch an den Küsten bestanden; vor der höheren ökono-mischen Entwickelung, welche die Europäer dahin gebracht, sei sie verschwunden. Nichtsdestoweniger würden die Afrikaner jeden respektablen Engländer mit Vergnügen aufnehmen; aber mit welchem Rechte das geehrte Mitglied für Manchester als Herr in das Land kommen wolle, das verstehe er nicht. Das Mee-ting wurde unter diesen Umständen vertagt und wird das nächste-mal wohl ohne schwarze Brüder berufen werden.

Die Flachs- und Hanfländer sind theils bekannt, theils in den vorhergehenden Abschnitten erwähnt. Der piemontesische Hanf

II.　　　　　　　　　　　　　　　　　11

macht hier wegen seiner Länge großen Staat, nach Untersuchungen, die in Berlin angestellt, ist aber seine Faser schlechter als die russische. Dagegen findet der Bologenser hier solchen Beifall, daß die russische Regierung sich Samen davon erbeten hat. Von tropischen Faserstoffen werden folgende regelmäßig nach England eingeführt: Kitul, Caryota urens, eine Palmacee, aus Ceylon, schwarz, zu Stricken und Matten; Palmblätter, Chamaerops; Palmetto, zu Hüten und Matten; Monkey bass; Attalea, eine Palmacee, aus Para; eine andere Species, A. Funifera, aus Bahia, braun, zu Bürsten und Besen; Kokosnußfaser; Agave americana; Jute, Corchorus capsularis, aus Ostindien; Spanish moss Tillandsia asneoides, aus Neu-Orleans, wie Pferdehaar; Manillahanf, Musa textilis; Neuseelandflachs, Phormium tenacissimum; chinesisches Gras, Boehmeria nivea; und eine nicht bestimmte mexikanische Fiber, dem Pferdehaar ähnlich. Durch die Ausstellung bekannt geworden ist Cyperus voginatus vom Schwanenflusse in Australien, wovon die Eingeborenen vortreffliche Netze machen. Eine feste, aber grobe Faser aus Afrika, botanischer Name unbekannt, wird unter dem Namen Croll's Splinter in Hamburg zu Flurmatten verarbeitet, die etwas weniger sturr als Kokosgeflechte sind. Als Kuriosität sei endlich aus Japan ein Tau aus Menschenhaar erwähnt, das haltbarer als irgend ein anderer Stoff sein soll, aber freilich nur im Lande der Zöpfe zu beschaffen ist — eine Erinnerung an den Todeskampf von Karthago.

Die Jury hat folgende neue Pflanzenfasern prämiirt: Wein-Baumwolle, vine cotton, gossypium vitifolium, von einem unbekannten Aussteller in Barbadoes; künstliches Pferdehaar von der Agave Patent Hair Company in London; „vorzüglich behandelte" Pisangfaser von einem unbekannten Indianer in dem britischen Guiana; aus Indien Aschymomene cannabina und die Rheilgherry-Nessel; Sida textilis,

seit vierzehn Jahren durch Itier an der untern Rhone eingebürgert; künstliches Pferdehaar aus der Faser der Arenga sacharifera und Caryota mitis von der Insel Réunion; Urtica
nivea von Neu-Caledonien; endlich werden wir unter die neuen
Fasern auch die durch Verbierami in Neapel eingeführte siame-
sische Baumwolle rechnen dürfen. Für das zu Bürsten und
feinen Besen taugliche Stroh des Sorghum haben die Gebrüder
Kilian in Bonn und einige Italiener Medaillen erhalten.

Für den Seidenzüchter ist viel zu sehen. In Schweden führte der Ingenieur Triswald, ein Freund von Linné, im
Jahre 1737 die ersten Seidenraupen und weißen Maulbeeren
ein. Der Baum und das Insekt vertrugen das Klima sehr
gut. und im Jahre 1766 zählte man in Schonen 150,000
Maulbeerbäume. Die Partei, die in dem genannten Jahre an
die Regierung kam, nahm die Haspelprämie und andere Begün-
stigungen zurück, die ihre Vorgänger dem Seidenbau gewährt
hatten, und die Industrie starb aus. Im Jahre 1830 wurde
sie wieder aufgenommen und heute sind wieder 160,000 Bäume,
theils Maulbeere, theils Ailanthus vorhanden. Da das Laub
im Frühjahr zuweilen zurückbleibt, hat man nach härteren, früheren Pflanzen gesucht und in der Scorzonera Hispanica ein
Futter gefunden, das die Raupe bis zur zweiten Häutung gern
annimmt. Aus Deutschland hat Pommern die größeste Ausstellung von Cocons geliefert. Der bekannte Seidenzüchter Toepfer
aus Stettin zeigt ein vollständiges Sortiment der Racen, die er
zieht: Libanon, Mailand, Lyon, Brianza, Sina, China, Japan,
die pommersche Race oder Zebra, deren Raupen schwarz und
weiß gestreift sind, den amerikanischen Birkenseidenspinner, dessen
Cocons drei Zoll lang sind, und den Ricinusspinner; dazu
Spinnhütten, Brütmaschinen, Proben von der chinesischen Maulbeere Morus Lhou und verschiedene Stoffe, die Heese in Berlin aus pommerscher Seide verfertigt. Auch aus dem Regierungs-

11*

bezirk Köslin hat ein Aussteller, Ristow aus Repkow, Rohseide
eingeschickt. Einige Loth Cocons hat der landwirthschaftliche
Verein für Rheinpreußen geliefert. Außerdem habe ich nur den
Beitrag der Seidenrauperei der Domäne Weil in Würtemberg
gefunden; da aber die kleinen deutschen Staaten, dem dringenden
Wunsche der Zollvereins-Kommissarien entgegen, darauf bestanden
haben, Jeder seine eigene Bude aufzuschlagen und seinen beson-
dern Katalog zu haben, so ist mir vielleicht der eine oder andere
Beitrag entgangen; es ist hart, im Zollverein bei jeder der 38
Klassen 23 Kataloge, Facit 874, nachschlagen zu müssen.
In Oesterreich wurde die Seidenzucht sonst nur in den südlichen
Provinzen betrieben; kürzlich hat man in Troppau mit Mailänder
Raupen Versuche gemacht, von denen Proben ausgestellt sind.
Einige ungarische Cocons sind von einer magyarischen Beschreibung
begleitet, die ich nicht lesen kann; vielleicht kann Mr. Cobden es,
der sich einmal vor einem Meeting anklagte, daß er nicht früher
seine Aufmerksamkeit auf „die magnifike Literatur Ungarns" gerichtet habe. Die Italiener haben Rohseide in großer Masse
gestellt, aber ohne Bezeichnung der Racen oder andere Auskunft.
Die instruktivste Ausstellung ist die französische; Duseigneur aus
Lyon (Nr. 834) hat 154 Arten von Cocons geliefert und Guérin-
Méneville (Nr. 837) reiche Proben von dem Ailanthusspinner,
Bombyx Cynthia, dessen Zucht seit einigen Jahren in Frankreich
durch den Kaiser eingeführt ist und eine außerordentliche Ausdehnung gewonnen hat. Von Paris hatte ich 1855 über die
ersten schüchternen Versuche zu berichten, bei denen es sogar noch
zweifelhaft war, ob man der echten Bombyx Cynthia habhaft
geworden sei; im Jahre 1861 sind in Frankreich eine Million
Ailanthusbäume verpflanzt und 100 Millionen in den Baum-
schulen angesäet worden. Die Pflanze hat eine sehr derbe Natur
und nimmt mit dem magersten Boden vorlieb; die Raupe ist
ebenso hart gewöhnt und läßt sich durch keinerlei Wetter abhal-

ten, auf dem Baume, im Freien ihren Cocon zu spinnen; der Faden ist allerdings schlechter als die echte Seide, aber viel haltbarer und glänzender als die Baumwolle. Daß man eine Methode gefunden hat, den Faden abzuhaspeln, obgleich der Cocon offen ist, habe ich schon erwähnt. Guérin-Méneville stellt folgende Rechnung auf:

2¼ Morgen schlechten Bodens . . . 8 Pfd. Sterl.
Bepflanzung mit Ailanthus und Zinsen 12 „ „
 _____
Sa. 20 Pfd. Sterl.
Jahresertrag vom 4. Jahre ab 12 bis 16 Pfd. Sterl.

Man kann noch einen Vortheil dieser Kultur hervorheben, sie läßt sich in den entlegensten Gegenden mit Vortheil betreiben, weil das Produkt im Verhältniß zu seinem Werthe wenig Raum einnimmt und leicht ist, also auch auf schlechten Wegen verfahren werden kann. Welche Gelegenheit für Landprediger sich nützlich zu machen! Grains, Saamen und Auskunft sind zu erhalten von Mr. Marchand, Directeur fondateur de la Société d'Ailantine, 50, Rue des Petites Ecuries, Paris, oder hier bei Schulze, 13, Poland Street, Oxford Street. Ich vermuthe aber, daß die beiden kleinen Schriften von E. Kaufmann, die bei Bosselmann in Berlin erschienen sind, dasselbe leisten werden. In der brasilianischen Abtheilung sind einige Grains angekommen, und die schwarzen Räupchen sind eifrig mit den Salatblättchen beschäftigt, die man ihnen reicht. Der portugiesisch geschriebene Katalog giebt keine weitere Auskunft über sie, als daß sie von einem Senor mit einem erschrecklich langen Namen eingeschickt sind. Ich werde verfolgen, was aus ihnen wird — vielleicht eine neue Race, Exhibition Silkworm. Versprochene Notizen über den indischen und englischen Seidenbau habe ich nicht erhalten. Auf dem Ailanthus in St. James's Square hierselbst treiben Tausende von

Seidenwürmern ihr Wesen und haben das kalte Wetter gut
überstanden.

Der Cocoonfaden ist massiv, nicht hohl, und glatt, auch
unter dem Mikroskop; die Baumwollenfaser ist, wie wir gesehen, eine verlängerte Zelle, unten hohl, nach oben zu glatt gedrückt und auf ihrer ganzen Länge schraubenförmig gedreht.
Die Wollfaser, die Bedeckung hörnertragender Thiere, erscheint
unter dem Vergrößerungsglase zusammengesetzt aus einer Menge
kleiner Hörner, die eins in das andere gesteckt sind, die Spitzen
nach der Wurzel der Faser, nach der Haut des Thieres zuge-
kehrt. Der Rand eines jeden Hörnchens bildet eine Runzel in
der Faser, und dieser Bau erklärt die Neigung mancher Wolle,
sich zu kräuseln, und die Fähigkeit aller, sich zu filzen. Das
Alles können wir an den aufgestellten Mikroskopen lernen. Alle
Schafracen sind unter zwei Hauptgattungen zu bringen: das
Landschaf mit kürzerer, feinerer, gekräuselter, und das Niederungsschaf mit gröberer, längerer, glatter oder höchstens wellenartig
gelockter Wolle. Zu der ersteren Gattung gehört das deutsche
Landschaf, das spanische oder Merino und die durch Paarung
beider entstandenen veredelten Racen. Die Merinos sind wieder
in zwei Racen zu unterscheiden, Elektoral, nach dem Kurfürstenthum Sachsen genannt, wohin sie zuerst von Spanien eingeführt,
deren Wolle fein, weniger dicht stehend, und leicht von dem
fettigen Schweiße der Thiere zu reinigen, und die Negrettis oder
Infantados, sogenannt nach den spanischen Schäfereien, aus
denen sie stammen, mit einer reicheren, aber weniger feinen und
schwerer zu reinigenden Wolle. Zu der Gattung des Niederungs-
schafes gehören die englischen Schafe aus Leicester, Lincoln und
den Romney Marshes, welche letztere wir einmal auf einer
Wanderung berührt haben, das Marschschaf von der untern Elbe
und Weser, die Haidschnucke, peuple sauvage, im Lünebur-
gischen, das Zackelschaf in Ungarn. Alles dies können wir an

den ausgestellten Vließen lernen. Das Bestreben der Wollzüchter geht erklärlich dahin, feine und reiche Vließe zu erhalten, es scheint aber, daß die zweite Eigenschaft nur auf Kosten der ersten zu erreichen ist; namentlich zeigt sich das an den mecklenburgischen Wollen. Spanien, das Mutterland aller feinen Sorten, hat gar nichts geschickt; das ehemalige Kurfürstenthum Sachsen ist vertreten, aber, wie bekannt, längst von anderen Gegenden überholt. Die feinsten Vließe auf der ganzen Ausstellung, 12 an der Zahl, sind aus der Heerde des Gutsbesitzers v. Rudzinski-Rudno in Liptin bei Oppeln; und alle anderen schlesischen Wollen kommen ihnen mehr oder weniger nahe. Aus den andern preußischen Provinzen trägt der Oberburggraf v. Brünneck mit seinem Elektoralvließ den Preis davon. Der baltische Verein hat nicht Vließe, nur Proben ausgestellt, darunter sehr gute Wollen von englischer Abkunft. Mit Schlesien auf einer Stufe steht Böhmen. Ich habe Zukunftspolitiker sich ernstlich die Köpfe darüber zerbrechen sehen, was mit diesem Lande auf der neuen Karte Europas anzufangen. Einer, dessen Kenntniß nicht weiter ging, als daß die Einwohner zu ⅓ Czechen, zu ⅓ Deutsche seien, wollte den Bergkessel in dem entsprechenden Verhältniß getheilt haben. Ein Anderer, der einmal in Teplitz gewesen, wußte, daß die beiden Racen vermischt durch einander wohnen und schlug eine Gemeinheitstheilung im großen Maaßstabe mit Austausch der Ländereien vor.*) Glücklicher Weise ist die Natur der Dinge zu stark gegen solche Rathschläge der Verrücktheit oder des Verrathes; wir werden Böhmen behalten,

---

*) Da eine beiläufige Erwähnung der Ansichten, welche Herr Professor Carl Vogt in Genf in seinen „Studien" über das Verhältniß Deutschlands zu den Czechen zu erkennen giebt, zu einer Zeitungsfehde Veranlassung geworden ist, so habe ich die betreffende Stelle gestrichen und werde in dem Schlußkapitel ausdrücklich von dem Buche sprechen.

wie die Engländer Wales behalten; sollte es aber zu einer solchen Separation kommen, so würde es mir zur Beruhigung
gereichen, zu wissen, daß von den Heerden, welche diese Bließe
geliefert haben, nur zwei, und nicht die besten, czechischer Nationalität sind. Die Agricultural Society hat eine vollständige
Musterkarte, 150 Nummern stark, von den eingebornen und
rein erhaltenen Racen aus England, Wales, Schottland und
Irland zusammengebracht, aus der die Wollsäcke für zehn Lordkanzler gestopft werden könnten, — für den Landwirth und
Fabrikanten eine der interessantesten Partien der Ausstellung.
Außerdem sind nur noch wenige Aussteller in der englischen
Abtheilung; die Züchter spanischer Wollen hatten sich vorbehalten,
ihre Thiere zu der Schau in Battersea Park zu liefern. Da
ich selbst nicht die nöthige Kenntniß besitze, also auch nicht zu
beurtheilen weiß, was ich aus Berichten Anderer etwa abschreiben
könnte, so lasse ich mich auf keine Details ein. In Frankreich,
und zwar in Mauchamp hat man das Leicesterschaf mit seiner
langen, schlichten, glänzenden, dem Ziegenhaar ähnlichen Wolle
und Merinos gekreuzt und dadurch eine Wolle erzeugt, die für
Lüstre-Stoffe sehr gesucht, aber noch nicht zu einer Race fixirt
ist. Frankreich hat auch die Wollen nach den oben genannten
drei Ackerbaudistrikten geordnet: aus dem Getreidebezirk, 3 Aussteller; aus dem Weinbezirk, 12; aus dem Seidenbezirk 1 einzelner Ausstelleller und 2 Kollektivausstellungen, von Montpellier
und den Rhonemündungen. Ich habe bei der Gelegenheit nachzutragen, daß die eine Baumwollenprobe aus Frankreich bei
Remoulins aus algierischen Saamen gezogen ist. Bei den
Bließen aus dem Getreidebezirk (Nr. 447) steht eine kleine
Gruppe von Merinos in Bronze, die von Sachverständigen
sehr bewundert wird. Von der Menge der australischen
Wollen habe ich schon gesprochen: die Feinheit der bessern
Sorten macht deutsche Wollzüchter, die sich auf Negrettis gelegt

haben, unruhig. Rußland schickt eine ziemliche Menge von Bließen in schönduftenden Koffern von Juchten, aber mit russischen Aufschriften.

Einige andere Thierhaare, die im Ganzen wie die Wolle behandelt werden, sind schon bei den betreffenden Ländern erwähnt worden: Paschum, der Flaum der thibetanischen Ziege; die Vigogne, von dem Vicunua in Südamerika; und die Alpaka, von dem in Peru einheimischen, auf dem Jura und in Australien afklimatisirten Alpaka. In der türkischen Abtheilung liegen Zeuge, deren Einschlag aus Mohaire, dem Haar der Angoraziege besteht. Kameelhaar hat Ahmed Ben Cadi aus Algerien geliefert.

Ueber Pferdehaar, das mir auf der Ausstellung auch nur verarbeitet vorgekommen ist, zum Schlusse eine für Sprache und Gewerbe merkwürdige Beobachtung. Wenn man in England eine Matraze von Pferdehaar, horse hair, braucht, so bekommt man das gekräuselte Haar von Ochsenschwänzen; Pferdehaar heißt im Handel real horse hair und muß so gefordert werden. Auf Französisch heißt das Haar des Pferdeschwanzes crin und ein Stoff mit Aufzug von Baumwollenzwirn und Einschlag von Pferdehaar crinoline. Als man anfing, ein gewisses Damenkleidungsstück aus diesem Stoffe zu verfertigen, wurde das Kleidungsstück Crinoline genannt. Der Stoff ist aber theuer, man ersetzte ihn daher durch hölzerne, fischbeinerne oder stählerne Reifen; und nun heißen auch diese Reifen Crinolinen. Und weil jetzt mehr Reifen getragen werden, als Pferdehaar, so versteht der Sprachgebrauch nur noch die ersteren unter dem Worte; die ursprüngliche Bedeutung ist vergessen und es kommt vor, daß Damen, die nur Pferdehaar tragen, was sehr lobenswerth von ihnen ist, sich mit Eifer gegen den Vorwurf vertheidigen, eine Crinoline zu haben. Die unächte Crinoline ist von höchster Vollkommenheit ausgestellt von

Thompson in London, Nr. 4939, auf der nordöstlichen Gallerie. Hilf mir, o Muse! das Werk würdig zu beschreiben und
die Bewunderung der betrachtenden Frauen und meine Rührung
über das Werk und über die Bewunderung mit Wahrheit zu
schildern. Zuerst hat der verständige Künstler eine Säule aufgerichtet, eine Elle und eine halbe hoch, ruhend auf drei Löwenklauen und einen Teller tragend, alles von Erz gegossen und
prächtig vergoldet. Von dem Rande des Tellers, gleichwie von
dem Gürtel einer Göttin, hängt das wundervolle Gewebe herab.
Dieses aber besteht aus 9 senkrechten Stäben oder Dräthen und
sieben und dreißig wagerechten, künstlichen, biegsamen, mit Goldfäden besponnen. Der eine senkrechte aber theilt sich nach unten
in zwei Arme, Strebepfeilern vergleichbar. Auf dem Teller
stehen wieder drei Löwenklauen, eine zweite Säule tragend, auf
der ein zweiter Teller ruht; und von ihm hängt ein zweites
Gewebe herab, ganz wie das erste, nur daß die Fäden von
lauterem Silber sind. Auf dem Fußboden aber hat der erfin-
dungsreiche Künstler eine Platte von tyrischem Glase befestigt,
nachdem er ihre Rückseite mit lebendigem Silber bekleidet, welches
flüssig ist wie das Wasser der Quelle; und eine andere Platte
in der Decke. Vielgereiste Männer haben ein solches Gemach
gesehen in dem Schlosse Rosenberg an den Ufern des mächtig
fluthenden Sundes. Wie wenn ein Mann, einsam und nachdenklich, kundig des Ruders, in der Stille der Nacht über einen
See fährt, und die Sterne über sich sieht und unter sich auch
in unendlichem Gewimmel, so sieht der Betrachtende in jedem
der beiden Spiegel das güldene und das silberne Gewebe
und die Bilder Beider, die der andere Spiegel zurückwirft, und
die Bilder der Bilder, und die Bilder von den Bildern der
Bilder und so fort in das Unendliche, ein Netz, aus dem kein
Entrinnen. Die Frauen des Landes aber umstehen dichtgedrängt
und unruhig das Kunstwerk, wie die Küchlein den Futternapf

und sprechen beautiful, welches in ihrer Sprache bedeutet: „Heil dem Manne, der das gemacht!" und wenn ein Mann des Weges kommt, sprechen sie shocking! welches in ihrer Sprache bedeutet: „Fluch dem, der das hierhergestellt!" Ich aber gedachte der cyprischen Göttin und des Faltenwurfs ihrer Gewänder, gedachte der Aslauga und ihres Netzes.

10. Nahrungsmittel.

Die unorganische Natur liefert uns nur zwei Nahrungsmittel, jedes für sich unentbehrlich und beide, wenn gemischt, ungenießbar, das Salz und das Wasser. Daß manche Staatsbeamten im Frühjahre Pilnaer trinken, und daß ein seltsamer Kauz in Cöslin seinen Legataren die Verpflichtung auferlegt hat, sich bei seiner Erinnerungsmahlzeit des Salzes zu enthalten, kann gegen diese Sätze nicht in Betracht kommen. Von dem Salze haben wir schon gesprochen: Wasser hat nur als Zubehör der zahlreichen Fontainen einen legitimen Zutritt zu der Ausstellung erhalten; ungebetener Weise kommt es zuweilen durch die Dächer.

Die Anstalten zur Gewinnung, Benutzung und Vertheilung des Wassers geben Zeugniß von dem Kulturzustande eines Landes, nicht blos von der Entwickelung gewisser Gewerbe und von der Wohlhabenheit, sondern auch von der Form des Staates, von dem Charakter der Einwohner, von ihren körperlichen Gewöhnungen, ja von ihrer Phantasie und der Richtung ihres Denkens. Todte Asche auf dem Heerde, verfallene Leitungen im Lande. Im Morgenlande baut heute noch der Einzelne einen Brunnen für Alle, die nach ihm kommen, und gräbt einen Sinnspruch in die Tafel, so einfach und so tief, daß „gebildete" Reisende ihn gar nicht verstehen, auch wenn sie die Worte zu lesen vermögen. Wohin die Römer ihren Fuß setzten, da bauten sie zuerst eine Wasserleitung, wie die Amerikaner eine

Preſſe, die Engländer die Zwillingsgeſtalt von Schenke und
Kirche. Die Pandekten rechnen die Waſſerröhre zu den Perti-
nenzien eines Hauſes. Das kräftige Städteleben des Mittelalters ließ es ſich viel koſten, die beſten Quellen herbei zu leiten,
und die größten Meiſter betrachteten einen Brunnen als eine
würdige Aufgabe für ihre Kunſt. Der landesherrliche Beamten-
ſtand, der das Gemeindeleben zerſtörte, hatte keinen Sinn für
das Waſſer; ſein Element iſt die Dinte. Das Waſſer wurde
mißliebig, weil der Bürger in der Badeſtube zu politiſiren pflegte.
Bis ins 17. Jahrhundert ſchickten die Inhaber der estuves
Ausrufer durch die Straßen von Paris und ließen anſagen, daß
die Schwißkammer geheizt ſei —

Seignor, quar vous allez beigner;

Et eztuver sanz délayer,

Li bains sont chaut, c'est sanz mentir;

in Norddeutſchland hat jede Stadt ihre Badſtüberſtraße.
Der landesherrlichen Gewalt half der blaſſe, hölzerne Proteſtan-
tismus das Waſſer mißhandeln. Die proteſtantiſchen Theologen
befehdeten ſich über die magiſchen Wirkungen des Taufwaſſers,
und vor zehn Jahren hat die Königin Viktoria in der Apel-
lationsinſtanz ein gelehrtes Erkenntniß darüber gegeben, ob die
Erbſünde mit bloßem Waſſer ausgewaſchen werden kann. Die
Alchemiſten ſuchten im Waſſer den Stein des Weiſen und die
deutſchen Dichter beſangen nicht die labende und ſtählende Kraft
des Waſſers, ſondern das Murmeln der Quellen, das ſie alle
Jahr einmal in den Ferien zu hören bekamen, und die Philologen peitſchten die Jungen des Morgens, weil ſie in balneis
salus nicht zu überſetzen wußten, und des Abends, weil ſie ein
Bad genommen. Die Welt wurde ſehr gelehrt, ſehr langweilig
und ſehr ſchmutzig. Die Geſetzgebung wußte das Waſſer nur
als ein Erforderniß zur Ausübung des Mühlenregals zu würdigen, betrachtete es übrigens als eine Plage, deren man ſich

durch Verschaffung der Vorfluth entledigen müsse. Erst ganz
neuerdings haben die Gesetzfabrikanten angefangen, von einem
Wasserschatz zu reden.

Nirgends hatte man das Wasser gröblicher vernachlässigt
und mißhandelt als in England. Nur sehr selten findet man
in London einen öffentlichen Brunnen; die Hähne sind unter
Verschluß und die Pumpenschwengel liegen an der Kette. An
Springbrunnen existiren nur die beiden unterirdischen Holunder-
spritzen auf Trafalgar-Square, die von anglomanen Touristen
mit Anstrengung bewundert werden; und die Reize der Themse
werden selbst von reisenden Enthusiasten nur mit gerümpfter
Nase gepriesen. Der Fabrikant verstänkerte und verunreinigte
die ganze Gegend; was ging es ihn an? sein Haus steht mei-
lenweit davon auf dem Lande. Wer seit Einführung der verbesserten Sonntagsbill Abends nach zehn Uhr vom Lande heim-
kehrte, war in der berühmten Stadt London buchstäblich dem Ver-
dursten ausgesetzt. Einige Viertel der Stadt Newcastle hat
man beim Ausbruch der Cholera unter Wasser setzen müssen,
um nur den gröbsten seit Menschenaltern aufgethürmten Un-
flath wegzuspülen, wie weiland aus des König Augias Ställen.

Ich will nicht untersuchen, wie Paris sich seit alten Zeiten
so viele Spingbrunnen bewahrt hat. Sie sind da, und
die gegenwärtige Regierung scheint in dieser Beziehung die Erb-
schaft der dritten Revolution nicht vergessen zu wollen. In einer
Straße nach der andern werden die Gossen mit fließendem Wasser
gespeist. Abends sammeln sich die Nachbarn um den plät-
schernden Brunnen wie das Grün um die Quelle. Die große
Masse von Badeanstalten beweist, daß auch das Baden hier nie
so ganz in Vergessenheit gerathen war wie in andern großen
Städten, wo es für die Masse der Bevölkerung neuerdings erst
wieder hat erfunden werden müssen. Dagegen will ich auch
nicht verschweigen, daß in Paris unter mir ein Baron wohnte,

deffen gefammter Wafferbedarf fich nach der Verficherung des Portiers wöchentlich auf zwei kleine Karaffen belief.

Seit einigen Jahren ift in England außerordentlich viel ge-schehen, um den Städten gutes Waffer zuzuführen und die Flüffe vor Verunreinigung zu bewahren. Die riefigen Bauten und die ungeheuern Koften find eine Warnung für andere, schnell wachsende Städte, bei Zeiten Hand anzulegen. Daß auf der Ausstellung so viele Künftler in Thon, Erz und Stein sich an Spring- und Schöpfbrunnen versucht haben, mögen wir als ein erfreuliches Zeichen begrüßen, daß die civilifirte Menschheit nach langer, schnöder Vernachläffigung sich wieder einer ihrer erften Pflichten gegen sich selbst und eines ihrer reinften Genüffe er-innert. Dank den Enthaltfamkeitsvereinen ift jetzt in allen Hauptftraßen für Trinkbrunnen gesorgt mit Bechern an der Kette und einem Trog für die Hunde, und nach einem Menschen-alter wird man auf den früheren Zuftand zurücksehen wie auf eine polnische Wirthschaft mit Diamanten und ohne heiles Hemde. An den erften Brunnen, die hier eröffnet wurden, hatte man Zähler aufgestellt und um der vielen Taufende willen, die sonft durftig geblieben oder in die Schenke zu gesalzenem Biere gegangen wären, wollen wir die religiösen Fontainen mit einem Kreuz und Bibelsprüchen nicht an der schönen Einfachheit der türkischen Brunnen meffen, denen sie nachgebildet sind. — Die Fabrik von Lorenz und Vette in Berlin hat ihre zweck-mäßigen Wafferfilter ausgestellt, hohle Bälle von Kohle mit einem Schlauch, die in unreines Waffer gelegt werden, und wenn einmal angesogen, einen ununterbrochenen Strom reinen Waffers liefern; und der Katalog von Südaustralien erzählt, daß die zahlreiche Bevölkerung, die auf Yorke's Halbinsel seit Entdeckung der Minen zusammengefloffen ift, sich mit beftillirtem Seewaffer behelfen muß. Degousée und Laurent in Paris werden eine Medaille für das Waffer erhalten, das sie in der ste Sahara erbohrt haben. Die Franzosen sind überhaupt besten Brunnenbohrer.

Das Schema des Katalogs von 1855, viel ausgearbeiteter der englische, stellte neben die Benutzung der artesischen nnen die „Ausbeutung, Beförderung und Bewahrung der :rlichen Kälte, des Schnees, Eises und der Gletscher." Die st, die natürliche Kälte zu bewahren, war den Alten sehr ge- ig. Salomo vergleicht einen treuen Boten mit einer Schale in der Ernte. Alexander der Große, umsichtiger als Lord ;lan, ließ während der langwierigen Belagerung von Petra äig tiefe Gräben ziehen, mit Schnee füllen und mit Eichen- gen bedecken, um für die warme Zeit Vorrath zu haben. In ypten und Indien stellte man Nachts Gefäße mit Wasser die Dächer, und trug sie bei Sonnenaufgang in den Keller. ton verspottete den Nero damit, seine Hauptentdeckung sei gewesen, daß gekochtes Wasser schneller die Kälte annehme länger bewahre als anderes. Aber Hippokrates, Galenus Aristoteles machen dem schwelgerischen Tyrannen die Prio- : streitig; und im nördlichen Indien, an den Abhängen des ıalaya, kocht man heute noch das Wasser, bevor man es lachen Gefäßen dem Gefrieren aussetzt. Ich weiß nicht, ob e im vorigen Jahrhundert vielfach verhandelte Frage jetzt ›igt ist, bin aber geneigt zu glauben, daß die Inder, die gezeichnete Beobachter sind, Recht haben. Seit der Völker- ıderung gerieth die Gewohnheit, Schnee und Eis für den ımmer zu bewahren, in völlige Vergessenheit, und Europa sie erst im 16. Jahrhundert wieder von den Türken ange- nmen. Noch zu Anfang des 17. fehlte das Wort Glacière den französischen Wörterbüchern. Aber einmal eingeführt, rde die Sache schnell so vervollkommnet, daß man an fürst- en Tafeln in Frankreich den Gästen im Sommer Trink- iße von Eis vorsetzen konnte. Das größte Geschäft in Eis macht heutzutage die Wenham Lake Company in Boston, die das Eis in Blöcke von ein bis zwei Centnern schneidet, in einem hölzernen Hause mit doppelten Wänden und Sägespähnen dazwischen aufbewahrt und in Calcutta für drei Pence das Pfund verkauft zum großen Erstaunen der Eisfabrikanten vom Himalaya. Carré und Co. aus Paris haben eine Maschine ausgestellt, die durch Verdampfung von Aether in Vacuum Eis, richtiger gefrorenen Schnee, erzeugt, denn die Masse ist voller Luftbläschen und sieht daher wie Milchglas aus. Die Maschine wird wahrscheinlich mehr Anwendung in der Brauerei und Lichtzieherei finden; für den Bedarf von Haushaltungen werden die Eisschränke mit natürlichem Eise ausreichen.

Wenn man die Kulturgeschichte im Großen ansieht, so kann man nicht behaupten, daß die Einsicht in die Eigenschaften des Wassers seit der Erfindung der Civilisation besonders reißende Fortschritte gemacht habe. Im fünften Jahrhundert unserer Zeitrechnung lebte in Alexandrien eine geistreiche und liebenswürdige Dame Hypatia. Einem ihrer Freunde, der dankbar in seinen Schriften einige Briefe von ihr aufbewahrt hat, war von den Aerzten gerathen, sehr sorgfältig in der Wahl des Trinkwassers zu sein und nur das reinste zu genießen. Hypatia verfertigte ihm zu dem Zweck ein Instrument, das nach seiner Beschreibung aus einer Glasröhre bestand, die in Grade getheilt war, und an der unten ein metallener Kegel befestigt war, also ein Aräometer. Ein gelehrter Kommentator des 17. Jahrhunderts konnte nicht begreifen, was die abergläubige Heidin sich bei einem solchen Instrument gedacht habe. Hypatia verdient nachträglich irgendwo einen Denkstein als Märtyrer der Wissenschaft; denn der Bischof Cyrillus, erbost, daß sie alle bedeutenden Männer Alexandriens in ihren Soireen sah und nicht in seine Konventikel kommen wollte, hetzte den Pöbel gegen sie auf. Man schleppte sie in die Kirche, steinigte sie daselbst, zerrte ihre verſtümmelten Glieder durch die Straßen und verbrannte ſie endlich „zur Ehre Gottes.‟

Von den Nahrungsmitteln aus dem Thierreich ſind natürlich nur wenige da, und nur um die Weiſe der Aufbewahrung zu zeigen. Was aber daran neu, wird gerade nicht verrathen. Ueberhaupt iſt die Ausſtellung in dieſer Beziehung viel ärmer als die Pariſer. Gekoſtet habe ich nur ein Stück Rindfleiſch, das angeblich ein halbes Jahr in einer luftleeren Büchſe aufbewahrt worden war und ſo ſchmeckt, als ob es von dem geſtrigen Mittag übrig geblieben wäre. Die Luft war aus den Poren des Fleiſches und aus dem leeren Raum des Gefäßes nicht auf die gewöhnliche Art, durch die Luftpumpe oder durch anhaltendes Kochen, ſondern durch „Salze entfernt worden, welche den Sauerſtoff abſorbiren und der Geſundheit nicht ſchädlich ſind.‟ Hätte ich übrigens vorher in den Katalog geſehen und gewußt, daß der Ausſteller, Mac Call, in Houndsditch in London wohnt, ſo hätte ich meine Gewiſſenhaftigkeit nicht bis zum Koſten getrieben. Nebenan war ungekochtes Fleiſch ausgeſtellt, aber ohne Angaben über die Behandlung, und weiterhin lagen zwei ganze Schweinchen, wie man deren auf dem Londoner Weihnachtsmarkt ſieht, mit fettverſchwollenen Augen, durch irgend einen leimartigen Ueberzug luftdicht gemacht. Wie es in alle den verlötheten Büchſen mit Fleiſch und Suppe ausſehen mag, kann ich nicht berichten. Ein Franzoſe hat eine feſte braune Maſſe ausgeſtellt, die, in heißem Waſſer aufgelöſt, pot-au-feu geben ſoll; ein Anderer zeigt einen „neuen luftdichten Verſchluß für Fleiſch und Käſe.‟ Ich hoffe, daß der pot-au-feu, den jeder liebt, der in Frankreich gelebt hat, beſſer iſt, als der Verſchluß, denn ich habe nicht nur den fromage de Brie, ſondern auch das Fleiſch gerochen. Unter die franzöſiſchen Hühnereier, die durch einen weißen, wachsartigen Ueberzug friſch erhalten werden ſollen, hat man ein ver-

steinertes Ei des ausgestorbenen Riesenvogels Epyornis aufgepflanzt, wahrscheinlich in Madagaskar gefunden. In den
trockenen Gemüsen, namentlich zur Julienne erkannte ich alte
Bekannte von der Pariser Ausstellung, aber dürftige Vertreter
der mannichfachen Versuche, mit denen die französischen Chemiker gerade damals beschäftigt waren. Aus Deutschland hat
nur Grüneberg in Berlin dergleichen Präserven geliefert,
Ochsenfleisch in seinem eigenen Safte bewahrt, Krammetsvögel,
konzentrirte Bouillon, Kuhmilch, gepreßte Zwiebelsuppe, Krebs-
schwänze und verschiedene Gemüse. Wichtiger, als alle diese
Dinge, so nothwendig sie für die Marine sind, und so nützlich
sie, bei billigen Preisen, für jede Haushaltung werden könnten,
sind die halbfingerdicken Streifen oder Platten von gedörrtem
Rindfleisch aus Uruguay. Es ist bekannt, daß in den Ebenen
am La Plata Jahr ein Jahr aus ungeheure Heerden nur um
der Häute und Hörner, allenfalls um des Talges willen getödtet werden und das Fleisch den Raubthieren und der Ver-
wesung überlassen bleibt. Und in Europa bekommen Millionen
oft die ganze Woche kein Fleisch zu riechen! Auf den Antrieb
Louis Napoleons, dem sein bitterster Gegner das Verdienst
lassen muß, daß er nicht ein Doktrinär ist, hatte sich vor sieben
Jahren eine Association alimentaire de Buenos Ayres gebildet, die eine Erfindung ausnutzen wollte, das Fleisch jener
Heerden im natürlichen Zustande, ohne luftdichten Verschluß, zu
konserviren und einzuführen. Da ich aber nicht wieder von
ihr gehört habe, so muß das Verfahren sich wohl nicht bewährt
haben. Hier haben wir nun, und in großer Masse, das Fleisch,
wie die Indianer es zubereiten; und wenn die Kaufleute sich
nicht rühren, so sollten gemeinnützige Gesellschaften, so sollte der
Staat, die größeste, gemeinnützige Gesellschaft, den Artikel auf
den Markt bringen, das Publikum damit bekannt machen und
eine Nachfrage erzeugen, die schnell zu einem größern Betriebe

führen würde. Es sind zwei ganz verschiedene, leider häufig verwechselte Dinge, ob die Regierung mit den großen Mitteln des Staates einer schon vorhandenen, von Privaten betriebenen Industrie Konkurrenz macht, oder ob sie die Auslagen und das Risiko übernimmt, eine neue Industrie zu schaffen. Das Fleisch kostet nichts, das Trocknen besorgt die glühende Sonne, die Arbeit ist gering, der Wassertransport billig. An Ort und Stelle ist das Pfund für einen Penny (10 Pfennige Preußisch) zu kaufen, und in einem englischen Hafen würde der Centner 12 Shilling 6 Pence (4 Thlr. 5 Sgr.) zu stehen kommen. Natürlich nimmt das Fleisch beim Kochen wieder eine Menge Wasser auf. Ich habe es gekostet, wie es da ist, und wohlschmeckend gefunden; und kann mir denken, daß es mit dem dabei ausgestellten Maniokmehl oder mit Gemüse gekocht, ein vortreffliches Gericht liefert.

Von Mehlpflanzen sind 20,000 Proben da, aus allen Zonen der Erde, von der Gerste aus Finmarken bis zu dem Weizen aus Neu-Seeland. Ich nehme zu dem Korn gleich das Mehl und zu den Stoffen, die der Mensch unmittelbar genießt, auch die Pflanzen, mit denen das Schlachtvieh gefüttert wird. Deutschland hat wenig gestellt, aber Gutes. Der Frankensteiner Weizen aus Schlesien, von Dittrich, ist der zweitbeste und die Gerste von dem Gute des Hauptmann Elsner von Gronow die schwerste auf der ganzen Ausstellung. Eine unserer Kornkammern, Mecklenburg, macht eine sehr lächerliche Figur; drei Landwirthe haben Proben geschickt, zusammen etwa ein halbes Dutzend, und nicht in Fässern oder Säcken, wie andere Leute, sondern in karirten Beutelchen von einer Viertelmetze. Wer zwei Röcke an hat, kann die ganze Ausstellung in die Tasche stecken. Der eine Aussteller hat zwei Weizenhalme mit den Wurzeln mitgesandt, um zu zeigen, daß die Pflanze in dem vortrefflichen Boden des Landes sich unterhalb ebenso lang, ja

12*

länger entwickelt, als oberhalb, also in den verfaulenden Wurzeln dem Boden für das, was sie ihm entzieht, einen großen Ersatz zurückläßt. Der Gedanke ist ganz gut, aber wie ist er ausgeführt! Die Pflanze ist auf einem Bogen Notenpapier rund zusammengeknüllt. Was würde ein Franzose, ein Engländer daraus gemacht haben!

Baden, Tyrol und andere österreichische Provinzen haben schönen Mais geliefert. Die Pflanze kommt auch im mittleren Deutschland, namentlich in Schlesien, sehr gut fort, und würde noch weiter nördlich leicht einheimisch zu machen sein, wie die Versuche in Christiania beweisen. Und sie verdient das. Sie liefert nicht nur im grünen und im reifen Zustande eine Menge der wohlschmeckendsten Gerichte, wie auf jedem amerikanischen Speisezettel zu sehen, sondern ist auch von allen Gewächsen des gemäßigten Himmelsstriches dasjenige, welches den Menschen am Wohlfeilsten und Zuträglichsten sättigt. Zur Zeit der schlesischen Hungersnoth hat man mit ungarischem Mais den Arbeiter für 1½ Sgr. täglich erhalten. Es ist dies ein Gegenstand, für den die Tagespresse thun muß, was einst der Landreuter für die Kartoffel. Fachschriften haben wieder und wieder die Vorzüge des Mais gepriesen, die Landwirthe sind längst bekannt damit, aber wenn Einer seine Ernte auf den Markt schickt, so sagen die einkaufenden Hausfrauen: Mais? ich halte keine Hühner! und gehen gleichgültig vorüber. Ein größerer Verbrauch der Körner wäre um so wünschenswerther und würde für den Landwirth um so einträglicher sein, als es in Oesterreich gelungen ist, aus dem Halme ein sehr gutes Papier herzustellen. Daß diese Industrie über das Stadium des Versuchs hinaus ist, davon hat man den Besuchern der Ausstellung den Beweis in die Hand gegeben: der Spezialkatalog ist ganz auf Maispapier gedruckt. Die vollständigste Sammlung von Varietäten der

Pflanze, 200 an der Zahl, hat der botanische Garten in Modena geliefert (No. 314.)

Zahlreicher als die Körner sind die Mühlenprodukte aus Deutschland; und wir legen Ehre damit ein. Das Weizenmehl von Beifert in Sprottau, von den Königlichen Mühlen in Bromberg, von Delius in Bielefeld, von den Ravensberger Dampfmühlen lobt sich selbst; doch hätte man etwas mehr klappern können, was gerade den Müllern leicht werden müßte. Die Schöller'sche Dampfmühle in Ebenfurt und die Dampfmühlengesellschaft in Wien haben alle ihre Produkte aus Weizen in dreizehn Rubriken ausgestellt und dazu mehrere Jahrgänge von Tabellen über das Prozentverhältniß der einzelnen Produkte. Ulm bewahrt den alten Ruf, der den Graupen in Oesterreich den Namen Ulmer Gerstel verschafft hat. Wawra aus Prag zeigt „Mehlstein"; ein Mehl, das auf die Hälfte seines Volumens zu einer steinharten Masse zusammengepreßt ist. Es ist nicht nur viel bequemer aufzubewahren und zu transportiren, sondern soll auch vor dem Verderben bewahrt bleiben, selbst in heißen Klimaten. Von verarbeitetem Mehl sind nur Macaroni und zwar sehr gute, schwere zu nennen von Wittekop aus Braunschweig und von der Wittener Dampfmühle. Wer in England zu Hause geworden ist, vermißt in Deutschland die Biscuits, nicht die lockeren Kuchen, englisch spongecake, sondern ein Gebäck, ähnlich den jüdischen Osterbroden, das hier längst zu dem Unentbehrlichen gehört. Es enthält in dem kleinsten Raum die größeste Nahrung, läßt sich, namentlich in Blechbüchsen, Jahrelang aufheben und ersetzt das Butterbrod, den außer den Mahlzeiten genommenen Imbiß. In die großen deutschen Städte wird es allerdings in neuerer Zeit importirt; in England führt es jeder Dorfkrämer. Gemüse-, Gras- und Kräutersamen hat Grashoff aus Quedlinburg in großer Vollkommenheit ausgestellt.

An einigen hochgelegenen Orten, wo kein Wein mehr wächst, trinken die Einwohner einen Wein, der aus Gerste bereitet ist, sagt Xenophon in der Schilderung Armeniens; auch die Aegypter verstanden die Kunst, Bier zu brauen. Aber die Anwendung des Hopfens scheint zuerst in Deutschland versucht zu sein und zwar unter den Karolingern. Der Sachsenspiegel und das Magdeburger Weichbildrecht haben schon Bestimmungen über den Hopfen, der in den Hecken wächst. Indessen waren die Ansichten über die Zweckmäßigkeit dieser Zuthat sehr getheilt. In St. Hildegard's Physik wird vom Hopfen gesagt: calidus et aridus est, sed tamen modicum humiditatis habet, et ad utilitatem hominis non multum valet, quia melancholiam crescere facit et mentem hominis tristem parat et viscera ejus ariditate sua gravat. Nach dieser hohen Autorität kommt also der Spleen vom Hopfen her und diejenigen englischen Brauer verdienen statt der Lästerung den lebhaftesten Dank, die die Anwendung dieses gefährlichen Stoffes so viel als möglich beschränken und ihn durch die mannigfachsten Surrogate ersetzen, als Quassia, Coculus Indicus und die auf dem Leipziger Schlachtfelde gesammelte Hundskamille, bei deren Verpackung die Arbeiter ohnmächtig niederzustürzen pflegen, ausgestellt unter den Liverpooler Importartikeln, freilich ohne Angabe der Verwendung. Eine Zeitlang glaubte man auch, daß das Strichnin, das zu Hunderten von Centnern fabrizirt wird, seinen Weg in das Bier fände. Dieser Verdacht ist dadurch schlagend widerlegt, daß die „Times" versichert hat, es werde Alles zur Vergiftung der wilden Hunde in Vandiemens-Land benutzt, und daß Liebig in den ihm zugesandten Proben nichts gefunden hat.

Ich benutze gern die Gelegenheit, welche mir die wiederholte Durchsicht dieser Blätter darbietet, um, was ich über Hopfen gesagt hatte, in Betreff des preußischen zu ergänzen und zu berichtigen. Das englische Hopfenland ist die Grafschaft Kent, etwa in einem Breitengrade mit Thüringen und von Kreidefelsen durchzogen. Sobald man das Meer aus den Augen hat, findet man auf sonnigen Abhängen die regelmäßigen Pflanzungen, die aus der Entfernung wie Weinberge aussehen, und die Fichtenschonungen, welche die Stangen liefern, namentlich in der Nachbarschaft von Canterbury und von Maidstone; und im Herbste schwirrt und wimmelt es von der vagabondirenden Bevölkerung Londons, der das Hopfenpflücken so zuträglich und so angenehm ist wie eine Badereise. Bei der Wichtigkeit des Gewächses wird der Betrag der Ernte jährlich zum Gegenstande zahlreicher Wetten gemacht; und die hohe Einnahme, die es von einer kleinen Fläche gewährt, und die Sorgfalt, die es erfordert, macht seinen Anbau zu einer geeigneten und gesuchten Beschäftigung für Personen, die gern auf dem Lande leben wollen und zur Kornwirthschaft nicht die Mittel oder die Neigung haben. Die Kentischen Hopfenbauer sind ein gebildetes, behäbiges, gastliches Völkchen und unter den Dreien, die Medaillen davongetragen haben, ist auch eine Dame. Aus den Vereinigten Staaten, die sonst eine starke Zufuhr auf den europäischen Markt schicken, ist diesmal nichts da. Aus Frankreich ein halbes Dutzend Proben, die meistens aus dem Getreidebezirk; aus dem Seidenbezirk gar keine. Auch aus Belgien sind einige Aussteller prämiirt worden. In Deutschland haben Böhmen und Baiern den ältesten Ruf. Das böhmische Gewächs, namentlich das Auschaer soll das bessere sein, kommt aber nicht auf den englischen Markt, weil die österreichische Regierung das Schwefeln nicht gestattet, welches die englischen Bauern, wenigstens bei dem über See geführten Hopfen, verlangten. Gleichwohl haben der Fürst Schwarzenberg und zwei andere Aussteller Medaillen erhalten; aus Baiern nur Einer, Uhlmann. Von den Einsendungen aus Preußen ist keine prämiirt worden, weder der Raczynski'sche noch der Neutomyssler, wahrscheinlich), weil sie nicht geschwefelt waren; Wettendorf, ein bekannter Hopfenbauer in der Gegend von Trier ist ehrenvoll erwähnt worden. Ueber den Werth des Neutomysler Gewächses im Verhältniß zu den andern habe ich selbst kein Urtheil, Sach-verständige sind der Ansicht, daß es, zwischen dem Spalter und Aufchaer in der Mitte stehend, die eigenthümlichen Vorzüge beider vereinige; das aber kann ich beurtheilen, daß, wenn mit demselben eine englisch oder französisch geschriebene Broschüre über die Geschichte des dortigen Hopfenbaues ausgelegt worden wäre, die Geschworenen ebenso viel oder mehr Grund als bei manchen französischen Industriezweigen gehabt haben würden, für die ausdauernde Bemühung und die relative Leistung und für das Verdienst um die Landeskultur eine Medaille zuzu-sprechen. Der Hopfenbau um Neutomyfl im Kreise Buck in Posen datirt seit dem Jahre 1692, brachte aber bis zum Jahre 1837 nicht mehr als 500 Centner jährlich, die im Durchschnitt mit neun Thaler bezahlt wurden. Seitdem ist er durch Herrn J. J. Flatau in Berlin, den Aussteller, so erweitert und ver-bessert worden, daß die Pflanzungen 6000 Morgen bedecken, bis zu 42,000 Centner tragen und im Jahre 1860 durchschnitt-lich 110 Thlr. für den Centner gebracht und über den Kreis, früher einen der ärmsten, einen ungekannten Wohlstand verbreitet haben. Im vorigen Jahre hat Herr Flatau, dessen Verdienste um diesen Kulturzweig schon 1856 von der Société d'Acclimata-tion in Paris durch die Medaille anerkannt wurden, sich auch des Hopfenbaues bei Buckow in der Mark angenommen und auf der Ausstellung des Berliner Instituts für Akklimatisation im September d. J. ward durch zwei Proben daher, eine vorjährige und eine neue, jene mit Knoblauchsgeruch, diese mit reichem Aroma, ein augenscheinlicher Beweis von der Vortrefflichkeit seines Verfahrens geführt.

Welche Weine in Deutschland wachsen, braucht man deut-

schen Lesern nicht zu erzählen; des Vergnügens, ihre schönsten
Blumen in einen Strauß vereinigt zu sehen, nicht bei dem
Schein einer Kellerlaterne, sondern im Licht des Tages hat uns
der deutsche Kirchspielspatriotismus beraubt; jedes Vaterländchen
wollte sein Gewächs apart gestellt haben, und die Kommissarien
des Zollvereins hatten keine Macht, den Eigenwillen zu brechen.
Die Deutschen, die sich über diese Verzettelung ärgern, sollten
ihren Aerger an die rechte Adresse richten. Uebrigens möge man
die Mitglieder der kostenden Jury nicht zu sehr beneiden; es ist
mir confidentiell mitgetheilt worden, daß nach der ersten halben
Stunde gar nichts mehr schmeckt. Von den Schnäpsen wollen
wir nur eines Liqueurs erwähnen aus Asphodillus ramo-
sus, der Speise der seligen Götter, die den Verdacht er-
weckt, daß Zeus kein Teetotaller gewesen. Diese Pflanze, dem
Geschlecht der Liliaceen angehörend, wächst in Südeuropa wild.
Nach den Untersuchungen der Académie des sciences
liefern 100 Gewichtstheile der Knollen 81 Theile Saft, der
mit einem gleichen Volum Wasser und 2 Prozent Bierhefe vermischt nach dreißigstündiger Gährung 8 Prozent eines Alkohols
giebt, der farblos und vollkommen frei von Säuren, Salzen
und Oelen ist. Auch von dem Taback — Moleschott rechnet
ihn zu den Lebensmitteln — habe ich wenig zu sagen; wer
Liebhaber eines recht billigen Blattes ist, dem sei ein Gewächs aus Taplacken bei Königsberg, das Tausend zu vier
Thaler, bestens empfohlen. Auch das Bier von Dreher habe
ich nicht gekostet. Wer ist Dreher? fragt der Germane,
der sich eine Einführung zu Barclay und Perkins geben läßt,
je nach seinen Verbindungen und der Höhe seines Akkreditivs
jene Empfehlung mit oder ohne Schnörkel, ähnlich den Hinkel-
Obey'schen Demokratenpässen, erhalten, je nach den Schnörkeln
Flaschenbier oder Faßbier zu kosten bekommen, die Bottiche, die

Darren, die Pferdeställe gesehen, die Haynau'sche Gedenktafel gelesen und am Schlusse ergebenst und stammverwandtschaftlichst gerührt ausgerufen hat: Es giebt nur ein Old England! Wer ist Dreher? Dreher ist ein Deutscher, ein Wiener, der Besitzer und Erbauer der größesten Brauerei in der Welt. Sie enthält über acht Morgen gewölbter Keller, 31 Malztennen mit 15000 Scheffel Gerste, 10 Darren und Speicherräume für 220,000 Scheffel, einen Kessel von 23,824, einen von 19,312 Quart Inhalt und vier kleinere, 24 Kühlfässer und 2,332,000 Quart Maischraum. Sie liefert 170,000 Quart Bier in 24 Stunden, beschäftigt 300 Arbeiter, Dampfmaschinen von 106 Pferdekraft und 124 Gespanne. Wenn die „Times" doch einmal eine Beschreibung dieser Brauerei geben wollte! Die deutschen Zeitungen werden sie mit Fleiß übersetzen, die deutschen Leser mit Respekt studiren. Aber die „Times" wird sich hüten.

Die Runkelrübenzuckerfabrikanten des Zollvereins sind andern Gewerbtreibenden darin mit gutem Beispiel vorangegangen, daß sie sich zusammengethan und gemeinschaftlich ausgestellt haben. Sie vertreten 247 Fabriken, die durchschnittlich im Jahre 33¼ Millionen Centner Rüben verarbeiten und daraus 2,600,000 Centner Rohzucker gewinnen. Oesterreich ist durch die beiden großen Fabriken von Robert & Co. und von Sina, beide in Mähren, vertreten. Die erste arbeitet mit 1920 Pferdekräften und verbraucht jährlich 600,000 Ctr. Rüben; die letztere halb so viel. Ein gewisser Werther hat in der Nähe einer Stadt, die er Buda nennt, auf deutsch wahrscheinlich Ofen, Zuckerrohr im Freien gezogen.

England, das sein Korn selbst verzehrt und fremdes dazu, hat wenig eignes Gewächs ausgestellt; und unter diesem Wenigen, weil es von Händlern kommt, ist noch mancher Humbug, wie der Mumienweizen, angeblich aus den in den Händen

einer Mumie gefundenen Körnern gezogen, der „Stammbaum-
weizen", dessen fortschreitende Veredelung auf einem Stamm-
baume dargestellt ist, der römische Hafer, der hervorgesproßt
sein soll, als der seit unvordenklichen Zeiten unbebaute Platz
eines römischen Lagers umgepflügt worden. Desto reicher sind
die Sammlungen von eingeführten Cerealien, namentlich die
von der Liverpooler Handelskammer veranstaltete. Dieselbe
enthält folgende Weizenproben: Lubelski, Podgorski, Dubienka,
Santander, weißen Französischen, rothen Französischen, Dänischen,
Stettiner, Kulmer, Petersburger, Archangler (der kleinste), Dan-
ziger, Oberpolnischen, Unterpolnischen, vom schwarzen Meer,
Galatzer, Ghirka, Kanadischen, Ostindischen, Aegyptischen, (der
größeste), Marokkanischen, Syrischen, Ungarischen, Chilesischen,
Australischen, (der schwerste), Kalifornischen, Michigan, Kentucki,
rothen und weißen Amerikanischen, Neworleans. Mag der
Himmel wissen, wo meine Frühstücksemmel gewachsen ist!
Ferner Mais aus Bordeaux, Galatz, Marokko, Amerika. Se-
molina, was in dieser Sammlung definirt wird, als „der Theil
des Weizens, der der Wirkung der Mühle widersteht," aus
Italien. Arrowroot aus verschiedenen Pflanzen. Salep, das
Mehl aus den Knollen der Orchis masculata aus der Türkei,
zu Suppen benutzt. (Hat man unsere O. moria schon versucht?)
Sago aus Borneo, der grau ist und an Ort und Stelle zu einer
Art von Figuren-Marzipan verbacken wird, wie in den Beiträgen der holländischen Kolonien zu sehen ist. Mandioca, das
Mehl von Manihot utilissima. Tapioca, die Stärke derselben
Pflanze, auf heißen Platten getrocknet. Die Sammlung von
Reis ist sehr dürftig; eine Merkwürdigkeit darunter die chooca,
bengalischer Reis, der gekocht, gepreßt und getrocknet ist etwa zu
der Gestalt von Gurkenkernen und zur Ernährung der Hindus
dient, die auf europäischen Schiffen segeln und an ihren Speise-
gesetzen festhalten. Eine andere hübsche Sammlung zeigt alle

erfinnlichen Stärken; eine dritte folgende Zuckerprobe: aus Rohr,
Rüben, Ahorn, Süßholz, Milch, Manna, Weintrauben, Fett,
(nicht krystallisirt, nur Syrup), Fleisch, Urin. Weiß der Himmel, woraus mein Zucker gewonnen ist!

Auf der Ausstellung in Battersea sah ich eine thönerne
Darre, die den Vorzug hat, daß sie das Malz nicht so leicht
verbrennt wie eine eiserne, von Fison in Stowmarket, Suffolk.
Die Platten haben einen Fuß im Quadrat, sind unglasirt, sehen
auf der andern Seite wie eine Waffel aus und sind an den
dünnen Stellen von kleinen Löchern durchbohrt, 1296 auf den
Quadratfuß. Uebrigens glaube ich auch in Deutschland Darren
von Fliesen gesehen zu haben.

Von Gemüsen ist die Bohne am Reichlichsten vertreten,
aus den nördlichsten Ländern fava, Saubohne, aus Mittel-
europa phaseolus, aus Portugal, Italien und Griechenland
dolichos. An diesen Sämereien wäre gewiß manche gute Erwerbung zu machen.

Die berühmte Handlung von Fortnum und Mason
hat das Dessert übernommen und es sich besonders angelegen
sein lassen, für Nüsse zu sorgen, die man in England gern zum
Portwein knaupelt. Ich nehme die Gelegenheit wahr, einige
dieser Gegenstände dem deutschen Publikum vorzustellen; sie
sind zwar sehr entbehrlich, aber wenn man einmal ein Schlicker
sein will, so sei man es mit System. Also folgende Nüsse,
größtentheils persönliche Bekannte von mir: Brasilianische, dreieckig, sehr fett; Souari von Demerara; holländische Walnüsse;
Pecan aus Südamerika; Hikorynuß aus Nordamerika; Monkey-
pot aus Para, enthält vier Zellen, jede mit einem wohlschmeckenden Kern; Supucaya aus Para; Wasserkastanie aus Cirkassien;
Honigkuchennuß aus Afrika; Pistachio aus Italien; Chocoladen-
nuß aus Südamerika; Surahiva ebendaher; Cumquat aus
China, außen wie ein Kienapfel; Litchis ebendaher, außen wie

ein Morgenstern; Erdmandel, die ich bei Liberien erwähnt; Schlangennuß aus Guiana, deren langer, walzenförmiger Kern wie eine Schlange zusammengerollt ist; Caschewnuß aus Südamerika; Cacooukerne aus Indien. Von den Confituren seien folgende empfohlen: Guava aus Cuba und Ostindien, in den Häusern sehr gewöhnlich, aus denen ein Sohn „hinaus" gegangen ist; Cassava-Brod aus Südamerika; Tamarinden aus Jamaika, angenehm säuerlich; Bananen und die beiden einzigen Vertreter der vortrefflichen türkischen Konditorei, Muschmusch und Kamardin aus Damaskus. Eine eigenthümliche englische Näscherei, den Familienvätern zu empfehlen, die ihren Kleinen etwas aus London mitbringen wollen, ist Toffee, nicht zu verwechseln mit Taffy, gefeiert in dem Liede, mit dem die Engländer ihre Hochachtung für die walisische Nationalität ausdrücken,

Taffy was a Welshman, Taffy was a thief.

Um aller dieser Süßigkeit willen und nach der Praxis der englischen Aerzte werden wir unter den englischen Nahrungsmitteln auch das Kalomel aufführen müssen, das in Schüsseln vorhanden ist. Es führt uns zu den zweierlei Giftbuden, die den Nahrungsmitteln benachbart stehen. Die einen enthalten Pflanzenalkaloide in seltener Reinheit und nie gesehener Masse: Theein, Kaffeein, Theobromin aus dem Cacao, Piperin aus dem Pfeffer, Morphin aus dem Mohn und Strychnin, das furchtbare Gift aus der Nux vomica; die beiden letzten Stoffe in solchen Massen, daß man alle Besucher der Ausstellung an einem blauen Montage damit vergeben könnte. Morphinpräparate haben in den Fabrikdistrikten immer einen guten Markt, wenn der Sonntag regnerisch ist oder die Fabriken halbe Zeit arbeiten. Ein versüßtes Tränkchen davon, das in den Apotheken unter dem Namen Godfree's Cordial geht, wird den Kindern gegeben, damit sie die Abwesenheit der Mutter verschlafen. Dickens hat das Opiumessen im Bleak House benußt, und Thomas de Quincy seine eigenen Erfahrungen in dem Opium Eater erzählt. Die zweite Giftbude hat der bekannte Chemiker Haſſal, Verfaſſer eines Werkes über die Adulteration of food, aufgeschlagen. Adulterium heißt bekanntlich im Lateiniſchen der Ehebruch; die Kirchenväter gebrauchen das Wort bildlich für den unerlaubten Umgang der Gläubigen mit der Philoſophie des Alterthums; die Engländer bezeichnen mit adulteration die Verfälſchung der Lebensmittel. Haſſal hat Proben von verfälſchten Lebensmitteln ausgeſtellt und die durch das Mikroskop oder Analyſe gefundenen Schmuß- und Giftstoffe angegeben, welche zugeſeßt ſind. Es ist zum Beſten des Leſers, daß ich dieſe Myſterien für mich behalte; gemahlene Sargbretter im Kaffee gehören noch zu dem Unſchuldigſten. Weiß der Himmel, was ich heute früh im Thee getrunken habe! Einer, der gegenüber Pickles ausſtellt, hat ſich den Anblick zu Herzen genommen und verſichert, an ſeiner Waare ſei kein Grünſpahn; und ſie ſieht in der That brauner aus als gewöhnlich. Manche Londoner Bäcker, die ſehr religiös ſind, rühren an dem Tage, an dem ſie dem lieben Gott zwei- bis dreimal ihre Aufwartung machen, ihren Kunden etwas Rhabarber oder Ipecacuanha in das Brod, um der Wirkung der Verfälſchungen entgegen zu arbeiten, welche ſie am Werkeltage getrieben.

Da ich einmal auf Thee, Kaffee und Opium gekommen bin, will ich hier gleich die Narkotika abmachen. Von dem indiſchen Opium habe ich ſchon geſprochen; auch in Südfrankreich ſcheint man nach den ausgeſtellten Proben ſich neuerdings auf dieſe Induſtrie zu legen. Haſchiſch habe ich nicht bemerkt; dagegen lernt man durch die Ausſtellung zwei andere Narkotika von Angeſicht kennen: den Mate-Thee aus Braſilien und das Cocablatt aus Peru. Den Thee, ein grünes Pulver, genießt man auf folgende Weiſe: man ſchüttet eine Priſe davon und ein Stück Zucker in eine kleine Kalabasse von der Größe eines Tassenkopfes, gießt kochendes Wasser darauf und saugt unmittelbar darauf die Flüssigkeit durch ein Rohr auf, das unten mit einem kleinen Siebe versehen ist. Der Geschmack ist bitter, wie von Haschisch, und die Wirkung ähnlich, doch milder. Das Blatt der Coca, Eritroxytum Peruvianum, gleicht einem kleinen Lorbeerblatt; eine Drachme davon, alle drei Stunden gekaut, suspendirt die Thätigkeit der Magennerven und macht den Menschen ohne Nahrung und Schlaf bis zu 48 Stunden bei harter Arbeit ausdauern.

Aus den Lagern der großen Samenhändler Lawson und Sohn, Thomas Gibbs und Co., Carter u. a., die theils auf der Ausstellung, theils in Battersea-Park zu sehen, will ich die Gräser erwähnen, theils rein, theils in Mischungen für besondere Lokalitäten, wie feuchte Wiesen, Grasland, Parks, Rasenplätze, Rieselwiesen, Kirchhöfe, Schaaftriften. Das Mißlingen der Rasenkultur in Deutschland ist in vielen Fällen daraus zu erklären, daß man unrichtige Gräser wählt, z. B. für sonnige Stellen die sogenannte Thiergartenmischung, die richtig auf Schatten berechnet ist. Carter hat ein neues Gras, Spergula pilifera, für Rasenplätze eingeführt, dessen feiner Samen, mit Sand vermischt, in dem Verhältniß von $\frac{1}{16}$ Unze auf die Quadratyard (oder von zwei Loth auf die Quadratruthe) gesäet wird, einen dichten, niedrigen Moosteppich giebt und sich selbst wieder säet. Von den Coniferen, die in Lawsons großem Werk Sinetum Britannicum beschrieben sind und in Battersea ausgestellt waren, sind zu empfehlen, weil sie harte Winter vertragen, Cupressus Lawsonia, Abies Orichsalis und Pinus Nordmannia.

Indem ich die Kolonien, die sich sehr entwickelt haben, seit ich über sie geschrieben, noch einmal nach Lebensmitteln durchlaufe, wird mir ein niedliches Büchelchen auf rosa Papier in

die Hand gesteckt über Arrowroot. Ich übersetze es ganz,
denn dieses Nahrungsmittel und seine Behandlung sind in
Deutschland zu wenig bekannt, wo man es in der Apotheke
kauft und deshalb für eine Art von Medizin hält. Ich übersetze auch die Rezepte; was helfen uns neue chinesische und japanesische Gemüse, wenn wir nicht erfahren, wie sie gekocht
werden? Als die Königin Elisabeth einige Pfund Thee zum
Geschenk erhalten, gab der Kriegsrath ihrer Köche das Gutachten
ab, Thee sei ein getrocknetes Kraut und werde am zweckmäßigsten wie Spinat zuzurichten sein. — Aechtes Arrowroot wird
von der Wurzel der Maranta Arundinacea bereitet, einer in
Südamerika einheimischen Pflanze, die im Laufe dieses Jahrhunderts in mehrere westindische Kolonien eingeführt worden ist.
Es wird aus den Wurzelknollen der Pflanze gezogen durch
Pressen, sorgfältiges Waschen und Trocknen in der Sonne. Die
Neger betreiben diese Arbeit oft sehr nachlässig und liefern eine
schlechte Waare mit erdigem Geschmack, die keine ordentliche
Gelée geben kann und doch in Europa mit 400 Prozent
Aufschlag verkauft wurde. Arrowroot erfordert von Anfang eine
sehr sorgfältige Behandlung; Boden und Klima müssen entsprechend ausgewählt, die Fruchtfolge gehörig beobachtet und
das Wasser filtrirt werden. Die Kultur kann mit Erfolg nur
im Großen und mit guten Maschinen betrieben werden. Um
einen solchen Betrieb möglich zu machen, den Artikel in größeren Massen auf den europäischen Markt zu bringen und das
Publikum gegen Verfälschungen zu schützen, haben die westin-
dischen Pflanzer eine Gesellschaft gebildet, die 30 Duke Street,
Piccadilly, ihre Niederlage hat. Aechtes Arrowroot ist die beste
Kindernahrung und bei Entzündungen der Eingeweide und Reiz-
barkeit der Magenhaut oft die einzige Speise, die der Patient
vertragen kann. Mit Milch zu einem dicken Brei angerichtet,
macht es die Milch auch der schwächsten Verdauung zuträglich.

Rezepte: Brei. Mische einen ungehäuften Eßlöffel voll Arrow-root mit etwas Wasser oder Milch, kalt, gieße ein Viertelquart kochenden Wassers oder kochender Milch darauf, rühre tüchtig und setze Zucker zu. — Blancmangé. Nimm vier Loth Arrowroot, vier Loth Zucker, ¾ Quart Milch mit Gewürz nach Geschmack. Mische das Arrowroot mit ein wenig kalter Milch; koche den Rest der Milch mit dem Zucker, gieße sie auf, rühre tüchtig, schütte das Ganze noch einmal in die Kasserolle, lasse es unter starkem Rühren 10 Minuten kochen und gieße es in die Form zum Kaltwerden. — Brod. Ein wenig Arrowroot unter Weizenmehl gemischt, giebt dem Brod oder Kuchen einen vortrefflichen Geschmack. — Pudding. Nimm 5 Eßlöffel voll Arrowroot, 1 Qrt. kalter Milch mit Zucker und Zimmet. Koche Alles über einem kleinen Feuer unter stätem Rühren, bis es dick wird, alsdann thue zwei Eßlöffel Butter dazu. Gieße es in eine Schüssel und thue das Gelbe von 12 und das Weiße von 6 Eiern dazu, nachdem dasselbe wohl mit Rosenwasser geschlagen worden. Schütte es in eine mit Butter bestrichene Form und setze dieselbe in den Backofen. Dieser Pudding schmeckt kalt am Besten. — Ein anderer Pudding. Rühre drei Eßlöffel Arrow-root mit kaltem Wasser an, thue ein halb Quart kochender Milch mit Zucker und Citronenschaalen dazu, gieße alles in die Kasserolle und laß es am Feuer dick werden, bis es zu ¾ fest ist, thue das Gelbe und das Weiße von drei Eiern wohlge=schlagen dazu. Schütte den Teig in eine Form auf eine Schicht von Rosinen, bedecke ihn mit Papier und schlage die Form in ein Tuch und koche den Pudding eine Stunde. Nimm die Form aus dem Kessel fünf Minuten, bevor der Pudding aufgetragen werden soll. Mit süßer Sauce. — Eierkuchen. Nimm ¾ Arrowroot und ¼ Weizenmehl. — Creme. Koche drei Eßlöffel Arrowroot mit ¾ Quart Milch und thue 3 bis 4 gutgeschlagene Eier dazu. Zucker nach Belieben. Laß kalt

13

werden und servire mit Fruchtgelée oder Eiermilch. — Die
Originalkiste von 31 Pfund 6 Thlr. 20 Sgr.

Die französischen Ackerbauerzeugnisse und Nahrungsmittel
bestechen auf den ersten Blick gar sehr; in der Aufstellung ist
Geschmack und in der Sammlung System. Alle Landestheile
und alle Industriezweige sind vertreten; weil aber Alles in drei
große Gruppen gebracht ist, und überdies häufig die Aussteller
eines ganzen Departements sich zusammengethan haben, bleibt
das Ganze doch massenhaft und übersichtlich. Die drei Gruppen
beziehen sich, wie schon erwähnt, auf 1) die Gegend mit Getreide, aber ohne Wein zur Ausfuhr und ohne Seide; 2) die
Gegend mit Getreide und mit Wein zur Ausfuhr, aber ohne
Seide; 3) die Gegend, die alle drei Erzeugnisse liefert. Besonders gestellt sind die Beiträge der Afklimatisationsgesellschaft,
die Produkte der Landes, die Sammlung des berühmten Sa-
menhändlers Vilmorin-Andrieur, die Arbeiten von Florent-Prévost über die Nahrung der Vögel, die Sammlung der schädlichen
und nützlichen Thiere und die geologischen und botanischen Spe-
cimina der Ecole de médecine. Der Sachverständige mag
sich noch zur besonderen Untersuchung auswählen, was die Société des Polders de l'Ouest (Nr. 408) ausgestellt hat, die
es sich zur Aufgabe gestellt hat, die Niederungen an der Westküste einzudeichen und „das Gebiet Frankreichs zu vergrößern."
In der Kunst des Ausstellens hat wohl ein Weinhändler Vig-
non (Nr. 397) das Aeußerste geleistet; er zeigt einen Plan seines
Landgutes, wie es war, als er es erwarb, und einen andern,
wie es jetzt ist, neben dem ersten die dürftigen Saaten, die Un-
kräuter und Unthiere, einschließlich eines wilden Schweines, die
darauf zuhause waren, neben dem zweiten den Weizen, die
Hühner und Hähne, die Hasen und Forellen, die es jetzt be-
völkern, alles in Natura, und quer davor eine Flaschenbatterie
mit der Geschäftskarte.

Frankreich ist seit zehn Jahren mehrmals von Mißernten heimgesucht worden, was ein Unglück ist, nicht nur für das Volk, darauf käme weniger an, sondern auch für den Kaiser, der sich alles Gute beimißt, dem also das Volk versucht sein könnte, alles Uebel beizumessen. In Betreff anderer Uebelstände und Unannehmlichkeiten hat der Kaiser ein Mittel gefunden, solche Zurechnung von sich abzuwehren: wenn er etwas unternimmt, dessen Ausfall zweifelhaft ist, so ladet er die Zeitungen ein, die Maßregel vorzuschlagen und zu vertheidigen, und gehorcht mit einer Verbeugung der öffentlichen Meinung: „c'est l'opinion qui l'emporte toujours." Geht das Ding schief, so mag die öffentliche Meinung sich selbst anklagen. Aber die französische Regierung weiß, daß ein leerer Magen mit den brillantesten Gründen nicht zu füllen ist, und wird sichtlich von der Besorgniß geplagt, die Franzosen könnten es einmal machen wie die Chinesen, vor dem Palaste zusammenlaufen und sagen: der Kaiser muß eine große Sünde begangen haben, daß Gott eine solche Plage über das Land schickt. Diese Besorgniß wird dadurch noch ernsthafter, daß man das Bewußtsein hat, nicht immer gut mit der Kirche zu stehen, welche die Orakel giebt. Ein .paar Bäcker mit den Ohren an den Laden zu nageln, wie sonst wohl in Konstantinopel geschah, ist nicht mehr zeitgemäß. Man hat daher zweimal die Brodpreise bestimmt, und den Bäckern die Differenz aus den Steuern vergütet. Mit einer ähnlichen Maßregel beschäftigt sich eine Brochüre, die hier vertheilt worden ist und von Rechts wegen dem egyptischen Finanzminister Joseph gewidmet sein sollte. Man will Magazine anlegen, in billigen Jahren füllen und den Zinsenverlust durch die Preiserhöhung in theuren ausgleichen. Aber die längere Aufbewahrung hat bekanntlich seine Schwierigkeit; das Korn muß häufig umgearbeitet werden und verdirbt am Ende doch. Aber hatten nicht die alten Egypter, die Malteser Ritter und andere Leute ihr

Korn in Gruben mit engem Halse, in Silos, aufbewahrt? Man
machte Versuche im Kleinen und fand das Getreide nach kurzer
Zeit multrig. Durch eine Reihe von Experimenten wurde endlich
entdeckt, daß das Korn allerdings in solchen Gruben dauert,
wenn es nicht mehr als 14 Prozent an hygroskopischem Wasser
enthält; und man ist jetzt in den Flottenstationen und an anderen Orten in Frankreich mit der Anlegung und Füllung von
Silos beschäftigt. Für uns wäre die Sache wahrscheinlich nicht
praktisch, wenn wir überhaupt daran dächten, sie nachzumachen;
unser Klima würde ein stärkeres Austrocknen als bis auf 14
Prozent erfordern; und wenn das vorangegangen, so hält das
Korn sich auch an andern Orten als in Silos. Der kleine
Weizen aus dem nördlichen Rußland ist stets gedörrt.

In den französischen Kolonien, Abtheilung Ostafrika, findet
sich die vollständigste Musterkarte von Reis. Auch über den
Reis ist etwas Küchenweisheit vorzubringen; der Mensch unterscheidet sich von den andern Thieren nicht durch den aufrech-
ten Gang, nicht durch die Fähigkeit zu lachen, nicht durch das
Ohrläppchen, sondern dadurch, daß er ein kochendes Thier ist,
worüber die Geschichte von Nebucadnezar zu vergleichen und
die Bemerkungen der Franzosen, denen hier zum ersten Male,
roher Salat und ganze Gurken zum Nachtisch vorgesetzt worden. Reis enthält in einem sehr kleinen Volum eine sehr große
Masse von Nahrungsstoff; mit einer Handvoll, die er in
den Zipfel seines Bournus geknüpft, geht der Orientale, auch
im Felde, einen ganzen Tag. Reis ist aber auch sehr billig; man
kann hier Carolinenreis, der beim Dreschen und Enthülsen zerbrochen, für 1½ Sgr. das Pfund kaufen. Der Reis könnte
uns also in Theuerungsjahren eine große Aushülfe gewähren,
aber nur unter der Bedingung, daß man ihn zu behandeln ver-
stände. Zu Bouillonreis gehört Bouillon; Reisspeisen sind
Leckereien; Milchreis ist so weichlich, daß man ihn nicht an-

haltend genießen kann. Die richtige Form ist das chooca der Hindus und Pilav der Türken. Das letztere wird auf folgende Weise bereitet. Man nimmt Reis und Wasser in dem Verhältniß, daß wenn der Reis gar ist, das überschüssige Wasser verdampft ist. Das Verhältniß ist in der Regel 1:3, ein Tassenkopf Reis und drei Tassenköpfe Wasser, ändert sich aber nach der Größe des Reis und der Weiche oder Härte des Wassers, muß also durch Versuche gefunden werden. Die Feuerung muß aus Kohlen ohne Flamme bestehen und man darf nicht rühren. Wenn das Wasser verdampft ist, die oberste Schicht Reis sichtbar wird, nimmt man die Kasserolle ab, gießt siedende Butter hinein und rührt. Man kann allerlei zusetzen, von den Sachen, die in Europa leicht zu haben sind, am Besten ein klein Wenig oignon brulé, verkohlte Zwiebel, die aus Frankreich kommt, kann aber allenfalls auch die Butter weglassen, wie bei dem chooca geschieht. Das Salz wird ein guter Koch, wie bei jedem Gericht, gleich zu Anfang hinzuthun. Das Gericht ist in zehn Minuten herzustellen, schmeckt sehr gut und ist täglich, wie Brot, zu genießen. Wenn es richtig gemacht ist, müssen die Reiskörner weich, aber nicht geplatzt sein.

In Frankreich herrscht die Flachmüllerei, welche die Steine näher aneinander stellt und das Korn zerquetscht, in Deutschland die Hochmüllerei, welche die Steine weiter stellt und das Korn zerreißt. Ueber den absoluten Vorzug der einen und der andern Methode sind die Gelehrten uneins. Von den französischen Mühlenprodukten ist die semoule, der Gries hervorzuheben, die zur Bereitung der Maccaroni und der ähnlichen Fabrikate, welche die Franzosen unter dem Namen pâte, englisch paste, begreifen, in großen Quantitäten verbraucht wird. Pâte wird nämlich nicht aus Mehl gemacht, sondern aus Gries. Die besten Waaren sind von Minguet in Senlis und Brunet in Marseille, jene aus weichem, diese

aus hartem Weizen. Brunet hat eine kleine Broschüre ausgegeben, die einen hübschen Beitrag zur Geschichte und zum
Wesen des Handels enthält. Früher machte man in Marseille
die Pate aus weichem, französischen Weizen und erhielt ein
Produkt, das gegen die aus hartem sicilischen Weizen bereiteten
italienischen Maccaroni gar nicht aufkommen konnte. Brunet
der ältere versuchte sich 1815 an dem viel billigeren, aber
ebenso harten russischen Weizen aus Taganrog, mit dem gün-
stigen Erfolge; aber die Vorstellung, daß nur aus italienischem
Weizen guter Gries bereitet werden könnte, war so eingewurzelt,
daß er die Maccaronifabrikanten lange Jahre täuschen und
ihnen sagen mußte, er verarbeite sicilisches Getreide. Als sie
sich endlich überzeugt hatten, daß der gute Gries wirklich aus
russischem Weizen gemacht sei, kam die Eroberung von Algier
und damit die Möglichkeit, afrikanischen Weizen einzuführen,
der noch härter ist und in Marocco das Cucussu liefert, über
das ich auch etwas zu sagen hätte, wenn es nicht so weit-
läuftig wäre. Aber nun hatte Brunet wieder viele Jahre lang
sein Fabrikat für russisches auszugeben, wenn er es absetzen
wollte. Afrikanischer Weizen liefert 58 Prozent Gries, 22
Prozent Mehl, 20 Prozent Kleie. Der Preis des marseiller
Gries ist durchschnittlich für die erste Qualität zu Suppen und
Speisen 40 Francs der Centner; zur Bereitung von Pate 25
Francs. Er ist billiger als Weizenbrod und nahrhafter; ein
Eßlöffel liefert einen Teller Suppe. Das Mehl wird mit anderm
gemischt verbacken und macht das Brod schmackhafter, kann auch
allein verbacken werden und ist billiger als Mehl von weichem
Weizen zweiter Qualität. Die Kleie wird sehr gesucht für
Mastvieh.

Ueber die andern Länder ist nicht viel zu sagen. Italien
ist natürlich groß in Maccaroni, Salami und Parmesan. Aus
Amerika sind zwei Sorten Maisstärke da, Oswego und Mai-

zena, die erstere sehr billig und, wie ich Gelegenheit gehabt habe mich zu überzeugen, sehr schmackhaft. Der kandirte Mais ist eine nahrhafte Näscherei.

Anhang.

Schönheitsmittel.

Auf daß der Wein erfreue des Menschen Herz und seine Gestalt schön werde vom Oele, unter dem nach Mr. Rowland's Ansicht das Macassar gemeint ist. Der Katalog von 1851 enthielt eine Nummer „Kalabasse mit Farbe zum Anstreichen des Gesichts." Das Köstlichste, was die heutige Industrie in dem Fache aufzuweisen hat, findet sich bei Moreau, Nr. 1180 des englischen Katalogs, aufgestellt in dem östlichen Anbau. Madam Moreau hatte die Güte, mir ihren Katalog zu überreichen, und als ich, um durch irgend eine sachgemäße Bemerkung ein Gespräch einzuleiten, mich erkundigte, ob sie rouge végétal habe, erwiderte sie mit Nachdruck: Oui, Monsieur, c'est une de mes spécialités. Aus dem Verzeichniß, das wie eine polyglotte Bibel in drei Sprachen, französisch, englisch und deutsch, gedruckt ist, hebe ich nach bester Einsicht das Wissenswertheste aus:

„Crème de l'Impératrice. Dieses wichtige Produkt veranlaßt die große Tragödin, Madame Ristori, zu folgendem schmeichelhaften Zeugniß: „„Ihre Parfümerien sind ausgezeichnet, und ich konnte nirgends ihres Gleichen finden; vor Allem die Crème de l'Impératrice, welche den doppelten Vorzug hat, die Haut sowohl weiß als auch elastisch zu machen. Adelaide Ristori.""

„Buch des Orients. Dieser unentbehrliche Zusatz zu den Bedürfnissen einer Dame, welcher eine große Sensation in allen höhern Cirkeln erregt hat, umschließt folgende drei unentbehr-

liche Requisite: ein Notizbuch für Einladungen, eine Bleifeder,
die zugleich ein schönes Schwarz für die Augenbraunen enthält,
und im Innern des Buches die angenehmste Rosenfarbe für
Wangen, Lippen u. s. w., welche eine blühende Farbe mit-
theilt, wie sie von keinem andern Produkt erreicht wird. Dieses
Roth bildet einen Theil des Einbandes und sieht demselben so
ähnlich, daß Niemand, der nicht eingeweiht ist, die Wichtigkeit
des Gegenstandes ahnen kann."

„Blanc de perles jaune Rachel. Dieses Pulver, welches
von gelbem Ansehen ist, wurde besonders bereitet auf Veranlassung der verstorbenen berühmten Künstlerin, Mlle. Rachel,
welche es in ihrer Carriere von dem größten Nutzen fand.
Es hat die vorzügliche Eigenschaft, den Brunetten Abends eine
natürlichere und feinere Gesichtsfarbe zu geben."

„Nouveau rouge de l'Impératrice. Diese schätzbare
Komposition besitzt die wichtige Eigenschaft, daß sie einmal auf
die Haut aufgetragen, nicht mehr abfällt." Das Attest fehlt.

Wenn ich die letzte Bemerkung richtig verstehe, so nähert
Madame Moreau sich den Leistungen einer größeren Künstlerin
in Bond Street, die nicht ausgestellt hat, aber durch einen in
diesem Sommer verhandelten Prozeß dem größeren Publikum
bekannt geworden ist. Sie unternimmt es, Damen zu „emailliren," und drückte auf einen verwunderten Ausruf des Richters
ihr Mitleid über seine Unwissenheit aus; das Verfahren sei in
der höhern Damenwelt allgemein bekannt. Emailliren für
einen Abend kostet nur 5 Guineen, aber „beautifying for ever,"
Schönmachen für immerdar, hatte in dem Falle, der zu dem
Prozeß Veranlassung gab, über 900 Pfund Sterling gekostet.
Der verklagte Ehemann der verschönerten Dame, jüngerer Sohn
eines Peer, bekundete freilich, daß die Sache seines Erachtens
schlimmer geworden sei, kann aber nach bekannten Rechtsgrund-
sätzen nicht für glaubwürdig erachtet werden.

Einen so hohen Flug haben die deutschen Aussteller nicht genommen; sie haben sich auf Parfums und Seifen beschränkt und sehr Gutes geleistet. Zwei Farinas haben an zwei gegenüberliegenden Ecken Fontainen errichtet, aus denen gratis Eau de Cologne verzapft wird, und Rieger aus Frankfurt a. M. macht Glück mit seinem Parfum von frisch gemähtem Heu. Rimmel aus London, auch ein Deutscher, parfumirt an manchen Tagen gar den großen Springbrunnen unter dem östlichen Dom. Es wundert mich, daß nicht alle Welt Parfumeur wird, denn die Stoffe, die um Thaler verkauft werden, kosten in der Regel nur Pfennige. Die Türken, die das Beste liefern könnten, haben nichts als Rosenöl geschickt, nicht einmal das allgemeinste und beste ihrer Schönheitsmittel, den gelben Badehandschuh aus Ziegenhaar. Ninon de l'Enclos, in hohem Alter befragt, wodurch sie ihre Haut so frisch erhalten habe, antwortete: durch einen Flanelllappen und kaltes Wasser.

11. In Chiswick.

London, 30. Mai. Viele Wege führen von London strom-
aufwärts nach dem reizenden Laub- und Hügellande, das mit Rich-
mond beginnt und sich bis an den Ursprung der Themse hin-
aufzieht. Aber ob man zu Wasser gehen mag oder mit der
Eisenbahn des rechten oder des linken Ufers, oder eine der
zahlreichen Chausseen benutzen oder als Fußgänger in die Richt
oder in die Irre gehen, man wird nie in den Winkel der
Themse gerathen, in dem das Dörfchen Chiswik liegt, wenn
man dasselbe nicht ausdrücklich zum Ziele gewählt hat. Und
dazu ist für gewöhnlich keine Veranlassung; die Obst- und
Gemüsegärten schicken uns ihre Ernte vor die Thür, und der
Park ist verschlossen. Nur zu der Rosenschau der Gartenbau-
gesellschaft pflegt er sich zu öffnen, und bei einer solchen Gelegenheit habe auch ich ihn einmal betreten und pflichtgemäß
beschrieben. Der Wunsch, den ich damals lebhaft empfunden
und wahrscheinlich ausgedrückt habe, das Innere des kleinen
Schlosses zu sehen, ist gestern in Erfüllung gegangen. Lord
Granville, der Präsident der englischen Kommission, hatte den
fremden Kommissarien und Geschworenen und einigen andern Ausländern zu wissen gethan, daß sie ihm am Vormittag, das heißt
zwischen 3 und 7 Uhr, in Chiswik willkommen sein würden.

Das Schloß, früher das Eigenthum des Herzogs von
Devonshire, ist nach einem florentinischen Muster gebaut; es
besteht aus einem niedrigen Rez-de-chaussée, einem hohen
Stockwerk, zu dem eine Freitreppe hinaufführt, und einer Man-
sarde. In der Mitte des Gebäudes liegt eine Halle, deren
Kuppel über das Dach hervorragt und die nach der einen Seite
mit der Freitreppe, nach der andern mit einem Balkon zusam-

menhängt. Die Zimmer waren alle geöffnet, so daß man rund um das Haus gehen und den Abschluß der Aussichten genießen konnte, der mir bei dem ersten Besuche in das Auge gefallen war. Nach Osten, von der Treppe aus, sieht man einen Baumgang hinab und am Ende desselben über eine kleine Brüstung weg in ein Landschaftsbild, wie man es außerhalb Englands nur allenfalls in Holstein findet, in Kornfelder, von Hecken durchschnitten und mit einzelnstehenden und deshalb prächtig entwickelten Bäumen betupft. Gegen Süden stößt das Haus an ein Parterre mit Blumen und Gesträuch, das nach einem kleinen Gewässer abfällt und jenseits desselben sich in den Park verliert — ein Bild, das an Trianon erinnert. Im Westen liegt die lawn, der Rasenplatz, von einigen majestätischen Cedern beschattet. Von unten angesehen, hat die Ceder etwas Finsteres, Schwermüthiges, weil man nur die alten, absterbenden Nadeln sieht, mit denen sie im Laufe der Jahrhunderte den Boden bedeckt und seinen Pflanzenwuchs zerstört. Sieht man aber von oben auf ihre schirmförmig ausgebreiteten Aeste, so hat man die frischen grünen Triebe vor sich, die sie dem Lichte zuwendet. Von dem Rasen war jede Nadel aufgelesen, und die Frühjahrstrachten der Damen und die Scharlachröcke der Trompeter verscheuchten vollends die düstern Schatten. Im Norden schließt sich an das Haus ein Stück altfranzösischen Gartens mit zwanzig Fuß hohen Mauern von geschornen Hainbuchen, deren Formen als Fortsetzung der Architektur ihren guten Sinn, und deren grüne Schatten an einem stillen Sommer-Nachmittage einen wunderbaren Reiz haben. Hinter diesen Wänden verbergen sich die Wirthschaftsgebäude. Die Fenster bestehen natürlich aus ganzen Spiegelscheiben, die dem Vorübergehenden wie ein Uebermuth des Wohlstandes erscheinen, aber dem Bewohner einen großen Genuß gewähren; man muß es oft gesehen und beachtet haben, um es zu begreifen, welchen Unterschied es macht, daß die

Krenze und Leisten fehlen, die Kerkerstäbe, die uns gewöhnlich von dem Draußen trennen. Jedes Zimmer enthält eine kleine Büchersammlung, die Schränke nur mannshoch, nicht erdrückend für Auge und Geist; und einige gute Bildsäulen laden den vom Lesen Ermüdeten zum Denken ohne Worte ein. Es muß ganz gut wohnen sein in dem Schlößchen für ein zufriedenes Gemüth.

Auf dem Rasen, der einige Tage zuvor geschoren und gewalzt und in der Nacht gewässert, einem dicken Seidenfilze glich, waren Sophas und Sessel aufgestellt, um die sich ein Theil der Gesellschaft sammelte, während die große Masse zwanglos umherschlenderte, um zu sehen oder gesehen zu werden, Bekanntschaften zu erneuern oder anzuknüpfen, mit einem gelegentlichen Abstecher in das seitwärts aufgeschlagene Zelt mit Eis und Früchten. Es gehört ein schöner Schlag von Frauen dazu, sich am hellen Tage im Grünen zu zeigen, um so mehr, wenn es gerade die Saison ist, jeder Tag in Gesellschaften, jede Nacht auf dem Balle oder im Theater zugebracht wird, um so mehr, wenn ein bewölkter Himmel jeden Vorwand zu Sonnenschirm und Schleier benimmt; aber die Engländerin kann das wagen, denn sie trinkt viel Thee und wenig Kaffee, genießt eine einfache Kost, schläft nicht in Federbetten und bewegt sich jeden Tag, wenn sie es haben kann, bis zur Ermüdung im Freien. An den Trachten zeigte sich die Wirkung früherer Industrie-Ausstellungen; die vorherrschenden Stoffe waren Algerine, von den Mauren entlehnt, und Grenadine, die türkische Gaze mit eingewirkten Goldfäden. Nur einige ältere Damen hatten sich auf Rechnung des Gewölkes in ihre schweren indischen Shawls gehüllt. Der Kopfputz war einfach; nur eine kleine, dicke, watschelnde Griechin hatte sich durch eine ungeheure Straußenfeder verschönert und erinnerte mich an eine Stelle in Jahn's Volks thum. Die Fremden konnten eine Menge von Berühmtheiten von Angesicht zu Angesicht kennen lernen: den Präsidenten der Negerrepublik Liberia und den Gesandten von Hayti, beide schwarz wie Ruß, der erste mit fast europäisch geschnittenen Zügen, der andere mit platter Nase und wulstigen Lippen, jener englisch, dieser französisch gebildet; den Herzog von Nemour, der seinem Vater sprechend ähnlich wird, Benjamin Disraeli, der mit einem Rohrstöckchen sein karirtes Höschen ausklopfte, und Earl Russell, den kleinen Titanen. Der große Titane, Palmerston, der sehr knickbeinig geworden ist, war zu Hause geblieben, um die mythologischen Vorstellungen der Ausländer von seiner Jugendhaftigkeit nicht zu zerstören. Ich achtete auf die Sprachen und habe folgende gehört: deutsch, englisch, französisch, italienisch, spanisch, dänisch, schwedisch, neugriechisch, türkisch; in allen Zungen wurde das Lob des Ortes und die Behaglichkeit des Festes verkündet.

12. Kraftmaschinen.

Wir wissen ungefähr, was wir meinen, wenn wir von Maschinen schlechtweg sprechen. Wir denken dabei weder an die Drechselbank, noch an die Kaffeemaschine. Wir sind darüber einig, daß die Entwicklung der Maschine von der zweiten Hälfte des vorigen Jahrhunderts und aus England datirt. Ein wie wichtiger Bestandtheil unserer Zustände und unserer Vorstellungen sie gegenwärtig ist, das bezeugen Erscheinungen in der Sprache. Der englische Arbeiter macht die Maschine, namentlich die Lokomotive, zu einem Femininum, zu seiner Frau, obgleich die Grammatik alle leblosen Gegenstände für Neutra erklärt; und es muß die Philologen interessiren, zu beobachten, ob dieser Sprachgebrauch, eben so berechtigt wie die bekannte Ausnahme ship, gegen den Formalismus durchdringen wird. She comes! hörte ich einmal auf einer Eisenbahnbrücke einen Knaben ausrufen. It comes! verbesserte sein Tutor. Wer hatte Recht? Anstatt der französischen Redensart „Madame chose", Madame So und So, wenn man nicht gleich den Namen finden kann, ist jetzt in der Volkssprache häufig zu hören: „Madame machine"; ja aus diesem Femininum hat sich ein Masculinum entwickelt: Monsieur machin.

Die Entwickelung ist neu, aber die Sache ist alt, sogar die Dampfmaschine. In dem Buche, das unter dem Namen Hero's von Alexandrien geht und die Taschenspielerkunststücke der ägyptischen Priester enthüllt, findet sich auch eine Benutzung des Wasserdampfes und der Wärme als treibender Kräfte. Die Vorrichtungen sind allerdings noch sehr unvollkommen, weil sie nur dazu dienten, die Tempelthüren wie mit unsichtbaren Händen zu öffnen und ähnlichen Hokuspokus zu machen. Aber wenn die Priester Lust gehabt hätten, dem Volke, das auf seinem Rücken die Bauten zusammenschleppen mußte, die Arbeit abzunehmen, so hätte ihnen eine Anwendung in größerem Maßstabe keine besonderen Schwierigkeiten machen können. Mit dem Abnehmen der Arbeit ist es freilich eine eigene Sache. Aristoteles feiert die Erfindung des Spatens als eine Erlösung; aber der Spaten will geführt sein. Bei welcher Arbeit der Arbeiter sich besser befindet, ist eine Frage, die damit nicht abzuthun, daß man die Maschine für einen Fortschritt und ihre Wirkung auf Körper und Geist des Arbeiters für ein nothwendiges Uebel erklärt oder noch lieber gar nicht erwähnt, ist eine Frage, über die selbst geringfügige Beobachtungen aufzuzeichnen immer noch der Mühe lohnt. Daß der Jubel über die „erlösende" Wirkung der Maschine, der von den Eigenthümern der Maschinen auszugehen pflegt, zum größten Theil auf einem Irrthum, einem Uebersehen beruht, ist gewiß. Jede, auch die anziehendste Arbeit läßt in Augenblicken den Wunsch nach Erlösung rege werden; jede, auch die langweiligste Arbeit wird durch die Gewöhnung erträglich. Die Erleichterung, welche eine neue Maschine gewährt, kommt selten den Individuen zum Bewußtsein. Der alte Arbeiter, der das machte, was jetzt die Maschine macht, wird eben nicht mehr gebraucht; sein Nachfolger hat die komplizirtere Arbeit nie betrieben, kann also in der einfacheren Beschäftigung, welche die Maschine ihm läßt, keine Erleichterung finden. Und ist denn, abgesehen von dem Bewußtsein des Individuums, die einfachere Beschäftigung eine Erleichterung? befindet der Arbeiter sich besser dabei? Der Geselle des Dorfschmieds, der jetzt ein Schock Nägel schmiedet, dann ein Schloß ausbessert und am Abend mit der Sense in das Feld geht, ist in den Augen des National-ökonomen ein äußerst unvollkommenes Geschöpf; und es ist mir wohl bekannt, daß er nicht soviel Nägel liefert, wie auf den Antheil eines Fabrikarbeiters kommen; ich gehe auch mit keinem

Zerstörungspläne gegen die Nagelmaschinen um. Aber es muß
doch erlaubt sein, jenen Dorfgesellen und den englischen Fabrikarbeiter neben einander zu stellen. Setzen wir den letztern in
die günstigsten Verhältnisse, geben wir ihm ein gesundes Ar-
beitslokal, das er selten, eine gesunde Wohnung, die er nicht
immer hat, geben wir ihm den Vortheil, innerhalb zweier
Meilen einen Handwerkerbildungsverein zu haben und jährlich
einmal von Lord John Russell über die geoffenbarte Moral
und von Mr. Cobden über das Werthsverhältniß zwischen
einem Leitartikel der „Times“ und „sämmtlichen Werken des
Thucydides“ einen most admirable speech zu hören. Wie
verhalten sich die beiden Leute zu einander? Die englischen
Werbesergeanten könnten merkwürdige Aufschlüsse darüber geben,
welche Wirkungen es hat, wenn durch ein ganzes Leben, wohl
gar durch mehrere Generationen immer nur ein Muskel oder
ein Finger bewegt wird, etwa um die Nadel gegen den
Bohrer zu halten, der das Oehr auspolirt. In Lancashire,
wo jetzt soviel Tausend „Hände“ feiern, ist auch nicht einmal
die Rede davon, sich an einer andern Beschäftigung zu versuchen. In der Krim haben die englischen Soldaten sich wie
Löwen geschlagen, waren aber, wenn das Fechten vorüber, so
hülflos wie die Kinder. Wieweit die Theilung der Beschäftigungen in England geht, davon hat man anderwärts schwerlich eine Vorstellung. Doch scheint es, daß eine hoch entwickelte
Industrie nicht nothwendig diese Folgen zu haben braucht; sie
sind bei weitem nicht so sichtbar in Frankreich und in Deutschland. Der deutsche und französische Arbeiter sind unendlich an-
stelliger, vielseitiger, als der englische, und in mancher englischen
Werkstatt ist gerade der Vormann, der eine zusammenfassende
Aufsicht über die getheilte Arbeit auszuüben hat, ein Deutscher.
Ueber die Ursachen und die Wirkungen dieser Verschiedenheit
habe ich noch kein System, will ich noch keines haben. Es ist

beſſer, Beobachtungen einſtweilen in der allgemeinen Vorraths-
kammer des Gedächtniſſes liegen zu laſſen, als ſie voreilig in
ein falſches Fach zu ſtecken. Auch viel unterhaltender; es gewährt ein Vergnügen, was denen verſagt iſt, die ein einzig und
ausſchließlich ächtes Aktenrepoſitorium nebſt Rubris im Kopfe
haben und jeder Erſcheinung mit einem halben Blicke anſehen,
wohin ſie gehört. Sehen wir uns jetzt an, was es Neues giebt
unter dieſen pochenden, ſtöhnenden, ſchwirrenden, klirrenden Geſel-
len, die unſere Vorfahren nicht kannten, alſo auch nicht entbehrten.

Der weſtliche Anbau enthält die machinery in motion,
die Maſchinen in Betrieb. In einem außerhalb des Gebäudes
ſtehenden Keſſelhauſe wird der Dampf erzeugt, Röhren, die
unter dem Fußboden liegen und zur Verhütung der Abkühlung
in Filz gewickelt ſind, führen ihn den Dampfmaſchinen zu; die
anderen Maſchinen werden durch Treibriemen in Bewegung
geſetzt, welche über eine durch den ganzen Anbau laufende
Welle geſpannt ſind. Für den Laien iſt zu bemerken, daß ein
Treibriemen daſſelbe iſt, was die Schnur an einem Spinnrade;
und ich kann hier gleich für den Sachverſtändigen eine Neuigkeit erwähnen, die Treibriemen von Bryant und Cogan
(Nr. 1809, England), die aus etwa zwei Zoll langen, auf die
ſchmale Kante geſtellten und durch Stahlſtifte verbundenen
Stückchen Leder beſtehen. Der Riemen bildet alſo eine Reihe
von Charnieren; er kommt ſehr billig zu ſtehen, weil Abgänge
dazu zu verwenden ſind. Ueber die Haltbarkeit kann ich nicht
urtheilen. Um ſich in dieſem Raume längere Zeit behaglich zu
fühlen, dazu muß man gutgeſtählte Nerven haben. Wen auch
das Geräuſch nicht anficht, das Rollen, Stampfen, Hämmern,
Plätſchern, Sauſen, Schwirren, deſſen Auge und Sinn wird
verwirrt durch den Anblick der ſeltſamen Gebilde und die Frage
nach ihrer Beſtimmung, deſſen Phantaſie wird gepeinigt durch
die Vorſtellung, daß dieſe Ungethüme ſich einmal losreißen und

14

einen wüthenden Hexensabbath feiern könnten. Diese Besorgniß
kommt freilich erst nach stundenlangem Verweilen und streicht
nur wie ein flüchtiger Schatten vorüber; wir wissen ja, daß
der Dampfhammer, der einen Eisenblock wie eine Gerte
zerbrochen, durch einen leichten Fingerdruck dahin gebracht werden kann, ein Ei eben einzuknicken. Aber eine andere Frage
kommt immer wieder und gräbt sich immer tiefer ein: Kraus
ist ihr Bart, doch werden sie den Riegel heben? Werden wir
einmal wieder dahin kommen, wo Albertus Magnus war, der
sich ein eisernes Dienstmädchen machte? Sie fegte die Stuben,
besorgte die Küche, machte die Einkäufe und, setzt mein alter
Gewährsmann hinzu, redete sogar. Ich würde das für
einen Mangel gehalten haben; und so erwies es sich auch.
Eines Tages, durch ihren Widerspruch gereizt, warf er ihr
einen schweren Hammer an den Kopf und tödtete sie.

Ach, wenn du wärst mein eigen,
Wie lieb sollst du mir sein!

Unter den Vorrichtungen, welche die Kraft des Windes,
des fließenden und des fallenden Wassers nutzbar machen, habe
ich wenig bemerkt, was unter die beiden Rubriken fiele, nach
denen ich meine Mittheilungen auswähle, nichts, was ganz neu
wäre, und nichts, was zwar gewöhnlich, aber nicht dem
großen Publikum zugänglich wäre. Der Wind fällt wegen
seiner Unbeständigkeit immer mehr in Mißkredit; die Maschinen
in dem Schiffe des Gebäudes, die sich im Luftzuge drehen,
sollen nicht ein Werk treiben, sondern nur die Launen des
Windes registriren; wir werden sie später ansehen. Selbst
die Holländer haben keine Windmühle ausgestellt. Aber die
eine, welche ihre Nachbarn, die Belgier, geliefert haben, ist
wegen eines daran befindlichen Maschinentheils zu erwähnen,
der, wenn er sich bewährt, einer sehr weiten Anwendung fähig
sein würde. In dem Modelle von Thiriou aus Namur,

nämlich (Nr. 279 des allgemeinen, Nr. 236 des belgischen Katalogs, dessen Nummern unverantwortlicher Weise nicht stimmen) geschieht die Uebertragung der Bewegung von der Welle auf den Stein ohne alle Vermittelung von Rädern durch eine Spiralfeder. Man denke sich einen Pfropfenzieher, dessen Spitze gerade ausgezogen wie das Stück, an dem der Griff befestigt ist. Dreht man denselben an dem oberen Ende um seine Achse, so wird natürlich das untere Ende dieselbe Bewegung machen. Denkt man sich ferner diesen Pfropfenzieher elastisch, so leuchtet ein, daß man das untere Ende in jeden beliebigen Winkel gegen das obere bringen kann und daß gleichwohl, wenn das obere rotirt, auch das untere rotiren muß. Bringt man z. B. die Spirale in einen Winkel von 90 Grad und steht das obere Ende senkrecht, so wird das untere horizontal stehen und sich so um seine Achse drehen; man wird also eine senkrechte Rotation in eine horizontale verwandelt haben, wozu sonst zwei konische Räder oder ein noch komplizirterer Mechanismus erfordert, wodurch eine entsprechende Friktion und ein entsprechender Kraftverlust verursacht wird. Ganz ohne Friktion, wie der Erfinder zu glauben scheint, dürfte es freilich bei der Spirale nicht abgehen; ihr Bestreben, sich grade zu strecken, muß eine vermehrte Reibung in den Widerlagen hervorbringen. Auf der andern Seite soll die Elastizität der Feder die Wirkung haben, die Ungleichmäßigkeiten der Bewegung, der Kraft und des Widerstandes, auszugleichen, also wie der Governor an der Dampfmaschine zu wirken. Namentlich bei Mühlen soll sich die Erfindung sehr gut bewährt haben.

Ihrer Liebhaberei, den Tourbinen, Wasserrädern, die ganz im Wasser gehen, haben die Franzosen hier weniger nachgehangen als in Paris. Auch die Versuche, die dort so sehr die Techniker und die Industriellen beschäftigten, den Dampf auf eine andere Weise als die bisher übliche anzuwenden oder ihn durch eine andere Kraft zu ersetzen, haben wenig Frucht gebracht. Die regenerirende Dampfmaschine von Wilhelm Siemens, die mit einem Quantum überhitzten Dampfes arbeitet, ausgestellt in Paris, ist in der Anwendung auf technische Schwierigkeiten gestoßen, die noch nicht überwunden sind. Der Erfinder hat inzwischen sein System auf Kohlengas in Stelle des Dampfes angewandt und eine derartige Maschine angemeldet, die aber in dem Augenblick, da ich schreibe, noch nicht aufgestellt und einstweilen durch eine Zeichnung vertreten ist. Dagegen scheint mir die Thermo-expansion steam engine von Wexham (Nr. 2019 England) nichts als eine Nachahmung der ursprünglichen Siemens'schen zu sein. Kalorische Maschinen sind in mehren Exemplaren da, arbeiten aber nicht, weil Feuer in dem Gebäude nicht geduldet wird. Die Benutzung der atmosphärischen Luft, ihrer Ausdehnung in der Wärme und Zusammenziehung in der Kälte, als bewegender Kraft, gilt allgemein für eine amerikanische Erfindung, ist aber eigentlich oder doch ebenso sehr eine deutsche. Ich verdanke einem sachverständigen Freunde die Notiz, daß Jeppe Prehn aus dem Lauenburgischen 1848, als man noch nichts von Ericson gehört, in Preußen ein Patent auf eine nach Ericsons Prinzip konstruirte Maschine genommen, aber freilich nicht ausgeführt hat. Die Luft, wenn sie auf 267 Gr. Celsius erhitzt wird, verdoppelt ihre Spannung. Indem man sie also abwechselnd auf diesen Grad erhitzt und wieder erkältet, gewinnt man bei jedem Wechsel einen Druck gleich einer Atmosphäre. Die Erkältung geschieht dadurch, daß man die Luft in ein Behältniß treibt, das viel Wandfläche im Verhältniß zu seinem Inhalt hat und von kaltem Wasser umspült ist; sie erfolgt augenblicklich und hat keine Schwierigkeit. Die Erhitzung kann nur dadurch geschehen, daß die Luft in ein Behältniß tritt, auf dessen Wände ein Feuer wirkt, und darin liegt die Schwierigkeit, die Jeder begreifen wird, der einmal seinen Theekessel leer auf das Feuer gesetzt hat. Eine wesentliche Verbesserung der ursprünglichen Maschine hat Schwarzkopf in Berlin angegeben; er nimmt nicht atmosphärische, sondern komprimirte Luft. Angenommen eine Quantität Luft, die bei der natürlichen Spannung der Atmosphäre zwei Kubikfuß einnehmen würde, sei auf einen Kubikfuß komprimirt und werde auf 267 Gr. erhißt, so würden nicht eine, sondern drei Atmosphären gewonnen sein. Schwarzkopf hat eine Maschine von 2 Pferdekraft ausgestellt.

Von Maschinen, welche die Elektrizität als bewegende Kraft verwenden, sind Modelle und Ausführungen vorhanden; sie werden aber nicht günstig beurtheilt. Es bleibt für jetzt noch bei der Dampfmaschine, die in stationäre, Lokomotive (worunter wir auch die Schiffsmaschinen begreifen wollen) und Lokomobile zerfällt, je nachdem sie feststeht oder sich selbst sammt daran gehängten Lasten fortbewegt oder durch andere Kräfte, Menschen oder Zugvieh, dahin gebracht wird, wo sie ihre Arbeit verrichten soll. Dazu ist in neuerer Zeit noch eine Gattung gekommen, die bald Lokomotive, bald Lokomobile, am häufigsten eine Verbindung beider ist, die traction-engine, die keiner Schienen bedarf, sondern auf Chausseen, Pflaster und ungebahnten Wegen läuft. Von Verbesserungen der stationären Dampfmaschine sei eine neue Methode der Fundamentirung von Lilleshall (Nr. 1910 England) erwähnt. Anstatt auf einen gemauerten Unterbau wird die Maschine auf ein Rechteck von Blechkasten gesetzt, die gleichsam auf dem weichen Erdboden schwimmen, wenig einsinken und die Erschütterung ganz neutralisiren, wie an dem Exemplare zu sehen, das auf dem Bretterboden der Ausstellung steht und arbeitet.

An den Lokomotiven sind viele kleine Veränderungen, aber nichts Wesentliches zu beobachten. Wir wollen bei der Gelegenheit einen Blick auf die Eisenbahnen und ihr Zubehör werfen, mehr um den Besucher aufmerksam zu machen, als um

den Daheimbleibenden mit Beschreibungen zu behelligen, die
ohne Zeichnung unverständlich bleiben. Vignoles (Nr.
2354 England), der 1855 in Paris ein schönes Modell der von ihm
erbauten Hängebrücke über den Dnieper zeigte, hat diesmal gar
ein Modell der Bilbaoer Eisenbahn mit getreuer Nachbildung
der Landschaft ausgestellt. Chalmers hat auf einem über
24 Fuß langen Blatte seine projektirte Eisenbahn über den
Kanal abgebildet, die mancher Besucher fertig sehen möchte,
ehe er seine Rückreise antritt. Perry hat ein Arbeitsmodell
einer atmosphärischen Eisenbahn aufgestellt. Auf diesen Bahnen,
die vor 20 Jahren mehrfach in England und anderswo versucht, aber hier aufgegeben wurden, geschieht bekanntlich die
Bewegung dadurch, daß die Atmosphäre einen Kolben in eine
luftleere Röhre hineintreibt. Hier hat man seit Kurzem das
Princip wieder aufgenommen und zur Beförderung von Briefen,
dann von kleinen Packeten benutzt. Es ist möglich, daß man
auf diesem Wege wieder zu einer Anwendung im Großen gelangt, die sich, so viel ich weiß, nur auf der Bahn von St.
Germain erhalten hat. Köstlin und Battig (Nr. 545 Oesterreich) zeigen das Modell einer Schienenlegung ohne Holz. Von
Schienen hat Deutschland eine zahlreiche und vortreffliche Sammlung geliefert, die in der Abtheilung Mineralien leicht aufzu-
finden ist. Borsig in Berlin hat eine Lokomotive gestellt, die
Staatseisenbahn-Gesellschaft in Wien zwei gewöhnliche
und eine für starke Steigungen nach Engerth. Da Deutschland
in dieser Beziehung vom Auslande unabhängig ist, zähle ich
die englischen Lokomotiven nicht auf. Auch die Eisenbahn-
Personenwagen der Berliner Aktiengesellschaft für Eisen-
bahnbedarf sind um so viel besser als die englischen, daß der
Engländer es sich nicht will ausreden lassen, sie seien merely
for show, nur zum Ansehen fabrizirt. An einer Vergleichung
der englischen und der festländischen Eisenbahnen ist viel graue

Theorie zu berichtigen. Die englischen haben trotz der großen
Frequenz den Aktionären sehr wenig eingebracht; und dabei
waren sonst auf allen und sind heute noch auf den meisten
Bahnen die Wagen zweiter Klasse mehr für Thiere als für
Menschen eingerichtet. Die ersten Verbesserungen, Kissen auf
der Pritsche, wohl gar ein schmales Polster an der Rückwand,
erschienen auf den kleinen Lokalbahnen, die von dem Gelde der
benachbarten Gentry gebaut sind und von ihr benutzt werden.
Allmählig wirkt das Beispiel auch auf die größeren Bahnen;
und ich erwarte, daß der ausgestellte, für die ägyptische Bahn
bestimmte Wagen der stummen Entrüstung der Engländer über
ihre Eisenbahnmagnaten Worte leihen wird. Im Ganzen kann
man die englischen Bahnen immer noch so charakterisiren: Ingenieure, Advokaten, Bauunternehmer, Lieferanten werden Millionäre, die Aktionäre bekommen keine Zinsen und das Publikum zweiter Klasse wird gerädert. In dem Schreibezimmer
der Ausstellung ist das Modell einer sehr zweckmäßigen Einrichtung aufgestellt, um Briefbeutel auszutauschen auf Stationen,
an denen der Zug nicht hält; und in der englischen, der deutschen, der französischen, der italienischen Abtheilung findet der
Sachverständige eine Menge von Verbesserungen in der Kuppe-
lung der Bremse, den Signalen und der Kommunikation zwischen den einzelnen Wagen.

Lokomobilen sind in großer Anzahl auf der Ausstellung
und waren in noch größerer auf der Schau, welche die Agricultural Society in den Tagen vom 23. bis 30. Juni in
Battersea Park veranstaltet hatte. Am häufigsten werden sie
nämlich in der Landwirthschaft benutzt, und ich werde sie am
zweckmäßigsten mit den Ackerbaumaschinen besprechen.

Einen natürlichen Uebergang von den Lokomotiven zu den
traction - engines macht ein Fuhrwerk zum Gebrauch auf
dem Eise, das von Nathaniel Grew in London gebaut und

im vergangenen Winter zwischen Petersburg und Kronstadt mit gutem Erfolge zur Beförderung von Personen und Gütern in Betrieb gewesen ist. Ausgestellt ist ein Modell in ¼ der natürlichen Größe. Das Original, das 25 Tonnen wiegt, ruht vorne auf zwei Rädern, hinten auf einem Schlitten. Die Räder, die von der Maschine umgetrieben werden, sind an einer Art von Vorderwagen befestigt, der gesteuert werden kann. Sie sind auf ihrem Umfange mit kleinen Stacheln besetzt: andernfalls würden sie sich auf dem glatten Eise drehen, ohne von der Schwelle zu kommen. Während bei dieser Eislokomotive die zu geringe Friktion eine Schwierigkeit macht, haben die traction-engines mit einer zu großen zu kämpfen. Daraus erklärt sich eine Eigenthümlichkeit ihrer Konstruktion. Wenn nämlich das Triebrad, wie bei den Lokomotiven, auf der Welle säße, so wäre bei dem Anstoßen an Steine und bei jähen Unebenheiten des Bodens ein Zerbrechen oder Verbiegen des innern Mechanismus zu befürchten. Bei den traction-engines steckt vielmehr auf der Welle ein kleines sehr starkes Sternrad, über welches eine Schaken-kette ohne Ende läuft, so eingerichtet, daß jeder Zacken des Sternes in eine Schake faßt. Vermittelst eines zweiten solchen Steuerrades dreht die Kette eine Achse und das daran befestigte Triebrad um. Eine zweite, aus demselben Grunde erklärte, Eigenthümlichkeit besteht darin, daß der Umfang des Triebrades sehr breit ist, damit es die Chausseen nicht verderbe und in weichen Boden nicht zu tief einschneide. Die bemerkenswerthesten Maschinen der Art sind von folgenden Ausstellern: Bra ṭ: seine Maschine, für die Werfte in Woolwich bestimmt, ist so eingerichtet, daß, wo es nöthig, namentlich wo es bergauf geht, ein Kranz von Stacheln oder „Spaten" aus dem Umfange des Rades hervortritt und in den Boden eingreift. Mangel an Friktion und Ueberfluß an Friktion werden also durch dieselben Mittel dialektisch überwunden. Die Maschine hat eine Trommel,

über die man einen Riemen zum Betrieb anderer Maschinen
legen kann. James Taylor u. Co.: ihre Maschine, genannt
der Elephant, Nr. 2004, zieht bei einer Steigung von 1 auf 19
dreiundzwanzig Tonnen auf Chaussee und wendet mit einem
Radius von nur 10 Metres. Um das Rad sind drei Reifen,
neben einander, gelegt, jeder etwa drei Zoll breit, die beiden
äußern flach, der mittlere gleichsam mit Zwecken beschlagen, die
in den Grund eingreifen sollen. Taplin's Maschine will diesen
Zweck durch hervorstehende Nagelköpfe der Speichen erreichen;
sie soll Wasser und Kohlen für eine Fahrt von 10 englischen
Meilen und außerdem 50 Tonnen Ladung aufnehmen können.
Ein anderer englischer Aussteller, Cowan, Nr. 3001, hat
einen traction-engine zur Beförderung von Personen auf
Chausseen gebaut. Sie sieht aus wie ein sehr massiver Char-
à-banc plus eines zierlichen Schornsteins, nimmt 12 Personen
auf, führt Wasser auf 10 Meilen und auf einem kleinen Tender
Kohlen für 20. Der Kutscher sitzt vorne und kann durch einen
Hebel den Wagen steuern, durch einen andern die Pferde peitschen, das heißt mehr Dampf einlassen. Preis 300 £. Tuxford u. Söhne; eine sehr kompakte Maschine mit Trommel
und Tau, vermittelst deren sie sich steile Abhänge hinaufwinden
kann, wenn das Tau oben befestigt ist. Aveling u. Porter;
an dem Umfang des Rades stehen kleine T-Eisen hervor; von
diesen Maschinen sollen 40 in verschiedenen, namentlich gebirgigen Theilen des Landes im Gange sein. Boydell; seine
Maschine legt sich selbst eine Bretterbahn ohne Ende; wer eine
Vorstellung von Maschinen hat, wird sich die Einrichtung ohne
Weiteres denken können, andern wäre nur durch eine Zeichnung
zu helfen. Auf die eine und andere, ausschließlich auf die Landwirthschaft berechnete traction-engine, für die man bei Zeiten
ein deutsches Wort erfinden wolle, werde ich zurückkommen.

Von einzelnen Bestandtheilen, die an jeder Dampfmaschine

vorkommen, seien folgende erwähnt: Der Röhrenkessel von
Biddel und Balk, der an einer stationären Maschine von
Ransomes und Sieves angebracht ist, läßt sich auseinander
nehmen behufs der leichteren Reinigung; die Röhren und die
Platten sind nicht vernietet, sondern durch Schrauben zusammengehalten. Den Injecteur von Piffard (Nr. 1164, Frankreich),
ein Instrument, welches um so mehr Wasser in den Kessel
spritzt, je tiefer das Wasser darin sinkt, sollte sich ansehen, wer
ihn noch nicht kennt. Er verhütet die Explosionen, die entstehen,
wenn ein Theil der Kesselwände glühend wird. Der Deutsche
möge bei den Manometern, Spannungsmessern, von Schäffer
und Budenberg in Magdeburg (Nr. 1316, Zollverein), verweilen und auf die Fabriknummern achten. Der eine trägt die
Zahl 36,753, was sagen will, daß die Firma schon 36,752
dieser Instrumente verkauft hat. Sie sind die besten „in der
Welt," werden für alle englischen Maschinen benutzt, aber öffentlich nie als deutsches Fabrikat erwähnt. Der Amerikaner
Porter hat einen neuen Governor angegeben, einfach und wirk-
sam, wie alle amerikanischen Maschinen.

In diesem Kapitel, obgleich eigentlich nicht dahin gehörig,
will ich auch ein Wort über die Pumpen und Spritzen sagen.
Eine große attraction in dem Maschinenraum ist die Pumpe
von Easton, Amos und Söhne, die einen ganzen Wasserfall von sich giebt. Sie ist eine Appold'sche Centrifugalpumpe,
und die Aussteller nehmen kein anderes Verdienst in Anspruch,
als große Dimensionen und gute Arbeit. Wer noch keine
Vorstellung von der Centrifugalpumpe hat, der kann sich eine
Vorstellung und eine Pumpe verschaffen, indem er eine Tasse
nimmt, aus deren Rande ein Stückchen ausgebrochen ist, und
den Kaffee — Thee thut's auch — mit einem Löffel heftig
umrührt. Er wird finden, daß der Kaffee an den Wänden der
Tasse aufsteigt und durch den Bruch herausläuft. Dies Ex-

periment ist namentlich den Berlinern zu empfehlen, um sie auf
den Einwand zu rüsten, den die conservativen Koth-Sassen gegen
die Entwässerung Berlins vorbringen: der Inhalt der Kloaken
verstopfe die Pumpenventile. Uebrigens ist dieser Einwand schon
durch die alte ehrliche Stulp-Pumpe zu beseitigen. Die aus
mehreren Ländern gelieferten Dampffeuerspritzen sind bemerkenswerth wegen der Vorrichtungen, um in der kürzesten Zeit Dampf
zu haben. Unter den Handpumpen verdient wegen ihres unglaublich einfachen, leicht zugänglichen und in eine sehr gefällige
Form gebrachten Mechanismus die Kalifornische den Preis.

13. Maschinen für Acker- und Gartenbau.

Auch die Maschinen für den Landbau sind nicht in den
Bezirken der einzelnen Länder aufgestellt, sondern in dem östlichen Anbau vereinigt. Diese permanente Sammlung wurde
in den Tagen vom 23. bis 30. Juni ergänzt durch eine Ausstellung, welche die Royal Agricultural Society in Battersea
Park veranstaltet hatte. Mit dieser als der umfangreicheren
werde ich in jeder Rubrik den Anfang machen. Battersea Park,
vor einigen Jahren auf einer Wüstung am Südufer der Themse,
gegenüber Chelsea, angelegt, soll den Bewohnern der Südhälfte
von London als ihr Hydepark dienen und ein Stückchen Gras
und Baumschlag vor den Ziegeln und Pflastersteinen retten, die
von allen Seiten herandrängen. Er ist jetzt noch sehr kahl, gewährt aber eine hübsche, ländliche Aussicht auf das Nordufer,
auf den alten Thurm von Chelsea, in dessen Schatten Richard
Cromwell sein Glas Bier zu trinken pflegte. Der ovale öst-
liche Zipfel war für die Thierschau eingerichtet, der übrige Raum
mit 342 Schuppen und Zelten bedeckt, in denen 5064 einzelne
Stücke oder Sammlungen untergebracht waren; in einem anstoßenden Felde waren die arbeitenden Maschinen, machinery
in motion, aufgestellt. Wenn der Park selbst mit seinen Zelten

und rechtwinkligen Vierteln an ein Lager erinnerte, so war
dieses Feld dem Train und Geschützpark zu vergleichen. Es
enthielt nicht weniger als 81 Lokomobilen in soviel Abstufungen,
wie es deren zwischen dem einpfündigen Berggeschütz und der
schweren Breschbatterie nur geben kann, von dem niedlichen Geräthe Tuxford's zu einer Pferdekraft, Preis 60 £, mit dem
man in einem mäßig großen Zimmer umherfahren könnte, bis
zu der massiven traction-engine. So verschieden ihre Größe
und Physiognomie, so verschieden war ihre Lebensweise; ich
muß aus einem Bilde in das andere übergehen, denn je länger
man sie beobachtet, desto mehr scheinen sie sich zu beleben, aus
Maschinen in Thiere zu verwandeln. Einige waren bei vollem
Futter und in voller Thätigkeit, durch Riemen an andere Maschinen angespannt, die sie in Bewegung setzen; andere verzehrten
langsam ein knappes Frühstück von Wasser und Kohlen und
regten träge ihre Glieder, das Schwungrad und den Governor,
als hätten sie noch nicht recht ausgeschlafen; manche verpufften
ungeduldig ihre unbenutzte Kraft, wie ein wieherndes Pferd.
Etwas wesentlich Neues von Konstruktion war nicht vorhanden;
die Beschreibung einzelner Verbesserungen würde zu sehr in das
Technische gehen. Nur eine ist allgemein verständlich und, wie
mich dünkt, sehr empfehlenswerth. Bei den gewöhnlichen Loco-
mobilen sind die Cylinder mit ihren Kolbenstangen, die Kurbeln,
die Steuerung, die Pumpen außen an dem Kessel angebracht,
also dem Regen und dem bei ländlichen Arbeiten sehr reichlichen
Staube ausgesetzt. Der schon genannte Tuxford hat hinter dem
Kessel eine Art von Schrank angebracht, in dem alle Maschinentheile, außer dem Schwungrad und dem Kraftmesser, untergebracht sind, und der durch eine zweiflüglige Thür verschlossen
wird. Eine verwandte Einrichtung hat Howard an allen
seinen Ackermaschinen, die auf Rädern gehen, angebracht, er
verschließt die Büchse in ein messingnes Gehäuse. Großen

Beifall fand ein Göpel mit Zwischenkonstruktion von Woods und Cocksedge, dergestalt eingerichtet, daß die Kraft des einen Pferdes, das den Göpel treibt, durch Riemen auf 4 bis 6 Maschinen gleichzeitig übertragen werden kann. Ich muß gestehen, daß ich kein besonderes Kunststück dar'in sehe und mich wundere, daß ähnliche Maschinen nicht längst gebaut worden sind. Von den Lokomobilen in der Ausstellung will ich die von Hubazy in Wien erwähnen, die auf Strohfeuerung eingerichtet und für Ungarn bestimmt ist. Maschinen der Art werden in großer Zahl nach dem südlichen Rußland ausgeführt, wo weder Kohlen, noch Holz, noch Torf zu haben sind.

Ein Mittelding zwischen den Maschinen, welche Kraft erzeugen, und denen, welche Kraft verbrauchen, ist der Dampfpflug, an dem sich seit Jahren zwei englische Erfinder versucht haben, Fowler und Howard. Ich habe Pflüge von beiden arbeiten sehen bei einem Versuche, der auf dem Gute Carshalton in Kent vor der betreffenden Jury angestellt wurde. Beide haben den Gedanken aufgegeben, den Pflug vor oder unter einer Lokomotive zu befestigen, etwa nach Art des Schneepfluges, mit dem man die Eisenbahnen räumt, setzen vielmehr den Pflug durch ein Seil in Bewegung, welches die Maschine an sich zieht. Die Fowler'sche Maschinerie besteht aus drei Stücken, erstens einer Lokomobile, zweitens einem sogenannten Anker und drittens einem Pfluge. Die Dampfmaschine steht an dem einen Ende des Feldes, der Anker liegt an dem andern; an der Dampfmaschine befindet sich eine wagerechte Trommel, an dem Anker desgleichen; um diese beiden Trommeln oder Rollen ist ein Drathseil gespannt, dessen eine Hälfte einleuchtend, wenn die Trommeln sich drehen, den Acker hinauf, die andere den Acker hinabgeht. An diesem Seile wird der Pflug befestigt. Wenn es mir gelungen ist, damit dem Leser ein Bild von der Bewegung zu geben, so wird die Beschreibung der einzelnen Theile verständlich sein. Die Trommel der Maschine wird durch den Dampf umgetrieben und das Seil muß so fest gespannt sein, daß es nicht nur die Trommel des Ankers umtreibt, sondern auch an dem Pfluge mit der erforderlichen Kraft zieht. Bei der Lösung dieser Aufgabe hatte der Erfinder mit einer augen= fälligen Schwierigkeit zu kämpfen. Ist das Seil zu lose ge- spannt, so wird die Trommel der Maschine sich drehen, ohne es mit fort zu reißen; der Pflug wird also still stehen. Ist es zu straff gespannt, so geht durch die Friktion an der Trommel des Ankers eine große Kraft verloren. Fowler hat die Schwie- rigkeit, an der sein Pflug 1851 noch schwer zu leiden hatte, durch eine sehr sinnreiche Einrichtung überwunden. Er hat rings um die Trommel einen Kranz von Charnierklappen angebracht, so daß das Seil nicht in der Furche der Trommel, sondern in diesen Klappen läuft. Je schärfer es in die Klappe drückt, desto fester halten sie also das Seil. Am härtesten wird der Druck an dem äußersten, dem Anker entgegengesetzten Punkte der Trommel sein, und die Klappe, die sich daselbst befindet, wird wie eine Zange das Seil festhalten, während dasselbe in den Klappen rechts und links davon immer loser liegen wird. Das Pfluggestell hat, von oben angesehen, die Gestalt eines Schiffes; aber das Deck dieses Schiffes, wenn ein solches da wäre, würde nicht horizontal sein, sondern in der Mitte einen Winkel bilden, so daß, wenn das Vordertheil horizontal stände, das Hinter- theil in die Luft emporragen würde, und umgekehrt. In der Mitte ist eine Achse mit zwei Rädern, auf denen der Pflug geht. Unter dem Vordertheil des Schiffes, um den Vergleich noch festzuhalten, sitzen vier Pflugscharen, die nach hinten, unter dem Hintertheil eben so viele, die nach vorne gelehrt sind. Da Vordertheil und Hintertheil ganz gleich sind, so wiegen sie auch gleich schwer, und wenn der Pflüger sich auf das eine setzt, so genügt sein Gewicht, das andere sammt den daran befestigten

Pflugscharen emporzuheben. Angenommen, der Pflug käme in diesem Augenblick von dem Anker nach der Lokomobile herauf, so würde das Vordertheil emporragen, während die Pflugscharen des Hintertheils in der Erde gingen. Ist der Pflug nun bei der Lokomobile angelangt, so wird er von dem heraufkommenden Theile des Seiles losgemacht und an den hinabgehenden befestigt und, was bisher Vordertheil an dem Pfluge war, wird nun Hintertheil; man braucht ihn nicht zu wenden. Der Pflüger kann vermittelst einer Stange die Achse steuern. Der Anker ist folgendermaßen konstruirt. Die Trommel ruht auf einem horizontalen Gestell, das auf vier Rädern steht und unter einem rechten Winkel gegen das Seil, also parallel mit der schmalen Seite des Ackerstückes aufgefahren wird. Die Räder sind massiv und haben scharfe Ränder, schneiden tief in den Boden ein und leisten dem Zuge des Seiles Widerstand. Ist der Acker lang, so werden einige Träger mit Rollen unter das Seil gestellt, damit es nicht auf der Erde schleppe und sich durchscheuere. Wenn der Pflug einmal auf- und niedergegangen ist, werden die Lokomobile und der Anker ein wenig vorwärts geschoben. Die Pflugscharen können enger und weiter, tiefer und flacher gestellt oder durch Kultivatoren ersetzt werden. Der Pflug, der natürlich vier Furchen zieht, ging bei den Versuchen, die ich sah, so schnell, daß man traben mußte, um mitzukommen. Zur Bedienung hatte er drei Mann, einen Pflüger, einen Maschinisten und einen, der den Anker beaufsichtigte, und drei Jungen, welche die Seilträger versahen und Wasser zuführten. Wenn man will, kann man gleich eine Egge anhängen. Die Maschine, die ich arbeiten sah, hatte 12 Pferdekräfte; sie kann in einem Tage 9 bis 12 preußische Morgen pflügen und verbraucht dabei 10 Centner Kohlen. In schwerem Boden ist die Arbeit langsamer und der Kohlenverbrauch stärker. Endlich ist noch zu erwähnen, was ich übergangen habe, um die Beschreibung

der arbeitenden Theile nicht zu stören, daß die Maschine nicht eine
Lokomobile, sondern eine traction-engine war, das heißt, auf den
gut chaussirten Feldwegen sich selbst fortbewegte. Davon wird in
Deutschland nur in wenigen Gegenden die Rede sein können, und
auf landräthlichen Gütern nie. Auch in England werden nur die
Besitzer und Pächter sehr großer Güter ihre Rechnung finden bei
einer Maschinerie, die mit 10 Pferdekraft 780 £ kostet. Kleinere
Wirthe miethen sie von einem Unternehmer, und es sind auf diese
Weise gegenwärtig 30 Fowlersche Pflüge in England beschäftigt.

Das Howard'sche System verfolgen wir am Besten von
der Dampfmaschine an. Sie ist eine gewöhnliche Lokomobile,
die auch zum Betriebe jedes andern Werkzeugs benutzt werden
kann. Auf sie folgt zunächst eine Zwischenkonstruktion, ein Gestell mit zwei Trommeln, die in entgegengesetzten Richtungen
umlaufen. Soll die Arbeit beginnen, so wird dies Gestell an
einer Ecke des Feldes aufgefahren. Das Seil ist auf die Trommel A aufgewickelt und läuft von da über Anker, die in den
andern Ecken des Feldes stehen, rund um dasselbe bis zu der
Trommel B, an der es befestigt ist. Die Bewegung der Trommeln kann umgekehrt werden, so daß diejenige, die rechtsum lief,
linksum läuft, und umgekehrt. Dadurch entsteht eine Bewegung
des Seils, die man sich deutlich machen kann, indem man sich
denkt, daß eine Schnur um die vier Füße eines Tisches gespannt
ist und abwechselnd nach rechts und nach links gezogen wird.
An dem Seil wird der Pflug befestigt, der sich von einem gewöhnlichen nicht unterscheidet, nur Eine Furche zieht. Er geht
den Acker hinab, wird umgedreht, kommt den Acker herauf und
so fort. Sobald er eine Furche gemacht hat, werden die beiden
Anker, zwischen denen er hin und her läuft, und die einfacher
als die Fowlerschen sind, ein wenig vorgeschoben. Bei beiden
Systemen bleibt an den Kopfenden ein Stück übrig, das mit
Pferden gepflügt werden muß, weil man ihm mit der Maschine

nicht beikommen kann — ähnlich dem schädlichen Raume bei der Luftpumpe. Ein absoluter Vorzug des einen Systems vor dem andern läßt sich nicht behaupten. Der Howard'sche Pflug, weil leicht, erfordert nur eine kleine Maschine, und diese Maschine kann auch für jeden andern Zweck benutzt werden, was bei der Fowler'schen wegen der eigenthümlichen Einrichtung des Rades nicht der Fall ist. Bei einem zweiten Versuch, den ich auf einem andern Gute sah, hatte Fowler allerdings, um diesem Einwande zu begegnen, das Rad in eine Zwischenkonstruktion verlegt. Seine Maschine hat den Vorzug, daß sie eine traction-engine ist und nicht nur sich selbst, sondern auch den Pflug und den Anker an Ort und Stelle schleppt, während Howards Lokomobile nebst Zubehör mit Pferden fortgeschafft werden muß. Aber dieser Vorzug wird auf schlechten Wegen zum ernsthaften Nachtheil. Alle die Felder, die ich pflügen sah, wurden als stiff Kentish clay, als steifer Kentischer Lehm, bezeichnet, mußte aber jemandem, der an den Weizenboden der Ostseeländer gewöhnt ist, sehr mürbe erscheinen. Er ist dicht mit schwarzen Feuersteinen besäet, die man nur auf die Wege zu werfen braucht, um sie fest zu machen. In der Ausstellung steht ein Dampfpflug aus der Maschinenfabrik in Darmstadt (Nr. 512), der sich von den englischen dadurch unterscheidet, daß er nicht von einer stehenden Maschine vermittelst eines Seiles gezogen, sondern von einer traction-engine geschleppt wird. Die Maschine hat acht Pferdekräfte, der Pflug ist dreischarig, seine drei Furchen liegen ⅔ Meter breit, und er soll in mittelschwerem Boden in der Sekunde 1 Meter machen, also in der Stunde etwa einen preußischen Morgen umpflügen. Er erfordert zur Bedienung nur zwei Mann. Die Maschine kann auch sonst als Fuhrwerk oder zum Betrieb anderer Maschinen benutzt werden. Preis 4500 Gulden. Ob die vier breiten Räder, auf denen sie läuft, wirklich das Einsinken auf weichem Boden verhüten und nicht zu viel Kraft ab-

15

sorbiren, kann ich nicht beurtheilen; übrigens sind die Vorzüge vor dem Fowlerschen Pfluge augenfällig. Dieselbe Fabrik hat, was ich nachholen muß, eine hübsche 15pferdige Lokomotive zum Erd- und Kohlentransport, Preis 5000 Gulden, ausgestellt.

Auf die verschiedenen Formen der Pflüge in Battersea und in der Ausstellung kann ich nicht eingehen und verweise den Liebhaber auf die höchst interessante Sammlung von hundert Pflugmodellen, welche der Professor Rau von Hohenheim aufgestellt hat, Nr. 2728 Würtemberg. Sie giebt in vier Gruppen die Geschichte des Pfluges. A. Aus der Hacke oder Haue hervorgegangen. I. Mit geneigter Schar, ohne Streichbrett: Alt-Syrakus, Alt-Griechenland, Alt-Etrurien, Marokko, Ceylon, Alt-Egypten, Schwarzwald, Morlachien, Insel Oesen, Arabien. II. Mit geneigter Schar, ohne Streichbrett: Alt-Rom, Alt-Griechenland, Georgien, Ost-Indien, Hedemarken, Poitou, Engadin, Rome, Isère, Persien. III. Seitlich zwei kleine Ohren: Spanien, China, Palermo, Oesterreich, Marseille, Alt-Griechenland, Trabestock (Schweden), Canna, Alt-Normännisch, Süd-Frankreich, Languedoc, Provence, Dresden, Schweden, Tirol, Portugal und Algier, Abyssinien. IV. Schar aufsteigend, Streichbrett in der Mitte: Angelsächsisch, Tschangli (China), Mecklenburg, Engadin, Val d'Ajol, Bologna, Capo di Sassari, Böhmen, Griechenland. V. Streichbrett seitlich befestigt: Kossulac (Rußland), Thüringen, Warwick, Bretagne, Rheinpfalz, Normandie, Ostindien, Mailand, Schweden, Flandern, Dombasle, Bella (Frankreich). B. Aus dem Spaten hervorgegangen: Erzgebirge, Böhmen, Sachsen, Nassau, Lüneburg, Brabant. C. Aus dem Karst hervorgegangen: Rußland, China, Finland, Lievland, Kurland, Volhynien, Polen, Ostpreußen. — Die neueren Systeme habe ich aus der Aufzählung weggelassen, da es mir nur darauf ankommt, den Geschichtsforscher auf dieses Museum aufmerksam zu machen und mich daran zu erinnern, ein wie unvollkommenes Werkzeug die Sprache ist. Das Wort Pflug ist leicht ausgesprochen; es ist leicht gesagt: dieses oder jenes Volk kennt den Pflug: aber wie weit ist von da noch zu einer richtigen Vorstellung von der Wirklichkeit! Wie ist der Pflug beschaffen? welcher von den hundert ist es? wie hängt seine Form zusammen mit der Abstammung des Volkes und der Beschaffenheit des Bodens? Es ist, dünkt mich, mit politischen Ausdrücken ebenso; „Liberal“ ist bald gesagt, aber wie sieht Liberalismus in diesem oder jenem Lande aus?

Unter den zahlreichen Eggen habe ich nichts Neues bemerkt. Von den eben so zahlreichen Säemaschinen will ich nur die beste erwähnen von Priest und Woolnough. Sie säet in Reihen und ihr unterscheidender Vorzug besteht darin, daß jede der Röhren, durch welche die Saat herabfällt, in eine kleine, senkrecht gestellte Pflugschar ausläuft, die eine ganz schmale Furche zieht, so schmal, daß sie von selbst wieder zusammenfällt und das Korn begräbt. Dieses kleine Eisen, das von allen Theilen der Maschine am meisten der Beschädigung ausgesetzt ist, ist so construirt, daß es auf der Stelle abgenommen und vermittelst eines einzigen Hammerschlages durch ein neues ersetzt werden kann. Eine Maschine aus Kanada, die pflügt, säet und eggt, ist, fürchte ich, zu komplizirt und zu leicht Beschädigungen ausgesetzt. In der Reihenfolge der ländlichen Arbeiten folgt das Behacken oder Behäufeln; es wird am Vollkommensten verrichtet mit der Maschine von William Smith, die auf zehn Reihen Weizen oder vier Reihen Turnips eingerichtet und an der ein jeder Theil beweglich ist und unabhängig von der Bewegung des Pferdes gesteuert werden kann. Eine Maschine, um grüne Früchte zu jäten oder wo sie zu dicht stehen, zu dünnen, von Eaton und Sohn ist sehr sinnreich konstruirt, aber unzuverlässig, weil ihre Wirkung ganz von dem Schritt des Pferdes abhängt. Sie besteht im Wesentlichen aus einem diagonal gegen die Achse gestellten senk-

15*

rechten Rade, an dessen Umfange man eine Anzahl von Karsten in beliebiger Entfernung von einander einfügen kann; wo ein Karst den Boden trifft, werden die Pflanzen ausgerissen. Wenn das Pferd seinen Gang beschleunigt, wird das Rad schneller um- laufen, werden die Karste in kürzeren Zwischenräumen den Boden treffen und ausreißen, was sie nicht sollen. Als Vorbereitung für das Pflügen ist in manchen Gegenden das Aufsammeln der Steine nothwendig oder doch nützlich, auch dafür ist eine Maschine konstruirt, ganz ähnlich denen, die das Heu aufrollen, Nr. 2110, England. Wenn ich sie recht verstehe, wird man sie zweimal in verschiedenem Tempo über den Acker führen müssen, um alle auf der Oberfläche liegende Steine zu fassen.

Wir kommen zu der Mähemaschine. In der Hauptsache, das heißt dem Schneideapparat, stimmen alle gangbaren Korn- mähemaschinen überein. Derselbe besteht aus zwei Reihen von Messern, welche die Form von Lanzenspitzen haben. Die beiden Reihen liegen horizontal über einander, und die eine ist ver- schieblich. In der einen Position decken die Messer beider Reihen einander, in der andern füllen die Messer der einen die Zwischen- räume zwischen denen der andern Reihe aus. Je zwei über ein- ander liegende Messer bilden also eine Scheere, und diese Schee- ren schneiden die Halme ab, die auf eine hölzerne Tafel fallen. Die einzelnen Maschinen unterscheiden sich nur durch die Art und Weise, wie der Schneideapparat an die Halme gebracht wird, wie die abgeschnittenen Halme behandelt werden, und durch den Mechanismus. Manche werden von den Pferden gezogen, andere geschoben; manche gehen in das Korn hinein, andere am Rande desselben hin; an manchen sitzt der Schneideapparat pa- rallel mit der Deichsel, an andern steht er rechtwinkelig von der Tafel ab. Bei einigen werden die Halme durch eine Art von Windmühlenflügel, technisch Haspel, gegen die Scheeren gedrückt; bei einigen wird die Schwade von einem auf der Tafel stehenden Arbeiter durch die Harke abgeworfen, bei andern besorgt die Maschine dies Geschäft. Die größte Verbesserung seit 1855, und eine sehr sinnreiche, ächt amerikanische, ist die, welche Cormick an seiner in Paris gekrönten Mähemaschine angebracht hat; der eine Arm des Haspels macht nur drei Viertel der Umdrehung mit den übrigen mit, streicht alsdann, wie ein menschlicher Arm, einen Quadranten beschreibend, über die Plattform hin, wirft die Schwade ab und kehrt in seine alte Stellung zurück. Eine australische Maschine, welche nur die Aehre von den Halmen schneidet, paßt nicht für Länder mit Stallfütterung.

Ganz anders sind die Grasmähemaschinen konstruirt; sie gleichen, namentlich wenn sie für lawns, Rasenplätze bestimmt sind, ganz den Tuchscheermaschinen, die ich vielleicht noch beschreiben werde, und sind in dem letztern Falle zugleich mit einer Walze verbunden und mit einem Behältniß, in welchem sich das abgeschnittene Gras sammelt. Für Gärten sind sie so klein und leicht gebaut, daß ein Kind sie mit Bequemlichkeit handthieren kann.

Die Einrichtung der Dreschmaschine scheint in der Hauptsache ebenso fest zu stehen, wie die der Mähemaschine. Sie liefert das Korn in den Sack, die Spreu in den Korb und wirft das Stroh bei Seite, das mehr zerbrochen, aber auch viel reiner ausgedroschen wird, als bei der Handarbeit. Das summende Geräusch des Fächerrades, welches das Worfeln besorgt, ist in der Stille des Morgens und Abends weit hin zu hören und wird dem Geschlecht, das dabei aufwächst, eben so heimlich sein, wie den Aelteren der Dreivierteltakt der Dreschflegel. Zu dem letzteren gehören freilich beschneiete Dächer; das Geräusch der Dreschmaschine spielt in vollem Laube wie Käfergesumme: denn in England wird nicht eingefahren, man setzt das Korn in Feimen oder Mieten auf und drischt es ohne Aufenthalt von denselben weg. Auf diese Feimen wird eine große Sorgfalt verwandt, um sie vor Nässe und Ungeziefer zu schützen. Man baut sie auf 2 bis 3 Fuß hohe Füße, die im Kreise stehen und entweder aus einem Stück Felsgestein oder aus Gußeisen bestehen; auf jedem solchen Fuße liegt zuerst eine eiserne Scheibe von bedeutend größerem Durchmesser, um die Ratten abzuhalten; die Bedeckung besteht aus getheertem Segeltuch. Das gedroschene Stroh wird wieder in ähnliche Haufen aufgesetzt, aber auf flacher Erde; und auch für diese Arbeit ist eine Maschine ersonnen, der „Stroh-Elevator". In einiger Entfernung von der Dreschmaschine wird ein Pfahl aufgerichtet, der auf seiner Spitze eine Rolle trägt; ein Strick ohne Ende läuft durch diese Rolle und über eine Trommel der Dreschmaschine; ein Arbeiter rafft das von der letzteren ausgespieene Stroh zusammen, schlingt um das Bund einen Riemen mit einem eigenthümlich konstruirten Schloß und hängt das Bund an den umlaufenden Strick. Sobald dasselbe die Rolle erreicht, öffnet sich das Schloß und der Riemen sammt dem Stroh, das er zusammengehalten hatte, fällt senkrecht an dem Pfahl hinab. Der Arbeiter nimmt den Riemen auf, macht ein neues Bund und so fort. Ein anderer Stroh-Elevator ist nach dem Muster der Bagger-Maschinen gebaut. — Da ich der Maiskultur das Wort geredet habe, so will ich auch darauf aufmerksam machen, daß Ciapetti in Castelfiorentino (Nr. 1091 Italien) die beste Mais-Dreschmaschine ausgestellt hat.

Ein Landwirth, der die höchsten Preise erreichen will, wird sein Korn noch durch einen Corn Screen gehen lassen, um die kleinen, nicht ganz ausgebildeten Körner zu entfernen. Die beste Maschine der Art ist von Mitton, Penney u. Comp. in Lincoln, ein schräg liegender, rotirender Drahtcylinder, der elastisch ist, etwa wie ein Strumpf. Je nachdem man ihn in die Länge auszieht oder nachläßt, werden die Zwischenräume größer oder kleiner. Zwei Bürsten reinigen die Zwischenräume. Zum Schroten, namentlich zum Zermalmen der in England sehr gewöhnlich zum Pferdefuter benutzten Pferdebohnen, sind die Maschinen von Woods & Cockfedge und von Bernhard Samuelson die besten; sie bestehen aus zwei eisernen Rädern mit glattem Umgange, die gegen einander laufen und deren Zwischenraum durch eine Schraube regulirt werden kann.

Von den unzähligen anderen Vorrichtungen für die Landwirthschaft und die ländlichen Gewerbe sei der amerikanische Kuhmelker von Colvin erwähnt. An einem eisernen, starkverzinnten Eimer sind seitwärts vier Trichter von Guttapercha angebracht, bestimmt zur Aufnahme der Zitzen; dieselben laufen unten in einer Röhre zusammen, die zu einer kleinen Pumpe führt. Die Ackerbaugesellschaft der Vereinigten Staaten bezeugt dem Erfinder, daß die Maschine zu vollkommener Zufriedenheit wirke, zwei Quart in der Minute liefere und die Kuh nicht im Mindesten belästige; Preis 2 £ 10 Schilling. Ueber die auf sorgfältigen Beobachtungen über Gesundheit und Gedeihen beruhenden und sinnreich konstruirten Vorrichtungen zur Ventilation der Ställe sage ich nichts. Schlimm genug, daß die Menschen in Deutschland schlechter daran sind, als das Vieh in England, sollten sie es nun gar noch schlechter haben, als das Vieh in Deutschland?

Die übrigen Länder außer England mit seinen Kolonien und Amerika kommen, was Erfindung und Konstruktion landwirthschaftlicher Maschinen betrifft, kaum in Betracht; Belgien hat seine bewährten Pflüge, Norwegen seine Eggen, Italien seine Werkzeuge zur Behandlung des Hanfes, Frankreich hat sich in allerlei versucht und wird theils der intimen Allianz, theils der militärischen Organisation und der Zudringlichkeit seiner Geschwornen eine ziemliche Anzahl von Medaillen zu danken haben; aber die Erfindung ist in den angelsächsischen Ländern zu Hause oder wandert dahin. Dabei besteht aber der Unterschied zwischen den Vereinigten Staaten und England, daß dort die Maschinen im Lande, zur Bewältigung der dünnbevölkerten Flächen benutzt werden, hier großentheils zur Ausfuhr nach Rußland und den Donauländern fabrizirt werden. Es würde ein großer Irrthum sein, zu glauben, daß in der englischen Landwirthschaft, Alles, wozu Maschinen vorhanden sind, durch Maschinen betrieben werde. Die bedeutendsten Aussteller aus Deutschland sind Eckert in Berlin und Pintus ebendaselbst, Borrosch & Eckmann in Prag, Gebrüder Dittmar in Heilbronn, letztere mit Gartenwerkzeugen; sie alle legen sich weniger darauf, neue Maschinen herzustellen als nach guten Mustern gut zu arbeiten. Pintus hat in dieser Klasse als Geschworner fungirt.

14. Spinn- und Webemaschinen.

Auf die Ackerbaumaschinen lasse ich die Spinn- und Webemaschinen folgen, um einen Unterschied zwischen beiden hervorzuheben, der aus der Verschiedenheit der zu verrichtenden Arbeit entspringt und verschiedene Wirkungen auf die beschäftigten Arbeiter übt, Wirkungen, die in die höchsten Aufgaben des Staates und in die gewaltigsten politischen Veränderungen hineinreichen. Die wichtigsten Arbeiten der Landwirthschaft sind so einfach, daß sie nicht in mehre Operationen zerlegt werden können: so das Ziehen einer Furche, das Abschneiden des Halmes, das Losbrechen des Kornes aus der Aehre. Die Maschine kann nur die Kraft hergeben anstatt der menschlichen Muskel, die Sense führen, den Flegel schwingen; sie behält in der Regel eine auf den ersten Blick erkennbare Aehnlichkeit mit dem ursprünglichen Werkzeuge. In der Fabrikation dagegen und besonders in der Spinnerei ist die Arbeit, die mit den ursprünglichen Werkzeugen verrichtet wurde, so zusammengesetzt, daß sie in eine Reihe von Handgriffen zerlegt und ein jeder dieser Hand-

griffe einer besonderen Maschine übertragen werden kann. Man
hat nicht die Dampfmaschine vor ein Spinnrad gespannt, wie
Fowler seine traction-engine vor den Pflug; sondern aus
dem Spinnrade sind erst 2—3, jetzt 10—12 Maschinen geworden, deren Bestimmung ohne ein wenig Sachkunde oft gar
nicht zu errathen ist. Der Traum der Alchymisten, aus dem
die erwähnte Sage von Albertus Magnus hervorgegangen ist,
hat sich erfüllt, aber, wie es mit solchen Träumen zu gehen
pflegt, nicht durch ein eisernes Dienstmädchen, das spinnen kann,
sondern durch ein Dutzend eiserner Maschinen, deren jede ein
Stück des Spinnens besorgt. In der Regel macht jede neue
Maschine, die in die Reihe eingelegt wird, Arbeiter entbehrlich;
und wenn einmal eine Bevölkerung und ihr Nachwuchs auf
weiter nichts als Beaufsichtigung von Spinnmaschinen abge-
richtet ist, so ist ihr nur dadurch Beschäftigung zu schaffen, daß
mehr solche Maschinen gebaut, mehr Güter produzirt, mehr Absatz gesucht oder erzwungen wird. Bei dem Ackerbau ist es anders und wird noch lange anders bleiben; wenn eine Dreschmaschine mit zwei Mann dasselbe leistet, was früher 12 Arbeiter, so braucht man für die 10 entbehrlich gewordenen Arbeiter nicht 5 Dreschmaschinen zu bauen; sie finden Beschäftigung
in Arbeiten, die längst nothwendig waren, aber aus Mangel an
Menschenhänden unterblieben, oder in Arbeiten, zu welchen der
rastlose Fortschritt der Naturwissenschaften auffordert. Der Arbeits-
stoff geht nie aus, wie bei der Baumwolle.

Mit den Maschinen zur Bearbeitung der Baumwolle
machen wir den Anfang und wollen sie der Reihe nach durchgehen, so daß die Bestimmung und Einrichtung einer jeden für
den Laien kurz beschrieben und den Sachverständigen die beste
Leistung der Ausstellung bezeichnet wird. Auch auf diesem Gebiete überwiegt England so, daß die andern Länder nicht in Betracht

kommen. Vollständige Systeme von Maschinen haben sechs
Aussteller geliefert, alle ausgezeichnet.

Die erste Arbeit nach der Ernte ist das Entsaamen, Egre-
niren, das heißt die Trennung der Faser von dem Samenkorn,
an dem sie hängt. Es geschieht in Indien seit ewigen Zeiten
durch die churka, die auf der Ausstellung zu sehen, zwei hölzerne Walzen, die gegen einander laufen und so nahe stehen, daß
zwar Faser, aber keine Kerne durchgehen können. Ihr ist die
in Amerika üblichste Maschine, cottongin, nachgebildet. Neuere
Erfindungen, wie die Säge, saw-gin, und der zuerst auf dieser
Ausstellung erschienene Flügel, der die Körner abschlägt, während
die Flocke zwischen zwei Walzen steckt, interessiren nur, wo
Baumwolle gebaut wird.

Die zweite Operation, das Auflockern der in den Ballen
zusammengepreßten Baumwolle, geschieht durch zwei Maschinen
nach einander, den Wolf, opener, und die Schlag- oder Flock-
maschine, scutcher. Der Wolf besteht im Wesentlichen aus
einem mit spitzen hölzernen Zähnen besetzten Cylinder, der sich in
einem mit ebensolchen Zähnen besetzten Kasten mit großer Geschwindigkeit umdreht. Die Baumwolle wird an dem einen
Ende eingeführt, von den Zähnen zerzaust und am andern Ende
ausgeworfen; grobe Unreinigkeiten fallen durch ein Sieb am
Boden des Kastens, feinere werden von einem durchstreichenden
Luftzuge weggeführt. Der beste Wolf auf der Ausstellung ist
von Dobson & Barlow (Nr. 1499). Ein anderer, noch
besserer, willow oder willy genannt, an dem Cylinder und
Kasten die Gestalt abgestumpfter Kegel haben und die Baumwolle an dem schmalen Ende aufnehmen und an dem breiten
von sich geben, fehlt; die vollkommenste Form soll die von
Crighton angegebene sein, die besonders für Surat benutzt
wird. Die Schlagmaschine führt die Baumwolle auf einem
Tuche ohne Ende unter einer Walze durch, an der zwei fächer-

ähnliche Flügel befestigt sind, und die sich mit einer Geschwindigkeit von 1000 bis 1600 Umläufen in der Minute dreht. Jede Umdrehung thut zwei Schläge und die Wolle wird viel langsamer durchgeführt, in der Regel so, daß auf 0,2 Linie ein Schlag kommt. In Konstantinopel sah ich diese Arbeit in der Art verrichten, daß die auf ein großes Drahtsieb gelegte Wolle mit einem Rohrstock geschlagen wurde. An den ausgestellten Maschinen ist nichts Neues zu bemerken. Es folgt viertens die Watten- oder Aufbreitemaschine, lap machine, welche die nunmehr vollständig gereinigte Baumwolle zwischen Riffelwalzen durchgehen läßt und dank der in einem früheren Artikel beschriebenen Struktur der Faser, in eine zusammenhängende wattenähnliche Fläche, technisch Vließ genannt, verwandelt. Da die ästhetischen Kunstausdrücke in Deutschland geläufiger sind als die gewerblichen, so will ich sagen, daß Riffelwalzen so aussehen wie kannelirte Säulen. Auch diese Maschinen sind alle von bekannter Konstruktion. Fünftens die Kratze, Krempel oder Karde, carding engine, thut mit der Baumwolle, was die Hechel mit dem Flachs, entwirrt die Fasern und legt sie parallel, beginnt wenigstens diese Arbeit. Sie besteht aus einer mit feinen Hälchen besetzten Trommel, unter der das Vließ durchgeht, und ist in der Regel in zwei Exemplaren vorhanden, der Großkratze und der Feinkratze. Sie liefert die Wolle nicht in einem Vließ ab, wie sie dieselbe empfangen, sondern in schmaleren Streifen oder „Bändern", die in hohe metallene cylindrische Gefäße, „Kannen", hinabgleiten. Die beste Kratze für niedere Garnnummern ist die von Higgins in Manchester (Nr. 1513), für feinere Nummern die nach Wellmanns Patent von Dobson und Barlow gearbeitete, die den Vorzug hat, die Kratzen durch Bürsten selbst zu reinigen. Manche Fabriken lassen alsdann, sechstens, die Kämmerei folgen, indem sie die Bänder über eine mit geraden, kurzen, dicken Zähnen besetzte Walze von kleinem Durchmesser führen. Ausgestellt ist die von dem Deutschen Heilman patentirte, verbessert von Hatherington (Nr. 1521); dagegen fehlt die im Elsaß sehr verbreitete Hübner'sche. Die nächste, siebente, Operation ist das Strecken, das auf der Strecke, dem drawing frame, verrichtet wird und den Zweck hat, die Bänder, die noch sehr ungleich sind, dünnere und dickere Stellen haben, gleichmäßig zu machen. Dies geschieht dadurch, daß man mehrere, 3 bis 6 Bänder auf einander legt und zwischen mehreren Walzenpaaren durchgehen läßt, von denen jedes folgende Paar sich schneller dreht, als das vorhergehende. Durch das Aufeinanderpacken wird das Band dicker, durch die zunehmende Geschwindigkeit der Walzenpaare wird es wieder dünner ausgezogen. An den ausgestellten Strecken ist nichts Neues, aber durchgehends ein Fortschritt seit 1851 zu bemerken: sie haben alle die damals zuerst von Hibbert, Platt und Söhnen aus Oldham angewandten Fallwerke oder Ausrückvorrichtungen, welche die Maschine zum Stehen bringen, sobald das Band, was zuweilen vorkommt, gerissen ist.

Damit ist die Baumwolle ungefähr in dem Stadium angelangt, in dem der Flachs sich auf dem Rocken befindet. Von dem Rocken geht der Flachs durch die Hände, die den Faden bilden, durch die rotirende Spindel, die ihn fest zusammendreht, auf die Spule, die ihn aufwickelt. Dörfler und Kleinstädter haben das gesehen und werden hoffentlich das Folgende leicht verstehen; Andere müssen sich begnügen, über „die Spinnmaschine" zu philosophiren. Es giebt keine Maschine, die der Laie mit Recht die Spinnmaschine nennen könnte; der Techniker gebraucht zwar den Ausdruck, aber nur als bequeme Abkürzung für Feinspinnmaschine; was am Spinnrade die Fingerspitzen thun,

Spin, spin for Britanny's knight!

das Auszupfen, Hervorziehen der Fasern und ihre Vereinigung

zu einem fortlaufenden gleichförmigen Faden von bestimmter Dicke, das kann nur durch eine ganze Reihe der künstlichsten Maschinen geleistet werden. Wir wollen dieselben in den gröbsten Umrissen beschreiben. Die Flaschenmaschine achtens, den Strecken sehr ähnlich, hat den Zweck, mehrere Bänder zu einem zu vereinigen, dasselbe auszuziehen und durch eine leichte Drehung aus einem Bande in ein sehr lockeres Strick, das „Vorgespinnst," zu verwandeln. Letzteres geschieht dadurch, daß die Bänder durch einen rotirenden Trichter gehen, an dessen Wänden sie sich vermöge der Centrifugalkraft schraubenförmig anlegen. Es folgt neuntens, eine Maschine, welche das Vorgespinnst weiter auszieht, durch Streckwalzen, es fester dreht und sodann aufwickelt, während es bisher in Kannen gelegen, jetzt am Gewöhnlichsten konstruirt als Spindelbank flyer, banc à broches. Hier erscheinen zuerst die Spindel und die Spule, aber in viel größerem Maßstabe als am Spinnrade — die senkrecht stehenden Spulen sind ein Fuß und darüber lang — in viel größerer Zahl — eine Spindelbank trägt an 100 Spindeln und mehr — und mit viel größerer Geschwindigkeit — bis zu 1000 Umläufen in der Minute; endlich sitzt die Spule nicht an der Spindel fest, sondern steigt an ihr auf und nieder, um sich gleichmäßig zu bewickeln. Eine große Schwierigkeit liegt darin, daß die Spindel in jedem Zeitmoment eine gleiche Länge von Gespinnst abliefert, während die Spule, die bald dünner, bald dicker ist, bei gleicher Umdrehungsgeschwindigkeit bald weniger, bald mehr aufnehmen würde; es hat der sinnreichsten Mechanismen bedurft, um die Geschwindigkeit der beiden Maschinentheile stets in dem richtigen Verhältniß zu erhalten. Ein Fortschritt ist es, daß man den Spindeln, die bei ihrer schnellen Umdrehung leicht in eine zitternde, ungleich an dem Faden zerrende Bewegung gerathen, als oberes Lager eine lange Büchse gegeben hat. Die besten Spindelbänke sind von Higgins und von Mason. Die voll=

gewickelten Spulen werden durch Arbeiterinnen abgenommen und auf die zehnte, die Feinspinnmaschine, gesteckt, deren vollkommenste Form unter dem Namen selfacting mule bekannt ist. Es ist schwer, ihren Mechanismus vollständig zu begreifen und gelingt nur, nachdem man sich eine Zeitlang den Kopf zerbrochen und erst über das, womit man selbst nicht fertig werden kann, die Erläuterung eines Sachverständigen erbeten hat. Indessen will ich mich doch an der Beschreibung versuchen, weil Techniker in der Regel gestehen, daß ein Nichttechniker, der eine complizirte Maschine begriffen hat, besser als sie befähigt sei, eine populäre Beschreibung zu liefern. Die Mule verdünnert zuvörderst den Faden weiter durch Streckwalzen; ihm aber die zum Verweben erforderliche Feinheit und Festigkeit zu geben, reicht dieser Mechanismus nicht aus, sondern es muß noch eine Operation hinzukommen, die dem Ausziehen des Fadens durch das Spiel der Hände ähnlicher ist. Sie geschieht dadurch, daß die Spindeln sich von dem letzten Walzenpaare, zwischen dem der Faden hervorkommt, entfernen und zu dem Zweck auf einen „Wagen" gestellt sind, der auf Schienen läuft. Dieser Wagen geht schneller als das letzte Walzenpaar sich dreht; an der Maschine von Dobson und Barlow z. B. legt der Wagen in der Zeit, in der die Walzen 1 Zoll Faden liefern, 10 Zoll zurück; der Faden wird also auf den zehnten Theil verdünnert und auf das Zehnfache verlängert. Der Wagen kann aber nicht in alle Ewigkeit fortlaufen. Nachdem er sich fünf Fuß entfernt hat, rollt er auf den zu diesem Zweck etwas geneigten Schienen zurück. Soweit ist die Sache einfach. Die Spindel an diesen Maschinen besteht nicht wie bei der Vorspinnmaschine (dem Flyer) und bei dem Spinnrade, aus einem Stückchen Röhre, in welchem der Faden die Drehung empfängt, sondern sie ist eine Spindel in dem eigentlichen, alten Sinne des Wortes, eine Spindel, wie sie im Mittelalter die schönsten Finger beschäftigte und heute nur noch in Ostindien vorkommt und in Böhmen und Schlesien vorkommen soll. Sie besteht in einem soliden eisernen Stift, der sich gegen die Spitze zu verjüngt, und um den der Faden sich legt. Wenn die Maschine ihre Thätigkeit beginnt, so befindet sich die Spitze der aufrecht, etwas geneigt stehenden Spindel ganz nahe an dem letzten Walzenpaare, etwas unterhalb desselben; der Faden läuft von den Walzen unter einem stumpfen Winkel auf die Spindel. Jetzt beginnt die Spindel sich zu drehen, der Wagen, auf dem sie steht, sich von den Walzen zu entfernen; der Faden wird verdünnert und gedreht; und wenn der Wagen seine Bahn durchlaufen hat, sind fünf Fuß Faden gemacht. Jetzt kommt es darauf an, diese fünf Fuß auf die Spindel aufzuwickeln. Dies geschieht, während der Wagen zurückgeht; kann aber nur geschehen, wenn der Faden, anstatt wie bisher, unter einem stumpfen Winkel auf die Spindel zuzulaufen und sich um ihre Spitze zu schmiegen, unter einem ziemlich rechten Winkel auf den dicken Theil der Spindel zuläuft. Um ihm diese Richtung zu geben, drückt man ihn durch eine eiserne, horizontale Stange, die vor der ganzen Reihe der Spindeln hinläuft, nieder, sobald der Wagen umkehrt. Und zwar fällt die Stange allmählig herab, so daß der Faden sich nicht an einem Punkte der Spindel aufwickelt, sondern an der ganzen Länge, von der Spitze nach dem dicken Ende zu. Die Stange vertritt also die Stelle der Haken, mit denen der eine Flügel der Spindel an dem Spinnrade besetzt ist, und vertritt sie in vollkommnerer Weise. Natürlich drehen sich die Spindeln, wenn der Wagen zurückgeht, viel langsamer, als wenn er ausläuft. Es bleibt noch ein Stück zu beschreiben, der Quadrant, nach dem Erfinder der Robert'sche Quadrant genannt. Wenn die Spindel voll ist, so hat das Garn eine kegelförmige Gestalt, und es muß dieselbe haben, weil sie für die ferneren Operationen, das Haspeln und Winden, am zweckmäßigsten ist. Nun leuchtet

ein, daß die Spindel da, wo sie dicker bewickelt ist, in einer
Umdrehung mehr Faden aufnimmt, als da, wo sie dünner bewickelt ist, daß sie also dort den Faden stärker spannt als hier,
daß also der Faden ungleichmäßig wird. Dieser Uebelstand wird
dadurch vermieden, daß man der Spindel eine wechselnde Um-
laufsgeschwindigkeit giebt, eine größere, wenn sie an dem dünnen,
eine geringere, wenn sie an dem dicken Ende wickelt. Dieser
Zweck wird dadurch erreicht, daß die Trommel, welche die
Spindeln während des Wickelns in Bewegung setzt, von einer
Kette zurückgehalten, moderirt wird, die anfangs wenig und allmählig immer mehr nachläßt. Die Kette läuft durch einen
Krahn, der an dem Wagen sitzt, aufrecht steht, wenn der Wagen
am Ende der Schiene angelangt ist, und sich allmählig niederlegt, während der Wagen zurückläuft. Der Krahn macht also
eine Viertelskreisbewegung, und von dem Quadranten, durch den
dieselbe regulirt wird, hat das ganze Instrument den Namen.
Die Bezeichnung, die man in deutschen Büchern findet, Eiserner
Mann, scheint in England nicht üblich zu sein. An der Mule,
wie sie ursprünglich konstruirt war, mußten zwei Verrichtungen
noch durch Menschenhand geschehen, das Senken und Heben der
Stange und der Anstoß zum Auslauf und Rücklauf des Wagens.
An der selfacting mule geschieht Beides durch die Maschine,
besteht die ganze Bedienung in einigen Kindern, welche die zer-
rissenen Fäden wieder vereinigen. Erst wenn man die Geschichte der Maschine, die einzelnen Theile, ihre Bestimmung
und den Mechanismus, vermöge dessen sie dieselbe erfüllen, bemeistert hat, kann man die Ruhe und Sicherheit der Bewegungen
würdigen, kann man die Maschine genießen, die ein größerer
Triumph des menschlichen Geistes ist, als die Uhren und Automaten, an denen sich einst das Genie der Mechaniker erschöpfte,
und die dann doch nicht ein so gleichmäßiges Gespinnst zu liefern
vermag, wie der menschliche Finger mit der hölzernen Spindel

des Hindu zu Stande bringt. Einer der Mängel, an dem die
Mule noch litt, ist durch eine Erfindung von Parr, Curtis und
Madeley in Manchester beseitigt. An der Maschine, die nach
ihrem Patent von Walker und Hacking in Bury gearbeitet
und ausgestellt ist (Nr. 1538) liefern die Streckwalzen noch 4
Zoll Faden, während der kurzen Zeit, die der Wagen am Ende
seiner Bahn, gleichsam sich besinnend, still steht. Die Wirkung
wird den Sachverständigen ohne Weiteres einleuchten. Auch die
Mules von Platt Brothers und von Dobson und Barlow sind von hoher Vollkommenheit.

Eine andere Art der Feinspinnmaschine ist die Drossel.
Sie gleicht im Ganzen dem flyer, hat keinen Wagen, sondern
erreicht die Dehnung des Fadens durch die enorme Umlaufs-
geschwindigkeit der Spindeln, nach Hall's Patent 6000 Dre-
hungen in der Minute.

Wenn die Baumwolle durch die Mule oder durch die
Drossel gegangen ist, heißt sie Twist und befindet sich in dem
Zustande, wie das Garn auf der Spule bei der Handspinnerei.
Wer die letztere kennt, wird auch für die folgenden Operationen
leicht die Analoga erkennen. Für gewisse Zwecke wird das
Garn doublirt, d. h. es werden mehrere Fäden zu einem zu-
sammengedreht. In den betreffenden Maschinen, die wir als
Nr. 11 zählen müssen, ist nichts Neues geleistet. Nähzwirn
geht ferner durch die Gas-Sengemaschine, Nr. 12, welche die
abstehenden Fäserchen wegsengt, und die Polier- und Bürsten-
maschine, Nr. 13 und 14; diese drei Maschinen sind nicht
vertreten. Spul-, Scheer- und Schlichtmaschinen sind da, aber
von bekannter Construktion. Dagegen zeigt, fünfzehntens, die
Windemaschine für Schußspulen aus der Anderston-Gießerei in
Glasgow (Nr. 1486) eine sehr bemerkenswerthe Verbesserung,
welche die Aussteller als equalizing motion, ausgleichende
Bewegung, bezeichnen. Sie erfüllt ungefähr die Aufgabe des

16

Robert'schen Quadranten, läßt sich aber ohne Abbildung nicht beschreiben.

Das Weben besteht aus mehren Handgriffen als das Spinnen, läßt sich aber nicht in dieselben auflösen; Alles muß auf einer Maschine geschehen, die daher dem alten Handwebestuhl ähnlich bleibt. Man unterscheidet bekanntlich folgende Hauptarten von Geweben. Das leinwandartige, in dem jeder Faden des Schusses (oder Einschlags) abwechselnd einen Faden der Kette (oder Aufzuges) über sich und einen unter sich liegen läßt. Das gazeartige, mit gekreuzter Kette, in dem der eine Kettenfaden alle Schußfäden über sich, der danebenliegende alle unter sich hat. Es leuchtet ein, daß dadurch allein kein Gewebe, sondern nur eine Art losen Flechtwerks entstehen würde, wie man es wohl aus Rohr oder Zweigen macht, und in einen festen Rahmen einschließt. Um ein Gewebe daraus zu machen, muß man je zwei Kettenfäden in dem Raume zwischen zwei Schußfäden dergestalt kreuzen, daß der linksliegende rechts wird und umgekehrt, mit andern Worten, daß der Kettenfaden nicht gerade, sondern in einer Zickzacklinie läuft. Drittens Köper, dessen Begriff die Damen kennen und die Männer, die ihn nicht schon kennen, aus einer Definition nicht begreifen würden. Viertens Musterweberei. Für alle diese Arten der Weberei waren natürlich Stühle vorhanden vor Einführung der Dampfmaschine; für die letztere u. a. der berühmte Jacquard. Jeder Webstuhl, der durch Dampf (oder Wasserkraft) getrieben wird, heißt im Englischen powerloom. Für baumwollene Zeuge ist der von Dickerson nach Taylor's Patent ausgeführte (Nr. 1794) der beste. Der Jacquard von Smith hat sich gleichmäßig für Baumwolle, Wolle und Seide bewährt. Von neuen Verbesserungen sind zwei zu erwähnen. Das Gewebe wird bekanntlich auf einen Baum aufgewickelt, der durch ein permanent wirkendes Gewicht in Rotation versetzt wird. Die

Kraft, mit welcher das Gewicht auf den Aufzug wirkt, ihn stramm zieht, steigert sich in demselben Maße, in dem der Baum sich dicker bewickelt, weil die Hebellinie von der Achse des Baumes bis zu dem Umfange des aufgewickelten Gewebes immer länger wird. Dadurch wird das Gewebe ungleich; im Anfang liegen die Schußfäden dichter, gegen Ende weitläuftiger. Tuer u. Hall haben ein Patent von Aspell u. Co. ausgeführt (Nr. 1537), welches diesen Uebelstand auf eine neue Weise, durch eine Spiralfeder, überwindet. Die andere Verbesserung bezieht sich auf die Weberschiffchen; an dem Stuhl von Booth und Chambers braucht man nicht je eins von rechts und eins von links einzuwerfen, sondern es folgen mehre hinter einander von der einen und ebensoviele von der andern Seite.

Ich glaube, der general reader und meine Wenigkeit haben genug gethan, wenn wir uns ein Bild von der Baumwollenspinnerei verschafft haben. Die Maschinen zur Bearbeitung der Wolle, des Flachses und der Seide sind nicht so vollständig beisammen, und was davon da ist, wird dem leicht verständlich sein, der die Baumwolle versteht; überdies hat mein freundlicher Lehrer mich bei dem Flachs im Stiche gelassen. Ich begnüge mich daher mit der Notiz, daß Hartmann in Chemnitz (Nr. 2319) die besten Wollenmaschinen geliefert hat und daß die französischen troß mancher sinnreichen Einrichtung im Allgemeinen liederlich gearbeitet sind. Der elektrische Webestuhl von Bonelli (Nr. 1020, Italien), der seit 1851 auf der Tages-Ordnung steht, ist endlich in Thätigkeit. Seine Eigenthümlichkeit besteht darin, daß die „Karte" des Jacquard nicht durchbohrt ist, sondern mit einer leitenden Folie bedeckt, auf welche mit einer nichtleitenden Farbe das Muster gemalt ist. Je nachdem die „Stifte" auf leitende oder nichtleitende Masse treffen, heben sie die von ihnen abhängigen Kettenfäden oder lassen sie ruhen. Der Vortheil besteht also

16*

darin, daß die Fabrikation der Karten leichter, schneller und billiger von Statten geht.

In diesen Abschnitt gehören auch die Maschinen zur Verfertigung von Tauwerk und zu der erforderlichen Vorbereitung des Haufes. Es sind davon zwei Systeme auf der Ausstellung, das italienische und amerikanische. Ich halte das Letztere, patentirt von J. E. Todd, für das vorzüglichere, und zwar aus zwei Gründen: erstens ist die Handarbeit dabei auf ein Minimum reduzirt, zweitens wird die Faser nicht zerrissen, sondern in ihrer ganzen Länge eingesponnen. Das System besteht aus einer Schwinge- und Hechelmaschine, einer Doublirmaschine, zwei Streckmaschinen und zehn Spindeln, die ganz wie die Flyer der Vorspinnmaschine für Baumwolle konstruirt sind, nur größer und derber. Alle diese Maschinen können in einem Raum von 1350 Quadratfuß untergebracht, von zehn Pferdekräften getrieben, von 3 Mann und 6 Jungen besorgt werden und liefern 1250 Pfund Garn täglich. Die Maschinerie ist auch darauf eingerichtet, dünne, zweisträhnige Stricke zu machen; stärkeres Tauwerk erfordert eine andere Vorrichtung.

Vor fünf oder sechs Jahren habe ich unter dem Titel „Ein eiserner Schneider" die Beschreibung der ersten Nähmaschine gegeben, die von Amerika nach Europa gekommen war. Wie schnell hat das Instrument sich eingebürgert! Berlin besitzt seit längerer Zeit eine Fabrik, von F. Boecke, Gartenstraße, welche alle ersinnlichen Nähmaschinen von dem niedlichen Spielwerk des Boudoirs bis zur Segelnähmaschine, von 18 Thlr. bis zu 90 Thlr liefert. Aber wie die Erfindung so ist auch die Verbesserung das Verdienst der Amerikaner. Einer von ihnen, Brigelow, zeigt eine Maschine zum Annähen der Sohlen.

15. In Sydenham.

London, 15. Juni. Der Leser daheim will nicht nur die Ausstellung mitmachen, ohne die Arbeit davon zu haben, sondern auch an den Vergnügungen theilnehmen, die sich an die Ausstellung knüpfen. Wie soll man ihm aber den Geschmack derselben beibringen ohne das Gewürz der Unannehmlichkeiten, die wir an Ort und Stelle zu überwinden haben? Es regnet im Allgemeinen immer, und im Besonderen erst recht, sogar auf Kaulbach's Karton. Es regnet einem in den Nacken und in die Kniekehlen. Es ist ein Wetter, bei dem man sich die Redensart Donnerwetter Parapluie! erklären lernt. Es regnet in allen Tempos und Tonarten; der Regen ist einmal schläfrig, wie eine Dorfpredigt im August, einmal emsig wie ein Botenläufer, einmal fein, einmal grob, einmal senkrecht, einmal wagerecht, zuweilen in allen Richtungen des Kompasses und des Theodoliten zugleich. Er überfällt einen, während man mit einer weißen Halsbinde in einer offenen Droschke zu einer Abendgesellschaft fährt, er schleicht tückisch heran, während man sein Steak zu Mittag ißt. Er giebt einem am Sonntag Hausarrest und hält einen am Wochentage in der Ausstellung gefangen. Er verschont sogar die Königin nicht, welche diesen Morgen sammt zwei jüngeren Prinzen, einer in hochschottischem Kostüm, einer in Knickerbockers, mit Regenschirmen unter der undichten Markise hinweg in das Ausstellungsgebäude geleitet werden mußte.

Welch ein Glücksfall also, daß es gestern trocken blieb, wo Mr. Thomas Baring, der weltbekannte Banquier, eine Morgengesellschaft im Krystallpalaste gab! Ich war oft dort gewesen: als die ersten Säulen gerichtet wurden und man mit

Lebensgefahr auf den Leitern umherkletterte; am Eröffnungs-
tage, wo ich mich bis in die Nacht verspätete und seltsame
Spukerscheinungen hatte; als die Wasser zum Erstenmale sprang-
gen; an einem Weihnachtsabend, wo innen die Buden aufgeschlagen wurden und außen der Mond schien; und an manchem sonnigen Tage in sonniger Gesellschaft. Ich will mir
nicht den Kopf darüber zerbrechen, ob es besser oder schlechter
geworden, sondern nur sagen, daß es gestern gut war. Ich
kam so spät, nach 4 Uhr, daß ich mein Frühstück ganz vergessen hatte und als nicht vorhanden, als non avenu betrachten konnte. Bekannte waren in derselben Lage, und wir ließen
es also unsere erste Sorge sein, erstes Frühstück einzunehmen,
bestehend aus Erdbeeren, Eis und Champagner, und der Erfolg war satisfactory. Es ist ein sehr gesundes Frühstück,
Erdbeeren, Eis und Champagner, ein Gräfenbergerliches, pflan-
zenfresserisches, phthagoräisches; und der Wein war so gut, daß
es ein Jammer gewesen wäre, ihn den Kellnern zum Aus-
trinken zu überlassen. Die ganze Welt erschien uns nun in
rosenfarbener Schminke und lächelte uns Vergebung zu für alle
Sünden, nämlich für allen Champagner, den wir in dumpfigen
Kellern oder an einem mit Ueberresten bestreuten Tischtuch getrunken hatten. Man muß den Schaum schlürfen zum Frühstück, an einem saubern Büffet mit hübschen Mädchen, vor
einer Aussicht weit in das Land hinein. Dann läßt man sich
alles gefallen, sogar einen Seiltänzer. Ich vermuthe, ich hätte
mich sonst über Blondin aufgehalten, der zur Erbauung der
Gesellschaft vorwärts und rückwärts über ein hundert Fuß hohes
Seil ging; aber bei der Milch der frommen Denkart, die ich
in den Erdbeeren eingesogen, war er mir eine angenehme
Erinnerung an alle die Kolters, die ich hatte von dem Markte
auf das Rathhausbach steigen sehen.

In einer Gesellschaft von 2000 Personen vergeht die

Zeit schnell, und die Nachricht, die sich um 6 Uhr verbreitete, daß man zum zweiten Frühstück schreite, fand willige Ohren. Aber 2000 Personen können nicht zu derselben Zeit speisen, selbst in dem Krystallpalast, und über dem energischen Bemühen, sich zuvörderst einer Centralgewalt x zu unterwerfen, vorbehaltlich einer Untersuchung, woraus dieses x bestehen könne, dürfe, müsse, werde, kam das vereinigte Deutschland zu gar nichts. Aber es ist mit einem Frühstück anders als mit der Politik. Wenn, während in Deutschland standpunktlich standgepunktelt wird, der Sturm hereinbricht, die Mine springt, so kann der Germane die Schuld auf die Regierungen, auf den Weltgeist schieben. Wenn einer nichts zu essen bekommt, so hat sein eigener Magen es zu büßen. So wurde denn endlich vorgeschlagen, nicht länger, weil wir das Größere lieber gehabt hätten, das Geringere zu verschmähen, sondern die Pickelhaubenspitze in die erste Lücke einzuzwängen, die Plätze zu nehmen, die da waren; und da es darauf ankam, das Vorhandene nicht zu einigen, sondern zu trennen, so stimmte ich lebhaft für solche spitzerliche Taktik. Sie bewährte sich denn auch; nach kurzer Zeit saßen wir Alle in dem schönen Eckzimmer, aus dem man bis nach Kent hinübersieht. Hummersalat, frischer Lachs und zwar kein Bärenschinken, aber Poularden mit Zunge und Straßburger Pasteten waren so gut, wie Mr. Baring's Börse sie schaffen konnte — und was wäre der unmöglich! Auch bin ich von meinen Tischgenossen ersucht worden, dem Rothwein ein Wort rührungsvoller Erinnerung zu weihen. Nur Einer, der Sybarit des Zollvereins, grollte mit dem Schicksal, das uns nur Weintrauben und Prünellen von Tours zum Nachtisch bescheerte, während er in einem andern Speisesaale Bananen und andere unbegreifliche Früchte gesehen haben wollte. Indessen ruhte der dringende Verdacht auf ihm, daß ihn ganz andere als tropische Früchte dahin verlockten — und es gab deren, God knows!

Wir genossen auch von ihnen, was zu genießen war, und rauchten vermöge besonderer Indulgenz auf dem Rückwege eine Cigarre. Nun wünschten Sie auch wohl zu wissen, wann, wo und was,

> quid, ubi, quibus auxiliis, cur, quomodo, quando,

wir zu Mittag und zu Abend gegessen? Wer wird nach Allem fragen!

——————

16. Arbeitsmaschinen.

In dem Augenblick, da ich diesen Abschnitt vollende, liegen die Verhältnisse anders als zu der Zeit, da ich das Material dazu sammelte. Die Zeit ist weit vorgerückt; und das Ver-zeichniß der Preisgewinner giebt dem Besucher einen besseren Leitfaden zu dem Sehenswerthesten, als die Berichte eines Laien, sollte wenigstens und würde einen bessern Leitfaden geben, wenn man nicht, um aus der Preisvertheilung ein Kassenstück zu machen, die Redaktion der Juryberichte dergestalt über das Knie gebrochen hätte, daß eine Menge Unrichtigkeiten hineingekommen sind. Ich gebe daher den Gedanken auf, alle wichtigeren Arbeitsmaschinen zu beschreiben, und mache nur eine Auswahl aus dem Neuen.

In keinem der großen Industriezweige hat die menschliche Hand so lange darauf warten müssen, durch die Maschine ab-gelöst zu werden, wie in der Buchdruckerei. Jeder dieser Buch-staben ist mit den Fingern aus einem Kasten genommen, ein-gereiht und nach vollbrachtem Druck wieder in den betreffenden Kasten gelegt. Jede dieser Zeilen hat im Durchschnitt 45 Buch-staben, jede Seite 32 Zeilen. Liegt schon in der ungeheuren Zahl solcher einfachen Handgriffe eine Aufforderung für den Erfin-dungsgeist der Maschinenbauer, so kommt bei der Tagespresse noch ein dringendes Bedürfniß nach Beschleunigung der Arbeit dazu. Nach mancherlei Versuchen Anderer hatte der Däne Sörenson im Jahre 1851 Modelle einer Setz- und Ablege-maschine zu Stande gebracht, die man wenigstens als entwick-lungsfähig betrachten konnte. Auf der gegenwärtigen Aus-stellung sind zweierlei Maschinen in Thätigkeit, die im Prinzip der Sörenson'schen gleich sind, sich von ihr nur durch Ver-

bejjerungen des Mechanismus unterscheiden. James H. Young
(England 1750) hat drei Maschinen ausgestellt, zum Setzen,
zum Umbrechen und zum Ablegen. Die Setzmaschine gleicht
von vorne angesehen, ganz einem Fortepiano, nur daß die
Klaves mit Buchstaben bezeichnet sind, und zwar in folgender
Weise. Die obere Reihe stellt die schwarzen Klaves vor.

— x : p th s u l b , r c l s o q v 8 . w m ffi ffl ffl D E F G H J R S T X Y Z 4 5 6 0
J z ! ( ) ' y f d t tk nq e h g ? k l fi fl l mq mr A B C K L M N O P Q U V W ff 2 3 7 9

Ueber der Klaviatur ist ein messingenes Gestell mit schmalen senkrechten Fächern, je eins über jeder Klavis, und mit den
entsprechenden Lettern gefüllt. Sobald eine Klavis niedergedrückt wird, fällt eine Letter aus dem Fach in einen Kanal;
alle diese Kanäle liegen auf einer schiefen Ebene und vereinigen
sich nach und nach wie die Quellen und Zuflüsse eines Stromes
zu einem einzigen. In diesem Hauptkanal befindet sich ein
Bruch, gleichsam ein kleiner Wasserfall, den die auf der platten
Seite hingleitende Letter nicht anders passiren kann als so, daß
sie aufrecht stehend unten ankommt. Die Fortsetzung des Ka-
nales, unterhalb des Wasserfalles, schiebt sich langsam vorwärts,
füllt sich also nach und nach mit dem Satz. Ist er voll, so
nimmt man ihn weg und setzt eine andere Schiene ein. Ist
der Arbeiter unachtsam, so erinnert ihn eine kleine Klingel, die
zugleich den Setzer warnt, mit dem Klavierspiel einzuhalten.

Die zweite Maschine nimmt dem Setzer die Arbeit ab,
den in einer langen fortlaufenden Reihe aus der Setzmaschine
hervorgehenden Satz in Zeilen zu theilen, justifying machine.
Sie besteht im Wesentlichen aus einer glattpolirten, abschüssigen
Fläche von Eisen, auf der ein Rahmen liegt, den man enger
und weiter stellen kann. Das obere Stück des Rahmens kann
abwärts bewegt werden, so daß es unter der Fläche verschwindet, und aufwärts, so daß es wieder vorkommt. Auf dieses
bewegliche Stück wird der Satz nach und nach geschoben; man

drückt es herab und die darauf stehenden oder dagegen lehnenden Lettern, gerade soviel, wie zu einer Zeile gehören, gleiten auf der Fläche hinab, die sich nach und nach mit dem Satz einer Kolumne füllt.

Die Ablegemaschine ist schwieriger zu beschreiben. An dem einen Ende, etwa in Mannshöhe, befindet sich eine kleine Tafel mit acht Schienen darauf, in welche der Satz nach und nach eingesetzt wird, je eine Zeile in jede Schiene. Vor diesen acht Schienen befinden sich acht hölzerne Zängelchen, horizontal, die von der Maschine vorwärts und rückwärts bewegt werden. Gehen sie vorwärts, so faßt eine jede die vorderste Letter in der Schiene; während sie zurückgehen, hebt sich eine kleine Klappe unter ihnen und schlägt die Lettern aus der Zange. Während die Zangen zurückgehen, werden die Lettern in den Schienen um die Breite einer Letter vorgeschoben, so daß die Zangen, wenn sie wieder kommen, wieder die erste Letter fassen können. Die durch den Schlag der Klappe aus der Zange befreite Letter fällt, und zwar auf die schmale Kante, in eine oben offene Zelle. Diese Zellen liegen auf einem Bande ohne Ende, welches sich horizontal und zwar unter einem rechten Winkel mit der Bewegung der Zangen fortschiebt; spielen die Zangen zwischen Norden und Süden, so schiebt das Band mit den Zellen sich von Osten nach Westen (oder von Westen nach Osten) fort. Jede Letter hat an der schmalen Kante einen kleinen Einschnitt oder mehrere und zwar jede Letter an einer andern Stelle. Auf ihrem weiteren Wege passiren nun die Zellen und die darin liegenden Lettern unter einer Platte durch, die an verschiedenen Stellen durchbrochen ist, entsprechend den Einschnitten der Lettern. Ueber dieser Platte spielen mit einer schnellenden Bewegung Klaves oder Krallen hin und her, die an der Unterseite ein kleines Häkchen haben. Kommt eine Letter so unter die Platte zu liegen, daß der Einschnitt der

Letter grade unter das Loch der Platte trifft, so wird das Häkchen der Klavis durch das Loch der Platte hindurch in den
Einschnitt der Letter eingreifen und die letztere aus der Zelle
herausschleudern in einen schrägablaufenden Kanal. Trifft der
Einschnitt der Letter nicht gerade unter das Loch der Platte,
so wird das Häkchen die Letter nicht fassen, und dieselbe wird
ihren Weg fortsetzen, bis sie unter das richtige Loch kommt.
Die herabgleitenden Lettern sammeln sich in einer Schiene, aus
der sie wieder in den Setzkasten über die Klaviatur gebracht
werden. Der Aussteller behauptet, daß ein Arbeiter mit der
Setzmaschine in der Stunde 12 bis 15,000 n setzt, mit der
Umbrechmaschine 4 bis 6000 n umbricht, und daß zwei Jungen,
printer's devils, mit der Ablegemaschine 14 bis 18,000 Typen
ablegen und sortiren. Ein und siebenzig Prozent seiner Typen
erfordern nur einen Einschnitt, 20 zwei und der Rest drei.
Die Setz- und Umbrechmaschinen sind für Lettern jeder Art
brauchbar, die Ablegemaschine nur für die mit den erforderlichen Einschnitten versehenen; ob sie für mehrerlei Schrift zu
benutzen ist, habe ich nicht mit Zuverlässigkeit erfahren können,
sollte es aber glauben. Daß Lettern wie Maschine außerordentlich genau gearbeitet sein und mit der größesten Sorgfalt
behandelt werden müssen, leuchtet ein, und ich bin durchaus
nicht geneigt, die Aufgabe schon für gelöst zu halten.

Der zweite Aussteller ist Mitchel (Nr. 1662 England).
Seine Setzmaschine sieht nicht nur von vorne, sondern auch
von oben wie ein Flügelfortepiano aus. Sie hat eine Klaviatur und Fächer darüber, befördert aber die Lettern auf andere
Weise in die Schiene. Von den Klaves laufen Bänder ohne
Ende aus, gerade wie die Saiten eines Piano; und quer vor
ihnen läuft wieder ein solches Band. Die durch den Druck
der Klaves aus dem Fache losgemachte Letter fällt flach auf
das betreffende Band (die Saite) und wird von ihm dem

Querbande zugeführt, welches sie in die Schiene abliefert. Eine Aufgabe, welche jede Setzmaschine zu lösen hat, ist, dafür zu sorgen, daß alle Lettern auf ihrem Wege von dem Fach zu der Schiene eine gleiche Zeit zubringen, damit sie in der Reihenfolge anlangen, in der sie auf der Klaviatur angeschlagen sind. Bei der Young'schen Maschine befindet sich die Schiene in der Mitte der schiefen Ebene, auf der die Lettern herabgleiten; eine Letter aus dem mittelsten Fache würde also einen kürzeren Weg zu machen haben und weniger Zeit gebrauchen, als eine aus dem äußersten Fache rechts oder links, wenn nicht den kleinen Kanälen, die ich vorhin mit den Quellen eines Flusses verglichen habe, solche Krümmungen gegeben wären, daß die Wege aller Lettern gleich lang werden. Bei der Mitchelschen Maschine wäre die Differenz noch größer, gesetzt daß alle Bänder (Saiten) gleich lang wären, weil die Schiene sich in der linken Ecke der Maschine befindet. Die Letter, welche dem tiefsten Ton entspricht, würde nur die Saite zu durchlaufen haben und von ihr sofort in die Schiene gelangen; die Letter dagegen, die dem höchsten Ton entspricht, hätte die Saite und das Querband zu passiren. Um das zu verhüten, werden die Saiten immer kürzer und bewegen sich immer schneller, je weiter sie nach rechtshin liegen; und dadurch wird die Aehnlichkeit der Maschine mit einem Flügel noch schlagender. Den Mechanismus, durch den diese Verschiedenheit der Geschwindigkeit erzeugt wird, wahrscheinlich eine kegelförmige Welle, habe ich nicht gesehen; er ist in einem Kasten verborgen, und der Aussteller, der übrigens seine Erfindung von einem Amerikaner annektirt haben soll, erlaubt unter dem lächerlichen Vorwande, daß Unglücksfälle entstehen könnten, Niemandem nahe an die Maschinen zu kommen; er hat auch in dem illustrirten Katalog weder eine Abbildung, noch eine Beschreibung gegeben. Ich kann daher seine Ablegemaschine nur in den äußeren Umrissen

beschreiben. Man denke sich zwei horizontale Mühlsteine, aber
von Messing und hohl, den unteren festliegend, den oberen um
seine Achse rotirend, den Rand leise abgeschrägt und mit kleinen Zellen besetzt. Aus einer Schiene fällt eine Letter nach
der andern in die Zellen des oberen rotirenden Mühlsteins.
Die Lettern haben Einschnitte, wie bei Young, dergestalt daß
jede Letter nur in eine bestimmte Zelle des unteren Mühlsteins
paßt. Kommt sie über derselben an, so fällt sie hinein und
gleitet in einen der Kanäle, welche radienförmig von dem untern Mühlstein auslaufen. Es wird behauptet, daß mit der
Setzmaschine ein Arbeiter im Tage 24 bis 26,000 n setzen
und mit der Ablegemaschine ein Junge 8000 sortiren kann.

Was Druckerpressen betrifft, so ist nichts Neues da; ja
von dem Bekannten fehlt das Vollkommenste, die amerikanische
Presse, in welcher der Satz auf rotirenden Cylindern steht. Für
Blätter von einer so großen Auflage, wie die „New York Tribune"
und die Londoner „Times" wird der Satz einer jeden Nummer
in dieser cylindrischen Form stereotypirt.

In den eiligen Streifzügen englischer Blätter durch die
Ausstellung war viel von der „amerikanischen Buchbindema-
schine" die Rede. In der That handelt es sich aber nicht um
Eine Maschine, sondern um eilf Geräthe, und nicht um eigentliche Maschinen, welche die Arbeit der Hand ersetzen, sondern
um Werkzeuge, welche sie erleichtern. Und von diesen eilfen
sind nur zwei ausgestellt, eine, um die Verzierungen in die
Bücherdeckel einzupressen, die andere, um dem Rücken die Rundung zu geben (durch eine eiserne Rolle, anstatt mit einem
Hammer); die übrigen 9 sind nur in Zeichnungen vorhanden.
Sie sind alle zweckmäßig, solide und kompakt; der hohe Preis
macht sie aber dem kleinen Gewerbebetriebe unzugänglich.

Eine, man möchte sagen geistig vervollkommnete Druckerpresse ist die Maschine, welche Eisenbahnbillets und andere

Sachen druckt und fortlaufend numerirt. Eine derselben, von Waterlow & Söhne, welche übrigens nichts Neues enthält, ist in der Ausstellung in Thätigkeit. Sie bilden den Uebergang zu den Rechenmaschinen.

Die jüngste Schwester der Buchdruckerei, die Telegraphie, hat eine solche Entwicklung genommen, daß ihre Leistungen in der Regel nur dem Techniker verständlich sind. Die bedeutendste unter den populären Erscheinungen der Ausstellung ist der Schnellschreiber mit Lettern von Siemens & Halske. Die Lettern sind aus Erhöhungen und Vertiefungen zusammengesetzt; jene Kontakt gebend, diese unterbrechend. Die Verbindung geschieht durch positive und negative Ströme; und die Lettern sind so berechnet, daß die Depesche in Morse'scher Schrift ankommt, daß also die Telegraphisten keine neue Einübung durchzumachen haben. Die Lettern werden in eine Schiene gesetzt und mit großer Geschwindigkeit unter dem Fühler durchgezogen. Den colossalen Volta-Induktor derselben Firma, die Bewunderung der Physiker, habe ich schon früher erwähnt. Das elektrische Log ist auch von einem Laien zu verstehen, wenn er nur überhaupt weiß, was ein Log ist, und das sollte jeder wissen, der einmal eine Seefahrt gemacht und anstatt über die Sterne zu himmeln, sich angesehen hat, was auf dem Quarterdeck vorgeht. Das älteste Log ist das dreieckige Brettchen, dann kam eine kleine Schiffsschraube, deren Umdrehungen ein Zeigerwerk marquirt. Aber auch dies verbesserte Instrument muß von Zeit zu Zeit ausgeworfen, eingeholt und abgelesen werden. Das Siemens'sche Log schleppt immerwährend hinter dem Schiffe her und marquirt vermittelst einer Drahtleitung die Zahl der Umdrehungen der Schraube auf einem Zeigerwerk in der Kajüte. Die übrigen Apparate derselben Firma seien nur für den Sachverständigen kurz aufgezählt: 4 Schreibeapparate für Arbeitsstrom, verschiedener Konstruktion, verbunden

zu einer Linie; 2 Submarinschreibapparate, Konstruktion der
Aussteller, zu einer Linie verbunden; 4 Schreibapparate für
Ruhestrom, verschiedener Konstruktion, zu einer Linie verbunden;
eine Läutelinie, enthaltend: ein Läutwerk bei Stromverstärkung
tönend, ein desgleichen bei Stromunterbrechung, einen Läute-
Induktor und einen Stromunterbrecher, 2 Schwarzschreiber mit
Wecker, verschiedener Konstruktion, mit Magnetschlüssel an Stelle
der Batterie; 2 Magnetzeiger als Linie; 1 Klingeltelegraph (Lieb-
ling des Publikums in der Ausstellung); Widerstandsbrücke zur
Bestimmung von Widerständen und Fehlerorten; 1 Kabel-Län-
genmesser; 2 Wippen, eine selbstthätige und eine mit Laufwerk
zur Bestimmung der Geschwindigkeit des galvanischen Stromes
im Submarindraht; 1 Heilapparat; 1 elektrischer Pyrometer;
1 Ozon-Röhre. — Bonelli hat einen Schreibetelegraphen ausgestellt; die Schrift geschieht mit Lettern, über die man mit
einem Instrumente, ähnlich einem Rostrale, hinstreicht. Wo das
Rostral das Metall berührt, entsteht Kontakt, der sich am anderen Ende der Linie auf Papier ausdrückt; die Depesche erscheint also in Buchstaben in Linienmanier. Der Gedanke ist
augenscheinlich entlehnt von dem 1851 in Zeichnung und Beschreibung ausgestellten Bain'schen Apparat. Ein Oesterreicher
hat ein Telegraphensystem, in dem die Kette auf der ganzen
Linie für gewöhnlich geschlossen ist und die Zeichen durch Unter-
brechung gegeben werden, auf den Zwischenstationen also keine
Batterien erforderlich sind.

Wenn einem die Aufgabe gestellt wäre, alle Maschinen in
zwei große Klassen zu theilen, so würde man sie darnach unterscheiden können, ob sie die Muskelkraft des Armes oder die
Nerven der Fingerspitzen ersetzen, in gewaltige oder in pfiffige.
In die erste Klasse gehören namentlich alle die, welche das
Metall zersägen, zerschneiden, zerbohren, als wenn es Käse
wäre; die Maschinen von Fairbairn, Sharp, Stewart

u. Co., Shephard, Hill u. Co.; Smith, Beacock und
Tennet in England, Hartmann und Zimmermann in
Chemnitz. Abgesehen von einer einzelnen sinnreichen Verbesserung hie und da, sind die Engländer die Lehrer und Muster
auf diesem Gebiet. Von den pfiffigen seien genannt die Bis-
cuitmaschinen von Vicars in Liverpool und Lefebre in
Paris, die Maschinen zur Verfertigung geklebter Papierdüten
von Youngman in London, die Cigarrenwickelmaschine von
de Bary in Offenbach, die Maschine zum Falten von Zeitungen oder andern Druckbogen aus Frauenfeld in der
Schweiz. Die beste Prägemaschine der ganzen Ausstellung ist
die von Uhlhorn in Grevenbroich.

17. Maschinen, Werkzeuge und Geräthe für das Haus.

Wer lange in fremden Ländern gelebt und ein Auge auf
die Dinge gehabt hat, der wird in sich hinein lachen, wenn
er Leute, die entweder gar nicht hinter dem Ofen vorgekommen
oder nur mit Vergnügungszügen und mit dem Auge auf dem
Handbuch gereist sind, ihre Bewunderung äußern hört über die
schnelle Verbreitung aller Erfindungen und Verbesserungen, über
das blitzschnelle Gemeingut der Civilisation, das mein guter
alter Bourgeois zu preisen liebte, der seit 1815 nicht auf dem
Montmartre gewesen war. Freilich Vorstellungen und Redens-
arten, in denen oft nicht einmal eine Vorstellung steckt, wuchern
schnell genug; wenn die Kaiserin Eugenie heute beschließt, sich
den Nasenknorpel zu durchbohren und irgend etwas hinein zu
stecken, so durchbohrt sich morgen die ganze Civilisation den
Nasenknorpel; Entdeckungen in den Naturwissenschaften werden
in der That sofort Gemeingut, in andern Wissenschaften nicht,

und die große Industrie verliert keine Zeit, sich Verbesserungen in der Produktion zu Nutze zu machen: aber ein Gebiet giebt es, auf dem es mit dem Austausch, mit der Annahme des Besseren, Zweckmäßigeren, abscheulich langsam geht und gerade ein Gebiet, auf dem man das Gegentheil erwarten könnte: die Geräthe und Werkzeuge, die im täglichen Leben gebraucht werden. Jeder Fortschritt auf diesem Gebiete ist eine Befreiung von den kleinen Miseren des Lebens; jede wohlthätige Wirkung auf unsere Gesundheit oder Stimmung, so unmerklich sie an dem einzelnen Tage sein mag, jede noch so kleine Ersparung an Zeit, Arbeit, Kapital summt sich zu einem großen Gewinne auf, weil sie sich unaufhörlich wiederholt. Aber freilich ist damit auch schon gesagt, worin das Hinderniß liegt; die tägliche Uebung erzeugt Gewohnheit, und Gewohnheit ist schwer zu bezwingen. Es ist leichter, einen Plan zu entwerfen zur Verbesserung der Welt, das heißt zur Aenderung der Gewohnheiten aller anderen Menschen, als die Feder, mit der man den Plan niedergeschrieben hat, nicht in den Haaren abzuwischen, wenn man sich einmal an diese schlechte Sitte gewöhnt hat. Darum ist es ein gewagtes Geschäft, solchen Verbesserungen das Wort zu reden; ist die Empfehlung eines Besseren nicht ein Tadel des Vorhandenen, nicht ein Vorwurf schlechter Gewöhnungen, nicht eine Anschuldigung der Trägheit, nicht ein Angriff auf die Person? Die wenigsten Menschen nehmen es übel, wenn gesagt wird, in ihrem Staate, für den sie doch auch mit verantwortlich sind, sei es faul; aber Viele werden, wenn ihnen zugeredet wird, ihre Zimmer zu lüften, einen dieser drei Einwände oder alle drei zugleich erheben: erstens, sie lüfteten ihre Zimmer ja; zweitens, es sei unmöglich, ihre Zimmer zu lüften; drittens, sie lüfteten ihre Zimmer nicht, weil Lüftung nachtheilig sei. Und doch wird es mit der Weltverbesserung im großen Style nicht eher etwas werden, als

bis eine Menge Kleinigkeiten gebessert sind. Die Griechen
hätten sich nicht die Welt erobert bis auf diesen Tag, wenn
ihr Körper nicht frisch, ihre Seele nicht von den kleinen Arbeiten und Verdrießlichkeiten des täglichen Lebens frei gewesen
wäre. Die deutsche Einheit wird nicht eher zu Stande kommen,
als bis die Deutschen Rostbeef essen anstatt Bouletten.

In keinem Gebiet der Ausstellung ist von solchen Dingen
mehr zu lernen, als in dem englischen. So fest der Engländer
an dem Bewährten hält, so bereitwillig nimmt er Gutes von
den Muselmännern und Hindus an; seine wager-boats sind
den Piroguen der Wilden nachgebildet. Er gleicht darin den
Römern. Nur erklärt er das Angenommene sobald es eingebürgert ist, für urenglisch; und darin gleicht er den Chinesen,
welche die Logarithmentafeln, mit den Druckfehlern, von den
Jesuiten abgeschrieben hatten und alsdann versicherten, sie hätten
dieselben seit 4000 Jahren besessen. Der englische Mechaniker
hält es nicht unter seiner Würde, eine Vorrichtung seiner großen
Maschinen, die vermittelst einer Kurbel zwei gegen einander-
laufende Bewegungen erzeugt, auf einen Chokoladenquirl anzuwenden. Der englische Hausherr macht eine bedeutende
Auslage für ein verbessertes Geräth, das sich erst in Jahren
bezahlt macht; und der englische Dienstbote scheut nicht die
Mühe, sich darauf einzulernen, wenn ihm die sicherere Wirkung
oder die geringere Arbeit einleuchtet. Wirkliche Verbesserungen
verbreiten sich mit einer auf dem Festlande unerhörten Schnel-
ligkeit bis in die entferntesten Winkel des Landes.

Beginnen wir mit dem Geräth, mit dem man in England
den Tag beginnt, dafern man nicht eine Badestube im Hause
hat, mit dem sponging bath, dem Schwammbade. Es besteht aus einer blechernen, lackirten Schüssel von 3 bis 4 Fuß
Durchmesser und mit einem allmälig aufsteigenden Rande von

6 bis 8 Zoll Höhe. Um eine zweckmäßige und gefällige Form zu erhalten, muß sie aus einem Stück getrieben sein, kann also nur im Großen fabrizirt werden. Wo keine Nachfrage darnach ist, muß man sich aus zwei Stücken, einem Boden und einem Rande, ein schweres unbehülfliches Geräth zusammenlöthen lassen. Das englische Schwammbad ist leicht und findet während des Tages seinen Platz unter dem Bette. Jedes gute Hotel, ja jede meublirte Wohnung der besseren Art ist damit versehen. Man stellt oder setzt sich hinein, taucht einen großen Badeschwamm in einen daneben stehenden Eimer mit Wasser und giebt sich in wenig Minuten eine Reinigung und Erfrischung, die in mancher Beziehung einem Wannenbade vorzuziehen ist; Haut und Nerven erhalten bei jeder Berührung mit dem Schwamme eine neue Erschütterung und man bringt immer nur reines Wasser an den Körper. Ist die Operation beendigt, so wird das Wasser durch eine Tülle, die sich an der Schüssel befindet, in den Eimer zurückgegossen, und nach einiger Erfahrung bringt man es leicht dahin, daß nicht ein Tropfen auf die Diele kommt. Zwei nützliche Zugaben sind ein kleiner hölzerner Napf, vermittelst dessen man sich den Kopf übergießt, und ein Badehandschuh. Der letztere ist auch in England noch sehr unvollkommen. Im Orient, woher er entlehnt ist, besteht er aus einem kleinen Sack, grob aber plan gewebt aus Kameel- oder Ziegenhaar, den man über die Hand streift, um die Haut damit zu frottiren und der eine angenehme Wärme erzeugt. Die Engländer haben ihn zu einer aus Pferdehaar gewebten, gemusterten, zuweilen gar mit Borsten besetzten Raspel verbessert, welche die Haut schrammt und eher zur Behandlung von Schweinen als von Menschen geeignet ist. Wo die Aerzte, denen Verhütung über Heilung von Krankheiten geht und die Damen, denen an einer schönen Haut gelegen ist, es nicht dahin

bringen können, den Handschuh einzuführen, da sollten die Lebensversicherungsgesellschaften sich der Sache annehmen. In England beträgt die Sterblichkeit der Soldaten 18 Prozent, der Militairgefangenen, trotz der schlechten Kost und trotz des nachtheiligen Eindrucks der Gefangenschaft auf die Seele nur zwei Prozent, und Aerzte von Autorität erklären diesen Unterschied daraus, daß der Soldat in der Kaserne nur Gesicht und Hände wäscht, während der Gefangene jeden Morgen in ein Bad getrieben wird. Der englische Waschtisch, der kostbarste von Marmor wie der billigste von Fichtenholz, ist ein Tisch, nicht eine stockige Kommode; durch eine um den Rand des Tisches befestigte Gardine von Muslin oder Dimity, wird auch dem einfachsten Gestell ein sauberes, freundliches Ansehen gegeben. Für die Einführung der towel-horses, Handtuchpferde, habe ich mich schon oft verwendet. Die Handtücher sind dick und fast quadratisch, so daß sie den ganzen Rücken bedecken. Für die Utensilien des Waschtisches hat Hessel's Wittwe in Dortrecht (Holland Nr. 342) etwas Zweckmäßiges geliefert, Schüsseln und Kannen von Blech, so lackirt, daß sie wie Porzellan aussehen. Im Allgemeinen widerspricht es dem guten Geschmack, ein Ding für etwas auszugeben, was es nicht ist; aber in diesem Falle ist eine Ausnahme zu rechtfertigen. Das Metall ist zweckmäßiger als Irdengeschirr, weil es haltbarer ist, erfordert aber irgend einen Ueberzug, um die Oxydation zu verhüten und die Reinigung zu erleichtern.

Auf die Reinigung des Körpers folgt die Reinigung der Zimmer. Die Art, wie sie in England betrieben wird, ist ein merkwürdiges Beispiel von Gedankenlosigkeit und Mangel an Fortschrittlichkeit. So lange der Fußboden der Zimmer aus Estrich, nackten Dielen oder Parquet bestand und so lange die Königin Elisabeth sich „zerschnittene Baumzweige zur Bestreuung

ihres Gemaches" liefern ließ, war natürlich der Besen
das geeignete Instrument. Aber man behielt ihn bei, auch als
die Teppiche allgemein geworden waren; und es ist doch klar,
daß der feine Staub durch einen Besen erst recht in den Teppich hineingetrieben werden muß. Als man zu dem Verständniß
gelangt war, half man sich — und das geschieht heute noch
sehr häufig — mit Thee. Man sammelt die benutzten Blätter
in einer Schüssel, hält sie feucht und streut sie auf den Teppich,
ehe man ihn abfegt. Theils durch ihre Feuchtigkeit, theils dadurch, daß sie sich unter dem Besen zusammenrollen, nehmen
sie in der That eine Masse Staub weg. Eine viel vollkomm-
nere Vorrichtung aber ist von Kent ausgestellt (Nr. 6129,
England). Sie besteht aus einem muldenförmigen Gefäß von
Blech, 12 Zoll lang, mit einer Walze an jeder Längsseite und
einem Besenstiel, vermittelst dessen man es über den Teppich
oder die Dielen hinrollt. Darin befindet sich eine mit Borsten
besetzte Walze, eine cylindrische Bürste, die durch eine Schnur
mit den Rollen so verbunden ist, daß sie sich auch um ihre
Achse dreht. Durch einen Schlitz im Boden des Gefäßes berührt sie die Erde. Gegen den vorderen Rand des Schlitzes
spielt sie frei, an dem hintern klemmt sie sich. Indem sie den
Teppich berührt, nimmt sie den Staub auf; indem sie sich an
dem hintern Rad des Schlitzes vorbei klemmt, giebt sie ihn ab
und läßt ihn in die Mulde fallen.

Für den Frühstücks-, den Mittags- und den Theetisch
werden wir uns die zweckmäßigsten Geräthe aus verschiedenen
Ländern zusammensuchen müssen. Die Kaffeemaschine aus
Frankreich; denn die türkische Kaffeebereitung, welche die vollkommenste ist und der Kaffeebohne ein Getränk abgewinnt, mit
dem das unsrige eigentlich gar keine Aehnlichkeit hat, je bei
uns eingeführt zu sehen, wird wohl ewig ein frommer Wunsch
bleiben. Alles Neue dagegen, was in dem Mittelpunkt der

Civilisation, in Paris, an Kaffeemaschinen geleistet wird, kommt
so schnell nach Deutschland, daß ich mich einer Beschreibung
überheben kann. Ich thue das um so lieber, als ich das reak-
tionäre Bekenntniß ablegen muß, daß ich unter den europäischen
Weisen, den Kaffee zu bereiten, die altväterische für die beste
halte, mit einem Trichter und Filtrirpapier. Das Theezeug
wäre aus Rußland und England zu beschaffen, von dort der
Kessel, in dem das Wasser durch einen glühenden Bolzen heiß
erhalten wird, von hier die Theekannen aus Silber, Britannia-
Metall oder Pewter; denn der Thee geräth nie in einem Por-
zellangefäß. Die besten Tassen sind die von japanesischem
Eierporzellan; freilich sind sie so theuer und so zerbrechlich, daß
Niemand sie in Gebrauch nehmen wird, als wer orientalische
Dienerschaft hat. Das Theesieb ist eine deutsche Schrulle;
wenn wirklich ein paar Blättchen durchgehen, so fallen sie zu
Boden und gehen in den Spuhlnapf, ehe wieder eingeschenkt
wird. Die Bratenschüsseln sind in England am vollkommensten.
Sie stehen auf vier kleinen Füßen, von denen zwei etwas
kürzer sind als die beiden andern. In der niedrigeren Ecke
der Schüssel befindet sich eine kleine Vertiefung, in welche der
Fleischsaft zusammenläuft; um ihn schneller und vollständiger
zu sammeln, ist in den Boden der Schüssel in der Regel ein
Flußnetz eingegraben, welches in die Vertiefung mündet. Auch
die blauen Fingergläser, in denen man nach dem Essen die
Hände abspühlt, wären aus England zu beziehen. Die Messer
haben in der Mitte einen hervorstehenden Rand, der Griff ist
schwerer als die Klinge, die letztere kann also nie das Tischtuch
berühren. Da man in England die Vorstellung hat, daß
Messer zum Schneiden da sind, so sorgt man dafür, daß sie
scharf bleiben und hat dazu allerlei Vorrichtungen, von denen
die zweckmäßigste auf der Ausstellung des landwirthschaftlichen

Vereins in Berlin zu sehen war. Zu dem Salznapf gehört ein kleiner Löffel.

Nach der Küche, in die wir auch einen Blick werfen müssen, führt die Klingel, in England anders eingerichtet, als auf dem Festlande. Der Draht steckt in der Wand und wird dadurch in Bewegung gesetzt, daß man einen kleinen Hebel erst niederdrückt und dann wieder fahren läßt. Die Glocke schlägt nicht an, während der Draht angezogen wird, sondern während er zurückschnellt; der Diener wird also nicht, wie auf dem Festlande, aus der Stärke und Heftigkeit des Ruckes schließen können, in welchem Humor der Herr ist. Den Küchenutensilien ist ein großer Raum in der englischen Abtheilung gewidmet, und sie sind von großer Vollkommenheit, aber freilich alle auf Kohlen und auf eine große Verschwendung von Brennmaterial berechnet. Die einfachste Einrichtung ist der cottage stove, ein kleiner Heerd, mit zwei Behältnissen an der Seite, einem viereckigen Kessel mit Zapfen, in dem den ganzen Tag über warmes Wasser vorräthig ist, und einem Backofen zu Brod und Torten; das Fleisch wird stets vor und über dem offenen Feuer gebraten. Der vollständigste Apparat ist der von Soyer in der Küche des Reformklub eingerichtete, dessen wesentliche Bestandtheile ausgestellt sind. Der Rücken des Heerdes ist von Chamottsteinen, die Gitterstäbe senkrecht und wie eine Thür zu öffnen. Der in den Schornstein aufsteigende Luftstrom treibt eine kleine Windmühle, welche die Spieße und die jacks dreht, das heißt die Haken, an denen kleinere Braten vor dem Feuer aufgehängt werden. In gewöhnlichen Küchen hat man dazu ein Uhrwerk; früher versahen Hunde den Dienst. Ein besonderer, mit Gas geheizter Ofen dient zum Schmoren, Kessel mit doppelten Wänden zum Kochen des Gemüses, ein mit Wasser erwärmtes Eisenspinde zum Erwärmen des Geschirrs und Warmhalten fertiger Speisen; eine Winde befördert die Speisen in das Eßzimmer. Der schon genannte Kent hat seit Jahren die Patente auf die besten Küchengeräthe an sich gebracht; wir finden also das Zweckmäßigste bei ihm zusammen: Messerputzmaschinen, die in einer Minute ein halbes Dutzend Tischmesser spiegelblank machen, ohne das Metall anzugreifen; Durchschläge, triturating strainers, welche zu gleicher Zeit die Masse zerreiben und durch ein Sieb drücken; sehr sinnreich konstruirte Quirle, die durch eine kleine Kurbel getrieben werden; Wurstmaschinen, nicht größer als ein starker Oktavband; eine hübsche und billige kleine Maschine, welche Aepfel und andere Früchte schält, entkernt und zerschneidet (Preis 8 Schilling); endlich — eine Kaumaschine für Personen mit schlechten Zähnen oder schwacher Verdauung.

Hausherrn und Hausfrau gleichmäßig interessiren die Waschmaschinen und was dazu gehört; als der arme Schiller einmal, des Gottes voll, aus seiner Studierstube auf den Boden hinaustrat, rannte er mit dem Gesichte gegen eine Leine mit nassen Strümpfen an. Und nun gar erst das „Stufen" Morgens um 4 Uhr, der Seifengeruch durch das ganze Haus und die schlechte Laune der Hausfrau! Ueber die in großer Zahl ausgestellten Waschmaschinen kann ich kein Urtheil abgeben, will ich nur eine Bemerkung machen, die alle angeht. Es giebt bis jetzt keine Maschine, welche Flecke auswäscht, wird auch schwerlich je eine geben. Diese Arbeit muß immer mit der Hand gemacht und nur der general dirt, der allgemeine Schmutz, kann der Maschine überlassen werden. Das Wringen dagegen ist durch eine Maschine besser zu bewirken: eine Presse, am Besten aus zwei in entgegengesetzter Richtung rotirenden Holzcylindern, drückt das Wasser vollständiger aus und greift das Zeug weniger an, als die Behandlung mit der Hand. Zum Wäschetrocknen gehört viel Raum und ein wenig Wind. Wie soll man sich helfen, wo es an beidem fehlt? Mit der

amerikanischen Trockenmaschine. Sie gleicht dem Gestell eines
großen Regenschirmes und bleibt, so lange man ihrer nicht
bedarf, zusammengeklappt, wie ein solcher. Will man sie benutzen, so läßt man die Stäbe an einer Schnur herab, ent-
faltet sie, hängt die Wäsche auf die Leinen zwischen den Stäben,
zieht die Stäbe wieder bis an die Spitze der Stange hinauf
und setzt das Ganze durch eine einfache Kurbelvorrichtung in
eine rotirende Bewegung. Zur Erleichterung des Plättens hat
Kent ein Plätteisen erfunden, das anstatt durch einen Bolzen,
durch eine inwendig angebrachte Spirituslampe erwärmt wird.
Ein englischer Leuchter hat einen beweglichen Boden mit einem
Dorn. Auf den Dorn steckt man die Kerze, den Boden kann
man vermittelst eines in dem Fuße auslaufenden Drahtes auf
und nieder schieben; das Licht kann also nie „einbrennen,"
wodurch viel Verdruß und Schmutzerei und einiges Talg erspart wird. Zu den häuslichen Werkzeugen können wir endlich
eine Holzsäge rechnen, mit der ein Mann beinahe soviel leistet,
wie sonst zwei. In einem Gestell, ähnlich einer Malerstaffelei,
hängt oben ein Hebel, der an dem einen Ende an einer Schnur
die Säge, an dem andern ein Gewicht trägt; einmal in Schwung
gesetzt, nimmt der Hebel dem Mann fast die Hälfte der Anstrengung ab. Da aber diese Einrichtung eine Wiener Erfindung
ist, so wird man es kaum wagen dürfen, sie dem Berliner
Holzhacker zu empfehlen.

Auch auf die Kirche erstreckt sich der mechanische Erfin-
dungsgeist des Engländers. Clark's Patent enamelled pew
umbrella stand zur Unterbringung nasser Regenschirme in
den Kirchstühlen kündigt sich schon äußerlich als ein religiöses
Geräth an dadurch, daß die Köpfe der Schrauben, welche das
zur Aufnahme des ablaufenden Wassers bestimmte Becken an
der Wand des Kirchstuhls befestigen, nicht rund sind, sondern
dreieckig, wie Jehovah auf den Titelblättern älterer Gesang-

bücher. Ein Anderer hat ein patentirtes Kniekissen für Herren
ausgestellt, das zugleich als Hutschachtel dient. Der Erfinder
versichert, es lasse sich nicht nur an sich sehr komfortabel darauf knieen, sondern der Komfort werde noch erhöht durch das
Bewußtsein, daß der Hut gegen alle Beschädigung durch nach-
barliche Beter geschützt sei.

18. Werkzeuge, die der Wissenschaft dienen.

Die Länder, welche die reichsten Beiträge geliefert haben,
sind England und Frankreich; wir wollen beide nach einander
durchgehen, bei den einzelnen Instrumenten einschalten, was
etwa von anders woher Gleichartiges gekommen ist, und endlich über die anderen Staaten eine Nachlese halten.

Der große Reichthum der englischen Abtheilung an meteo-
rologischen, mikroskopischen und astronomischen Instrumenten erklärt sich aus der unter den wohlhabenden Klassen weitverbrei-
teten Liebhaberei für die betreffenden Zweige der Naturwissenschaften. Wer bei uns Lust, Zeit und Geld zu einer wissenschaftlichen Beschäftigung hat, die nicht in sein Amt oder Gewerbe fällt, dessen erster Gedanke ist in der Regel: Literatur,
eine Bibliothek. Er liest; und möge er das, wenn er nur nicht
alles lesen will, was „eben heraus ist“, und damit seinen Kopf
zu einem Moraste macht. Der Engländer, dessen Richtung
nicht schon durch Anlage oder Gewöhnung entschieden ist, wird
häufig mit Bewußtsein wählen zwischen einer Bibliothek und
einer Garnitur physikalischer Instrumente und ich wollte, auch
in Deutschland legten sich mehr Dilettanten darauf, die Natur
zu lesen; wir würden dann weniger Sophisten haben und würden, unter Anderen, eine viel bessere Politik machen. Wir
spotten gern über den Ausdruck philosophical instruments,
philosophische Instrumente, mit dem der Engländer die Werk-

zeuge belegt, die den Naturwissenschaften dienen; aber mit Unrecht. Der Ausdruck schreibt sich aus der Zeit her, wo das
ganze Gebiet geistiger Thätigkeit eingetheilt war in divinity,
Theologie, und philosophy. Die letztere begriff Alles, was
der Mensch mit „seinem eignen Lichte" entdecken und lernen
konnte im Gegensatz zu dem „göttlichen Lichte" der Offenba-
rung, also das Denken und die Entdeckung der Naturgesetze.
Newtons unsterbliche Leistungen stehen in den Philosophical
Transactions aufgezeichnet. Das in Deutschland so beliebte
Citat:

There are more things in heaven and earth, Horatio,
Than are dreamt of in your philosophy,

muß übersetzt werden:

Es giebt im Himmel und auf Erden Dinge, von denen
Eure Naturforscher sich nichts träumen lassen.

Und in der That, wie sollte Hamlet dazu kommen, das zu
sagen, was die übliche deutsche Uebersetzung ihm in den Mund legt?
Die Philosophen haben doch wohl von allem im Himmel und
auf Erden geträumt und von einigem mehr; nihil tam absur-
dum quod philosophi non dixissent, sagt Cicero. Der
Sinn der Stelle und das ganze Wesen Hamlets wird durch
diese Uebersetzung auf den Kopf gestellt; nicht gegen die Spekulation richtet er sich, sondern gegen die Schule, die für nicht
wahr hält, was sie noch nicht zu erklären weiß.

Mit mehr Grund könnte man über die Anwendung spotten,
welche der Engländer in der Regel von seinen Entdeckungen
im Buche der Natur macht. In einer Ausstellung der mikroskopischen Gesellschaft hörte ich über den Blutumlauf in einer
Froschzehe wieder und wieder den triumphirenden Ausruf:
wie vollkommen hat Gott die Zehe des Frosches eingerichtet!
nie die Klage: wie unvollkommen hat Gott das menschliche
Auge eingerichtet!

Die englischen Mikroskope sind durchweg gut; die besten von Powell und Sealand (Nr. 2946) und von Roß (Nr. 2952). Die meisten sind binocular, mit einem Rohr für jedes Auge; die Einrichtung kommt allerdings dem Auge zu Hülfe, verliert aber diesen Vortheil bei starken Vergrößerungen durch die große Schwierigkeit, die beiden Focus gleich zu stellen. Aber die englischen Instrumente sind zu theuer, verglichen mit den unsrigen. Das „Studentenmikroskop" von Smith, Beck und Beck (Nr. 2964) kostet 10 Guineen und selbst ihr „Erziehungsmikroskop" 6 Guineen. Die deutsche Industrie auf diesem Gebiete ist nur durch einen Aussteller, Robert in Barth (Nr. 1410), durch ihn aber gut vertreten. Der genannte Roß hat auch Fernröhre geliefert, ausgezeichnet durch weites Gesichtsfeld und großen Lichtreichthum und sehr bequem zu handthiren wegen der leichten Gehäuse aus Aluminium. Sehr gute kleine Aequatorialfernröhre für Liebhaber sind die von Beates (Nr. 2996). Die englischen Reißzeuge stehen weit gegen die viel billigeren von den Gebrüdern Haff und von Riefler in Baiern (Nr. 184 und 186) und gegen die schweizer von Kern (Nr. 158) zurück. Meteorologische Instrumente hat die Firma Negretti & Zambra (Nr. 2939) in ausgezeichneter Vollkommenheit gestellt. Ich glaube, diese Wissenschaft hat in Deutschland zu wenig Liebhaber, als daß eine Aufzählung und Beschreibung ihrer Vorzüge angebracht wäre. Nur in Glasröhren für ganz empfindliche Thermometer ist die Fabrik von Geißler in Thüringen voraus, deren Ruf so feststeht, daß sie es nicht nöthig gefunden hat, auszustellen. Kommerziell mag das richtig sein; aber Engländer und Franzosen in gleicher Lage haben patriotischer gedacht. Die genannten englischen Fabrikanten und Casetta in London (Nr. 2874), der auf demselben Gebiete konkurrirt, haben namentlich die Instrumente des Observatoriums in Kew gearbeitet, von denen Duplikate in dem

Schiffe aufgestellt sind; ein Instrument, welches die Richtung
und Stärke des Windes anzeigt, Barometer, Thermometer,
Instrumente, um die Höhe des Regenfalles und die Quantität
der Feuchtigkeit in der Luft zu messen, endlich eins, welches
die Deklination, die Inklination und die Stärke des Erdmag-
netismus mißt. Alle diese Instrumente sind self registering,
das heißt verzeichnen selbst das Resultat, einige vermittelst eines
photographischen Apparates, der den Stand der Zeiger, der
Quecksilbersäulen u. s. w. zu Papier bringt. Unter den Ther-
mometern ist eins von so kolossaler Größe, daß 30 Pfund
Quecksilber dazu verwandt sind; was damit erreicht werden soll,
ist, die Konvexität der Oberfläche auf ein Minimum zu beschränken. Kleinere Thermometer von Negretti sind in verschiedenen
Gegenden des Gebäudes aufgehängt und werden stündlich gelesen, um die Ventilation zu überwachen. Moore (Nr. 2935)
hat ein Instrument ausgestellt, das er nennt indicator ascert-
aining problems; man kann es kurz charakterisiren als eine
Eselsbrücke für sphärische Trigonometrie. Die Glasschliffe zu
Versuchen über Polarisation des Lichtes von Horne und
Thornthwaite (Nr. 2916) sind ausgezeichnet, und wegen
ihrer Billigkeit von großer Wichtigkeit, namentlich ihr „Herapathit".
ein Surrogat für den kostbaren und nur in kleinen Stücken
vorkommenden Turmalin. Ihre Spiralröhren von Uranglas,
zu Experimenten über Florescenz, sind die besten in England,
erreichen freilich bei Weitem die Geißler'schen nicht. In dasselbe Fach schlagen die polarisirenden Gypsblättchen von Dar-
ker (Nr. 2890), die je nach ihrer Dicke verschiedene Farben
geben und in der Ausstellung auch zu artigen Spielereien benutzt sind. Die größesten Linsen sind von Buckingham
(Nr. 2867), die größesten Plangläser für Sextanten von But-
lers (Nr. 2871). In der Telegraphie hat unter den Engländern nur Varley (Nr. 2981) etwas Neues geliefert, einen

Apparat, um den Ort zu bestimmen, wo sich der Fehler in
Leitungen befindet. Die Verbesserungen bekannter Apparate
und Prozeduren sind sehr zahlreich; aber die Telegraphie ist
längst zu komplizirt für das Verhältniß des großen Publikums
geworden. Es sei daher nur erwähnt, daß Allan (Nr. 2850),
wie Siemens, mit positiven und negativen Strömen arbeitet,
aber seinem Apparate nicht den großen Vorzug des Siemens-
schen gegeben hat, die Depeschen in Morse'scher Schrift auszudrücken, also von den vorhandenen Telegraphisten ohne neues
Einüben bedient werden zu können. Die Photographie, die
sich in so vielen Gebieten der Technik zu Hause gemacht hat,
daß man ihr eine eigene Klasse hat widmen müssen, ist von
mehreren englischen Ausstellern mit gutem Erfolge für die Astro-
nomie benutzt worden. De la Rue, derselbe Papierfabrikant, von
dessen Convertmaschine mancher Besucher der vorigen Londoner
Ausstellung ein Andenken bewahrt, hat eine Reihe von Photographien von der totalen Sonnenfinsterniß am 18. Juni 1860
in Spanien aufgenommen und photographisch vergrößert
(Nr. 2893, auf der Gallerie, vor dem Mitteleingange zu den
Speisezimmern). Der Laie erhält dadurch wenigstens ein Bild
von den vielbesprochenen Flammen, die in dem Moment der
totalen Verfinsterung aus dem Rande der Sonne hervorbrechen.
In der Nachbarschaft befindet sich ein vortreffliches Bild des
Mondes, durch des Mondes eigenes Licht photographirt, alsdann vergrößert und in ein eigenthümlich konstruirtes Stereo-
skop gestellt. Man kann auf diesen Visitenkarten alle Pocken-
narben und Hitzblattern auf dem schiefen Gesicht unseres Be-
gleiters mit Bequemlichkeit studiren. Sugg (Nr. 2973) hat
ein gutes empirisches Photometer für Gas konstruirt. Ein
Dilettant, Shaw, hat sich noch einmal mit dem Perpetuum
Mobile versucht. Das Letzte, was wir auf der Wanderung
durch die englische Abtheilung antreffen, sind zwei merkwürdige

Brillensammlungen von Johnson und von Braham (Nr. 2921 und 2862).

In Frankreich sehen uns viel bekannte Namen an, die durch die ganze Welt einen guten Klang haben. Wer ein gutes Metallbarometer haben will, verschafft sich eins von Naudet (Nr. 1391). Das Metallbarometer besteht aus einer luftleeren flachen Büchse, auf deren elastischen, äußerst empfindlichen Deckel die Atmosphäre drückt. Fastré (Nr. 1391) liefert die besten Thermometer, bei denen auch die Ausdehnung des Glases berücksichtigt ist; Duboscq (Nr. 1420) die vortrefflichen Apparate für den Unterricht in der Optik, die ich 1855 beschrieben habe, jetzt natürlich bereichert durch ein Spektroskop, ein Instrument zur Beobachtung der Linien in dem Sonnenspektrum, die Frauenhofer gefunden und Bunsen erklärt hat; Nachet (Nr. 1416) und Hartnack (1417) die besten Mikroskope nächst den englischen; Brunner (Nr. 1415) ganz ausgezeichnete Theodolite; Breguet (Nr. 1413) einen Pulsfühler, der die Zahl und Stärke der Schläge aufschreibt; Hofmann (Nr. 1440) ist der beste Schleifer von Krystallen. Wie in dieser Klasse unter den 153 englischen Ausstellern sechs italienische, finden sich unter den 57 französischen fünf deutsche Namen von Auszeichnung. Die besten französischen Fernröhre sind von Bardou (Nr. 1408) die billigsten, dabei doch recht brauchbar, von Lebrun (Nr. 1409). In Waagen behaupten die Franzosen neben den Amerikanern den ersten Rang, und unter ihnen Collot (Nr. 1427) für große, Deleuil (Nr. 1421) für kleine, im luftleeren Raume arbeitende. Unter den amerikanischen Ausstellern nehmen Darling & Schwarz (Nr. 58c) die erste Stelle ein. Auf die Franzosen und Amerikaner folgen die Deutschen, Sauter in Würtemberg (Nr. 2736), Bornhardt in Braunschweig (Nr. 258), Knewitz in Frankfurt a. M. (Nr. 311) mit chemischen, Pintus in Berlin

— 273 —

(Nr. 1411a) mit Lastwaagen. Die Engländer leisten merkwürdiger Weise in dem Fache wenig. Ebenso ausgezeichnet wie in Waagen sind die Franzosen in feinen Theilmaschinen, von denen sich vielleicht in wenig Worten eine Vorstellung geben läßt. Wenn eine Schraube, die einen Zoll lang ist und zehn Umgänge hat, einmal um ihre Achse gedreht ist, so muß die Spitze um $\frac{1}{10}$ Zoll vorgerückt sein. Wird sie nur halb um ihre Achse gedreht, so rückt die Spitze nur $\frac{1}{20}$ Zoll vor. Denkt man sich nun die Schraube sehr dick, also die Schraubengänge sehr lang und einer vielfachen Eintheilung fähig, so wird man begreifen, daß vermittelst eines solchen Instrumentes mit Sicherheit Eintheilungen gemacht werden können, die nur unter dem Mikroskop sichtbar sind. Die feinsten Maschinen der Art hat Perraux (Nr. 1428) geliefert. Ein ganz neues Instrument, das sofort zu neuen Entdeckungen verholfen hat, ist das von König in Paris (Nr. 1394), welches die Schwingungen tönender Körper aufzeichnet. Es besteht in der Hauptsache aus einer Glasröhre, welche an einem Ende mit einem feinen, straff gespannten Häutchen geschlossen ist. Vor dem andern Ende läßt man eine Saite oder Stimmgabel tönen. Vermittelst eines sinnreichen Mechanismus werden die Schwingungen des Häutchens mit einer bisher unerreichten Genauigkeit in Form einer Linie zu Papier gebracht. Diese Linie drückt nicht nur, in großer Wellenform, die stärkste Schwingung aus, sondern auch in Wellchen auf der Welle, die abweichenden Vibrirungen. Die Maschine verzeichnet überdies, in besonderen Linien, die sekundären, begleitenden Töne, die ein bestimmter Ton hervorruft. Man erfährt, wie a aussieht, und erkennt aus dem Aussehen auch erst, wie a klingt. Musiker, Komponisten, Instrumentenmacher sollten es nicht versäumen, sich den betreffenden Schrank von Madame Gavard aufschließen und den Atlas von Klangfiguren vorlegen zu lassen, den König mit seinem Apparat zu

18

Stande gebracht hat. Sie finden Madame Gavard mit Schlüsselbund und Strickzeug bei dem von ihrem Manne ausgestellten Pantographen (Nr. 1398). Man versteht im Allgemeinen unter dem Ausdruck ein Instrument, welches eine Figur in kleinerem oder größerem Maßstabe reproduzirt, wie der Storchschnabel. Der Name wird aber auch für andere verwandte Instrumente gebraucht. Unter den Gavard'schen ist z. B. eins, welches eine Arbeit versieht, die man für eine Arbeit der Phantasie halten könnte, aber, wie dies Instrument beweist, mit Unrecht, nämlich Rechts in Links zu verwandeln, z. B. zu einer rechten Schuhsohle die entsprechende linke zu zeichnen: das Instrument ist sehr einfach. Angenommen, ich sitze mit dem Gesicht nach Norden, so habe ich vor mir auf dem Tische eine metallene Schiene, die von Westen nach Osten liegt. Auf der Schiene sitzen zwei verschiebliche Hülsen, die ich West und Ost nennen will. An der Nordseite der Hülse West ist eine andere Schiene mit einem Charnier befestigt, an der Nordseite der Hülse Ost eine ebenso lange; diese beiden Schienen sind in einen Charnier, Nord, zu einem Winkel verbunden. An der Südseite der großen Schiene liegt ein eben solcher Winkel, dessen Scheitelpunkt also Süd heißen soll. In dem Punkte Süd steckt senkrecht ein kleiner Drahtstift, in dem Punkte Nord eine kleine Bleifeder. Ich lege die Zeichnung der rechten Schuhsohle zwischen mich und die große Schiene und fahre mit dem Stift Süd über jede Linie der Zeichnung; dann wird die Bleifeder Nord auf einem untergelegten Papiere eine gleich große linke Sohle zeichnen. Denn wenn ich den Stift von Westen nach Osten oder von Ost nach West bewege, so muß die Bleifeder dieselbe Bewegung machen — die beiden Hülsen gleiten in unverändertem Abstande auf der Schiene hin und her; bewege ich aber den Stift von Süden nach Norden, so muß die Bleifeder sich von Norden nach Süden bewegen — die Hülsen gleiten auseinander, ziehen also den Scheitelpunkt Nord an die Schiene heran. Alle diese Pantographen sind von Aluminium und nur zu Zeichnungen auf der Ebene bestimmt.

Zwei ganz vorzügliche Pantographen anderer Art, und ohne ihres Gleichen in der Ausstellung sind von Bialon in Berlin (Nr. 2286) und von Wagner jun. ebendaselbst (Nr. 1324). Der erstere radirt die Muster auf Cylinder zum Kattundruck, der zweite Reliefnachbildungen in Linienmanier beide ohne Zeichnung nicht anschaulich zu machen. In der englischen Abtheilung findet sich ein Instrument, das ich übergangen habe, an das ich aber durch den beschriebenen Gavardschen Pantographen erinnert werde; seine ausdrückliche Bestimmung ist, die Phantasie des Musterzeichners zu ersetzen. Es ist eine Art von Kaleidoskop, mit Stückchen Vogelfedern, Endchen Band u. dergl. gefüllt, die in der einen Abtheilung des Instrumentes durcheinander geschüttelt werden und durch ihre Vervielfältigung in Spiegeln regelmäßige Figuren bilden. Ich nenne weder Aussteller noch Nummer, denn eine Einbildungskraft von Messing und Glas verdient keine Begünstigung.

Aus Deutschland ist sonst noch Folgendes nachzutragen. Die hölzernen Krystall-Modelle von Prüfer in Wien (Nr. 1182) viel vollkommener, als die von der Turiner Ingenieurschule (Nr. 1788). Es mag wider den Begriff verstoßen, eine Wiener Leistung über eine Turiner zu stellen; aber es ist einmal so. Die Glasgefäße zu chemischen Arbeiten von Kavalier in Böhmen (Nr. 653), die unerreicht sind. Die optischen Instrumente von Voigtländer und Sohn in Wien (Nr. 868). Das elektrische Chronoskop von Ausfeldt in Gotha (Nr. 2625). Der neue Apparat von S. Elster in Berlin (Nr. 1395), um die Lichtstärke des Gases zu bestimmen.

Aus Italien sind außer einer Rechenmaschine nur die rohen

Apparate zu erwähnen, mit denen Volta seine feinen Beobachtungen und seine unvergängliche Entdeckung machte. Man
hätte ihnen einen würdigeren Platz anweisen sollen. Ein Italiener hat eine ganz neue Entdeckung gemacht, das Verhältniß
der Parallelen zwischen den Schenkeln eines Winkels; schade,
daß Euklid ihm damit zuvorgekommen! Die Zukunftsnationali-
täten haben auf diesem, wie auf andern Gebieten ihre Leistungen
grausamer Weise gänzlich vorenthalten.

Eine Gattung von Maschinen habe ich bis zuletzt verspart,
weil sie eine Arbeit verrichten, die man gewöhnlich für eine
geistige hält, die Rechenmaschinen. Wird man das Rechnen
noch länger für eine geistige Arbeit halten dürfen, wenn es
durch Maschinen besorgt wird? Das chinesische Additions- und
Subtraktionsbrett mit Kugeln, die auf Dräthen laufen, kann
man eigentlich nicht in diese Klasse rechnen; es ist keine Maschine, erspart auch nicht die Arbeit des Zählens, sondern macht
sie nur leichter und sicherer. Ganz anderer Art ist der Apparat von Gonella (Nr. 1231, Italien). Er zeigt vorn zwei
Reihen von Tasten, gestellt und numerirt wie folgt:

$$6 \quad 7 \quad 8 \quad 9$$
$$1 \quad 2 \quad 3 \quad 4 \quad 5$$

Man berührt die Ziffern, die man addiren will, und auf
mehreren Reihen von Ringen, die sich über der Klaviatur befinden, kommt die Summe zum Vorschein bis 99. Die Hunderte werden durch eine noch höher liegende Reihe markirt.
Wenn man z. B. folgende Tasten nach einander anschlägt, 6,
7, 8, 9, 1, 2, 3, 4, 5, so werden nach einander folgende
Ringe zum Vorschein kommen: 13, 21, 30, 31, 33, 36, 40, 45.
Es leuchtet ein, daß die Leistung größer ist und der Mechanismus künstlicher sein muß, als an den Numerirmaschinen,
von denen in einem früheren Artikel gesprochen worden ist.
Noch viel größer ist die Leistung der Rechenmaschine von

Scheuß in Stockholm, die nur in einer Abbildung da ist, aber nach beigebrachten Zeugnissen Logarithmen berechnet und gleich in eine weiche Bleiplatte eindrückt, die als Matrize zur Stereotypirung dienen kann. Die Zeichnungen und Atteste sind auf eine unentwirrbare Weise vermengt mit einer Maschine von Babbage, die auch Logarithmen berechnen soll. Mr. Babbage war in seiner Jugend ein Wunderkind im Kopfrechnen, erhält sich aber seit Jahren nur dadurch in Erinnerung, daß er etwa alle Woche einmal eine Bande deutscher oder italienischer Straßenmusikanten des Verbrechens anklagt, ihn in seinen Rechnungen gestört zu haben. Soweit ich den Zusammenhang habe ermitteln können, hat er die Vollendung seiner Maschine aufgegeben, weil Scheuß ihm zuvorgekommen. Des Letzteren Maschine wird von Lebensversicherungsgesellschaften häufig zur Berechnung ihrer Tabellen benutzt.

Also Rechnen by machinery: what next? Mit der Redemaschine in der österreichischen Abtheilung hatte sich ein hiesiges Blatt in den April schicken lassen. Aber Betmaschinen giebt es seit lange in den Buddhistischen Ländern. Sie bestehen aus einer Trommel, die mit Gebeten beschrieben ist und durch eine Kurbel in Bewegung gesetzt wird; wer sie dreht, von dem wird angenommen, daß er alle Gebete gesprochen habe, die umgelaufen sind. Aber anderswo giebt es sogar Denkmaschinen. Man wirft Vordersätze hinein und erhält am andern Ende die Konklusionen; und es wird angenommen, man habe die Schlüsse selbst gemacht. In neuester Zeit ist diese Maschine sogar selfacting geworden, das heißt, man braucht nicht einmal mehr die Vordersätze hineinzuwerfen. In England heißt sie „Times."

In dieses Kapitel paßt nicht recht, aber doch besser als in jedes andere eine Erwähnung des elektrischen Lichtes, über das ich bei Gelegenheit der pariser Ausstellung Folgendes aufzuzeichnen hatte.

Von verschiedenen Ausstellern sind Vorschläge zur Benutzung des elektrischen Lichtes gemacht; zunächst handelt es sich aber um Ueberwindung der Schwierigkeiten, mit denen die Herstellung des Lichtes immer noch zu kämpfen hat. Einen großen Schritt dazu hat der Optiker Herr du Bosq (Firma Soleil) gethan, und ich habe das gute Glück gehabt, in seinem Atelier einer Reihe von Experimenten beizuwohnen, die nach dem Geständniß der anwesenden Sachverständigen verschiedener Nationalitäten nirgends weiter so ausgeführt werden. Nach dem, was schon erreicht ist, darf man darauf rechnen, daß das elektrische Licht bald mehr sein wird als ein Experiment, und wenn auch die meisten Leser im Allgemeinen mit der Sache bekannt sein werden, so dürften doch manche Leistungen des du Bosq'schen Apparats Vielen neu sein. Das elektrische Licht ist seiner Natur nach eins mit dem matten bläulichen Stern, den man schon mit einer kleinen Elektrisirmaschine hervorbringen kann. Es wird dadurch erzeugt, daß man den voltaischen Strom nicht unmittelbar von einem Drathende auf das andere überspringen läßt, sondern an jedem Ende ein Stück Coke befestigt. Zwischen diesen beiden Stücken Kohle, sie erst zum Weißglühen erhitzend, dann nach und nach verzehrend, schwebt der Funke, wenn man Funken ein Licht nennen darf, das in der Nähe kräftiger wirkt als die Sonne. Es ergeben sich aber, wenn weiter keine Vorrichtungen getroffen sind, folgende Uebelstände. Weil die Kohle allmählig verzehrt wird und weil der Strom unaufhörlich Partikelchen des einen Stücks nach dem anderen hinüberführt, verändert sich der Zwischenraum, wird im Ganzen größer, hin und wieder aber auch kleiner; jede Veränderung des Zwischenraumes wirkt auf die Stärke des Lichts; dasselbe brennt also ungleichförmig. Wenn man diesen Fehler durch Hin- und Herschieben mit der Hand verbessert, sobald er sich gezeigt hat, so entsteht ein neuer: der Funke kommt bald höher bald niedriger zu stehen, was für Zwecke der Beleuchtung gleichgültig sein mag, aber sehr störend ist, wenn das Licht mit optischen Apparaten in Verbindung gesetzt ist, also namentlich für Leuchtthürme und für Experimente. Alle diese Uebelstände hat du Bosq so vollkommen beseitigt, daß während dreistündiger Versuche das Licht nie flackerte, nie aus der Achse der davor aufgestellten Instrumente kam. Seine Vorrichtung ist folgende: Eine Feder, deren geeignete Spannung empirisch ermittelt werden muß, strebt unaufhörlich, das eine Stück Kohle dem anderen zu nähern, wird aber zurückgehalten durch einen Elektromagneten, der durch den Strom armirt ist. Wird der Zwischenraum zwischen den beiden Stücken Kohle kleiner, also der Strom stärker, so wird der Magnet kräftiger, überwindet die Feder und entfernt die eine Kohle ein wenig; und so umgekehrt. Um den Mittelpunkt zwischen den beiden Kohlenstücken, mit andern Worten, um das Licht immer genau in derselben Höhe zu halten, dazu dienen ein Paar Ketten, die den Magneten mit den beiden Stücken Kohle verbinden und über eine Rolle laufen, die sich während der Drehung vergrößert, beziehungsweise verkleinert. Die ungleichmäßige Stärke der Batterie endlich wird durch stärkere oder schwächere Spannung der erwähnten Feder ausgeglichen. Freilich bleibt immer noch ein Uebelstand, die Erneuerung der Kohle, die bei den in Rede stehenden Versuchen etwa alle Stunde einmal erfolgen mußte.

Die französische Regierung geht damit um, das elektrische Licht zunächst zu Schiffssignalen zu benutzen, und wird für den Zweck die Batterie durch Reibungselektricität ersetzen, die auf Dampfschiffen aus der immer vorhandenen überflüssigen Maschinenkraft umsonst und ohne Zeitverlust zu gewinnen ist.

Von den vielen interessanten und mit einer bewunderungswürdigen Sicherheit ausgeführten Versuchen dürften folgende am wenigsten bekannt sein. Das elektrische Licht giebt bekanntlich, wenn es durch ein Prisma gespalten wird, ein Spectrum (einen Regenbogen) von viel intensiveren Farben, als man es in der Natur zu sehen bekommt. Ersetzt man die eine Kohle durch ein Stück Kupfer, das bekanntlich mit grüner Flamme brennt, so fällt ein fremder grüner Streif in das Spectrum; und so mit anderen Metallen, je nach der Farbe ihrer Flamme. Es läßt sich erwarten, daß diese Versuche für die Kolorirung nutzbar werden. Unter den zahlreichen Anwendungen des elektrischen Lichtes auf das Mikroskop war besonders eine interessant, die auf einer Verbindung mit der Photographie beruht. Man läßt das vergrößerte Bild eines mikroskopischen Gegenstandes auf die weiße Wand fallen, fixirt ein Bild dieses Bildes in einem photographischen Apparate auf eine Glasplatte und setzt diese Platte in das Mikroskop. Der überraschendste und folgenreichste Versuch aber ist dieser. In einer hohlen Säule, in die ein Wasserstrom hinaufgetrieben wird, bringt man ein rundes Ausgußloch an, aus dem das Wasser in einem Bogen ausströmt. Diesem Loche gegenüber befindet sich ein eben so großes, durch ein Glas verschlossenes. Hinter dieses kleine Fenster stellt man das elektrische Licht, entweder wie es ist oder mit einem farbigen Glase davor. Natürlich wird das Wasser, das sich zwischen den beiden Löchern der Säule befindet, mit der ganzen Kraft des Lichtes erleuchtet und geht der Lichtschein, etwas gedämpft, in das Dunkel hinaus. Aber damit endet die Erscheinung nicht, sondern der bogenförmig herabfallende Wasserstrahl bewahrt das Licht, das ihn am Punkte des Ausströmens erfüllt; er erscheint in seiner ganzen Länge wie ein Strahl weißglühenden Metalls und, unten in einem Becken aufgefangen, leuchtet das Wasser wie die See in stillen Sommernächten. Das Wasser hat das Licht aufgenommen oder reißt es mit sich fort. Durch bunte Gläser kann man das Wasser beliebig färben. Dieser wundervolle Anblick, bei dem man seinen Sinnen nicht traut, weil sie einem das Gegentheil des Dogmas zeigen, daß der Lichtstrahl in gerader Linie fortzugehen suche, bringt die Schöppenstädter zu Ehren, die das Tageslicht in einem Gefäße in das Rathhaus tragen wollten.

Dazu ist heute wenig nachzutragen. Der Régulateur automatique von Serrin ist nur eine Veränderung, vielleicht Verbesserung der Vorrichtung, welche die beiden Stücke Kohle immer in der richtigen Entfernung hält; ob besser als der Siemens'sche Wagen weiß ich nicht. Ein anderer Franzose, Berlioz, hat eine Maschine ausgestellt, welche die Magneto-elektrizität benutzt. Seine Behauptung, daß diese Beleuchtung nichts koste, ist handgreiflich unrichtig; sie kostet die Bewegung, die erforderlich ist, um die Anker an den Magneten vorüberzuführen. Eine Vorrichtung des Engländers Holmes ist nur für die gute Arbeit belobt worden. Das merkwürdigste Instrument aber nicht nur in dieser Abtheilung, sondern in der ganzen Ausstellung ist das Myographion von Fessel in Köln, welches die Muskelzuckungen und die Fortpflanzungsgeschwindigkeit der Reizung in den Nerven mißt und aufzeichnet, die Geschwindigkeit der telegraphischen Depeschen, welche das Gehirn den Gliedern und die Glieder dem Gehirn zuschicken, die Geschwindigkeit des Gedankens. Was wird die Philosophie mit diesem philosophical instrument anfangen? Wird sie sich gedulden, bis man erst ein wenig Empirie damit getrieben hat?

19. In Hatfield.

London, 26. Juni. Chiswick, das ich neulich beschrieben, ist eine italienische Villa, die man noch zu den Vorstädten von London rechnen kann, ein Gartenhaus für einen reichen Mann. Hatfield, wohin Lord und Lady Salisbury heute eine ähnliche Gesellschaft geladen hatten, ist der Sitz eines großen Grundherrn, keiner von den großartigsten, noch ältesten in England, aber einer von den sehenswürdigsten in der Nähe der Hauptstadt. Er liegt in der Grafschaft Hertfordshire, 18 Meilen von London, an der Great Northern Eisenbahn. Zwei schnell hinter einander beförderte Extrazüge landeten die Gesellschaft um 3 Uhr an der kleinen Station. Die Schaffner hatten alle Rosen in den Knopflöchern, der Inspektor war bewildert von dem Schwarm von wirklichen Lords und Ladies, und die weiblichen Honoratioren des Fleckens hatten die Zugänge besetzt, um sich an den Toiletten zu laben. Fünfzig Fuhrwerke beförderten die Gäste, die es nicht etwa vorzogen, die kurze Strecke durch den Ort zu schlendern und einen Blick auf die trutzige Kirche der heiligen Ethelreda zu werfen. Hatfield hat zwei bis drei Tausend Einwohner und ist natürlich „mittelbar", so mittelbar, wie je eine deutsche Stadt im Mittelalter gewesen ist. Die Hauptstraße zieht sich eine Anhöhe hinauf bis an eine Thorfahrt des Schlosses, welche in den Wirthschaftshof führt. Durch eine zweite Thorfahrt und um eine Ecke gelangt man auf die Gartenterrassen, welche das Schloß auf allen Seiten umgeben und durch die Wirthschaftsgebäude nicht nur gegen den Besuch, sondern auch gegen den Blick der Städtler abgesperrt sind. An den Seiten laufen die Terrassen in Rasenplätze aus, die ein alter, meilenweiter Park einschließt. Dieser Zugang von der Stadt ist nur die Hinterthür des Schlosses. Ehe es Eisenbahnen gab, fuhren die Besucher durch eine prächtige Allee oder Wildbahn heran, so breit, daß der Fahrweg wie ein Fußsteig in dem Rasen erscheint. Das Gebäude, aus der Regierung der Königin Elisabeth, verräth den Uebergang von den festen Plätzen streitbarer Vasallen zu den bequemen Wohnungen reicher Gutsbesitzer. Es ist von Backsteinen ohne Abputz, nur die Verblendungen und Fenstersturze von Sandstein, und bildet ein Quadrat, aus dem an der Hauptfronte zwei Flügel auslaufen; jede Seite ist durch einen viereckigen Eckthurm flankirt. Die Fenster sind rechtwinklich, sehr breit und haben kleine Rauten, wie das Potsdamer Schloß, die offenbar noch in den ursprünglichen Rahmen von Lärchenholz stecken. Die Bedachung besteht aus einer Reihe kleiner Dächer, welche den Giebel nach außen kehren. Das Haus ist, wie man heute sagt, cottage-built, d. h. das Kellergeschoß ragt wenig über den Erdboden empor und das Erdgeschoß ist niedrig. Fußboden und Wände sind getäfelt, Kamine und Decken aus Eichen- oder Nußbaumholz geschnitzt. In jedem größeren Zimmer ist ein Erker mit der überaus behaglichen Fensterbank, die wir aus unserem langweiligen Kasernenstyl mit so mancher andern weisen Einrichtung unserer Vorfahren verbannt haben. Wenn ein Mann nach des Tages Last und Verdruß sich auf eine solche Bank in das Abendroth setzt und nach drei Seiten ins Grüne oder auf das Treiben in den Gassen sieht, so wird er wahrscheinlich guten Humors; und ob ein Mann in gutem Humor zu Bette geht, das hat gewiß auf sein und der Seinigen Schicksal einen großen Einfluß.

Wie es in England bei solchen Veranlassungen üblich, waren nicht nur die Prunkgemächer, sondern auch die Wohnzimmer und die Logierstuben geöffnet. Auch an dem Hausrath ist noch vieles in Uebereinstimmung mit der Physiognomie des

Gebäudes; die Schränke der Bibliothek scheinen so alt, wie das Getäfel, und Näpfe von Delfter Geschirr, mit Rosenblättern und Lavendel gefüllt, verstärken den Eindruck, daß man sich in einer konservativen Atmosphäre befindet. Und so ist es; der Marquis von Salisbury war, wenn ich mich recht entsinne, Präsident des Geheimraths unter Derby; daher kam es wohl, daß man sich vergebens nach Palmerston dem Großen und seinen Trabanten und seiner Trabanten Trabäntchen umsah. Von den zahlreichen Portraits, welche alle Wände bedecken und von dem einen Bücherschrank, aus dem durch ein verschlossenes Gitter die stattlichen Quartanten der Cecil Papers heraus- schauen, kann man so ziemlich die Geschichte des Schlosses und seiner Besitzer ablesen. Ein jüngerer Sohn der Cecils, sagt ein alter Biograph, ging nach London, wurde reich auf London Bridge (wo damals die Wechslerbuden standen) und kaufte Land in Lincolnshire. Sein Sohn William, den er hatte stu- diren lassen, wurde Sekretair des Lord Protectors Somerset und bei der Thronbesteigung Elisabeths deren Minister. Außer ihm sind alle Hauptpersonen aus Schillers Tragödie im Por- trait vorhanden. Die Königin war als Prinzessin in Hatfield, das damals dem Bisthum Ely gehörte, „internirt", aber nicht in dem gegenwärtigen Schlosse, sondern in einem kleinen Gebäude, in dem jetzt die Pferde des Marquis, wahrscheinlich besser als Queen Bess, logirt sind. Man zeigt in dem Park einen Baum, unter dem sie gesessen habe, als sie die Nachricht er- hielt, daß ihre Schwester gestorben sei. Ihr Portrait ist ein merkwürdiges Bild. Ueber das enganschließende Kleid hängt ein langer, abstehender Gazeschleier herab. Sie trägt eine kleine Krone; die lichtblonden Haare sind in zwei Flechten gelegt, das Gesicht ist leidlich hübsch und erinnert an die Prinzessin Alice, oder umgekehrt. Auf den linken Aermel ist eine Schlange ge- stickt, auf den rechten ein Regenbogen mit einem Motto: Non sine sole Iris. William Cecil, mit dem Zunamen Burleigh, behauptete sich in ihrer Gunst, wenn sie ihn auch zuweilen auszankte und einmal, als er darauf bestand, einige Tage Urlaub zu haben, „um Medizin zu nehmen", a froward old fool nannte. Auch Robert Dudley, Earl von Leicester, für den sie freundlichere Worte hatte, fehlt nicht. Maria ist in Schwarz mit Rosenkranz und Kruzifix, den Heiland in der Hand, die Weltlust in dem Herzen. Das Bild trägt die Unterschrift: Maria piissima Scot. Regina, anno aetatis 36, anglicae captivitatis 10. Elisabeth hatte den Ort liebgewonnen und brachte ihn an sich. Jakob I. konnte ihn nicht leiden und vertauschte ihn an Robert Cecil, den Sohn Williams, der während sein Vater noch Minister der Königin war, schon im Geheimen ihrem künftigen Nachfolger gedient hatte und bei dessen Thronbesteigung Minister wurde. Robert erhielt den Titel Earl von Salisbury, baute das Schloß und liegt in der Kirche begraben. Auch nachdem es ihnen nicht mehr gehörte, haben die Stuarts mit Hatfield zu thun gehabt. Karl I. saß daselbst gefangen und ein Urenkel Robert Cecils arbeitete eine Zeit lang an der Restauration Jacobs II., gab aber das Ding auf, als er sah, daß nur Schaden dabei zu machen sei; sein gegenwärtiger Vertreter, der freundliche alte Herr, Vorsitzender der Jury für Civilbaukunst, läßt sich nicht einmal auf die gefahrloseren Intriguen Disraeli's ein, den er mit den übrigen Gästen am Eingange der Terrasse empfing. Vor dem Eingange in das Haus hatte seine Gattin, eine schöne, stattliche Dame, bekannt dafür, daß sie sich vortrefflich zu kleiden versteht, die Ankommenden begrüßt. Neben den Vorfahren der Familie sei noch ein Portrait von Laura erwähnt mit der Unterschrift: Lauri fui; viridem fecit Raphaeli atque Petrarcha. In dem Bankettsaal, der durch beide Stockwerke geht, hängen französische Landsturmfahnen, die der Vater des Besitzers im Kriege gegen Napoleon erbeutet hat. Gestern klirrte es unter ihnen nur von den silbernen Waffen, mit denen die Gesellschaft ein altenglisches Luncheon sehr brav und ausdauernd angriff. Auf einen leichten Schauer, schnell abgeführt durch die Drains, die unter allen Rasenstücken liegen, folgte ein prächtiger Sommerabend, den ich mir in dem Park bestens zu Nutze machte, und alle Welt desgleichen. Manche Dame war painful to look at, wie sie selbst von den Kaschmirshawls zu sagen pflegen; und mir gefiel es noch um deshalb besonders, weil ich den Irrgarten wieder erkannte, dessen Abbildung und Beschreibung ich in einem alten Reisewerke, ich glaube Archenholz, gelesen hatte, als ich die Masern hatte. Es ist schon lange her und in allen Fieberphantasien der Krankheit habe ich mir nicht träumen lassen, daß ich einmal auf einer Fensterbank dieses Schlosses sitzen würde. Der Sybarit aber beneidete einen Nachbarn des Marquis, der jenseits der Hecke in seinem Gärtchen saß und uns den Dampf seiner Thonpfeife zublies.

20. Kalender und Uhren.

Kein englisches Sprüchwort wird anderswo so häufig angeführt als Time is money, Zeit ist Geld. Dieser Satz, würdig der sieben Weisen Griechenlands, ist bei dem Engländer
die Frucht einer langen Praxis; hoffen wir, daß er für Andere,
z. B. für den Schreiber dieses, das Saatkorn einer bessern
Praxis werden möge. Wir haben viel schöne Sprüche über
die Zeit; wir alle wissen, daß Chronos seine Kinder frißt, und
wünschen sehnlich, daß er diese Operation mit einigen seiner
Kleinen je eher je lieber vornehmen möge; viele von uns haben
die Füße des Verses

— fugit irrevocabile tempus

so genau gezählt, als wäre er ein Skolopender; wir haben uns
von Schiller und von Confucius lehren lassen:

Blitzschnell ist der Augenblick dahin —

und hatten vorher schon aus dem Kinderfreund gelernt:

Den verlornen Augenblick
Bringt keine Reue je zurück.

Aber das Alles ist nicht: Time is money. Der deutsche
Vater wird seinem lungernden Sohn sagen: Beschäftige Dich
nützlich! aber wird das Gebot wahrscheinlich für erfüllt erachten,
wenn der Sohn Sanskrit oder Generalbaß treibt oder etwas
darüber nachliest, ob die Zeit existire oder nur ein Verhältniß
sei, in dem uns die Dinge erscheinen. Time is money muß
neueren Ursprungs sein. Der Ritter, dem jeder Herbst die
Scheuern füllte, der Villain, der ihm Scharwerk that, der
Klosterbruder, der Handschuhmacher von Perth haben den Satz
nicht erfunden; er muß in den Sitzen der modernen Industrie
entstanden sein, zwischen Spindeln, die 6000mal in der Minute

umlaufen, in dem Kopfe eines Mannes, der täglich auf dem Wege zu seinem Geschäftslokal eine Stunde verliert. Wo immer entstanden, heute gilt er überall, steht geschrieben über dem Studirtisch des Gelehrten, tröstet die Thätigen über die Versäumniß und die Kosten der Erholungsreise, die ihnen Kraft zu doppelter Arbeit geben wird, und flüstert den reichen Müßiggängern zu, daß sie für die Zeit, die sie in die Welt geworfen haben, einen Anspruch an die Welt haben, den sie bei vorkommender Gelegenheit, z. B. bei einer entscheidenden Parlamentsabstimmung, in Pfunden, Schillingen und Pencen beitreiben werden.

In keinem andern Lande ist für die Zeitrechnung so gut gesorgt, ist sie in so unauflösliche Verbindung gebracht mit der Bilanz. Ist es Zufall, Absicht oder Instinkt gewesen, was in der englischen Abtheilung die Chronometer neben die Kalender gestellt hat? Ich hätte sagen sollen: neben die Tagebücher; denn der eigentliche Kalender, englisch Almanac, ist aufgegangen in dem Diary. Diary aber ist nicht ein deutsches Tagebuch, in dem man sich selbst mit Reflexionen betrügt, sondern ein Ding wie ein Terminskalender mit drei Geldkolonnen und dem Formular zu einem Jahresabschluß. In England ist jedem Menschen jedes Geschäft ein Termin, der entweder Geld einbringt oder Geld kostet. In Deutschland führen solche Bücher regelmäßig nur die Juristen, die Aerzte, die Beamten der Generalkommission —

Sie wissen in dreißigstel Tagen
Das Korn aus der Aehre zu nagen.

Es giebt auch dort diaries für Jedermann, aber man muß sehr darnach suchen, und das beste, das ich kenne, ist nicht in Berlin erschienen, sondern in Wesel; während man bei jedem Buchbinder einen Trowitzsch findet mit den astronomischen Hieroglyphen, die in England nur noch in den Schaufenstern der

Apotheker fortleben, und bei jedem Buchhändler einen Volks-
kalender mit Erzählungen. Der deutsche Kalender verweist uns
an den Himmel oder unternimmt es, uns zu kurzweilen; der
englische hat es nur mit der Erde zu thun und ihren Geschäften.
Er sagt uns höchstens, wann der Mond auf- und untergeht,
denn das muß man wissen, um seiner Reisen willen; aber er
erinnert uns unfehlbar, daß am 5. Januar die Dividenden der
Bank gezahlt werden, am 8. das britische Museum wieder geöffnet wird, am 9. die Feuerversicherung zu erneuern ist, daß
am 1. Februar die Fasanen- und Rebhühnerjagd ein Ende
hat, und am 27. das Hasenschießen. Der Großmeister dieser
diaries ist Letts (5151), der vor 50 Jahren mit 2 oder 3
Ausgaben begann und jetzt seine 120 Sorten von Folio bis
zu Westentaschenformat, von 5 Pence bis zu 14 Schilling „den
Völkern der ganzen Erde vorlegt auf drei Gründe hin: 1) als
Proben vorzüglichen Materials und tüchtiger Arbeit, 2) als
eine Auswahl, in der buchstäblich alle Stände und Klassen der
Gesellschaft ihre Bedürfnisse befriedigt finden, 3) als ein werthvolles Mittel, um Zeit und Geld zu ersparen." Von jeder
Gattung ist ein Blatt ausgestellt.

In England findet man in jedem Geschäftslokal, in jedem
Laden, in jedem Bierhause, in jeder Küche und in keinem Gesellschaftszimmer, ja selten in einem Wohnzimmer eine Uhr. Es
würde wie eine Impertinenz erscheinen, wenn der Wirth seine
Gäste daran erinnern wollte, wie spät es ist. In Frankreich
gehört eine Uhr in jeden ordentlichen Salon, als Kaminver-
zierung, und braucht deshalb auch nicht richtig zu gehen, von
welcher Freiheit sie in der Regel Gebrauch macht. Wer diesen
Unterschied der beiden Länder noch nicht kennt, der kann ihn
der Ausstellung absehen; in Pendulen haben die Engländer
sich selten versucht und wenig geleistet. Für das Geschäftslokal
dient die runde Uhr in Holzrahmen, deren ganzes Werk sammt

Pendel hinter dem Zifferblatt verborgen ist, eine Taschenuhr
in großem Maßstabe. Für das Haus ist die beliebteste Form
die „Skelettuhr," eingeschlossen in einen viereckigen Glaskasten,
durch den man das ganze Räderwerk sehen kann, anspruchslos
und reinlich. Unter den ornamentirten Gehäusen auf der
Ausstellung ist nichts hervorstechend Schönes, aber einiges hervorstechend Häßliches, z. B. ein roastbeeffarbener Säulenbau
von Marmor, in dem sich ein Tod, wie die Alten ihn nicht
gebildet, und ein wasserköpfiger Junge von Bronze aufhalten,
getrennt durch das Pendel, das die Gestalt einer Schnaps-
flasche hat. Es scheint, daß die Kunst- und Zeichenschule noch
nicht auf Gehäuse von Stutzuhren gekommen ist. Von den
englischen Taschenuhren ist es bekannt, daß sie sehr solide und
sehr theuer sind und häufig aus Genf kommen. Die beiden
großen Firmen Dent und Bennet behaupten ihren Ruf, die
erste, daß sie die theuersten, die letzte, daß sie die billigsten
Taschenuhren liefern. Hunter oder Jägeruhr heißt eine Uhr,
die über dem Zifferblatt ein massives Gehäuse hat und auch
sonst so stark gearbeitet ist, daß sie nicht beschädigt wird, wenn
der Eigenthümer auf einem Jagdbrennen die Rippen bricht.
Die Ornamentirung der englischen Taschenuhren ist durchweg zu
loben; sie wird durch die unvermeidliche Rücksicht auf den
Gebrauch in gewisse Grenzen eingeschlossen, und der konservative
Zug des Volkes sichert dem einmal Erprobten für immer die
Gunst. Die englischen Uhren haben etwas von den englischen
Jachten.

Eine schöne Ergänzung der Ausstellung auf diesem und
auf andern Gebieten bildet die Sammlung von Kunstwerken
und Raritäten, welche die Aristokratie für diesen Sommer in
dem Museum von Kensington veranstaltet hat, das sogenannte
Loan-Museum. Unter dieser Masse von Gegenständen, deren
Gleichen vielleicht nie wieder beisammen zu sehen ist, findet

sich eine ganze Geschichte der Taschenuhr von den Butterbüchsen verschollener Aebte und der Uhr, die Elisabeth in ihrem Siegelringe trug, bis zu den Arbeiten der berühmtesten französischen und italienischen Meister des vorigen Jahrhunderts. Die meisten Stücke sind im Besitz berühmter Personen gewesen und manches würde einen sentimental stimmen, wenn man in London dazu Zeit hätte.

Sehen wir uns noch das Eine und Andere näher an. Weil die englischen Uhren auf der Gallerie aufgestellt sind, die unter tausend Tritten erzittert, so gehen die meisten Pendelwerke nicht. Gleich die erste, auf die wir stoßen, von Dettmann in London, hat vielleicht am Meisten von allen von der Erschütterung zu leiden, denn an ihr ist das Echappement durch eine Vorrichtung ersetzt, die bei der leisesten Bewegung den Dienst versagt und wohl eben deswegen nie üblich werden wird. An das Pendel ist oben ein zweiarmiger Hebel rechtwinklig angesetzt, der an jedem Ende eine kleine Metallschale trägt, nicht größer als ein Eichelkelch; über jedem Kelch hängt an einer Stange eine goldene Kugel, die in den Kelch paßt; die Stange hängt, vermöge eines Knopfes am oberen Ende, in dem Loche eines Querbalkens. Schlägt der Pendel nach rechts, so steigt der rechte Kelch, umfaßt die Kugel und hebt sie ein wenig; ebenso auf der linken Seite. Daneben steht eine maurerische Uhr von Potts, gefährlich, todtenkopflich anzusehen. Shepherd hat ein Exemplar seiner elektromagnetischen Uhren ausgestellt, an denen ich keinen Fortschritt gegen 1855 bemerke. An der Hauptachse sitzen zwei eiserne Flügel, denen zwei Hufeisen von weichem Eisen mit Kupferdraht bewickelt, entsprechen. Der Strom, abwechselnd in den einen und den andern Draht geleitet, macht die Eisen abwechselnd magnetisch. Den Wechsel in der Stromleitung besorgt das Uhrwerk, ähnlich wie die Dampfmaschine das Spiel der Ventile. So wird die be-

wegende Kraft nicht nur erzeugt, sondern auch regulirt; der
Magnetismus vertritt nicht nur Gewicht oder Feder, sondern
auch Echappement. Wieweit es gelungen ist, durch die Re-
montoir-Hemmung den Impuls unabhängig zu machen von
den unvermeidlichen Schwankungen in der Kraft der Batterie,
weiß ich nicht. Eine andere Anwendung der Elektrizität besteht
darin, daß man von einer Uhr Dräthe nach andern legt, die
nur aus einem Zifferblatt mit einem ganz einfachen Räderwerk
zu bestehen brauchen, und ihre Zeiger gleichmäßig mit der
Normaluhr fortschreiten macht. In dem Ausstellungsgebäude
von 1851 war und in den Parlamentshäusern ist, wenn ich
nicht irre, die Uebereinstimmung aller Uhren auf diese Weise
erreicht. Der 1851 gemachte Versuch, dieselbe Wirkung durch
den Stoß auf die in eine Röhre eingeschlossene Luft hervorzubringen, scheint nicht weiter verfolgt worden zu sein. Leo-
nard (Nr. 3278) hat ein kleines Kästchen mit einigen un-
scheinbaren Gegenständen ausgestellt, an denen man, wenn nicht
in Begleitung eines Sachverständigen, vorübergehen würde,
denen aber ein Preis nicht fehlen wird. Es sind Unruhen für
Taschenuhren und Chronometer in verschiedenen Stadien der
Fabrikation. Eine gute Unruhe muß aus zweierlei Metall
bestehen, einem äußern Ringe von Messing und einem innern
von Stahl; der äußere darf aber nicht etwa auf den innern
aufgetrieben werden, wie die Stahlbandage auf das Triebrad
einer Lokomotive, sondern man gießt das Messing um einen
soliden Kern von Stahl und arbeitet den letztern zu einem
Ringe aus. An mehreren englischen Uhren macht der Pendel
eine kreisförmige Bewegung, so daß seine Stange den Mantel
eines Kegels beschreibt; welcher besondere Vortheil dadurch
erreicht wird, ist mir nicht einleuchtend. Mehrere Aussteller
haben die einzelnen Theile der Uhren geliefert, die meistens in
dem Londoner Quartier Clerkenwell von einer Bevölkerung

gearbeitet werden, in der das Geschäft so erblich ist, wie es
nur in einer indischen Kaste sein kann. An gewissen Sonn-
tagen fährt ganz Clerkenwell, Uhrmacher und Juweliere, nach
Epping Forest und trinkt Thee im Grünen; der junge Uhrmacher macht der jungen Juwelierin „Liebe mit dem Esel,"
wie man in Monmorency sagt, das heißt, miethet ihr ein
Langohr und karbatscht dasselbe galanter Weise in Galop;
und die Alten essen Shrimps dazu. In Clerkenwell werden
viel Uhren für den Orient gemacht, mit türkischen Zifferblättern,
die ebensogut und billiger in Deutschland und in der Schweiz
gemacht werden könnten. Auch aus unserem deutschen Clerkenwell, vom Schwarzwalde, ist ein Lager da, unter dem Namen
Dutch clocks, holländische Uhren, weil sie in alten Zeiten
über Holland eingeführt wurden. Sie kosten hier dreimal soviel
wie in Deutschland, aber immer nur den dritten Theil von
Bennetts billigsten Wanduhren. Noch billiger freilich ist die
„lautlose" Uhr, eine Glasröhre, in der eine kleine Quecksilber-
säule jede Stunde um eine bestimmte Strecke herabgleitet —
offenbar viel zu sehr den Einflüssen der Temperatur ausgesetzt,
um zuverlässig zu sein. Am Allerbilligsten aber ist der Egg
boiler, eine kleine Sanduhr, die gerade so lange läuft, wie
ein Ei kochen muß. Sie kostet zwei Pence. — In England
haben 111 Uhrmacher ausgestellt.

Aus der Schweiz 70. Hier begegnen wir zuerst einem
der großen Uhrwerke, die in früheren Zeiten der Stolz wohl-
habender Städte waren, und deren verrostetes Getriebe nur
noch der Fremde zu sehen bekommt, der gewissenhaft die Kirch-
thürme beklettert. Obgleich vor 23 Jahren angefangen, ist es
nicht zur rechten Zeit fertig geworden, nicht in den Katalog
aufgenommen und nur aus besonderer Vergünstigung nachträglich zugelassen. Uhrmacher mögen die sinnreiche und kompakte
Konstruktion und die gewissenhafte Arbeit bewundern; wir können

nur bedauern, daß so viel Zeit, Fleiß und Erfindung nicht auf
etwas Nützlicheres verwandt worden sind. Das größeste, was
die Uhr leistet, den Lauf der Sonne und des Mondes durch
das ganze Jahr anzuzeigen, leistet der Kalender auch, und am
Ende doch sicherer. Unsern Mechanikern sind heute andere
Felder geöffnet, und uns fehlt das Gefühl, aus dem ich die
Liebhaberei für astronomische Uhren erklären möchte. Bei den
Alten war die Zeitrechnung ein Stück der Religion; nach Einführung des Christenthums wurden die Tage noch lange nach
dem nächsten Sonntage bezeichnet, und über die Zeit hinaus,
bis in die Herrschaft des Kalenders hinein scheint eine ängst-
liche Sorge gedauert zu haben, die bürgerliche Zeit stets in
Uebereinstimmung mit dem großen Uhrwerk des Himmels zu
erhalten. Nachklänge davon sind bis in sehr späte Zeit zu verfolgen; im Louvre stand sonst eine Kanone, die in dem Augenblick, wo die Sonne kulminirte, durch ein Brennglas abgefeuert
wurde. Die ganze Menschheit hatte in Betreff des Jahres ungefähr das Gefühl, was den Einzelnen heute treibt, alle paar
Tage einmal an der Akademie in Berlin vorüberzugehen oder
um 12 Uhr abzuwarten, daß die Kugel in Charingcross niederfällt und damit Greenwich time anzeigt. Man verließ sich
mehr auf die Räder und Gewichte des Uhrmachers, als auf
die Rechnung des Astronomen, nach der doch der Uhrmacher
arbeiten mußte. Das große Schweizer Werk, von dem wir
sprechen und dessen Erbauer Coffranne heißt, zeigt ferner die
Zeit von 22 der wichtigsten Städte der Erde, was sehr künstlich aussieht und sehr einfach zu machen ist; der Tag dauert
überall 24 Stunden, man braucht also nur einmal die Zeiger
so zu stellen, wie es dem Längenunterschiede der Städte entspricht, und sie werden immer richtig weisen. Diese Vorrichtung
mag für die telegraphische Korrespondenz hin und wieder von

Werth sein, etwas Nachschlagen und Rechnen ersparen, ist aber von einem Franzosen viel einfacher hergestellt worden.

Eine ähnliche Erinnerung an vergangene Liebhabereien ist der schweizer Buchfinke, eine Spieluhr, die den Gesang des Vogels sehr gut nachahmt, mit einem Automaten dazu. Auch über den Spieluhren herrschen Glückssterne, wie über den Menschen. Dubin-Charpentier aus Paris zeigt einen singenden Kolibri, der aus einer Schnupftabacksdose vorkommt, flattert, hüpft und, wenn er sein Lied gesungen hat, zurückgeht, sich niederlegt und die Thür hinter sich schließt; von ihm habe ich nie reden hören. Das Publikum, das den Buchfinken genießen wollte, war stets sehr zahlreich, das Publikum, das ihn kaufen möchte, ist wahrscheinlich sehr klein. In den letzten Wochen ließ man ihn für die hungernden Spinner und Weber in Lancashire singen; das Mitleid über so ungeheures Elend zur Wohlthätigkeit angefacht durch einen kleinen Blasebalg! jetzt gesellte sich zu dem Gefallen an der Kuriosität ein komisches Gefühl von Dankbarkeit; die Zeitungen sprachen von dem Dinge, wie von einem lebendigen Wesen, nannten es the sweet little warbler, registrirten Tag für Tag, wie viel der Teller eingebracht; ich erwarte jeden Morgen eine Ode von Tennyson zu lesen, und werde es noch erleben, daß Manchester, wenn es wieder Geld im Ueberfluß hat, dem Buchfinken ein Denkmal setzt.

In der schweizer Abtheilung sind vollständiger als irgendwo die einzelnen Bestandtheile der Uhren in verschiedenen Stadien der Bearbeitung ausgestellt. Ein Arbeiter, eine Familie, eine Ortschaft macht nur Räder, eine andere Echappements, eine dritte Zeiger, eine vierte Zifferblätter, eine fünfte Zapfen und Widerlager von Rubin, den ich nur für Amethyst ansehe, berechnet auf Uhren von allen möglichen Verhältnissen, von dem handfesten Schiffschronometer bis zu dem Uhrchen, vier Linien im Durchmesser, von Sordet in Genf und dem Chronographen

von Müller in Locle, der Hundertstel Sekunden nicht nur
unterscheidet, sondern auch druckt. Mr. Cobden, der sehr übler
Laune ist, sollte sich einmal unter diesen Gegenständen umsehen
und an ihnen Politik studiren. Der einzelne Arbeiter leistet
das Aeußerste und hat sein gutes Brod dabei, aber doch nur,
weil es andere Arbeiter gegeben hat und giebt, die sich mit
dem ganzen Mechanismus beschäftigen und angeben, welche
Zwecke die einzelnen Theile zu erfüllen haben, die dafür sorgen, daß alles sich zum Ganzen fügt. Vielleicht würde er
zweifelhaft an seinem Satze, daß der Fabrikant sich um nichts
weiter zu bekümmern habe, als wo die billigste Baumwolle zu
haben sei. Das hat er am Schlusse der Sitzung schon entdeckt, daß Lord Palmerston die „Unruhe" sei und nicht korrekt
spiele; es fragt sich also weiter, wie die „Kompensation" zu
beschaffen. An den Taschenuhren haben die Schweizer angefangen, sich mit dem Nickel zu helfen, der den Einflüssen der
Temperatur weniger unterliegt als brass oder Messing. Vielleicht liegt auch in England der Fehler der parlamentarischen
Maschine an dem Ueberfluß von brass.

Die Franzosen leisten ebensoviel in dem Werk wie in
der Verzierung. Ihren Breguet braucht man nicht erst zu
nennen, und Bronzefabrikanten, welche Pendulen geliefert haben,
waren schwer zu zählen. Das bedeutendste Werk ist eine große
astronomische Uhr von Delouche, welche nicht nur dasselbe
leistet wie die schweizer, von Coffraune, sondern auch die wahre
Zeit giebt und als instrument de précision zum Gebrauch
für Sternwarten gearbeitet ist; Preis 30,000 Franken. Anque-
tin hat ein Patent auf Taschenuhren, welche die Zeit der wichtigsten Städte der Erde anzeigen und leicht auf jeden beliebigen
Ort eingerichtet werden können. Das Mittel ist sehr einfach.
Unter der Zahl XII steht Paris (oder Greenwich) und rund
um das Zifferblatt, in entsprechenden Entfernungen, stehen die

Namen der andern Städte; auf dem Zifferblatt, doch unter den Zeigern, liegt ein kleineres, bewegliches; will man die Zeit eines anderes Ortes wissen, so dreht man dasselbe so, daß seine Ziffer XII neben den Namen des Ortes zu stehen kommt; der Zeiger wird alsdann auf der beweglichen Scheibe die Zeit anzeigen. Um genau zu sein, muß ich hinzusetzen, daß das bewegliche Zifferblatt aus zwei konzentrischen Ringen besteht, deren einer die Stunden-, der andere die Minutenzahlen trägt. Da das Vor- und Zurückstellen dem Werk nicht zuträglich und das Ab- und Zurechnen beschwerlich ist, so mag bei Personen, die viel reisen, ein Bedürfniß für dergleichen Uhren vorhanden sein. Das zweite Zifferblatt mit dem dazu gehörigen Räderwerk kann auch nachträglich bei anderen Uhren angebracht werden. Eine Neuigkeit in der französischen Uhrmacherei ist die Verwendung von Weißtannenholz zu der Stange (tige) des Pendels; man will gefunden haben, daß es von den Temperaturveränderungen gar nicht berührt wird, und die künstlichen Metallkompensationen überflüssig macht. Von kostbaren Taschenuhren hat Dubin-Charpentier das größeste Lager ausgestellt; es nimmt sich aus wie ein Bilderbuch zu dem Gothaer Kalender. Da ist eine Taschenuhr, welche Stunden und Viertel schlägt und Minuten repetirt, das Zifferblatt von Krystall, der Rücken mit den 48 Wappen der Provinzen Spaniens, Eigenthum des Königs von Spanien; eine ähnliche für den Grafen von Villafranca, deren Lilien ganz friedlich neben den Bienen einer andern, dem Kaiser der Franzosen gehörigen, blühen; eine Uhr für Musiker, mit einer Stimmgabel; zwei Reiseuhren für den Kaiser und den Infanten Don Franzisco de Paula, mit Wecker; drei Uhren in Gestalt eines Kreuzes, für Se. Heiligkeit den Papst und seine beiden vielgeliebten Töchter, Eugenie und Isabella. „Ich nahm die Idee," sagt der Aussteller in seinem Katalog, „aus den Berichten der Missionäre. Es ist wohl bekannt, daß ihre

Uhren eine Anziehungskraft für die Wilden hatten und deren
Begehrlichkeit viel mehr reizten als das Kreuz in seiner an-
spruchslosen Erscheinung." Die besten Kunden für Monsieur
Oudin-Charpentier scheinen die Potentaten zu sein, denen es
am Aengstlichsten darum zu thun ist, zu wissen, was die Uhr
geschlagen hat; vielleicht finden sich ihre Kostbarkeiten einmal
wieder zusammen in einer Sammlung wie die vorhin erwähnte
im Kensington Museum. Alle diese Uhren haben keinen Schlüssel,
sondern werden vermittelst des Griffes aufgezogen. Natürlich
ist auch eine astronomische Uhr da, „gebaut nach der Idee des
Kaisers," nach einer napoleonischen Idee. Der Kaiser ist auch
der beste Uhrmacher seines getreuen Volkes; irgend etwas besser
zu verstehen als er, ist eine Art von Hochverrath im heutigen
Frankreich. Einem solchen Zustande ist freilich der Kleinstaat,
der Nichtsalsfreihändler vorzuziehen. Zum Glück ist die Natur
der Dinge stärker als alle Prätensionen und jede Theorie; wie
der Manchesterstaat an der Baumwolle, so wird der bonapar-
tische an irgend etwas Anderem scheitern. Faktisch wird der
Staat immer auf einem Kompromiß beruhen; im Großen wird
die Entwickelung immer in der Diagonale der Kräfte gehen,
und Alles was der Politiker thun kann, ist, nach der richtigen
Seite hinzudrängen, wenn die Strömung nach der falschen geht.
Auch die Bienen und die N's werden einmal in einem Rari-
tätenkabinette unterkommen, vielleicht bei Madame Tusseaud,
bei der eine Wachspuppe Napoleons I. in seinem „identical"
Feldbett zu sehen ist; Entrée Sixpence. — Welche von den
Bronzen ich mir auswählen würde, das will ich mir noch über-
legen; eine würde ich jedenfalls nicht wählen, die für den
Schah von Persien bestimmte. Das Zifferblatt ist ein Lotus,
die Zahlen sind durch Fischchen ausgedrückt, die man jedesmal
erst zählen muß, und der Zeiger ist eine demoiselle, „das
Sinnbild der Gebrechlichkeit," sagt der Aussteller. Damit ich

es nicht mit den jungen Damen zu thun bekomme, will ich bemerken, daß demoiselle im Französischen auch Libelle bedeutet.

Tiede in Berlin, der 1851 auffallender Weise von der
Jury übersehen wurde, hat einige seiner Marine-Chronometer
ausgestellt, die den Werken der berühmtesten ausländischen Meister gleich stehen. C. Felsing ebendaselbst einen Regulator,
der auf einem in sechs gleiche Felder eingetheilten Zifferblatte
die Stunden, Minuten, Sekunden, den Monat, den Wochentag,
den Mondwechsel, den Barometer- und Thermometerstand zeigt;
das Datum giebt ein Ring an, der auf einer Glasskala alle
24 Stunden um eine Zahl herabsinkt, Alles durch ein einziges
Gewicht getrieben. Becker in Freyburg in Schlesien eine Anzahl von Stutzuhren; Eppner, der so große Verdienste um
die Einbürgerung der Uhrmacherei in Schlesien hat, einen goldenen Chronometer Nr. 16,236 — der geehrte Leser weiß von
den Schäffer'schen Manometern, was die Zahl bedeutet; eine
goldene Ankeruhr, am Knopf aufzuziehen, Nr. 15,247; eine
goldene Anker-Repetiruhr Nr. 73,973, und ein ganzes Sortiment billigerer Taschenuhren bis zu 5 Thlr. 20 Sgr. herab;
Weiß in Glogau eine Taschenuhr; Wiese in Landsberg eine
sogenannte Universaluhr. Fast alle die preußischen Stutzuhren
haben Gehäuse von Holz, Polysander oder Nußbaum, entweder
ganz schlicht oder in gutem Geschmack geschnitzt. Ganz vortreffliche Arbeiten der Art aus Birnbaum hat Krespach in
Wien geliefert. Baden hat 26 Aussteller aufzuweisen, von
denen nur einer oder zwei Taschenuhren geliefert haben. Das
große Orchestrion von Welte habe ich schon in meinem ersten
Bericht erwähnt; die Industrie des Schwarzwaldes ist zu bekannt, als daß ich sie zu beschreiben brauchte: sieben Aussteller
haben Medaillen erhalten. Aus Würtemberg haben 4, aus
Sachsen ebensoviel, aus Hamburg 3, darunter Bröckling,

ausgestellt. Die Uhrmacherei in Oesterreich beschränkt sich fast ganz auf die Ajustirung der aus der Schweiz eingeführten Werke. Aus andern Ländern habe ich nur die amerikanische Wanduhr zu erwähnen wegen ihres außerordentlich einfachen Mechanismus und entsprechend niedrigen Preises; alle Theile werden mit einer Maschine geschlagen und so vollkommen, daß sie gar keiner Nachhülfe bedürfen.

21. Hausrath.

Indem wir an den Hausrath, die Schränke, Tische und Gefäße gehen, betreten wir das Gebiet, auf dem Handwerk und Kunst einander wechselseitig durchdringen, auf dem die Dinge noch an einem anderen Maßstabe zu messen sind, als an der Zweckmäßigkeit und Billigkeit. Auf jeder Kulturstufe will der Mensch an den Gegenständen, die seine Wohnräume füllen, noch eine andere Befriedigung haben, als daß sie ihm gewisse Dienste leisten. Moshesh, der Kaffernhäuptling, ist nicht zufrieden, auf einem Brett mit vier Füßen zu sitzen, auf einem Schemel, der in einem halben Tage herzustellen; er läßt sich aus einem Block einen Sessel schnitzen. Es ist das eine der Thatsachen, die wir auf dem Grunde, in der Tiefe einer jeden Wissenschaft finden, eines der Prinzipien, d. h. Anfänge, mit deren Warum? man sich nicht eher beschäftigen sollte, als bis man Alles kennt, was darüber liegt, und sich um so weniger beschäftigen wird, je mehr man sich dieser Kenntniß nähert. Die Entwickelung dieses Schönheitssinnes, wie wir das Bedürfniß nennen mögen, seine Wirkung auf Handwerk, Industrie, Produktion, wirthschaftliche Zustände und hinwiederum seine Abhängigkeit von dem Material, welches das Land liefert, von den Handelsverbindungen, welche das Volk unterhält, von dem Maße des Wohlstandes, von der Religion, von der Literatur, von der Mode — alles das ist an einer jeden großen Ausstellung zu beobachten; und es waren diese Gesichtspunkte, mit denen ich mich in den Berichten über die Pariser Ausstellung beschäftigt habe. Die seitdem verflossene Zeit ist wohl lang genug, um neue Moden aufzubringen, aber viel zu kurz für die tiefer liegenden und langsam wirkenden Kräfte. Nun ist es zwar richtig, daß ununterfort Leser nachwachsen; aber es wäre doch weder zu rechtfertigen, wenn ich jene meine Aufsätze abschriebe, noch zu verlangen, daß ich sie paraphrasiren sollte. Ich muß mich daher, was solche allgemeine Betrachtungen angeht, mit einer Nachlese begnügen.

Immer noch stehen in Hausrath, Gefäßen, Geweben der Orient und das Abendland wie zwei verschiedene Welten neben einander; immer noch kann man es in der Regel einem Stücke ansehen, ob es in den Bereich Allah's, Brahma's, Buddha's oder des Christengottes fällt, in den Bereich des Turbans oder des geplätteten Hemdes, der Sandale oder des blanken Stiefels — ein civilisirtes Individuum ist nicht herzustellen ohne den Stärkequast und die Wichsbürste; wir sind alle steifleinene Kerle. Der Orient ist unbeweglich, wirft man ihm vor: aber er ist doch zu dem gelangt, was er jetzt hat, und weshalb sollte der Orientale die Ruhe der Sinne und des Gemüthes zerstören, die aus der Gleichartigkeit, der Harmonie seiner Umgebung quillt, und von der die meisten Abendländer nicht einmal eine Vorstellung, geschweige denn eine Erfahrung haben. Der Diwan hat gerade die Formen und Verhältnisse, die ihn am Vollkommensten geschickt machen zum Sitz und zur Lagerstätte, das Tischchen davor gerade die Höhe und Größe, um eine Tasse, einen Teller, ein Buch handrecht zu machen; die Tracht ist der Art, daß sie mit Leichtigkeit jedem Wechsel der Wirkung angepaßt werden kann, daß man darin die anstrengendste Arbeit verrichten kann, ohne einen Knopf loszusprengen,

darin ruhen, ohne die Vatermörder zu verknüllen, darin immer
und in jedem Augenblick ein Gentlemen sein. Es ist Einklang
zwischen den Farben und Stoffen der Vorhänge, Teppiche,
Wandbekleidungen und Ueberzüge, zwischen den runden Formen
der Sitze und Kissen und der Kannen und Näpfe, zwischen dem
Griff des Dolches und dem Rohr der Narghile, zwischen den
Kuppeln der Moscheen und dem Gewölbe des Bades, wie
zwischen dem Inhalt der Dichtung und den Gestalten der
Wirklichkeit, zwischen den Geboten der Glaubenslehre und dem
Vollbringen des Lebens. Eine solche stille Harmonie der Um-
gebungen, der Architektur und des Hausrathes, setzt, um das
gleich zu sagen, keineswegs „orientalische Schätze" voraus; sie
kommt in Europa an zwei entgegengesetzten Polen der Gesellschaft hin und wieder vor, als das Produkt eines höchst entwickelten Bewußtseins, der feinsten Bildung, und als die Form ganz
naiver Zustände; in manchen Palästen und in manchen Hütten.

An den deutschen Küsten findet man Häuser, deren Architektur dem Schiffe abgesehen ist, in dem der Hausherr den
größeren Theil seines Lebens zubringt. Der Flur entspricht
dem „Raum"; ohne Scheidewände noch Bodenlagen reicht er
bis an die Sparren hinan, die oben, wie die Krummhölzer
gegen einander laufen; Gehänge von Netzen schmücken seine
Wände. Die Wohnstube ist wie die Kajüte, klein, mit durch-
gehenden Balken; das Holzwerk außen getheert, innen mit
lustigen Farben, blau und roth, gestrichen, wie eine Jolle; das
Bett ist wie eine Koje; die Vorhänge blau und weiß oder
roth und weiß karirt, von demselben Webstuhl wie der Warp-
rock, in den die Frau an Werktagen einen Strohwulst legt,
um die Fischkiepe bequemer tragen zu können, und mit dessen
weiten Falten sie am Sonntag Staat macht. Ein paar Sing-
muscheln, ein Korallenzweig, ein Bonit, heimgebracht aus fernen
Meeren, zieren das Simsbrett. Die Lehnen der Schemel, die

Lichtlöcher der Fensterladen sind in denselben Curven geschnitten, wie die Gedenktafel auf dem Grabe der Vorfahren. In englischen Palästen sieht man zuweilen Einrichtungen, in denen der durchgebildetste Geschmack eine ähnliche Einheit und Ruhe erreicht hat. Und es braucht Jemand nicht Peer, nicht Millionär zu sein, um sich dasselbe zu verschaffen, wenn er nur, das Uebrige vorausgesetzt, den Muth und die Ausdauer hat, sich von der Tyrannei der Tischler und Tapeziere zu befreien, sich nicht sagen zu lassen, wie es sein muß, sondern zu sagen, wie es sein soll, und sich nichts daraus zu machen, daß er nicht „in der Mode" ist.

Die Mannigfaltigkeit der Style an den Möbeln der Ausstellung hat etwas Aengstigendes, und die zufällige Berührung der Möbel mit Geschirren, Bronzen, Geweben, steigert dies Gefühl nicht selten zum Unerträglichen. Ein Schrank in Renaissance, eine persische Ottomane, ein amerikanischer Schaukelstuhl, ein Sessel im Kirchenstyl des 13. Jahrhunderts, eine pompejanische Vase, ein Kamin im Barokstyl, ein paar Kopien von Antiken, das mit einem Blick überschauen, ist wie das Stimmen eines Orchesters anhören; und am liebsten liefe man davon. Weil's aber nicht kann sein, sucht man nach etwas Festem, nach einer Regel oder doch einem Zusammenhang von Ursache und Wirkung, wenn nicht in dem Wirrwarr selbst, doch in seiner Entstehung, und findet wenigstens Eins. Im Mittelalter arbeiteten die Tischler in einheimischen Hölzern, besonders in Eichen und Nußbaum, die sich vortrefflich zur Schnitzerei eignen. Die Entdeckung von Amerika änderte darin zunächst noch nichts, weil Spanien den Handel mit seinen Kolonien sich selbst vorbehielt. Seit den Eroberungen der Engländer in West-Indien aber kam das Mahagoni in großen Massen nach England, und damit beginnt ein neuer Styl der Möbel erst in England und dann in Deutschland. Das

Mahagoni schickt sich weniger zur Schnitzerei, weil es auf der Hirnseite Poren hat und leichter spaltet. Man verarbeitet es in England in der Weise, die heute noch vorherrscht, zu jenen massiven Stücken mit glatten Flächen und runden Füßen, jenen Stücken, die man Anfangs plump findet und am Ende schätzen lernt. Der Germane wollte das stammverwandtschaftliche nach-nachmachen, fand aber das massive Mahagoni zu theuer, außer in Hamburg, und fing daher an zu fourniren. Das Bekleiden mit einem andern Stoffe ist nicht unbedingt zu verwerfen, ist zuweilen durch die Natur dieses Stoffes geboten, z. B. beim Schildpat. Aber dann muß es nicht nur erkennbar bleiben, sondern durch die Ornamentirung ausdrücklich hervorgehoben werden, daß die Bekleidung eben nichts als Bekleidung ist: und so hielt Boule es mit allen nach ihm benannten Arbeiten ohne Ausnahme: kräftig gezeichnete Messingbänder schließen die Felder ein. Ein fournirtes Geräth dagegen will Mahagoni sein. Das widerstreitet an sich der Schönheit, die nur allein in Wahrheit beruht, wenn auch das schöne Werk nur ein „Schein“ ist; und das entzieht überdies dem Künstler alle Gelegenheit zur Ausübung seiner größesten Kunst: die Kon-struktion und die Verbindungen, den Knochenbau und die Ge-lenke des Stückes in dem rechten Maße hervortreten zu lassen und zur Ornamentirung zu benutzen; das hat endlich die schöne, alte Schlosserei in Eisen und Messing, die Haspen, Schlüsselschilder und Griffe, ganz verschwinden lassen. Man schlägt oder leimt einen Kasten aus Fichtenholz zusammen, schminkt ihn mit Mahagoni, klebt einige Zierrathen daran und bohrt in irgend eine Ecke ein Schlüsselloch, das im Dunkeln nicht zu finden und am Tage häufig erst zu suchen ist. Wie-viel achtbarer ist ein Schrank von Birkenholz, so tüchtig und sauber verbunden, daß die Verbindung sich zeigen darf!

Seit einiger Zeit hat man in Deutschland angefangen

zu den soliden Eichen- und Nußbaum-Möbeln zurückzukehren
und zwar wieder in Folge eines Anstoßes, den die Liebhaberei
der Engländer für alte Schnitzereien gegeben hat. Nachdem
die Engländer das Beste aufgekauft hatten, nachdem, um ihre
Lüsternheit zu befriedigen, an einem Orte, den ich nicht nennen
will, Fabriken von alten Möbeln mit Wurmstichen angelegt
worden, kam man auf den Gedanken, daß diese Sachen doch
wohl hübsch sein müßten, suchte festzuhalten, was noch da war,
und Neues zu schaffen. Aber das geht nicht so schnell, eine
Kunst ist leicht verloren, aber schwer wieder gefunden. Nach
der Ausstellung zu urtheilen, steht Deutschland in dieser Holz-
schnitzerei noch weit zurück gegen Italien und Frankreich, wo
man es nie so sehr mit dem Fourniren gehalten hatte. Die
bedeutendsten deutschen Fabrikstätten, welche geschnitzte Meubel
geliefert haben, sind die Strafanstalt zu Sonnenburg und
die Fabrik von L. und S. Löwinson in Berlin, welche einen
großen Theil der Moabiter Gefangenen beschäftigt. Die Son-
nenburger Direktion hat einen Fürstensessel eingeschickt, gezeichnet
von Gropius und vortrefflich ausgeführt. Die Firma Löwinson
hat eine bedeutende Zahl von Gegenständen, alle aus Eichen-
holz geliefert, die in einem kleinen Verschlage vereinigt sind.
Auch diese Sachen, wie so viele andere, leiden von der Zu-
sammenstellung, die freilich bei dem beschränkten Raume des
Zollvereins unvermeidlich war; denn sie sind in verschiedenen
Maßstäben gearbeitet, auf verschiedene Räumlichkeiten berechnet.
Das große, solide gearbeitete und in entsprechend schwerem
Styl verzierte Büffet schlägt die kleineren Sachen todt, die zum
Theil nur ausgestellt sind, um den Fortschritt der Arbeiter
vom Einfachen und Leichten zum Schwierigeren und Feineren
zu zeigen; und die Medaillons, die nicht in den Bereich der
Möbeltischlerei fallen, sondern als Kunstwerk angesehen sein
wollen, wären besser weggeblieben. Die Jury hat offenbar

den Zweck, den die Aussteller bei der Auswahl der Stücke
verfolgt hatten, nicht berücksichtigt; sie würde sonst, auch wenn
sie an das Geleistete den höchsten Maßstab anlegte, den die Ausstellung darbot, ebensoviel Veranlassung gehabt haben, wie in
ähnlichen Fällen, das Verdienst der Schöpfung eines Industriezweiges durch eine Medaille anzuerkennen. Das Atelier ist
vor sieben Jahren gegründet worden, beschäftigt jetzt 300 Arbeiter und zahlt an die Strafanstalt in Moabit 10,000 Thlr.
jährlich. Ein Anderer hat nichtgeschnitzte Eichenmöbel ausgestellt; die Flächen sind glatt und die Durchschnitte z. B. die
Tischkanten vergoldet, und zwar so, daß das Gold unmittelbar
auf das Holz aufgetragen ist. Ich kann die Manier nicht
schön finden; sie soll reich aussehen, denn das ist die Bedeutung des Goldes, und sieht arm aus, denn das Gold
erscheint nur als eine aufgestrichene Farbe. Man fürchtet,
vielleicht unnöthiger Weise, das Bischen Flitter abzureiben,
indem man den Arm zum Schreiben auflegt, und empfindet
einen unbehaglichen Widerspruch zwischen einer so vergänglichen
Verzierung und einem so unverwüstlichen Material. Reit-
meyer in Mainz hat u. A. eine Bettstelle ausgestellt von
Nußbaum mit Reliefs in Ebenholz, von vortrefflicher Zeichnung
und Arbeit und schöner Harmonie in den Farben; ob aber
Verzierungen, die der Natur der Sache nach nur aufgesetzt
sein können, ästhetisch richtig sind, ist die Frage. Aus Preußen
sind ferner geschnitzte Möbel gestellt von Korkstein in Berlin
(ein Spiegelrahmen aus amerikanischem Nußholz), von Gericke
und Peißner ebendaselbst (ein Sekretär aus viererlei Holzarten), von Kelterborn ebendaselbst, der seinen guten Sachen
durch einige mittelmäßige geschadet hat. Die Marqueterie aus
vielerlei Holz sollte meines Erachtens auf Tischplatten und
Fußböden beschränkt bleiben. Von letzteren hat Bembé in
Köln vortreffliche Muster geliefert; an den Parquets einiger

Anderen ist noch immer der Fehler zu bemerken, daß sie Licht und Schatten haben wie eine Zeichnung und einem die Vorstellung geben, als wandele man auf scharfkantigen Würfeln oder runden Wulsten. Wieviel ist in dieser Beziehung noch von den Mosaiken der Alten zu lernen! Der Zollverein hat auch einige Sachen ganz in Ebenholz, ob ächtem oder künstlichem, weiß ich nicht, geliefert, einen Schmuckschrank von Haßlinger in Carlsruhe und ein Büffet von Kienle in Stuttgart, beide von untadliger Arbeit. Das letztere ist ohne Schmuck und Zuthat, ganz schwarz, und sieht, selbst wenn man es sich mit funkelnden Gläsern besetzt denkt, zu sehr nach Leichenpomp aus oder, wie eine Dame energischer und schwer übersetzbar sich ausdrückte, it looks like death. Haßlinger hat das Schwarz unterbrochen, aber nicht belebt, sondern nur noch ernster gemacht durch zwei Cariatiden in Elfenbein, welche das Dach des Schrankes tragen. Es will mir dabei nicht einleuchten, weshalb er, wenn doch einmal Bildwerk angewandt werden sollte, die Nischen der Flügelthüren, die wie für Statuetten gemacht sind, leer gelassen hat. Das Ebenholz erfordert eine andere Zuthat als Elfenbein, eine farbige, wenigstens an Geräthen, die für Wohnräume bestimmt sind; und es fehlt ja auch nicht an älteren und neueren Mustern, wie die Anwendung von Silberbeschlägen, die Füllung der Felder mit Miniaturmalereien auf Porzellan, mit Schliffen von Marmor, Agat und, an einem Schrank der französischen Ausstellung, von Malachit. Ich muß übrigens gestehen, daß keine einzige dieser Verzierungen an großen Möbeln mich befriedigt hat; das Schwarz ist zu feierlich, zu kalt, und ich würde Ebenholz auf Kästchen und ähnliche Gegenstände beschränken, die so klein sind, daß ihre Farbe den Ton des ganzen Zimmers nicht bestimmen hilft, viel weniger beherrschen kann, Gegenstände, die wie schwarze Punkte in einer lichten Landschaft erscheinen. Von

20*

glatten Möbeln haben der Zollverein wenig, Mecklenburg und
die Hansestädte einige gute Proben gestellt. Ich muß übrigens
noch des Preises der geschnitzten erwähnen, wäre es auch nur,
um zu konstatiren, daß ich diese Seite nicht übersehen habe.
Das Büffet von Lövinson soll 1400 Thaler kosten, das Bureau
250, der Drehstuhl dazu 24, der Papierkorb 38, der Cigarren-
kasten 45 und das Uebrige im Verhältniß; der Haßlinger'sche
Schmuckschrank 3000 Gulden. Es wird also im Ganzen bei
den fournirten Möbeln bleiben. Wer aber die Neigung, wenn
man will, die Schrulle hat, sich mit Dingen zu umgeben, die
nicht scheinen wollen, was sie nicht sind, der sei auf etwas
aufmerksam gemacht, was ich hier in dem Hause eines mit
dieser Schrulle Behafteten gesehen habe: Bücherspinden, Zeug-
schränke, Büffet, Stubenthüren von bestem Fichtenholz, mit
Kopalfirniß gestrichen.

Die deutschen Möbel aus Reh- und Hirschgeweihen, mit
vielem Geschick zusammengesetzt, sind eine Kuriosität für ein
Jagdschloß, und wären selbst da nur mit Vorsicht zu benutzen
oder der Benutzung Preis zu geben; denn auf seinem Schlosse
pflegt der Waidmann tief in den Humpen zu sehen, und es
gehört eine sehr feste Haltung dazu, sich an den Zacken, bitte
um Vergebung, an den „Enden" dieser Sophagestelle, Spiegelrahmen und Gardinenhalter nicht die Augen auszustoßen. Eine
nahrhaftere Industrie, wie der alte Büsching sagen würde, sind
die Berliner Korbmöbel, die durch Wiedemann, Fuhrberg,
Herbst, Reichart in Erfurt und Winckler vertreten sind.
Neben ihrer großen Leichtigkeit haben sie den Vorzug, die Konstruktion, den Knochenbau zu zeigen, nichts Aufgesetztes, Ange-
klebtes, Unwahres zu vertragen, während sie doch jede gewünschte Form annehmen können, ohne an Haltbarkeit zu verlieren. Diese, wie es scheint, in Berlin ganz naturwüchsig aus
der gewöhnlichen Korbmacherei entstandene Industrie ist übrigens

in China längst zu einer Vollkommenheit entwickelt, an der noch Manches zu lernen bleibt, und die Fabrikanten, die etwa London besuchen, sollten nicht versäumen, sich in den chinesischen Basars nach Mustern umzusehen. Auch in dem Museum in Kew befindet sich ein beneidenswerther Liegestuhl von rattan (Calamus), der in Canton für 10 Schillinge zu haben ist. Dabei ist auch auf die sehr zweckmäßigen chinesischen Kissen aus einem elastischen Rohrgeflecht aufmerksam zu machen, die kühlste Unterlage für den Kopf, die sich denken läßt.

Eine gewisse Verwandtschaft mit den Korbsachen haben die Möbel der Gebrüder Thonet aus Wien, die 1855 Aufmerksamkeit erregten und seitdem sehr vervollkommnet sind. Bei den Möbeln, die aus schierem Holz geschnitten werden, ist es, wenn sie einigermaßen gefällige Formen erhalten sollen, gar nicht zu vermeiden, hin und wieder quer durch die Faser zu schneiden, namentlich um gekrümmte Formen zu erhalten, so bei gebogenen Stuhllehnen und geschweiften Füßen. Die Festigkeit des Holzes ist aber in dieser Richtung sehr gering; man muß also die Stücke sehr stark machen und darf ihnen doch nicht zu viel zumuthen. Die genannten Fabrikanten sind deshalb darauf gekommen, das Holz, wahrscheinlich durch die abwechselnde Einwirkung von Feuchtigkeit und Hitze, zu biegen, wie man es mit Schiffshölzern macht, und sie haben es so weit gebracht eine Stange von 1 bis 2 Zoll Durchmesser so zu krümmen, daß sie die beiden Hinterfüße eines Stuhles und die Lehne, alles in einem Stücke abgiebt. Den Betstuhl der Erzherzogin Sophie, mit Gemälden von Kupelwieser, mit dem erforderlichen Aufwande von religiöser und loyaler Andacht zu beschreiben, muß ich Andern überlassen.

Für den besten Schrank auf der ganzen Ausstellung haben Sachverständige das italienische Bücherspind aus Nußbaum erklärt; und während dieses Urtheil sich hauptsächlich auf die

Arbeit bezieht, ist auch an künstlerischem Verdienst, an Einheit in der Mannichfaltigkeit, an Reichthum im Einzelnen und Maaß im Ganzen, kein anderes Stück höher zu stellen. Es würde schwerlich gelingen, durch Beschreibung ein Bild zu geben, und auch des Versuches dazu kann man sich überheben, da dieser Schrank in dem illustrirten Kataloge jedenfalls seine Stelle finden wird. Auch einige kleine Holzskulpturen sind der besten Zeiten Italiens würdig. Ein italienischer Tischler ist auf denselben Gedanken gekommen, wie sein Kollege Paschen in Stendal, ein Reiseameublement zu machen, das in einer Bettstelle untergebracht werden kann, und hat denselben noch künstlicher ausgeführt; aus seiner Bettlade entwickeln sich, wie aus der Tasche des Fremden im Peter Schlemihl, ein Schreibtisch, ein Nachtstuhl, ein Waschtisch mit vollständigem Einsatz, ein Armstuhl, zwei Stühle, eine Kommode mit vier Schubladen, ein Spiegel, zwei Handtuchpferde, ein Tisch. Die meisten dieser Stücke haben im Innern einen sehr künstlichen Mechanismus von Eisenstäben, vermittelst dessen sie zusammengeklappt und wieder aufgerichtet werden können. Ich wünsche dem Aussteller einen der viel reisenden englischen Lords, auf die er gerechnet hat, sehe übrigens in seiner Arbeit eine von den Proben einer, ich möchte sagen, ungesunden Künstlichkeit, die mehrfältig in der italienischen Abtheilung vorkommt, z. B. an den vier Flußschiffen, die zu einem Seeschiff zusammengesetzt werden können, ausgeführt im Modell. Natürlich ist Italien groß in Mosaiktischen; ich habe aber gegen dieselben eine gewisse Gleichgültigkeit, die übrigens mit meinem Mangel an Inbrunst für die Herren Rattazzi und Durando und ihre und ihrer abgetretenen Vorgänger und möglichen Nachfolger auswärtige Politik ganz und gar nicht zusammenhängt. Als Kunstwerk betrachtet halte ich die vollkommenste Mosaik für etwas sehr Unvollkommenes, und zur Benutzung als Möbel sind sie nicht bloß zu schade, sondern als Bildwerke geradezu ungeeignet, es hat keinen Sinn, geht einem gegen den Strich, eine Tasse auf ein Gemälde zu setzen, etwa auf den Busen einer Psyche oder das Dach eines Tempels. Wenn Jemand durchaus Mosaiktische in seinem Zimmer· haben wollte, so würde ich ihm die englischen, aus Serpentin mit großen Blumenmustern von weißem und schwarzem Marmor empfehlen, nicht nur, weil sie viel billiger, sondern auch weil sie ästhetisch richtiger sind. Es kommt nicht auf den Gebrauch an, der im einzelnen Falle, in den Händen des einzelnen Besitzers von dem Stücke gemacht werden soll, sondern auf den Gebrauch, zu dem das Stück seiner Natur nach bestimmt ist. Die Thüren eines Schrankes vertragen ein Gemälde, denn sie haben keine andere Bestimmung; als den innern Raum abzuschließen; ein Tisch ist absolut dazu da, daß etwas darauf gesetzt werde. Nun giebt es freilich Hausfrauen, die auch auf einen neuen Mahagonitisch nichts gesetzt haben wollen; aber ihr sehr achtungswerthes Bedenken ist eigentlich nicht gegen den Gebrauch, sondern gegen den Mißbrauch gerichtet: sie meinen, ist der Tisch einmal in Gebrauch gegeben, so kommt auch einmal einer und setzt ein triefendes Punschglas darauf.

In der englischen Abtheilung hat eine „Ecclesiological Society" — übersetze man sich das Wort, wie man will — eine Masse von Gegenständen, 18 Nummern in dem Katalog, zusammengebracht, die man als kirchliche Tischlerei bezeichnen kann, und mit denen es seine ganz besondere Bewandtniß hat. Our holy Catholic Church — stammverwandtliche Protestanten mögen Kenntniß davon nehmen, daß die englische Staatskirche sich mit Nachdruck „katholisch" nennt — also unsere heilige katholische Kirche wurde vor einigen Jahren in den Grundfesten erschüttert, als ein „sehr hochwürdiger Gentleman" in London „nicht nur zwei Kerzen auf die Altarleuchter gestelt, sondern sie sogar angezündet hatte." So und auf ähnliche schauderhafte Dinge lautete die Anklage; und die Kirche wäre untergegangen, der Fels Petri wäre zertrümmert worden, wenn nicht ein mannhafter Buchbinder in Knightsbridge, an dessen Thür jeder Besucher der Ausstellung zweimal täglich vorübergegangen ist, Mr. Westerton, aufgestanden wäre, und die Schlange der Popery erwürgt hätte vermittelst eines Prozesses, der 50,000 £ Gerichtssporteln gekostet haben soll. In drei Instanzen wurde untersucht, was die von Heinrich VIII., Fidei Defensor, verfertigte Religion gestatte, und was nicht, ob ein Altargitter und event. ob geschnitzt und ob mit Verschluß, ob Kerzen und event. ob brennende, ob Priestergewänder von Seide oder nur von Wolle und Leinen und event. von welchen Farben und ob mit Stickerei, ob der Priester der Gemeinde den Rücken zuwenden dürfe, ob die Liturgie, die mit Weglassung der Jungfrau Maria und einiger anderen Punkte aus der römisch-katholischen übersetzt ist, von der Gemeinde im Respensorium gesprochen werden müsse oder auch gesungen und gebrummt werden dürfe. Haarscharf, wie die Schneide eines Rasirmessers, ward die Grenze gezogen, bis wohin der Gläubige sicher gehen könne, und jenseits deren er in ewige Verdammniß stürzen müsse, wie verordnet von Heinrich VIII. F. D. Innerhalb dieser Grenze haben die Puseyiten sich seitdem viel Mühe gegeben, die Kirchen zu schmücken. Vorsichtig begannen sie damit, alte Bildwerke, die man ihres Kunstwerthes wegen in einzelnen Kirchen bewahrt hatte, zu kopiren; dann machten sie sich an Gegenstände, die aus den Kirchen entfernt und in Museen oder in Privatbesitz übergegangen waren; endlich versuchten sie sich mit Neuem; jetzt haben sie sich mit Proben ihrer Thätigkeit an die Oeffentlichkeit gewagt, aber bei Darstellungen aus der Heiligengeschichte vorsichtig die Bezeichnung vermieden. Es sind gute Sachen dar-

unter, aber wer nicht Puseyit ist, hat keine Freude an solcher
pfiffigen Religiosität, solcher rechtskräftigen Aesthetik, an diesem
Wesen, das nicht todt sein soll und nicht leben kann. Ich kann
diese Sachen nie ansehen, ohne an das Schaufenster eines berühmten Londoner Pfandleihers zu denken, in dem eine versetzte und verfallene Monstranz zum Verkauf ausgestellt ist.
In der nichtreligiösen Tischlerei herrschen die derben Formen
und die gute Arbeit vor, die man in England gewohnt ist;
daneben allerlei mehr oder weniger geschickte Nachahmungen
von älteren französischen oder italienischen Mustern, namentlich
in Boule, oder wie die Engländer schreiben, buhl, das heißt
in Messing und Schildkrötenschale. Liebhaber seien dabei aufmerksam gemacht, daß in den Londoner Kuriositätenläden häufig
ein unechtes Boule vorkommt, das statt des Schildpat aus
einer Harzmasse besteht, und wenn der Käufer den Betrug
bemerkt, für ein improved buhl ausgegeben zu werden pflegt.
Eigenthümlich englisch sind die Meubel, an denen die Flächen
aus Ulmenmaser und die Verzierungen aus Eichen bestehen;
das feuchte Grasland ist reich an Ulmen, die Auswüchse oder
Warzen, welche die Maser liefern, entwickeln sich zu außerordentlicher Größe, und Jackson u. Graham haben dem Durchschnitt einen Glanz und fast eine Durchsichtigkeit zu geben
verstanden, daß man Schildpat zu sehen glaubt. Von einzelnen
Stücken will ich den Tisch von Holland u. Söhne hervorheben, dessen Muster, dem Gewebe der Kreuzspinne entlehnt,
von einem poetischen Kopfe entworfen sein muß; ich wüßte
keine glücklichere Anwendung der Arabeske auf der Ausstellung
zu finden. Unter den englischen Möbeln haben viele einen
sehr hohen Preis, besonders nach unseren Begriffen; berücksichtigt man aber die große Wohlhabenheit des Landes, so
findet man in der Ausstellung weniger eine Probe davon, was
die englischen Tischler zu leisten vermögen, als einen Beweis,

was das englische Volk zu bezahlen vermag, ein Bild, wie die englischen Mittelklassen sich einrichten.

In Frankreich hat man, wie gesagt, es weniger mit Mahagoni, massivem und aufgelegtem, gehalten; es muß dem Reisenden in Schlössern und Privatwohnungen, namentlich in den Provinzen, auffallen, daß viel mehr einheimische Hölzer verarbeitet sind als in Deutschland, Eiche, Birne, Nuß, Ahorn, Esche, und daß die Möbel sich so lange in den Familien erhalten. Die Schnitzerei ist daher nie so in Vergessenheit gerathen wie bei uns, hat in manchen Gegenden in ununterbrochener Tradition, wenn nicht die alte Kunst, doch die Kunstgriffe bewahrt. Von diesem bürgerlichen Handwerk ist aber auf der Ausstellung wenig zu sehen; unter den 78 Ausstellern sind nur 7 aus der Provinz, und von diesen hat auch nur Einer, aus Nantes, meubles ordinaires ausgestellt; alles andere ist „meubles de luxe" und erinnert einen schreiend an das berühmte Kapitel: Si le luxe est utile à une nation. Am schreiendsten sind die Sachen von Rosenholz mit Goldbronze, die mir unausstehlich sind, ein rechter Typus der demi-monde. Durch die früheren Ausstellungen belehrt, wie viel gerade Möbel durch die umgebenden Gegenstände gewinnen oder verlieren, haben zwanzig Fabrikanten sich zusammengethan, um das dem Ausstellungsgebäude gegenüber gelegene Hotel der französischen Kommission zu meubliren; und wer ein vollständiges und lebendiges Bild des Pariser Luxus in Tapeten, Uhren, Leuchtern, Teppichen, Betten, Vorhängen und Möbeln haben will, der hat es dort zu suchen; der Eintritt ist ohne Schwierigkeit zu erlangen. Es ist so viel in den drei Stockwerken des geräumigen Gebäudes untergebracht, daß ich eine Beschreibung des Einzelnen nicht unternehmen kann. Es sind viele sehr schöne Sachen darin; die Farbenzusammenstellung ist, unter sichtlicher Benutzung von Chevreuil, nie falsch und

oft sehr glücklich, z. B. in einem Zimmer mit Möbeln von
Ahorn und blaßblauen Tapeten; aber das Ganze hinterläßt,
besonders wenn man eben die ruhige, auf den Gebrauch des
Besitzers, nicht auf die Verwunderung der Besucher berechnete
Pracht englischer Schlösser gesehen hat, den Eindruck des Bunten,
Unruhigen, Eintäglichen, Komödiantenhaften; es heimelt einen
nicht an, macht einen nicht neidisch; es ist nichts in dem ganzen
Gebäude, was ein glücklicher Börsenspekulant, qui veut manger
sa fortune, nicht „für sein Geld" bestellen und kaufen könnte;
es ist weder Aristokratie darin, noch Charakter; es ist das
Bas-Empire. Das Treppenhaus schmücken zwei lebensgroße
Bilder des St. Georg, der den wilden Socialismus besiegt
hat, und seiner Gattin, die in sanftem Socialismus macht.

Kommen wir zu einer ansprechenderen Partie der französischen Ausstellung, zu dem Onyxmarmor. Ein italienischer
Marmorhändler Delmonte aus Carrara hatte es sich zur Aufgabe gestellt, die Steinbrüche wieder zu finden, aus denen die
Alten den wunderschönen durchsichtigen Marmor genommen,
von dem sich in den Resten ihrer Wohnungen hin und wieder
Proben erhalten haben. Nachdem er Süd-Europa, Kleinasien
und Aegypten vergeblich durchforscht, folgte er den Winken
alter Schriftsteller nach Nordafrika, und sein gutes Glück führte
ihn im Jahre 1849 in die Provinz Oran, gerade als eine
Straße von Oran nach Tlemcen, der alten Berberhauptstadt,
durch Blad Rekam, das Marmorthal gebaut wurde. Er bemerkte unter den aufgeschichteten Chausseesteinen einige Stücke
von dem, was er suchte, ermittelte den Ort, wo sie gebrochen
waren, und fand in dem Thal Oued-Abdallah nicht nur ganze
Felsen desselben Gesteins, sondern auch die Spuren eines berg-
männischen Betriebes. Er erwarb das Eigenthum des Grund
und Bodens, trat dasselbe aber, da es ihm an hinreichenden
Mitteln fehlte, an eine Gesellschaft ab, die sich in Paris ge-

bildet hatte. Dieselbe ist seit vier Jahren in Thätigkeit und hat eine überaus reiche Ausstellung ihrer Arbeiten veranstaltet. Das Material, das aus einem sehr reinen Kalkstein mit Spuren von Magnesia und von Eisenoxyden besteht, ist von einer wunderbaren Schönheit, durchsichtig wie Alabaster, von dem Farbenreichthum der edelsten Agate und obgleich leicht zu bearbeiten, zu meißeln und zu schleifen, von einer Festigkeit, die gestattet, es zu den leichtesten Schalen, den dünnsten Tassen zu verwenden. Dabei bricht es in Stücken groß genug zu Tischen, Säulen, Geländern für Treppen und Erker. Es hat eine unverkennbare Aehnlichkeit mit dem Onyx, unterscheidet sich aber von ihm durch eine gewisse Weiche des Glanzes, etwa wie das Mondlicht des Südens sich von dem Sonnenlichte des Nordens unterscheidet.

Ueber die andern Länder ist nicht viel zu sagen. Bei den Holländern, auch bei den Belgiern ist eine ganz schlechte Mode eingerissen, „Holz gemalt wie Mosaik". Ich lobe mir dagegen die ehrlichen Möbel von Birkenmaser aus Norwegen. Rußland hat, wie sich von selbst versteht, Tische aus Malachit, die zu Geschenken an hohe Personen und wohl zu sonst nichts gut sind. Die Kolonien haben in der Regel ihren Reichthum an Hölzern in eingelegten Tischplatten gezeigt. Aus den Vereinigten Staaten ist nur ein Fortepiano da, dessen Kasten in dem einfachen, verständigen, schweren Stile gearbeitet ist, den ein solches Möbel erfordert, und dessen Mechanismus und Ton von Sachverständigen über alle anderen gestellt wird. Der Fabrikant wurde 1850 von Ehren Hassenpflug aus Kassel vertrieben und ist jetzt einer der reichsten Leute in Newyork.

Die Society of arts hat Vorschläge erfordert zu einem bessern System der Preisvertheilung, da das gegenwärtige sich, besonders an dieser Ausstellung, als sehr ungenügend erwiesen hat. Ich würde unter Anderem bestimmte Preisaufgaben vorschlagen und den Anfang machen mit der Aufgabe, ein richtiges Gefäß zu konstruiren. Die Civilisation hat keines im allgemeinen Gebrauch. Die Alten und unsere Vorfahren lagen, wenn sie aßen und tranken, sich unterhielten, studirten, sich ruhten. Eines so unbequemen Möbels wie ein Stuhl ist, bedienten sie sich nur bei feierlichen, amtlichen, vorübergehenden Gelegenheiten; sie wußten, daß die sella curulis, der Bischofsstuhl, die Richterbank, weil unbequem für den Körper, auch anstrengend, anregend für den Geist sei, denn sie hatten die hohe Kunst noch nicht gefunden, den Organismus des Menschen und des Staates zu zerreißen. Es ist eine feine Beobachtung in dem Weißthum von Lüneburg, wenn ich mich recht erinnere, daß der Richter, ehe er einen schwierigen Fall entscheide, 3 × 7 mal die Beine abwechselnd über einander legen solle; in einem Stuhle sitzen, macht das Blut in den Füßen stocken, also den Geist benommen. Es ist sehr verständig, daß die Unterhausmitglieder die Beine auf die Lehne der Vorderbank legen. Wir sind zu „gebildet", auf unsere Art, das heißt, denken vor Allem daran, wie es aussieht, wie es läßt. Wenn wir einmal ein Sopha haben, das zum Liegen tauglich ist, so kommen die Mode und die Tischler und verderben es; allen unsern Stühlen fehlt es in der Hauptsache, sie unterstützen den Körper gerade da nicht, wo sich seine vollendetste Ausbildung verräth und wo Unterstützung dem ganzen Körper zu Statten kommt, in den Hüftwirbeln. Wenn unsere Physiologen zu vornehm sind, dem Tischler zu Hülfe zu kommen, so sollte er an den Mustern lernen, die ja vorhanden sind, an dem ägyptischen Stuhle im Louvre, an dem duretum des römischen Bades und an dem Rohrsessel der Chinesen.

22. In dem Kensington-Museum.

London, im Juli. Vor einer Reihe von Jahren schilderte eine Dame, die sich Verbena unterzeichnete, in einer Zuschrift an die „Times“ ihre erste Vorstellung bei Hofe. Um den Hergang, der eben dank jener vortrefflichen Beschreibung jetzt dem profanum vulgus sehr bekannt ist und von denen, die keine Aussicht auf Vorstellung haben, sehr verspottet wird, um das stundenlange Warten auf Fluren und Treppen, um das Drängen und Stoßen der Gäste unter einander und das Treiben der zunächst dem Throne stehenden Kammerherren — pass on, Madam, pass on!“ — um den Kampf und die Erschöpfung lebendiger vor das Auge des Lesers zu bringen, hatte die Verfasserin kunstvoll damit begonnen, wie sie sich ein Königsfest gedacht habe. Ich erinnere mich ihrer Worte nicht mehr, aber wohl des Anklanges, den sie in mir hervorriefen: Säulengetragenes, herrliches Dach!

Sie hatte geträumt von weiten Hallen und behaglichen Erkern, von Marmorgestalten, die sich im Lichte baden, von wundersamem Geschirr in Erz und Thon, von dem Faltenwurf gewürkter Gemälde, von aller Blüthe der Kunst und aller Frucht der Wissenschaft, von fröhlichem Gedränge und traulichem Geplauder, von einem Abend ohne Tanz und Spiel, von einer Unterhaltung voll Wissen und ohne Schulweisheit, voll Witz aber ohne Klatsch, von befriedigter Erwartung und dauernder Erinnerung.

Die Levées der Königin sind geblieben, was sie waren; ich kann nicht behaupten, daß die Gesellschaften, die etwa seit jener Zeit in England Sitte geworden und deren eine ich zu beschreiben habe, nach Verbena's Traume angelegt sind; aber

eine Verwandtschaft haben sie damit, sie erfüllen so ziemlich
Alles, ohne den Mittelpunkt, der auch sehr füglich zu entbehren
ist. Ich meine die Zusammenkünfte, die man mit ihrem hei-
mischen Namen conversazione aus Rom und Neapel entlehnt
hat. Anfänge dazu lagen in den Versammlungen der zahlreichen gelehrten Vereine. Wenn die Vorträge und Verhand-
lungen vorüber sind, bleibt man bei einer Tasse Thee beisammen;
in dem Saale sind die Bibliothek und die Sammlungen des
Vereines aufgestellt, und Mitglieder benutzen die Gelegenheit
und Fremde bitten um die Erlaubniß, ein werthvolles Stück,
eine neue Entdeckung oder Erfindung, wenn sie auch nicht gerade in den Bereich des Vereines fallen, einem Kreise ernster,
einflußreicher Männer vorzuführen. An manchen Orten war · es
alte Sitte, entweder regelmäßig oder an bestimmten Tagen auch
Damen zuzulassen; das weibliche Geschlecht ist in England
überhaupt längst emanzipirt in dem verständigen Sinne des
Wortes; die Bloomerei nahm ein Ende hinter den Schenktischen der Bierhäuser, aber Niemand verlangt in England, daß
eine Frau entweder ein Püppchen oder eine Haushälterin oder
ein Blaustrumpf sei oder zu sein scheine.

Recht in Schwung aber kamen diese Gesellschaften erst,
als in dem Museum zu Kensington ein Lokal entstanden war,
das wie für sie gemacht ist. An seine Entstehung habe ich
mehrmals zu erinnern gehabt. Als die Engländer sich 1851
überzeugt hatten, woran es ihrer Industrie gebrach, wurde aus
den Ueberschüssen der Ausstellung eine Kunstschule gegründet,
für die man sofort eine Menge guter Muster erwarb. Ein
Unterkommen fand sie einstweilen in Marlborough-House, das
für den Prinzen von Wales bestimmt, aber noch nicht von ihm
bewohnt war. Der Prinz Albert wünschte, diese Schule, deren
Wachsthum er vorher sah, und die öffentlichen Kunstsamm-
lungen Londons in einer Gruppe von Gebäuden zu vereinigen

und betrieb den Ankauf einer großen Gartenfläche, die zu der
Feldmark von Kensington gehört, aber hart an Brompton liegt.
Das Ministerium aber widersetzte sich dem Plan und ließ durch
die „Times" eine entsprechende öffentliche Meinung anfertigen;
es vergingen Jahre auf Jahre, die Schule wuchs heran und
der künftige Bewohner ihres Lokales auch; es mußte für ein
anderes Unterkommen gesorgt werden. So entstand auf jener
Baustelle ein einstweiliges Gebäude, von Fachwerk aufgeführt,
mit drei runden Dächern von Pappe gedeckt, sehr zweckmäßig und
sehr unschön, und von dem Volkswitz wegen der Gestalt der
Dächer the Brompton boilers getauft. Es enthält in dem
Erdgeschoß reiche und sehr belehrend geordnete Sammlungen
von Erzeugnissen und Rohstoffen der Gewerbe, die den Künsten
am nächsten verwandt sind, wie Töpferei, Erzguß, Weberei,
und eine Anzahl von Schulzimmern und Hörsälen und im
ersten Stock des einen Flügels die kostbaren Gemälde neuerer
englischer Meister, die ein Privatmann dem Museum vermacht
hat. Außerdem geizen Künstler, Fabrikanten und Erfinder darnach, dort ihre Werke ausstellen zu dürfen. Die Society of
Arts war, wenn ich mich wohl erinnere, die erste, welche sich
die Benutzung des Gebäudes zu einer Abendgesellschaft erbat;
und der Erfolg war so befriedigend, daß andere Vereine und
reiche Privatleute schnell dem Beispiel folgten.

So auch Ihrer Majestät Kommissarien für die Ausstellung
zu wiederholten Malen. Ihre Einladungskarten trugen in der
Regel eine Ueberschrift wie die: To meet Their Royal High-
nesses the Duchess of Cambridge and the Princess
Mary. Wie unsere Sitten gegen eine Nachahmung, so sträubt
unsere Sprache sich gegen eine Uebersetzung; to meet heißt
treffen, begegnen, zusammenkommen; möge sich darnach der
Leser selbst eine Uebersetzung suchen, und wenn ihm in der
Sache etwas unklar bleibt, Thackeray's Book of Snobs zu

Hülfe nehmen. Der Engländer reibt sich gern die Ellenbogen an berühmten, noch lieber an vornehmen Personen. Wer die Prinzessin Mary nicht haben kann, behilft sich mit entthronten Herzogen, mit den Neffen historischer Personen, mit Exgouverneuren, mit Mrs. Beecher Stowe oder, wenn sie schon versagt ist, mit Mr. Beecher Stowe, muß aber die Ehre, auf seine Einladungskarten zu setzen „To meet the Duke of Kuhschnappel", in der Regel mit einem guten Diner erkaufen, denn seine Freunde wollen für den Rest ihres Lebens sagen können: Als ich einmal mit dem Herzog beim Weine saß....

An der innern Einrichtung war nichts geändert, als daß man die Treppen mit Orangerie und die Tische hier und da mit Blumen besetzt, die Schulbänke durch rothe Divans verdrängt, einige bessere Teppiche auf die Kokosmatten gelegt und in dem einen Saale ein Musikcorps, in dem andern ein Buffet aufgestellt hatte; und es hätte auch dessen nicht bedurft. Waren doch neben dem reichen Eigenthum des Museums die zahllosen Kunstsachen vereinigt, welche die Königin, die Universitäten, die Zünfte, die Städte und vier bis fünf hundert Privatpersonen für diesen Sommer hergeliehen haben. Das war keine Frohnde; jeder konnte sich unter Personen und Dingen alte und neue Bekanntschaften suchen; Niemand brauchte die schwere Kunst zu üben, von Nichts zu sprechen. Von Verbena gelehrt, erhöhte ich mir den Genuß durch die lebhafte Vorstellung von einer niedrigen, stickigen, tabackerfüllten Kneipe, in der die Gäste Jahr ein Jahr aus von ihrer eigenen Atmosphäre, körperlichen und geistigen, leben.

23. Bauwesen.

Das Bauwesen, die bürgerliche Baukunst und gar erst den Pracht-, Kriegs-, Straßen- und Wasserbau in einer Industrie-Ausstellung unterzubringen, hat seine Schwierigkeit in den Dingen und, so scheint es, in den Begriffen; jenes, weil die Erzeugnisse, die „Artikel," nicht zur Stelle gebracht werden können; dieses, weil die geistige Thätigkeit zu sehr Kunst und Wissenschaft ist, und die körperliche größten Theils zur Tagelöhnerei herabsinkt. In der einen Beziehung steht das Bauwesen über, in der andern unter der Art von Fleiß (industria, industrie, industry), die man unter dem modernen Ausdruck „Industrie" begreift. Wenn die Ausstellung von 1851 uns einige Modelle von Bauwerken, neuen und alten, vorführte, so betrachteten die Besucher und, entsinne ich mich recht, auch die Geschworenen das Modell als Gegenstand der Ausstellung und der Preisbewerbung. Nur der Prinz Albert hatte eines seiner Musterhäuser für die arbeitenden Klassen in Hydepark aufsetzen lassen und erhielt eine Medaille dafür. In Paris hatte die französische Regierung eine Anzahl von Modellen aufgestellt und durch Karten, Pläne und Aufrisse erläutert in der ausgesprochenen Absicht, für die Bauwerke selbst Preise davon zu tragen. Wo dann freilich gleich die Frage entstand, wer zu krönen sei, die Regierung, der leitende Ingenieur oder die Gesammtheit der beschäftigten Arbeiter. Aber wenig Betrachtung lehrt, daß die zweite Schwierigkeit nicht in den Begriffen, am Wenigsten in dem Begriff der Baukunst, sondern in der willkürlichen und darum vagen Bedeutung des Wortes Industrie liegt, welches freilich wieder der Ausdruck oder Abdruck einer Willkürlichkeit und Zerfahrenheit in den herrschenden Vorstellungen ist. Industrie soll eine Thätigkeit sein, die „prak-

tischer" als Kunst und Wissenschaft und doch vornehmer als
Handwerk; wir treten wohl dem Geiste unserer Zeit nicht zu
nahe, wenn wir den Unterschied nach beiden Seiten hin so
bezeichnen: Industrie ist eine Thätigkeit, mit der mehr Geld
verdient wird. Nun soll aber alles Hervorbringen von Wissenschaft und Kunst beherrscht und durchdrungen sein, und ist
es im Grunde auch, so oft auch die „Industrie" ihre Verbind-
lichkeit gegen die Wissenschaft verleugnen, so oft sie gerade
durch einen gesuchten Anspruch auf Schönheit ihre Verwandtschaft mit der Kunst verscherzen mag. Allen ihren Leistungen
liegt eine gewisse Wissenschaft zum Grunde, mag dieselbe auch
nur unbewußt, in der Form der Erfahrung, existiren; und
schwerlich ließe sich unter den vielen tausend Gegenständen der
Ausstellung, von dem Gebäude selbst bis zu dem einfachsten
Geräth hinab, ein einziger finden, der nicht verziert wäre, verziert entweder in der angenommenen Bedeutung des Wortes,
das heißt geschmückt, oder in dem Sinne, auf den die Bildung
des Wortes führen könnte, das heißt durch Zierrath verdorben.
Daß das Bauwesen sich nicht recht in die Rubrik Industrie
schicken will, erklärt sich gerade daraus, daß in ihm Kunst,
Wissenschaft und Arbeit enger zusammenhängen, schwerer zu
trennen sind, und daß zu ihren Schöpfungen eine Menge von
Thätigkeiten zusammenwirken müssen, die, eine jede, Gegenstand
eines besonderen Industriezweiges geworden sind. Bei dem
Prachtbau kommt noch der andere Grund hinzu, daß das Gebäude ein Individuum ist, nicht eine fungible Sache, daß alle
einzelne Bestandtheile desselben diesen individuellen Charakter
tragen, in ihn passen müssen und deshalb nicht aus dem ersten
besten Vorrath genommen, nicht im Großen, industriemäßig
verfertigt, sondern im Einzelnen, handwerksmäßig, gearbeitet
werden müssen. Wir haben heute Niemanden mehr, der wie
mancher von den alten deutschen und italienischen Meistern

eine Kirche bauen, ein Altarbild malen, einen Becher cifeliren, ein Schlüffelschild schmieden könnte, aber auch der heutige Baumeister muß von einem jeden Stück zu sagen wiffen, ob es richtig ist. Abgesehen von diefer innigen Verbindung mit zahlreichen Handwerken, die in dem Wesen der Baukunst liegt, besteht zwischen ihr und der Industrie unseres Zeitalters eine mannigfache Wechselwirkung. Die Industrie erfordert gewiffe Gebäude, welche die Baukunst ihr zu liefern hat, beschafft gewiffe Stoffe, entdeckt gewiffe Prozeffe, ermöglicht gewiffe Konstruktionen, welche die Baukunst sich zu Nuße zu machen hat; und die Veränderungen, welche der Betrieb der Industrie in der Lebensweise und welche das Resultat der Industrie in den Besitzverhältniffen zahlreicher Klaffen hervorbringt, stellen bestimmte Ansprüche an die Baukunst, eröffnen ihr bestimmte Gelegenheiten. Die Zeit verlangt Fabrikgebäude und Eisenbahnhöfe, Wohnungen für Fabrikarbeiter und Paläste für die Industriellen.

Gerade für das Bauwesen also ist die diesmal beliebte Verbindung der Industrieausstellung mit einer Kunstausstellung sehr glücklich und fruchtbar. Liegen in dem Erdgeschoß alle erdenklichen Baumaterialien und Bauftücke aufgestapelt, so enthält die Bildergallerie einen kaum geringeren Reichthum an Gemälden, Photographien, Riffen und Modellen von Gebäuden aller Länder und aller Zeiten. Zu diesem Theil der Kunstausstellung hat ein bekannter Verehrer der gothischen Kunst, übrigens guter Protestant, eine kleine Einleitung geschrieben, in deren Grundgedanken ich ganz meine eigene Ansicht wiederfinde. Nach einem schnellen Rückblicke auf die alte Geschichte Europas, in der er nur Einen wirklichen Styl, den griechischen, sieht, und auf den gothischen Rundbogenstyl, der sich in dem Thal des Po entwickelt, fährt der Verfaffer fort:

„Alsdann folgte die leßte große Veränderung in der le-

benden Architektur, vorbereitet allerdings in allen wesentlichen
Stücken durch die Arbeit der vorangegangenen Jahrhunderte
und in manchen Einzelnheiten schon längst bekannt, aber vermöge ihrer tief innerlichen Schönheit wie eine neue Schöpfung
erscheinend. Es ist gewiß, daß kein Styl je das Spitzbogen-
gothisch übertroffen hat in malerischer und verschwenderischer
Schönheit des Planes und der Verzierung, in Poesie der Umrisse, in Reichthum romantischer Erinnerungen. Und doch hatten
jene Baumeister selbst kein Bewußtsein von dem Strahlenglanz,
den die Zeit um ihre Werke gewoben hat. Jeder wesentliche
Zug des Spitzbogenstyls, ausgenommen die Zeichnung des
Fenstersturzes, das bunte Glas und die freistehenden, gewölbten
Strebepfeiler, war schon früher in Uebung gewesen; dieselbe
Architektur, die in den Kirchen so mächtig zu uns spricht, war
ihnen auf den Straßen längst geläufig, und hätten jene erfin-
dungsreichen Jahrhunderte einen Blick in die Zukunft thun
können, so würden sie in derselben nur Eins wunderbar gefunden haben: daß ihre Nachkommen sich das garstige Einerlei
der Londoner Straßen so lange gefallen lassen und die mar-
zipanhafte Niedlichkeit der Rue Rivoli schön finden können.
Man muß übrigens nicht glauben, daß das Gothische, das wir
mit aller billigen Anerkennung für die Erhabenheit Egyptens,
die Mannigfaltigkeit Indiens, die Anmuth Athens und die
Lebenskraft seiner unmittelbaren Vorgänger die vollkommenste
Baukunst nennen dürfen, welche die Welt gesehen, auf Einen
Schlag aus dem Boden gewachsen. In Konstruktion und
Verzierung gehorchte es dem Geiste der Zeit. An den Or-
namenten läßt sich verfolgen, wie der harte, nordische Sinn
allmählig sich erweichte und reinigte, von Kriegsscenen und
Ungethümen und Gebilden spukhaften Aberglaubens sich mit
Wohlgefallen zu der Bildung schöner Menschengestalten wandte,
Bogen und Kapital mit dem Kraut des Feldes und dem Laub

des Waldes bedeckte, die Fläche der Gesimse mit Gewinden von Hagedorn und Lilie, die Thurmspitzen mit knospenden Kronen. Die Konstruktion war eingegeben von der Neigung für höhere, schlankere Formen, als der Rundbogen erlaubte. Und wenn man nach der Weise der Bedachung die früheren Style bezeichnen konnte als Bogen und Balken, so darf man dieses Gothisch die Architektur des Giebels nennen, des eckigen oder geschweiften. Die letztere Form, die einleuchtend eine größere Höhe gestattet, als der Halbkreis, längst in Frankreich und anderen Ländern bekannt und gelegentlich als Aushülfe benutzt, wurde jetzt schnell die Regel für alle größeren Oeffnungen. Zwei äußere Ursachen halfen zu der schnellen Entwickelung dieses Styles, erstens, daß das 11. und 12. Jahrhundert das große Zeitalter der Bauten überhaupt und namentlich der Klöster war, zweitens die Erfindung der Glasmalerei, welche nun die Kirchen mit einer Glorie bekleidete, die von keiner bis dahin bekannten Weise der Dekorirung erreicht ward. Um solches Glas aufzunehmen, mußten die Fenster vergrößert werden; es einzurahmen, wurden die Sturze aus Mauerwerk erfunden. Der Wetteifer der Baumeister, berauscht in dem Strahlenduft von Heiligenbildern und juwelengleichen Arabesken, führte das gerippte Dach zu schwindelnder Höhe und setzte es auf Pfeiler, die mit farbigen Kryftallflächen abwechselten; die eigentliche Mauer ward außerhalb des Gebäudes verlegt in einen Wald von freistehenden Streben. Und da stand die mittelalterliche Kathedrale, die in Glas, Stein und Holz alle des Menschen sanfteste und verwegenste Gedanken verkörperte, alles zusammenfaßte, was auf Erden seine Freude und was seine Hoffnung von dem Himmel war.

In Venedig verschmolz das Gothische mit Formen des morgenländischen Kaiserthums und erzeugte einen Styl von so außerordentlicher Anmuth und Eigenheit und so ganz den

Bedürfnissen moderner Städte angepaßt, daß nur die bald nachher einreißende Gleichgültigkeit gegen die Architektur seine allgemeine Einführung verhindern konnte. Jene gewaltige Ver-änderung in den Geistern, welche die Reformation und die klassischen Studien hervorrief, fiel gerade in eine Zeit, da die Blüthe der italienischen Malerei und Bildhauerei in Verbindung mit anderen Umständen Italien zur Herrin des Geschmackes in Europa gemacht hatte. Und da geschah es, daß eine Pedan-terie, die uns in ihrem kindischen Unverstande heute unglaublich erscheint, die Menschen zu der Ansicht brachte, daß die Kultur der Römer, einer Race, die nie irgend einer urwüchsigen oder wahren Kunst fähig gewesen, die alleinige Regel, das einzige Gesetz für die Christenheit 1500 Jahre später sei. Unglaublich für uns — auf allen Gebieten außer der Baukunst. In der Baukunst müssen wir schon daran glauben; denn jene Nach-ahmung der Römer, die sich besonders an dem Namen Pal-ladio knüpft, herrscht heute in jeder Hauptstadt, herrscht aller-orten in Europa. Niemand wird leugnen, daß mit viel Genie und übermäßigen Kosten einige Gebäude zu Stande gebracht worden sind, in denen der italienische Styl Anmuthiges und Edles geleistet, so unter der Hand eines San Micheli oder Scamozzi, eines Christophor Wren oder Chambers oder der Baumeister des ursprünglichen Louvre, des ursprünglichen White-hall. Aber Niemand kann behaupten, daß der Styl, der London mit dem todten Einerlei von Gower Street und Harley Street, mit der blassen Alltäglichkeit von Tyburnia, Belgravia und Kensington erfüllt, der die schwächlichen Frivolitäten der Rue Rivoli und der Strada de Toledo mitten in Paris und Madrid hineingepflanzt, der in zehntausend Städten Kahles, Oedes, Schwarzes an die Stelle von Farbe, Reiz und Leben gesetzt hat, das viereckige Loch an die Stelle des zierlich ge-zeichneten Fensters und der schattigen Pforte, den viereckigen

Umriß des Hauses an Stelle der Linien, die einem Heiligen-
schrein abgesehen, daß ein Styl, der das gewöhnlichste Bau-
material nicht benutzen kann und, wenn er das feinere verwendet, unerschwinglich kostbar wird, daß ein solcher Styl —
doch wozu Worte verschwenden mit der Ausmalung eines
Gegensatzes in einem Lande, das sich praktisch nennt, in einer
Zeit, welche den Kunstsinn in den Massen wieder erwecken will?
Es genügt, die einfachen Thatsachen aufzuführen: der römische
Styl ist eine ungleichartige, mechanische Bildung, aus den un-
verstandenen Stylen Anderer zusammengesetzt von einem ge-
schmacklosen Geschlecht und durch politische Umstände in seiner
Entwickelung aufgehalten, ehe er die Einheit erreicht hatte, die
allein der Kunst eine Seele giebt. Dieser Styl, theils aus
Trümmern, theils aus den Schriften Römischer Theoretisirer
hergestellt, wurde später in einer anders gestalteten Gesellschaft,
in einem Jahrhundert der tiefsten Erniedrigung auf die Paläste
und Kirchen Italiens und Frankreichs angewandt, um der
Ueppigkeit eines Borgia zu fröhnen und dem ungläubigen
Aberglauben eines Leo und Julius Tempel zu schaffen. Er
wurde niemals für das gewöhnliche Leben benutzt, er kann nie
für dasselbe benutzt werden. Unfähig zu der Hütte hinab-
zusteigen, bläht er sich als Theaterdekoration. Palladisch, Renaissance, Italienisch, Louis Quatorze, Louis Quinze, wie er
sich immer nennen mag, er ist und bleibt die Kopie einer kopirten Architektur, eine galvanisirte Pedanterie.

Eine solche Architektur kann keinen Halt haben in den
Gemüthern, findet Gunst nur vor vulgärem Stolz und gelehrter
Kennerschaft. Und ihre verderbliche Herrschaft hat noch ein
anderes Uebel erzeugt, schlimmer als der verfrorene Formalismus,
den sie nährt; wohin sie dringt, da verbreitet sich die todte
Gleichgültigkeit gegen die Kunst, der Krebs, der nimmer geheilt
werden kann, so lange die Menschen in Häusern leben und in

Gebäuden zusammenkommen, in denen sie sich nicht herzlich wohl fühlen. Aber wenn einmal ein allgemein anwendbarer, verständlicher und schöner Styl sich bilden wird, so wird mit ihm das natürliche Wohlgefallen an der Architektur aufwachsen, werden die kalt-anmaßlichen Gespenster des Bastardrömischen soweit zurückweichen, daß selbst die Verachtung sie nicht mehr erreichen kann. Und möge man nicht glauben, daß die Rückkehr zu früherer Vortrefflichkeit gleichbedeutend sei mit der kopirten Kunst, die stets ein Todtes sein wird. Die Gothik, so zauberisch sie war, hat nie ihre volle Entwickelung erreicht; wir haben nur den Faden aufzunehmen, wo der Dilettant ihn fallen ließ, und mit den viel größeren Mitteln, die uns zu Gebote stehen, fortzuspinnen.

Die Beispiele, die uns am Nächsten liegen, sind Kirchen, Gebäude, welche der höchsten Kunst das reichste Feld bieten und sich am Häufigsten bis auf unsere Tage erhalten haben. Aber die eigenthümliche Glorie des Gothischen in allen seinen Phasen ist es, daß es sich zu jederlei Gebäude gleich gut schickt. Kein anderer Styl ist so erhaben und so demüthig zugleich, so gehorsam dem Zwecke und so frei in der Ausführung und dem Einzelnen. Wie einst an dem Münster, so verfuhr man damals auch an dem Wohnhause; man baute auf dem Lande wie in der Stadt. Die Gothik war nicht eine Architektur, wie die Aegyptische und Griechische, die für die Religion rein bewahrt ward, nicht wie die Römische, die sich nicht zu der Privatwohnung herablassen konnte, ohne von ihrem Wesen einzubüßen; sondern wie Sonne, Luft und Himmel schickte sie sich zu Kirche und Palast, Werkstatt und Rathhaus, Hütte und Burg; nahm sie ein jedes Material und gewann ihm ab, was es leisten konnte, von dem Marmor in schneeiger Quader und purpurgeäderter Tafel bis zu dem Lehm des Feldes und dem Geröll des Steinbruchs; war sie zu Hause in

Waarengewölben und städtischen Gassen nicht weniger, als wo der Herrensitz das Landschaftsbild belebt mit seinen grauen oder röthlichen Giebeln, oder die Waldkapelle in die Felswand oder die Berglehne eingenischt steht, wie ein Tabernakel köstlich aus Metall getrieben. Und besonders sollte beachtet werden, daß die Gothik allein es vermag, die Wohnung des Armen zu verschönern. Das ist keine leere Redensart; das Alles läßt sich auf das Strengste nachweisen durch alle Jahrhunderte des Rundbogen- und des Spitzbogenstyls. Es bedarf keiner weithergeholten, künstlichen, alterthumskundigen Beweise für die Vorzüglichkeit der Gothik; sie ist, kurz gesagt, der Eine Styl, der unter den besondern Umständen, die seine Entwicklung begleiteten, alles das Beste, was die Welt in Konstruktion und Ornament erfunden hat, in sich vereinigt. Von dem anspruchslosesten Dienst des Nützlichen bis zu dem erhabensten Kultus des Schönen hat diese edle Kunstform jedem Anspruch zu genügen gewußt; unbehindert durch die Verschiedenheit des Klimas, in ihr nur Gelegenheiten zur Entfaltung von Schönheit und Zweckmäßigkeit findend; die genügsamste in den Mitteln, die reichste in der Verwendung, die verständlichste, ansprechendste und vollendetste in den Resultaten. Die Anforderungen des Menschen an die Baukunst verändern sich nicht wesentlich; sie gehören zu den Dingen, von denen gesagt ist, daß sie gewesen sind und wieder sein werden. Auf welcher Seite also steht der gesunde Menschenverstand? Wozu nach unmöglichen neuen Formen suchen oder Style wieder auftischen, die Bastarde, die leblos, die unpraktisch sind, während Menschen mit unsern Neigungen und Empfindungen, mit unserm Blute die Aufgabe schon einmal, vollkommen und für immer gelöst haben?"

Zu dem Theil der Kunstausstellung, der sich auf Architektur bezieht, hat Preußen sehr reiche Beiträge geliefert, die man im Großen in drei Klassen theilen kann, je nachdem sie darstellen

entweder ältere, hauptsächlich gothische Bauwerke, oder Gebäude,
die aus der Schinkelschen, gräcisirenden Schule hervorgegangen sind,
oder Versuche in anderen Stylen. Adler in Berlin hat den ersten
Band seiner Ziegelbauten ausgelegt, der sich mit der Mark beschäftigt und ungeahnte Schätze aufschließt; Bötticher das
tektonische System Altgriechenlands; v. Diebitsch Reisestudien
und architektonische Skizzen; Hitzig die Viktoriastraße, die Berliner Börse, modellirt von Daukberg, und zwei Hefte mit
Rissen; Knoblauch die Zeichnungen zu der neuen Synagoge
in Berlin, mit ihren verwegenen Gewölben im maurischen Styl;
das Palais des Grafen Arnim-Boytzenburg am Pariser Platz
und das Behr'sche Haus in der Wilhelmsstraße; Quast seine
Baudenkmale; Runge die Ziegelbauten Italiens; Salzen-
berg die Denkmale der ältesten christlichen Baukunst in Konstantinopel; v. Stillfried seine Alterthümer und Kunstdenk-
male des Hohenzollernschen Hauses; Stüler die Zeichnungen
zu dem Neuen Museum — die publizirten Werke alle in dem
Verlage von Ernst und Korn in Berlin erschienen, die außerdem fünf Bände Schinkel'scher Entwürfe, die Strack'schen
Zeichnungen von Babelsberg und den elften Jahrgang ihres
Magazins ausgestellt haben. Der englische Katalog der betreffenden Abtheilung enthält nicht weniger als 646 Nummern
und liefert den überzeugenden Beweis, daß die Gothik allen
Ansprüchen der Gegenwart zu genügen weiß. Der Berliner
namentlich sollte es nicht versäumen, die zahlreichen Landhäuser,
große und kleine, mit den italienischen Gebäuden in der Umgegend von Potsdam zu vergleichen. Für die neuen Ministerien
hat freilich die Regierung, das heißt Lord Palmerston, dem
Entwurf im Renaissancestyl den Vorzug gegeben; aber wenn
er wollte, könnte der edle Lord auf dieser Ausstellung lernen,
daß sein Hauptgrund, ein gothisches Gebäude müsse dunkle
Räume haben, unrichtig ist.

In der französischen Abtheilung herrscht weniger die Kunst als die Religion und die Politik. Von den 37 Gebäuden, deren Zeichnungen von Architekten ausgestellt sind, sind nicht weniger als 27 Kirchen, Kapellen und andere Bauwerke zu Religionszwecken. Daneben hat sich aber auch diesmal wieder das Ministerium für Ackerbau, Handel und öffentliche Arbeiten betheiligt und augenscheinlich aus Gründen, in denen die Industrie und die Baukunst nicht die erste Stelle einnehmen. Man hat es darauf angelegt, der Welt ein Bild davon zu geben, was die „napoleonische Idee" für Frankreich geleistet habe, und dies Bild erscheint dem flüchtigen Beschauer um so größer, als man in der Regel unterlassen hat, das Datum des Baues anzugeben. Dasselbe findet sich regelmäßig nur bei den Arbeiten der letzten zehn Jahre und bei einzelnen großen Unternehmungen, die längst im Auslande bekannt sind, wie bei den 1858 mit so viel Gepränge eingeweihten Hafenbauten von Cherbourg. Wäre es zu verwundern, wenn das Publikum alles Uebrige Napoleon III. zuschriebe, auch das, was unter seiner Regierung nur vollendet ist?

Diese französische Ausstellung umfaßt überhaupt 52 Bauten, von denen 31 in Modellen, einige nur in Photographien, die übrigen in Zeichnungen dargestellt sind. Die bei Weitem größeste Zahl kann nur den Sachverständigen beschäftigen. Nr. 1251 bezieht sich auf einen Steinbruch bei Marcoussis im Departement der Seine und Oise, den die Stadt Paris erworben und in Betrieb gesetzt hat, um das Material zur Straßenpflasterung zu gewinnen. Früher wurden die Felsen mit Pulver gesprengt, die Blöcke mit dem Handhammer zerschlagen und die Steine auf dem Rücken herausgetragen. Die Kosten kamen hoch, und der feine Staub übte eine so mörderische Wirkung auf die Gesundheit der Arbeiter, daß dieselben im Durchschnitt nicht über 42 Jahr alt wurden. Eine Maschine, angegeben von dem Ingenieur Laubet, dargestellt in einem Modell von $\frac{1}{10}$ der natürlichen Größe, zerschlägt vermittelst eines Hammers von 1200 Pfund die Blöcke und hebt die Steine auf eine Eisenbahn. Funfzigtautend Pflastersteine kosteten sonst 11,200 Franken und so und so viel Jahre von Menschenleben, und kosten jetzt nur 9200 Franken. Ich kann hier nachholen, daß der Amerikaner Blake das Modell einer Maschine ausgestellt hat, welche die Steine so weit zertrümmert, als es für den Chausseebau erforderlich ist; sie gleicht dem Rachen eines Raubthiers und beißt so lange, bis die Steine durch einen Rost in der untern Kinnlade hindurch fallen können. Nr. 1251 ist das Modell eines Leuchtthurms von Schmiedeeisen für Port de France in Neu-Caledonien; er kommt an eine der Einfahrten durch das Korallenriff zu stehen, dessen ich in dem Artikel über die Kolonien erwähnt habe. Daneben findet sich das Modell eines Leuchtfeuers, welches je 20 Sekunden weiß, roth und grün erscheint; die Vermehrung der Leuchtthürme hat ein dringendes Bedürfniß nach Vorrichtungen erzeugt, welche eine Verwechselung verhüten. Hier war die zu überwindende Schwierigkeit, alle Lichtstrahlen in eine schmale Zone zu werfen und abwechselnd anders zu färben, ohne eine zu kostspielige Vermehrung der Linsenringe. In derselben Abtheilung figurirt die Kehler Rheinbrücke, erbaut „pour étendre les relations entre la France et l'Allemagne." Drei Nummern beziehen sich auf die Abfangung und Einfassung von Mineralwässern, in Plombières, dem Kessel der Medea, in dem das alte Europa jung gekocht worden, in Baguère-de-Luchon und in Ussat. Wichtiger für den Staatsmann und Volkswirth als für den Baumeister ist ein Atlas mit Karten und Rissen über die Bewässerungsanlagen von Carpentras, Departement Vaucluse, wichtig als ein erster Schritt, um die Nachtheile der Bodenzersplitterung auszugleichen. Der Boden ist der Art, daß ihm nur durch Ueberrieselung Erträge abzugewinnen sind; Stücke Land von der Größe eines guten Teppichs lassen sich aber nicht für sich überrieseln. Unter Anleitung eines Gesetzes, welches deutschen Verordnungen nachgebildet ist, haben sich die sturren, eifersüchtigen Atome zu großen Vereinen zusammengethan, je nach dem Gefälle des Terrains, und gemeinschaftliche Werke angelegt. Ein Hauptkanal nimmt das Wasser aus der Durance und entleert sich in den Fluß Aigues, nachdem er ein ausgedehntes Adergeflecht gespeist hat. Der Kanal selbst ist 83,357 Meter lang, seine fünf großen Abzweigungen 32,719; die kleinen Rieselgräben, filioles, 362,588, zusammen 478,665. Die ganze Anlage ist auf 27,000 Hektaren berechnet und für 9000, die 18 Landgemeinden angehören, in Thätigkeit. Ein Syndikat aus jedem Verein besorgt die Anlagen auf dem Gebiete desselben, ein Ausschuß aus allen Syndikaten den Hauptkanal. Ein Gegenstück dazu sind die Entwässerungsanlagen in dem ehemaligen Fürstenthum Dombes, Departement Ain. Eine Fläche von 100,000 Hektaren wird seit alten Zeiten in der Art benutzt, daß man das Land zwei Jahre lang in Teiche verwandelt, und nachdem dieselben ausgefischt und abgelassen sind, ein Jahr lang mit Früchten bestellt. Die natürliche Folge sind Fieber und eine decimirte Bevölkerung. Der ausgelegte Atlas enthält nur die Vermessung und Nivellirung dieses sonderbar gestalteten Terrains, noch keinen Plan der auszuführenden Arbeiten.

Nicht weniger als 11 Nummern, theils Modelle, theils Karten, theils Photographien beziehen sich auf die öffentlichen Arbeiten in Paris und hauptsächlich auf die Entwässerung und Bewässerung. No. 45 eine geologische Karte des Untergrundes von Paris, soweit er erforscht ist, 15 Milimeter auf 100 Meter, chromolithographirt von Ch. Lemercier. No. 46, in demselben Maßstabe und bei demselben Verleger erschienen, eine Karte der unterirdischen Wasseradern. No. 44 ein Atlas in 17 Blättern über die Katakomben, Maaßstab 1 auf 1000. No. 38 Atlas der Kloaken und Modell der Cloca maxima von Asnières, an denen man studiren kann, wie Kloaken nicht angelegt werden sollen. No. 39 Karte der Wasserleitungen von Paris, Modell des Behälters von Passy, Modell des ebendaselbst von dem deutschen Ingenieur Kind ausgeführten artesischen Brunnens. No. 43 ein Album über die Squares, öffentlichen Gärten und Promenaden von Paris. Endlich No. 49 ein Nivellement Frankreichs, ausgeführt von Bardaloue. Die Pariser Werke haben alle einen gewissen Werth für Städte, in denen man mit ähnlichen Anlagen beschäftigt ist; von den übrigen, namentlich den Brücken- und Straßenbauten, halte ich viele durchaus nicht für bemerkenswerth.

Ohne Zweifel hätte man aus Preußen eine mindestens ebenso interessante Ausstellung beschaffen können, wenn man die „Bauausführungen des Preußischen Staates", die wenigstens 1848 noch erschienen, mit den dazu gehörigen Rissen eingeschickt hätte. Ich will übrigens gar nicht sagen, daß das wünschenswerth gewesen wäre; die Regierung bei uns hat nicht das Bedürfniß einer mise en scène, wie in Frankreich; und als Proben dessen, was bei uns in öffentlichen Arbeiten geleistet wird, genügen die zwei Modelle: von der Dirschauer Brücke und von dem Elbing-Oberländischen Kanale, No. 1338. Jedes dieser Bauwerke ist sehenswerther, als gar manches, um dessen willen der deutsche Reisende im Auslande einen Umweg nimmt; wie viel reisende Deutsche überschlagen einen Zug, um die Weichselbrücken auch von der Seite anzusehen? Die Größe der Bauten und ihre geschmackvolle Form springt in die Augen; die Schwierigkeiten, die zu überwinden waren, und der wissenschaftliche Sinn, mit dem die Aufgabe gelöst ist, werden durch das Modell und die beigegebene Beschreibung deutlich. Die

Brücke bei Dirschau ist 2668 Fuß lang, mit sechs Oeffnungen, die bei Marienburg 890½ Fuß, mit nur einem Pfeiler. Weil die Weichsel von Süden nach Norden fließt, in ihrem obern Laufe eher aufthaut, als in ihrem untern, also einen gewaltigen Eisgang mit gefährlichen Stopfungen hat, waren sehr weite Oeffnungen nothwendig; und je länger die Joche, desto mehr hatten natürlich die Pfeiler zu tragen. Beide Brücken sind Gitterbrücken, deren Wesen man sich klar machen kann, indem man sich ein Brett erst auf die flache Seite, dann auf die schmale Kante gelegt und beidemal belastet denkt. Wenn flach gelegt, so wird eine geringe Last, so wird die eigene Schwere des Brettes hinreichen, dasselbe zu biegen; wenn auf die Kante gestellt, wird eine ungeheure Belastung erforderlich sein, es zu zerbrechen, vorausgesetzt, daß es nicht ausweichen kann. Und zwar erklärt sich der große Widerstand daraus, daß die Fasern in der untern Hälfte des Brettes zerrissen, in der obern gestaucht werden müssen, wenn das Brett brechen soll. Ein solches Brett stellen die Wände einer Gitterbrücke dar, und die Querverbindungen oben und unten, welche das Ausweichen verhüten, machen das Ganze gleichsam zu einem hohlen Balken. Es leuchtet ferner ein, daß Spannung und Druck auf jedem Punkte zwischen einem Pfeiler und der Mitte des Joches anders sind. Demgemäß ist für einen jeden Stab der 37 Fuß hohen Gitterwände die erforderliche Stärke berechnet worden, während englische Ingenieure in solchen Fällen im Pausch und Bogen verfahren. Damit ist freilich nur eine geringe Ersparung an Eisen, aber ein dauernder Gewinn für die Wissenschaft erreicht. Das zweite Modell stellt unsern Trollhätta-Kanal dar. Die berühmten Schleusen in der Gotha-Elf haben, wenn ich mich recht entsinne — ich reise ohne Bibliothek — eine Höhe von 110 Fuß; die Kanalstrecken des preußischen Oberlandes liegen 225 Fuß über dem Wasserspiegel der untern Strecke,

welche in den Elbingfluß und durch diesen in das frische Haff
führt. Die Verbindung wird nicht durch Schleusen, sondern,
billiger und schneller, durch schiefe Ebenen unterhalten. Ist ein
Schiff an dem Ende der oberen Kanalstrecke angelangt, so wird
unter dasselbe, während es noch schwimmt, ein großer Wagen
gefahren; vermittelst desselben wird es alsdann herausgezogen
und über eine geneigte Ebene von 65 Fuß auf einem Schienen-
wege herabgelassen; und so fort an drei anderen Stellen. Das
Aufsteigen geschieht in derselben Weise; und wenn es sich so
trifft, daß gleichzeitig ein Schiff hinauf, eins hinab geht, so
dient das hinabgehende als Gewicht zum Hinaufziehen des
andern. Der erforderliche Ueberschuß von Kraft und, wenn
kein thalgehendes Schiff da ist, die ganze Kraft wird durch ein
rückschlächtiges Wasserrad von 27 Fuß Durchmesser gewonnen.
Die Dauer der Fahrt über die vier Ebenen beträgt mit Einschluß
des Einfahrens der Schiffe auf den Wagen und des Abfahrens
von demselben durchschnittlich 15 Minuten, also nicht mehr als zur
Füllung oder Entleerung einer einzigen Schleuse gehören würde.
Klett & Co. in Nürnberg haben ein Modell von einem Stück
der Mainzer Rheinbrücke ausgestellt. Dieselbe ist im Ganzen
3375 Fuß lang mit vier Hauptöffnungen von je 332 Fuß.
Sie ist auch eine Gitterbrücke, aber nach dem Pauly'schen Systeme, dessen Eigenthümlichkeit darin besteht, daß die Gurtungen
nach ihrer ganzen Länge gleichen Kräften zu widerstehen haben.

Die an Engländer und Franzosen zahlreich vertheilten
Preise sind häufig gerechtfertigt durch „boldness of design"
Kühnheit der Konzeption; und in der That sind Preise ertheilt
für Bauten, mit deren Entwürfen ein deutscher Baubeflissener
durch das Examen gefallen wäre. Ich habe viel über dies
Kapitel gehört, muß es aber andern überlassen, dasselbe öffentlich zu behandeln.

In dem englischen Katalog ist in dieser Klasse, der zehnten, eine Unterabtheilung gemacht: Sanitary Improvements and Constructions, Anlagen und Verbesserungen für die Gesundheitspflege; und es sind in dieser Unterabtheilung, die sich namentlich mit der Ventilation und dem Kloakenwesen beschäftigt, in England prämiirt 17 Aussteller, in Frankreich 7, in Belgien 4, in Schweden 3, in Oesterreich 3, in Rußland 1, in Deutschland 1 und zwar ein Hamburger wegen eines Nachtstuhls, in Preußen also keiner. Die große Zahl und die Mannigfaltigkeit von Ventilationsapparaten beweist, daß man anderswo das Bedürfniß anerkennt und an der Lösung der Aufgabe nicht verzweifelt; und die gänzliche Vernachlässigung des Gegenstandes in Preußen, das nicht einmal einen Versuch aufzuweisen hat, wird es rechtfertigen, immer wieder darauf zurückzukommen. Das Bedürfniß ist am leichtesten nachzuweisen an den Hospitälern, wo es sich jeder nicht verschnupften Nase fühlbar macht. Nach dem gegenwärtigen Stande unseres Wissens haben wir davon auszugehen, daß der Mensch in einer Stunde 300 Liter (französische Quart, gleich ⅜ deutschen) Luft mit 12 Liter Kohlensäure ausathmet, daß wenn die Luft gut bleiben soll, fortwährend das Zweihundertfache der ausgeathmeten an frischer Luft zugeführt werden muß, und daß unter Berücksichtigung der s. g. freiwilligen Ventilation, durch die Fenster und Wände, in Krankenhäusern stündlich 60 Kubikmeter oder 540 Kubikfuß frischer Luft zuzuführen sind; ferner, daß eine so reichliche Lufterneuerung nicht durch den Druck der äußeren Atmosphäre und den Gewichtsunterschied der kälteren und der wärmeren Luft, also durch eine Oeffnung oben und eine unten, sondern nur durch eine mechanische Ventilation erreicht werden kann; endlich, daß zwei Methoden mechanischer Ventilation noch um den Vorzug mit einander kämpfen, das Eintreiben frischer Luft und das Auspumpen oder Aussaugen der verdorbenen. Das Hospital, welches für das bestventilirte in London gilt und jedenfalls die größeste Sorgfalt erforderte. das in Brompton, für Brustkranke, hat die zweite Methode angenommen und in folgender Weise ausgeführt. Von jedem Zimmer und jedem Korridor läuft dicht unter der Decke ein Kanal aus, dessen Durchschnitt nach der Zahl der Betten und nach der ermittelten Geschwindigkeit der Luftströmung berechnet ist. Alle diese Kanäle treffen in einem großen Ventilationsschaft zusammen, für den eigens ein Thurm an dem Gebäude angebracht ist. Auf der Höhe des Thurmes ist um diesen Schaft ein großer ringförmiger Kessel gelegt, angefüllt mit Wasser, das stets auf 40 bis 50° Reaumur erhalten wird und die Waschküchen und Badewannen speist. Das obere Stück des Schaftes ist also immer warm, erwärmt und verdünnt die darin befindliche Luft und macht sie mit Lebendigkeit aufsteigen, wirkt also auf die Luft in den Zimmern wie eine Saugpumpe. In jedes Zimmer und jeden Korridor mündet dicht über dem Fußboden ein anderer Kanal. Alle diese Kanäle laufen aus von einem größeren, der unter dem Flur der ersten Etage liegt, mit der äußern Luft in Verbindung steht und durch eine mitten darin liegende Röhre mit heißem Wasser erwärmt werden kann. Als ich das Hospital besuchte, um mir die Ventilation anzusehen, im Juli, war diese Wasserheizung nicht in Thätigkeit; in der kälteren Jahreszeit erwärmt man das Wasser so weit, als nothwendig ist, um die verlangte Temperatur in den Zimmern zu erhalten. Der Hergang ist alsdann, um ihn der vollkommenen Deutlichkeit wegen noch einmal zusammenzufassen, so: die äußere Luft tritt in den unterirdischen Kanal, streicht über die erwärmte Röhre, tritt in das Zimmer, entweicht durch den Thurm. Oefen, Kamine oder andere Heizeinrichtungen sind in den Zimmern nicht vorhanden. Ich will hinzufügen, daß in dem stark besetzten Krankenhause auch nicht die leiseste Spur von Spitalgeruch zu bemerken war; die Luft war, wie die Engländer sagen, sweet. Wo man das andere System, das Eintreiben

22*

frischer Luft, angenommen hat, bedarf man eines kräftig wirkenden Fächerrades; das Modell eines solchen, das in dem
Militärlazareth in Wien in Thätigkeit ist, findet sich in der
österreichischen Abtheilung, Nr. 630. Beigegeben sind Zeichnungen und Pläne der ganzen Anlagen zur Erwärmung und
Lüftung dieses Lazarethes, es wäre aber wohl nutzlos, sich mit
einer Beschreibung derselben zu bemühen.

Für Räume, in denen nur Gesunde und nur auf kürzere
Zeit sich aufhalten, wären solche Vorrichtungen zu kostspielig.
Die Engländer sind daher unermüdlich in Erfindung einfacherer,
freilich derber wirkender Einrichtungen für Theater, Konzert-
säle, Kirchen, Schulen, Gerichtslokale. Die Ausstellung hat
eine Menge von Modellen aufzuweisen, von denen ich zwei erwähnen will, das eine, weil ich mich oft von seiner Zweckmäßigkeit überzeugt habe, das andere, weil ich es versucht zu
sehen wünschte. Das erste beruht auf der Beobachtung, daß,
wenn eine in die Decke eines Zimmers eingesetzte senkrechte
Röhre, durch eine dünne Scheidewand getheilt ist, sich von
selbst zwei Luftströmungen entwickeln, eine aufsteigende, welche
die Zimmerluft abführt, und eine absteigende, welche frische
Luft zuführt. Das zweite ist von Howorth angegeben. Aus
der Decke des zu lüftenden Raumes steigt ein Blechrohr bis
über das Dach hinaus und trägt eine Kappe, die vermittelst
kleiner und sehr empfindlicher Flügel von der leisesten Luftströmung in Rotation gesetzt wird. Mit der Kappe dreht sich
eine in dem Rohr steckende schraubenförmige Röhre, die etwa
der Schlange eines Kühlfasses gleicht. Der Erfinder behauptet
nun, daß in dieser Schraube, und dank ihrer Drehung ein viel
stärkerer Luftstrom nach oben entstehe als in einer geraden und
stillstehenden Röhre von gleichem Durchmesser, daß vermittelst
derselben das Zimmer ausgepumpt werde. Eine physikalische
Erklärung der Erscheinung ist mir nicht bekannt; aber wir sind

über die Statik der Luft überhaupt noch sehr im Dunkeln und es geht nichts über Versuche.

Von den Vorrichtungen für Privatwohnungen habe ich wiederholt den Arnott'schen chimney ventilator empfohlen, ein Ventil, das in das Kaminrohr führt und auch in ein russisches Rohr geführt werden könnte. Bei meiner diesmaligen Anwesenheit in London habe ich aber erfahren, daß nach längerem Gebrauch sich stets um die Klappe her Rußspuren einfinden, ein erheblicher Nachtheil bei gut tapezirten Zimmern. Bei einem Neubau läßt sich dieser Uebelstand allerdings leicht vermeiden, indem man neben dem Schornstein ein kleines Rohr aufführt, das durch den Schornstein erwärmt wird, aber keinen Rauch aufzunehmen hat. Für alte Häuser scheint mir von den ausgestellten Ventilatoren der beste der von Cooke, dessen Patent eine Gesellschaft, die Ventilation and Sanitary Improvements Company, angekauft hat. Die Gesellschaft zählt unter ihren Direktoren einige der ersten medizinischen Autoritäten und arbeitet angeblich mit einem Kapital von 30,000 £. Sie hat viel günstige Zeugnisse von Aerzten, Baubeamten und Schulmännern aufzuweisen. Der Ventilator ist im Wesen das längst bekannte „Fliegenfenster", das man in Deutschland in Speisekammern und Milchkammern sieht. Er besteht aus einem feinen Drahtnetz, das aber in horizontale Falten gelegt ist, so daß man es mehr oder weniger öffnen kann. Die feinen Löcher verhindern einen fühlbaren Zug, und nach den beigebrachten Attesten ist nicht zu bezweifeln, daß sich auch durch ein solches Geflecht zweierlei Ströme entwickeln, eingehende und ausgehende. Der Ventilator nimmt die ganze Breite einer Scheibe ein und an seinem unteren Rande ist eine zweite Scheibe befestigt, die auf und nieder steigt, je nachdem das Drahtgeflecht zusammengefaltet oder geöffnet wird.

Ueber die Baumaterialien kann nur ein Sachverständiger

urtheilen. Preußen zeichnet sich durch einen Reichthum an Dachbedeckungen aus; dagegen ist die ausgezeichnete Bautischlerei Berlins nur sehr dürftig vertreten. Von einzelnen Baustücken sei zweierlei erwähnt, der Gußmarmor von Weimar in Berlin, in dem unter anderem drei von der Kronprinzessin modellirte Reliefs aus der englischen Geschichte ausgeführt sind, und die Verwendung des Zinkes, in der Berlin stets voran gewesen ist. Pohl hat jonische und korinthische Säulenkapitäler in Zinkrohguß ausgestellt und Peters ein gothisches Kirchenfenster, beides gleich gut ausgeführt, das letztere aber für mich ansprechender, weil es einen Weg zeigt, um die Schwierigkeit zu überwinden, mit der die Gothik in unseren norddeutschen Flachlanden zu kämpfen hatte. Unsere alten Baumeister konnten, mit ihren Ziegeln die Zeichnung der Fensterstürze, die tracery, in der ein so großer Reiz dieses Styles besteht, weder so zart, noch so übermüthig ausführen, wie es anderswo in Sandstein geschah. Jenes Fenster zeigt, was mit getriebenem Zink zu leisten ist; sollte nicht dasselbe Material in Guß für denselben Zweck einer sehr ausgedehnten Verwendung fähig sein?

24. Die Töpferei.

Ein weites Gebiet der Ausstellung, und gerade dasjenige, was dem Besucher am Meisten in die Augen fällt, in dem er am Leichtesten zu Hause wird, sich am Schnellsten befreundet und verfeindet, läßt sich kurz bezeichnen als Topf und Kessel.

Der Topf ist vergänglicher als die Erzeugnisse der meisten Handwerke und doch unverwüstlicher als alle. Ein ungeschickter Schlag der Hacke zerbrach die Aschenurne, aber ein Jahrtausend hat die Scherben nicht zu zerstören vermocht. Von unserer ganzen Literatur, gedruckt in diesem Jahr, wird, so

meinen die Papiermüller im Stillen, nach einigen Menschenaltern kein Fetzen mehr übrig sein; und aus den Schutthaufen
von Niniveh wurden die thönernen Aktenstücke hervorgezogen, die
Herodot benutzt hat. Den Namen des Prokonsuls oder Ritters,
der in der Villa bei Lymne Castle seine Saison hielt, fischt
Niemand mehr aus der Nacht der Vergangenheit auf; aber auf
seinen Weinkruken steht lesbar der Name des Töpfers. Für
die Geschichte der Töpferei besitzen wir daher unter allen Handwerken das vollständigste Archiv, das in ununterbrochener Folge
von der jüngsten Mode bis in die Grabhügel namenloser Ge-
schlechter reicht: und sich in diesem Archive umzusehen, dazu ist
vielleicht nie und nirgends eine günstigere Gelegenheit geboten
worden als hier, in der Ausstellung und in den zahlreichen
Sammlungen, die theils für gewöhnlich, theils für die Dauer
dieses Sommers zugänglich sind.

Das Material aller Töpferei, der Thon, entsteht hauptsächlich durch die Verwitterung des Granits. Der Fels hat
sich erst zerklüftet und zerbröckelt; alsdann haben Regenfall
oder Meeresströmung die feineren löslichen Bestandtheile weg-
gespühlt und in Lagern gesammelt. Im Allgemeinen ist das
in einer früheren Erdperiode geschehen; in dem großen Thon-
lager bei Poole finden sich Reste von Palmen und anderen
Pflanzen der subtropischen Zone: an zwei Punkten in Devonshire und Cornwall aber geht der Prozeß noch immer vor sich
und wird durch Menschenhand beschleunigt. Der mürbe Granit
an den Abhängen des Gebirges wird losgebrochen, zerschlagen und
auf einer abschüssigen Fläche ausgebreitet, über die man Wasser
leitet. Quer über diese Fläche sind in gewissem Abstande
Fanggräben geleitet, in denen Quarzstücke und andere gröbere
Bestandtheile liegen bleiben, bis endlich das nur noch mit Thon
geschwängerte Wasser in einen flachen Teich gelangt, in dem
man es verdunsten läßt; der Rückstand ist Kaolin, der feine

Thon, der das Porzellan giebt. Ueberall auf der Erde, wenige Punkte ausgenommen, hat die Natur freundlicher Weise diese Arbeit besorgt, ehe der Mensch erschien; im Paradiese war gleich ein Thon, ein gar feiner Thon, zur Hand, um die Rippe Adams zu bekleiden, die ihm unter dem Einfluß von Chloroform abgenommen worden; aus den vom Kaukasus herabgewaschenen Lagern wurden die Städte in Assyrien und Babylon erbaut. Anfangs nur an der Sonne getrocknet, dann in Feuer gebrannt, endlich glasirt, haben die Ziegel von Nimrud und Niniveh unsern Chemikern den Beweis geliefert, daß man 800 Jahr vor der christlichen Zeitrechnung mit den Oxyden von Zinn, Blei, Antimonium und Kupfer die Glasur zu färben verstand. Die Römer hatten in England zwei große Töpferstätten, potteries, eine bei Castor in der Nähe von Peterborough, die man über einen Strich von vier deutschen Meilen verfolgt hat, die andere bei Upchurch. Das in der letzteren verfertigte Geschirr ist von einer schwarzblauen Farbe, die dem Thon durch den Rauch verbrannter Pflanzen gegeben zu sein scheint. Eine dritte Art von römischem Töpfergut wird von den alten Schriftstellern als samische Waare bezeichnet. Ob sie von der Insel Samos eingeführt oder nur dem ächten samischen Geschirr nachgeahmt wurde, ist nicht klar; daß sie aber die werthvollste war, erhellt daraus, daß die Römer sich nur mit ihr die Mühe gegeben haben, zerbrochene Stücke mit Beiklammern wieder zusammenzuflicken. Sie ist von einem schönen glänzenden Roth, wie die römische Töpferwaare vom Rhein. Die Kunst des farbigen Glasirens scheint in der Völkerwanderung untergegangen zu sein. Sie erscheint zuerst wieder bei den Mauren, welche die Wände ihrer Paläste mit glasirten Ziegeln schmückten. Solche Ziegel lernten die Pisaner kennen, als sie den Mauren die Insel Majorca abnahmen im Jahre 1115, und benutzten sie zur Verzierung ihrer Kirchen. Später lernten sie selbst das

Verfahren und wandten es auf Geschirre an; daher der Name Majolica, verderbt aus Majorca, oder auch Rafael-Waare, weil Rafael für die Herzogin von Urbino ein solches Service gezeichnet hat. Das Eigenthümliche dieses Geschirres ist eben so schwer zu beschreiben, als es durch eigene Anschauung leicht aufzufassen ist; wer jemals ein Stück ordentlich angesehen hat, wird die Gattung immer wieder erkennen. Den Stoff muß man nach der heutigen Klassifizirung eine Fayence nennen: zu sehen ist er nur an der Kehrseite der Geschirre, die zum Gebrauch bestimmten Flächen sind durchweg farbig glasirt und zwar mit Farben, die etwas Trübes oder Dickflüssiges haben. Es sind das eben die Farben, über die man damals zu verfügen hatte, und da es darauf ankam, einen groben, grauen Stoff zu bedecken, so waren sie ganz am Platze. Eine sehr beliebte Form in Majolica ist die Schüssel, deren Boden mit Fischen, Schnecken, Muscheln und dergleichen in sehr starkem Relief bedeckt ist. Diese Töpferei erreichte ihre Blüthe in der Mitte des 16. Jahrhunderts.

Gerade um dieselbe Zeit und während die betreffenden Kunst- und Handgriffe jedem Töpfer in Toskana bekannt waren, fand und vervollkommnete der Franzose Bernard Palissy in langen, mühseligen Versuchen dasselbe Verfahren des farbigen Glasirens. Vor ihm aber ist ein anderer Franzose einzuschalten, dessen Namen unbekannt ist und dessen noch vorhandene Werke hier zum ersten und wahrscheinlich zum letzten Male vereinigt sind. Ich meine den Verfertiger des Geschirres, das den Liebhabern in Frankreich als faïance de Diane de Poitiers, in England als Henri deux ware bekannt und von ihnen mehr als das köstlichste Porzellan begehrt ist. Ueber seine Person ist viel geschrieben und nichts ermittelt; seine Zeit fällt in die Regierungen von Franz I. und Heinrich II.; sein Wohnsitz ist höchst wahrscheinlich in Tours oder der Umgegend zu suchen;

von allen Vermuthungen über sein Leben halte ich die für die gegründetste, daß er ursprünglich Metallarbeiter, Goldschmied gewesen sei. Von seinen Arbeiten haben sich 54 erhalten, von denen die Familie Rothschild 16, das Museum des Louvre 7, das Hotel Cluny 1, das Museum in Kensington 1, der Prinz Galitzin 1 und einige der reichsten Kunstliebhaber in England und Frankreich den Rest besitzen. In Deutschland ist gar nichts davon. Wenn man darnach auch auf einen hohen Preis vorbereitet sein muß, so ist man doch überrascht zu erfahren, daß eine Wasserkanne, 14 Zoll hoch von Fayence vor längerer Zeit 1200 £ gewürdigt worden ist und jetzt einen viel höheren Preis bringen würde. Eine andere Kanne, einen Zoll höher, ist auf 2000 £ taxirt. Von den 54 Stücken sind in dem s. g. Loan Museum, das ich schon erwähnt habe, 23 zu finden. Darunter fünf Gefäße, die wir heute nicht mehr gebrauchen und deren Bestimmung daher Manchem erst gesagt werden muß, aiguières, englisch ewers, Kannen, aus denen man sich Wasser über die Hände gießen ließ, mit Untersätzen dazu. Damals muß die Ueberlieferung aus den antiken Religionen noch sehr lebendig gewesen sein, daß nur fließendes Wasser reinigt, muß man noch gefühlt haben, daß man sich in einem Waschbecken nicht mathematisch rein waschen kann, weil das Wasser darin durch die erste Berührung mit den schmutzigen Händen schon schmutzig wird. Uns sind diese Vorstellungen und Sitten so abhanden gekommen, daß der im Allgemeinen so genaue und so scharf beobachtende Johnson in seinem Wörterbuch ewer erklärt als a vessel to wash hands in, ein Gefäß, in dem man sich die Hände wäscht. Es sollte dem Doktor schwer geworden sein, sich in einer Kanne die Hände zu waschen, deren größter Durchmesser fünf Zoll und deren Hals beträchtlich enger ist. Außerdem mehrere Leuchter, Schalen, sechs Salznäpfe und Anderes. Alle diese Gefäße sind von zweckmäßigen,

dabei anmuthigen und doch edlen Formen; keine zwei Stücke
sind einander gleich, und alle scheinen die Erfindung des Künstlers zu sein, wenigstens hat sich für keines ein Muster nachweisen lassen; gab es doch auch damals noch keine Museen. Den
Kunstschulen ist ein großer Dienst damit erwiesen, daß Abbildungen aller 54 Stücke in farbigem Steindruck erschienen sind
(Recueil de toutes les pièces connues jusqu'à ce jour
de la Faïence Française dite de Henri Deux par H. et
C. Delange. Paris, 1861). Die überaus reiche Verzierung
ist zwiefacher Art, aufgesetzt und eingelegt. Die erstere ist uns,
freilich in roher Form, geläufig an dem Bunzlauer Geschirr,
die zweite kommt, soviel ich weiß, heute nicht vor. Sie gleicht
ganz dem Niello, das die Königliche Eisengießerei in Berlin so
vortrefflich liefert, und besteht aus farbigen Thonstückchen, die
in das Gefäß eingedrückt sind, ehe es in den Ofen kam. An
den meisten Gefäßen sind beide Arten der Verzierung verwandt.
Ich begnüge mich mit der Beschreibung der einen Kanne, im
Besitz von Mr. Hollingworth Magnial. Der Körper ist eiförmig, rings mit eingelegten Arabesken verziert, in denen der
Buchstabe G sich häufig wiederholt; wo das Gefäß am weitesten, sind vier Medusenmasken aufgesetzt. Der Fuß ist mit
Reliefleisten von Muscheln und Engelköpfen verziert. Der
Hals, ebenfalls reich eingelegt, besteht aus zwei glockenförmigen
Stücken, mit den schmalen Enden zusammengefügt, der Ausguß
aus einer Muschel, der Griff aus einer Sirene, den Kopf nach
unten, welche die Arme auf den Körper des Gefäßes stützt, und
deren Füße in zwei Schlangen auslaufen. Die schönen Umrisse
des Ganzen und die Ruhe bei soviel Reichthum der Verzierung
lassen sich freilich nicht beschreiben. Ein französischer Aussteller, A v i f-
s e a u in Tours, Nr. 3342, hat sich in Nachahmungen versucht.

Paliffy's Leben und Arbeiten sind bekannt. Vom Hause
aus ein Glasmaler, setzte er viele Jahre daran, eine Glasur

zu finden, wie man sie in Italien längst kannte, und brachte
endlich die prächtige, glänzende Emaille zu Stande, an der
feine Geschirre mit einem halben Blick zu erkennen sind; wahrscheinlich mit Hülfe von keltischen Traditionen, die sich durch
die spätere Römerzeit und die Stürme der Völkerwanderung
in Limoges erhalten hatten. Das Material, das er verar-
beitete, unterscheidet sich von allen früheren Fayencen dadurch,
daß es viel mehr Kieselerde und viel weniger Kalk enthält.

Die Engländer hatten nichts in der Töpferei geleistet, bis
die Gebrüder Elers aus Nürnberg 1690 nach Staffordshire
kamen. Handwerksneid vertrieb sie, aber nicht eher, als bis
man ihnen die bessere Behandlung des Materials und die
geschmackvolleren Formen abgesehen hatte; von ihnen datirt
ein kunstmäßiger und künstlerischer Betrieb der ordinären Töpferei in England. Wenn wir das Geschirr von Delft und
einiges andere, das in dem Museum in Kensington und in
andern Sammlungen zu verfolgen ist, überspringen, so sind
wir nun bei dem Porzellan angelangt, das Böttcher 1709 den
Chinesen nacherfand. Trotz aller Vorsichtsmaßregeln der sächsischen Regierung verbreitete das Verfahren sich im Laufe des
18. Jahrhunderts nach Berlin, München, Petersburg und Sèvres, und von den Geheimnissen, die auf der Albrechtsburg so
ängstlich gehütet wurden, ist in Meißen nur eine eigenthümliche
Art von Vergoldung in Matt und Glanz zurückgeblieben.
Das erste englische Porzellan wurde in dem Dorfe Chelsea
gemacht, das jetzt eine Vorstadt von London ist. Der Herzog
von Buckingham hatte daselbst 1676 durch venetianische Arbeiter eine Glashütte angelegt, von der allerlei fabelhafte
Dinge berichtet werden, namentlich daß sie Kaolin aus China
habe kommen lassen. Besser beglaubigt ist die Nachricht, daß
die Gebrüder Elers, aus Staffordshire vertrieben, als Theilhaber
in die Fabrik eingetreten seien und sie in eine Porzellanmanu-

faktur verwandelt haben. Gewiß ist, daß Georg II. Arbeiter, Modelle und Material aus Sachsen beschaffte, und daß Chelsea die Schule und Mutter der englischen Porzellan-Industrie geworden ist. Die Anlage ging im Jahre 1750 ein; die Modelle und ein Theil der Arbeiter kamen nach Derby, wo im nächsten Jahre eine Fabrik eröffnet wurde. Es folgten Rockingham, Leeds, Bristol, im Jahre 1772 Worcester, heute noch eine der besten, und andere Fabriken, deren Namen dem Sammler wohl bekannt sind. Nebenher gingen die ganz originellen Arbeiten Wedgwoods, geboren 1730, der eine eigenthümliche, steingutartige Masse zu Messergriffen erfand und endlich, mit Hülfe des großen Malers Flaxmann, zu so viel schönen Werken, namentlich zu den Vasen, Kameen, Medaillons in blau und weiß zu verarbeiten lernte. Von Wedgwood stammt die tableware oder, wie man sie heute gewöhnlich nennt, Queen's ware, das gewöhnliche englische Tischgeschirr, ausgezeichnet durch schöne Glasur und die Festigkeit gegen einen derben Stoß und einen plötzlichen Temperaturwechsel, von ihm der Jasper, eine Mischung, welche die Eigenschaft hat, von gewissen metallischen Farben ganz durchdrungen zu werden. An dem östlichen Hauptportal der Ausstellung steht eine Bildsäule des Mannes, der als Lehmkneter anfing und der englischen Töpferei die Ueberlegenheit über alle anderen Länder gab, die auch auf dieser Ausstellung wieder auf das Klarste hervortritt.

Die Massen, die aus Thon hergestellt werden, kann man darnach unterscheiden, ob sie mehr oder weniger dem Glase ähnlich sind. Wenn man sie so ordnet, so kommt an das eine Ende der Reihe der gewöhnliche Mauerstein zu stehen, an das andere das Frittenporzellan und in die Mitte das Steingut. Zu dem Mauersteine haben wir zu stellen das Irdengeschirr, die Massen, die zu Bauornamenten benutzt werden, die Fayencen, die fein oder ordinär, je nachdem die Glasur durchsichtig ist oder nicht, und die Terracotta. Zum Steingut gehören die Klinker, deren man sich zu Wasserbauten bedient, und das Wedgwood. Das Porzellan wird heute in drei Gattungen unterschieden: erstens „ächtes," porcelaine dure, das eigentlich das weichere ist, aber nicht so leicht springt, zweitens Statuenporzellan, drittens Fritten, porcelaine tendre, das durchscheinend, glasartig ist. Das Statuenporzellan ist wieder von dreierlei Art: ächtes Porzellan, nur unglasirt, von den Engländern statuary genannt; Carrara, das so viel wie möglich dem weißen Marmor ähnlich gemacht wird, weißer und von weicherem Ansehen als das ächte; endlich parisches, Parian, französisch paros, von einem gelblichen Ton, wachsartig, wärmer, etwa wie die Gibson'sche Venus, und nach meinem Geschmack das schönste, weil es die Schatten dunkler erscheinen läßt, also auch die Rundungen besser herausbringt, als das weiße und als der Marmor.

Die Zahl der englischen Aussteller beträgt in dieser, der 35. Klasse 68, der französischen 39, der preußischen 26, der österreichischen 9, der italienischen 13; die übrigen Staaten kommen nach der Quantität kaum in Betracht. Rußland hat einige Prachtvasen, eiförmig, etwas mager von Gestalt, mit vortrefflichen Gemälden, höchst wahrscheinlich das Werk ausländischer Künstler; Dänemark sehr hübsche Biscuitfiguren und ein außerordentlich zart gemaltes Frühstücksgeschirr für zwei Personen, unzweifelhaft dieselben beiden wohlbeleibten Personen, deren Metallstatuetten in der Nähe stehen, den König und die Gräfin Danner. Ich will mit der französischen Industrie anfangen, weil sie zu nützlichen Vergleichungen mit den übrigen und mit ihren eigenen früheren Leistungen Anlaß giebt. Die zahlreichsten Beiträge hat Sèvres geliefert, wie 1855, wo ich immer wieder zu den vier Vasen mit den vier Jahreszeiten zurückkehrte. Es hat, schrieb ich damals, einen unerschöpflichen Reiz, den Gegenstand der ältesten Symbolik des Menschen-

geschlechts in Formen dergestalt zu sehen, die aus dem frischen
Leben herausgegriffen sind und aus dem Volke. In den ältesten Denkmälern menschlicher Thätigkeit, in den Thierkreisen
der Indier und Mexikaner, in dem Ideenkreise, auf den man
aus seinem schwächlichen späten Abglanz einen Rückschluß machen
kann, in uralter Weisheit, deren traumhafte Erinnerung unsere
Kindermärchen, deren unbewußtes Produkt unsere Zeitrechnung
und manches andere Besitzthum sind, in dem Druidenkreis, wie
in dem Komtoirkalender steht der Kreislauf der Jahreszeiten
geschrieben, mit ihm der Kreislauf der vier Menschenalter, mit
ihm, was alles Denken und alles Träumen je aus der Einheit
und der Dreiheit gemacht hat. Der Künstler, der die Vasen
angegeben, der Elsasser Dieterle, hat uns nicht den Pfeil,
das Kaninchen, das Haus und das Schiff der Azteken gemalt,
noch einen andern der Cyklen von Symbolen, die unserm
Wissen nicht so fern, aber unserm Leben nicht näher stehen.
Er malt uns ein Mädchen, die junge Vögel füttert, umgeben
von Rosen, ein junges Weib, das Garben bindet, umgeben
von Aehren, Kornblumen und Klatschrosen, eine Matrone, die
Reisig sammelt, umgeben von Herbstzeitlosen und Hagebutten,
von Laub, hier falb, dort noch einmal aufflackernd in den
brennenden Farben der ersterbenden Vegetation, eine Greisin
am Spinnrocken, umgeben von dem unsterblichen Grün der
winterlichen Stechpalme — alles Gestalten, wie sie unter uns
wandeln. Das ist kein Hautgout für eine blasirte Minorität,
die Langeweile genug, wenn auch oft zu wenig Sinn hat, die
Literaturen durchzukosten, das ist demokratische Kunst, ein Klang
aus der Zukunft. Die vier Figuren sind mit einer Vollendung
ausgeführt, wie nur irgend ein Stück der Ausstellung, das
Laubwerk aber nicht in der Tabaksdosenmalerei, die podagristische
Kenner durch doppelte Brille bewundern, sondern mit einer Keck-
heit, die bewunderungswürdig und in der modernen Hof- und

Staats-Kunst ohne Beispiel ist. Die geknickten Roggenhalme sind köstlich, als hätte die Binderin sie von dem Kleide geschüttelt. Damals gab es in Frankreich noch Menschen, die für sich dachten und empfanden. Wenn auch auf den Boulevards und mit der Wahlurne besiegt, lebte in der Literatur und Kunst noch etwas von der Demokratie, die unter Louis Philipp als eine ecclesia pressa aufgewachsen war. Heute ist die Demokratie verfälscht, vergiftet, liberal-konservativ „organisirt" durch den Exekutor der Napoleonischen Idee; heute denken und empfinden die Franzosen nur, was zu denken und zu empfinden sie durch den Kaiser, die Herren Mocquard und de la Gueronnière „eingeladen" werden, es sei denn, daß sie die Freiheit benutzen, sich zu Seiner Majestät getreuen Opposition zu schlagen, das heißt zu der erhabenen Person, welche die Zukunftskronen von Etrurien, Ungarn, Mexiko und Westphalen auf ihrem Haupte vereinigt und einstweilen mit der rothen Mütze Gimpel fängt, in Frankreich und anderswo. Die Franzosen haben jetzt bessere Rinnsteine, billigere Kohlen, schachern mehr, fabriziren mehr von dem, wozu nur eine Hand oder eine Maschine gehört, aber auf alles, wozu Geist oder Gemüth gehört, ist der Bonapartismus wie ein Mehlthau gefallen, auch auf diesen Zweig der Kunst. Die Direktion von Sèvres hat sich angestrengt, die Regierung S. M. auch durch einen neuen Styl in der Porzellanmanufaktur zu verherrlichen und hat ein Dutzend Vasen geliefert in Grün, das nicht grün, in Blau, das nicht blau, in Roth, das nicht roth, in Gelb, das nicht gelb ist, in schmutzigen Farben, die aus so widerstrebenden Elementen zusammengerührt zu sein scheinen, wie die gegenwärtige „Freiheit" der Franzosen. Daß die Chinesen ein ähnliches Grün haben, ist keine Rechtfertigung, und umsoweniger als man ihnen noch nicht den Kunstgriff abgelernt hat, durch den sie ihre stumpfen Farben beleben, nämlich die Glasur in

unzählige feine Risse zerspringen und also irisiren, in Regen-
bogenfarben schillern zu machen. Das Auge lechzte nach reinen
Farben und ward wahrhaft erquickt durch die eine Vase neben
den Gobelins, eine Nachahmung der Dieterleschen, mit einem
farbigen Bilde, Mohn und Aehren auf weißem Grunde. Auch
in der französischen Privatinduftrie fehlt es an einem urkräftigen
Triebe, wie er seit Wedgwood in der englischen herrscht. Man
hascht nach Neuem und bringt es doch nur zu Nachahmungen
von Altem; imitations de porcelaine de Chine, porcelaine
guillochée imitant les pierres précieuses, imitation des
poteries étrusques, pâtes imitant les nacres, l'ivoire et
l'émeraude, porcelaine tendre imitant l'ancienne porcelaine de Sèvres. Diese Sachen sind sehr hübsch anzusehen,
manche aber haben den Charakter des Porzellans ganz verloren, und von allen ist zu sagen, daß sie nicht für einen
großen Bedarf, sondern für ausnahmsweise reiche Leute gemacht
sind, für Millionäre. Für the million, wie der Engländer
sagt, für die Millionen ist wenig da, und dies Wenige meistens
Porzellan und entsprechend theuer. Es fehlt in Frankreich an
einem Geschirr wie die Queen'sware, dauerhaft, billig, sorgfältig
behandelt. Freilich hat man billiges Porzellan, aber es ist auch
danach; mit dieser Einschränkung paßt auf die ganze französische
Ausstellung, was der eine Fabrikant von seinem Schaufenster sagt:

Que le millionaire, que la tête couronnée s'arrêtant
devant cette vitrine magistrale; là sont pour de grands
choix les plus magnifiques pièces qu'ait envoyées l'industrie française; que la fortune aristocratique, le vi-
siteur délicat et difficile cherchent de ces pièces sa-
vamment conçues, finement étudiées: il y a de ce bijoux
coquets, de ces oeuvres exceptionelles, élaborées dans
l'étude du cabinet. Qu'enfin celui dont les aspirations
distinguées rêvent le beau, condamné qu'il est au bon

marché, veuille une de ces bonnes emplettes qui ne laissent aucun regret et qu'un chiffre tranquille rend possibles; il peut s'arrêter devant cette vitrine accessible à tout. Läßt sich so etwas übersetzen?

Unter den Prachtstücken sind diesmal zu viel objets de fantaisie; ich vermisse zwei Aussteller von 1855, Dubois und Jouhanneau, und Stücke, wie die beiden Vasen, die sie geliefert hatten, mit dem Fest der Ceres und dem Bacchantengelage. Als Fortschritte gegen 1855 bezeichnen die Franzosen selbst folgende Punkte: Formung durch Maschinen, allgemeinere Verwendung der Steinkohlen anstatt des Holzes, Anwendung des Luftdruckes, um die Masse in die Formen zu pressen, Benutzung des Sauerstoffes und anderer Gase, um die metallischen Farben zu nuanciren, Vervollkommnung der Lithochromie, des farbigen Steindrucks, von dem Macé 1855 die erste Anwendung gemacht hatte.

Unter dem englischen Porzellan sind wenig oder gar keine Phantasiegegenstände; das Meiste ist auf einen derben Gebrauch berechnet, und was nicht, das steht höher als die französischen Künstlichkeiten, ist Kunstwerk. Die Umrisse sind klar und fest, und in der Farbengebung so viel Maaß beobachtet, daß das Material erkennbar bleibt; man weiß, braucht nicht zu errathen, man hat Porzellan vor sich. Nur eine Fabrik, die vorhin erwähnte in Worcester, hat in Roccocco gearbeitet. An dem Tafelgeschirr, auch dem allerkostbarsten, ist nie der Zweck dem Schmuck geopfert; das Geschirr ist zum Essen da, and no nonsense about it. Die Firma Wedgwood hat zwei Schränke ausgestellt, einen mit alter Waare, wie der Stifter sie lieferte, und einen mit Majoliken. Mit dem gesunden Sinn, der sich in dem Hause vererbt zu haben scheint, hat man die Majoliken aus Fayence gemacht, nicht etwa das edlere Porzellan unter den dicken Farben versteckt, noch sich in den Farben sklavisch an

die italienischen Vorbilder gehalten, sondern die vollkommneren
Mittel, die uns zu Gebote stehen, benutzt und nur den Ton
beibehalten. Wenn einmal heute Majoliken gemacht werden
sollen, wie es die Mode und freilich sonst nichts gebietet, so
müssen sie so gemacht werden. Copeland hat neben einem
großen Reichthum an Geschirren eine kolossale Vase gestellt, die
ich mit einem Vorbehalt zu Gunsten der Berliner Fabrik für
die beste der ganzen Ausstellung erklären möchte. Sie ist
eiförmig, glatt, und trägt auf dem weißen Grunde ein breites
Blumengewinde, in dem wenige Grundfarben mannigfach schattirt
sind. Die Eiform, nach meinem Urtheil überhaupt die schönste,
ist von den glücklichsten Verhältnissen; und so scharf ihre Umrisse sich auf den Hintergrund zeichnen, so weich liegen die Farben des Kranzes auf dem tadellosen Weiß. Mit Recht sind
die Engländer stolz auf dieses Stück; denn wenn dasselbe auch
von einem Franzosen gezeichnet sein sollte, wie es mit vielen
anderen englischen Porzellansachen erwiesenermaßen der Fall ist,
so hätte es doch der Franzose dem kräftigeren Boden und der
gesünderen Luft, in die er versetzt ist, zu danken, daß er nicht
dahin gekommen ist, wo die Künstler von Sèvres heute sind.
Rose, der in Paris das schöne Service ausgestellt, das die
Stadt London zur Bewirthung des Kaisers hatte machen lassen,
bewährt seinen Ruf, die delikatesten Farben glücklich aus dem
Ofen zu bringen. Ein früher wenig genannter, diesmal durch
gelungene Versuche auf den verschiedensten Feldern sehr her-
vortretender Fabrikant ist Sir James Duke. Ich nenne von
ihm einige Vasen und Schüsseln in der Manier Palissy's;
Terracotten mit emaillirten Gemälden darauf; schön gemaltes
Frittenporzellan, namentlich eine meergrüne Vase mit Vögeln;
einen Fruchtkorb, getragen von drei sitzenden Figuren in Parian
mit Gold, vortrefflich modellirt und ohne Fehl aus dem Ofen
gebracht; endlich mehre Versuche in schwarzem Porzellan, der

23*

Grund matt, die Figuren glänzend, ähnlich wie in der Damast-weberei. Davenport, Banks u. Co. zeigen eine reiche Aus-wahl der schönen Tafelgeschirre, die einen so guten Absatz in Deutschland gefunden haben, darunter ein sehr appetitliches in Dunkelblau und Gold. Die Einführung von englischem Ge-schirr in Deutschland wird hoffentlich auch die Sitte einbürgern, die Schüsseln verdeckt aufzutragen. Jede Schüssel, mag sie Fleisch oder ein paar Kartoffeln enthalten, mag sie in Windsor oder in der ärmsten Hütte auf den Tisch kommen, hat einen Deckel, wenn er groß ist, von Metall, wenn klein, von Fayence oder Porzellan. In Speisehäusern mit starkem Verkehr besteht er aus Blech, und hat einen flachen Boden, so daß der Kellner eine Menge Schüsseln auf einander packen kann. In der Mitte des Bodens befindet sich ein vertiefter Knopf, an dem man den Deckel aufhebt. Es braucht kaum gesagt zu werden, daß der Deckel nicht nur die Wärme zusammenhält, sondern auch zu dem gesunden Appetite beiträgt, mit dem man sich in England an die Speisen macht.

Sehr putzend und wahrscheinlich nicht im Verhältniß theuer sind die ganz eigenthümlichen Vasen von Goß in Stoke on-Trent. Die Masse ist Biscuit (parian); darauf liegt ein Relief von netzförmig verschlungenen Arabesken in Grün und Gold, offenbar von türkischer oder indischer Goldschmidtsarbeit entlehnt. Man glaubt ein Filigrangeschmeide mit Edelsteinen zu sehen, das um das Gefäß gehängt, aber mit richtigem Ge-fühl hat der Künstler es vermieden, die Täuschung zu weit treiben zu wollen. Nicht dasselbe läßt sich von Granger aus Worcester sagen, der Schalen und Kästchen aus durchbrochenem Biscuit ausgestellt hat, in der Gestalt und in dem Ton des Weiß so ähnlich dem Elfenbein, daß man es dafür halten würde, so lange man es nur ansieht, und daß man, wenn die Berührung die Täuschung zerstört hat, sich fragen muß, was

das Ding vorstellen soll, porzellanenes Elfenbein oder elfen-
beinernes Porzellan. Von Minton, berühmt durch seine farbigen Ziegel, ist die große Majolica-Fontaine unter dem östlichen Dome, mit der ich mich nicht befreunden kann — ein
Gebirge von schmächtigen Cherubim, die ihre Flügel unter den
Armen durch über dem Bauche zusammenfalten und unten in
Hermen auslaufen, von pausbäckigen Amoretten, von Tritonen,
Delphinen und krausen Zierrathen, aus dem hier und da ein
dünner Wasserstrahl aufsteigt und in Sprühregen niederfällt.
Es ist zu viel Majolica und zu wenig Wasser. Ich kann mir
keinen Ort denken, wo diese Fontaine an ihrem Plaße wäre;
für ein Haus ist sie viel zu groß, für unsere Parks zu bunt
und verschnörkelt, für den Garten des Schah von Persien zu
christlich und zu unruhig. Wenn nicht ein Mynheer sich er-
barmt und sie zwischen seine mit buntem Sand und Muscheln
bepflanzten Beete sezt, so wird sie wohl unter den Raritäten
von Sydenham ihr Ende finden. Ich möchte bezweifeln, daß
Leon Arnoux, ein französischer Flüchtling, dem seit zehn Jahren
die künstlerische Leitung von Mintons Fabrik anvertraut ist,
die Zeichnung zu dieser Arbeit angegeben hat. Neben der
Kunstschule, die der Prinz Albert gestiftet, haben die Franzosen,
die theils bei der Rettung der Gesellschaft vertrieben wurden,
theils der geretteten Gesellschaft freiwillig aus dem Wege gingen,
einen so sichtbaren Einfluß auf die feinere englische Töpferei
geübt, daß die wohlgemästeten Lakaien des „Constitutionnel",
die Nachfolger von Mimi Véron, im Mai d. J. einen Jammer-
artikel über solchen Mangel an Patriotismus anstimmten. Was
das Material der englischen Töpferei angeht, so war es mir
neu, aus der schon erwähnten Liverpooler Sammlung zu erfahren, daß die Cauriemuschel, Cyprea moneta, eingeführt
und zu Porzellan verwandt wird.
Auch der königlich sächsischen Porzellanmanufaktur in

Meißen, nicht, wie die Engländer hartnäckig sagen, in Dresden, scheint etwas frisches, demokratisches Blut noth zu thun. Als ich zum erstenmale diesen langen Tisch voll Roccocco sah, diesen Wald von Blumen, Schäferinnen, gepuderten Herren, und geflügelten Göttinnnen, auf den die Marchschen Statuen ernst und streng herabschauen, fiel mir der Ritter von La Mancha ein, der zu seinem ersten Abenteuer auszieht und sich vorstellt, wie der Geschichtsschreiber dereinst die Erzählung seiner Heldenthaten beginnen werde.

„Kaum hatte der lichtvolle Apollo begonnen, die goldigen Wogen seines schönen Haares über die weite Oberfläche der Erde auszubreiten, kaum hatten die tausendfarbigen Vögelchen mit ihrer zarten süßen Harmonie das erste Licht der rosenfarbenen Aurora begrüßt, die, das weiche Lager ihres eifersüchtigen Gatten verlassend, den Sterblichen sich zu zeigen kam und die Thürme und Balkone der Mancha mit Farben übergoß, als u. s. w." Sollte eine Staatsanstalt nicht einer verkehrten Mode steuern, anstatt sie zu nähren? Wozu immer und immer „nach Watteau" malen — sehr schön, es ist wahr — oder „nach Rubens Liebesgarten", wozu den „Olymp" modelliren, wozu eine unendliche Mühe verwenden auf 66 Figürchen „in Spitzenputz"? Und wozu sind die „69 natürlich staffirten Vögel" bestimmt? für ein naturhistorisches Museum? da wären sie zu theuer; zum Zimmerschmuck? da sind sie zu natürlich. Die Meißener Fabrik hat im vorigen Jahrhundert einen großen Ruf dadurch gewonnen, daß sie damals die beliebtesten Gemälde in ungemein sauberer Miniaturmalerei wiedergab; sie stand damit in der Zeit, ihre Arbeiten stimmten zu der Zimmerdekoration, zu dem Hausrath, zu der Literatur, zu dem Gespräch; aber wo steht sie heute? Weg mit dem Zopfe! Der Liebhaber von „altem Meißner" mag es bei Antiquaren kaufen.

Berlin hat auch diesmal wieder das Meiste geleistet in

der Malerei auf Porzellan, die ich unterschieden haben will, von der Porzellanmalerei. Bei dieser ist die Malerei Ornament für das Gefäß, bei jener ist das Porzellan Material für das Gemälde. Das letztere trifft ganz streng zu bei dem meisterhaft ausgeführten Portrait Friedrichs des Großen nach Graff und bei der Raphael'schen Madonna des Berliner Museums; beide sind auf Porzellantafeln gemalt. Es springt in die Augen, mit welcher Schwierigkeit der Künstler bei solchen Kopien zu kämpfen hat: es stehen ihm nicht dieselben Farbstoffe zu Gebote wie dem Maler des Originales. Pflanzenfarben darf er gar nicht verwenden, weil das Feuer sie zerstören würde, manche Metallfarben verändern sich durch das Brennen, und für gewisse Schattirungen sind mineralische Farben noch gar nicht gefunden. Für diese besonderen Schwierigkeiten wird der Maler auf Porzellan freilich auch durch einen besondern Erfolg belohnt; nicht allein, daß sein Werk dauerhafter ist, die Glätte des Materials und der Glanz der Farben geben demselben auch einen eigenthümlichen, von der Leinwandmalerei verschiedenen Charakter. Etwas anders steht die Sache, wenn solche Kopien auf Vasen gesetzt werden, besonders wenn sie rund um das Gefäß laufen. Es ist alsdann unmöglich, das Bild auf einen Blick zu übersehen und deßhalb werden viele Gemälde sich ein für allemal nicht zu einer solchen Darstellung eignen. Auch wo nur ein Theil, etwa die Hälfte der Vase von einem Bilde bedeckt ist, werden die Rundungen entweder das Bild verschieben, um nicht zu sagen verzerren, oder Verkürzungen und Verlängerungen nothwendig machen. Mich dünkt, Vasengemälde sollten Originalien, sollten mit Rücksicht auf die besondere Form des Materials komponirt sein. Findet man ein Bild, das man kennt und liebgewonnen hat, auf einer Vase wieder, so entsteht ein gewisser Zwiespalt der Empfindung; man weiß nicht, gehört das Bild zur Vase oder die Vase zum Bilde.

Freilich fehlt es wohl heute an Künstlern, die Originalien zu vollen Vasengemälden liefern möchten.

Für die großen Berliner Vasen sind die Gemälde recht glücklich gewählt; der „Triumphzug des Königs Wein" von Schrötter verträgt es wohl, stückweise angesehen zu werden, wie jeder Aufzug; „Nausikaa und Ulysses" fällt im Original etwas auseinander, die Prinzessin kutschirt davon, Ulysses bleibt stehen und sieht ihr nicht einmal nach — was an dem Original eine Unvollkommenheit sein mag, wird hier ein Vorzug; auch die weiblichen Figuren im Schilf und die Rubens'schen Kindergruppen verlangen nicht, auf einmal übersehen zu werden. So große Kompositionen kommen sonst auf der Ausstellung nicht vor, und über die Vortrefflichkeit der Technik ist nur Eine Stimme. Die Form, der wir in der Berliner Ausstellung am Häufigsten begegnen, ist die sogenannte Urbinovase; sie erscheint funfzehnmal mit schwebenden Figuren nach Kaulbach, mit zahlreichen Ansichten von Potsdam, mit dem Bildniß der Kronprinzessin, mit Meernymphen auf einem Grunde von Platinalüstre. Daneben dorische Vasen mit ornamentalem Fries, Weinkühler im Majolicastyl mit den erwähnten Rubensschen Kindern bemalt, Weimarsche Vasen mit Watteaugruppen, Braunschweiger, Chinesische, „Indo-chinesische" Vasen, Voltaire-Vasen, Roccocco-Vasen, ein antiker Krug mit Ziegen, eine Renaissanceschale mit Ansichten von Babelsberg und anderes. Sich auf den Werth dieser verschiedenen Formen einlassen, hieße ein gutes Stück Kunstgeschichte schreiben; nur an den Roccoccovasen kann ich nicht ohne eine Bemerkung vorüergehen: daß ich sie lieber weggewünscht hätte. Daß eine Anstalt mit so reichen Mitteln und so mannigfaltigen Leistungen wie die Berliner Manufaktur, auch diese Form herzustellen vermag, wäre ohne Probe zu glauben; und ein Nutzen oder Genuß ist davon nicht abzusehen. Die Vasen sind blau, unter der Bauchung von einer goldenen

Schärpe umschlungen, welche die Rundung eingedrückt hat, als sei sie um den noch weichen Thon geschlungen worden; das ist ein Widersinn wenigstens für das unbefangene Auge. Es ist schon in Berlin bei der vorläufigen Ausstellung der für London bestimmten Gegenstände bemerkt worden, daß die so verschiedenen Style einander beeinträchtigen. Das ist auch hier und in noch höherem Grade der Fall, weil die Sachen auf einen verhältnißmäßig kleinen Raum zusammengedrängt werden mußten. Auf einem runden Tische und einem kreisförmigen, der ihn umgiebt, sind außer diesen Vasen eine Menge plastischer Arbeiten in Biscuit, ein großer Tafelaufsatz im Roccoccogeschmack, mehre vollständige Tischservice, japanesische Kaffeeservice und eine Menge anderer Dinge untergebracht, und man muß es deshalb doppelt bedauern, daß die eine riesige Vase, welche den Mittelpunkt bilden sollte und dem Auge einen Ruhepunkt gewährt haben würde, im Ofen verunglückt ist.

Dekorirtes Porzellan haben ferner Tielsch in Breslau, der sich durch seine grüne Lüstremasse, sehr geeignet für den maurischen und indischen Styl, auszeichnet, Müller in Berlin, der sich besonders auf Kreidezeichnungen in gelbem Grunde gelegt hat, und Rothenbach in Breslau ausgestellt. Schomburg u. Co. in Moabit bei Berlin haben einen sehr erfreulichen Schritt auf dem Wege gethan, auf dem die Engländer uns so weit voraus sind; sie haben eine Masse hergestellt, von ihnen Dauerporzellan genannt, welche beim Sieden und bei gesteigerten Hitzgraden nicht springt, also zu Kaffeemaschinen und Theekesseln, für Spirituslampen und Gaskocher verwendet werden kann. Feines Steingut hat nur Dryander in Saarbrücken geliefert. Unser ordinäres Irdengeschirr fehlt ganz March in Charlottenburg hat die vier Evangelisten, wahrscheinlich nach Thorwaldsen, aus einer eigenthümlichen Terracotta, die sich vortrefflich zu Bauornamenten eignet. Von unsern vorzüglichen Oefen mit weißer Schmelzglasur hat nur Strahl in Frankfurt ein Exemplar gestellt. Von den ebenso vorzüglichen Mauersteinen des Havelbeckens, namentlich den Joachimsthalern, habe ich nichts bemerkt; Steine erster Qualität sind in England so übermäßig theuer, daß vielleicht ein Geschäft dahin zu machen wäre. Ein sächsischer Fabrikant hat Geschirr von durchlassendem Thon ausgestellt; nach meinem Notizbuch heißt er Harkort aus Altenburg, in dem Kataloge habe ich ihm vergebens durch das Gewimmel von thüringischen Vaterländern nachgespürt. Wer er auch sein möge, zu seinem und seiner Abnehmer Besten wünsche ich, daß er sich für zwei Schillinge einen rothen englischen Butterkühler verschaffen und künftig zum Muster nehmen möge. Ein solcher Kühler besteht aus einem flachen Teller und einer Glocke, alles unglasirt bis auf die Unterseite des Tellers; der Mantel der Glocke ist doppelt, so daß der Zwischenraum mit Wasser gefüllt werden kann; der Knauf der Glocke ist durchbohrt und in dem Teller befindet sich ein Kranz von feinen Löchern, so daß ein fortwährender Luftzug durch die Glocke stattfindet und das an der innern Seite der Glocke ausschwitzende Wasser ebenso schnell verdampft, wie das nach außen durchschlagende.

Die österreichische Porzellanindustrie ist besonders um Karlsbad zu Hause, wo Kaolin, wo Feldspath und Quarz in vorzüglicher Beschaffenheit und in Ueberfluß vorhanden sind, und in Herend in Ungarn, wo es Moritz Fischer gelungen ist, Kaolin aus einer Gebirgsart herzustellen. Die Fischersche Fabrik hat einen alten, auch von Alexander v. Humboldt bezeugten Ruf wegen ihrer vollkommenen Nachahmung des feinen chinesischen Geschirres; sie hat mit ihrer großen Vase das chinesische Grün besser getroffen als Sèvres. Die kaiserliche Fabrik in Wien, die älteste nach der Meißner, hat über 900 Gegenstände ausgestellt, meistens hartes Porzellan. Die Statuetten sind vortrefflich, in der Kunstmalerei läßt man sich nicht auf so Großes ein, wie in Berlin; das Bedeutendste ist ein Moriamur pro rege nostro Maria Theresia in Palissy's Manier. Das gewöhnliche Tischporzellan scheint vorzugsweise in Smichow bei Prag verfertigt zu werden.

Das porcelaine tendre bildet den Uebergang zum Glase. In den Gräbern von Benihassan, mehr denn 2000 Jahr vor der christlichen Zeitrechnung erbaut, wenn die Chronologen Recht haben, sind Glasbläser abgebildet, und manches, was seitdem gewonnen, ist wieder verloren gegangen. Alle Künste Kunkels und der Venetianer sind noch nicht wiedergefunden; die Glasfenster des Mittelalters sind noch nicht erreicht, und in den römischen Schriftstellern geht eine Geschichte um von einem Glasbecher, den man verbiegen und wieder zurecht hammern konnte. Die Wanderung, welche die Glasindustrie durch Europa gemacht hat, und der Einfluß der örtlich verschiedenen Materialien lassen sich auf der Ausstellung noch sehr wohl erkennen. Von Venedig kam die Kunst nach Böhmen und Deutschland, von da nach Frankreich, von da nach England. In Venedig krankt sie und gefällt sich in mosaikähnlichen Arbeiten; so auch in Mailand. Das böhmische Geschirr ist das billigste, leichteste und haltbarste, läßt sich aber nicht gut vergolden. In Krystallglas hatte bis vor etwa 15 Jahren England das Monopol; und trotz der glücklichen Konkurrenz, die ihm Baccarat, St. Louis und Clichy seitdem machen, war bis zu dem Handelsvertrage die Einführung fremder Krystallgläser in Frankreich untersagt. In Clichy hat man in neuerer Zeit durch Anwendung von Zink und Borax anstatt des Bleies und der Kieselsäure Krystallglas von einer außerordentlichen Härte und Klarheit erhalten, das, unschätzbar für optische Instrumente, einem allgemeineren Gebrauche noch große Schwierigkeiten entgegensetzt, weil es sich schwer schleifen und vergolden läßt. Bontemps, dem diese Entdeckung zu verdanken, ist nach England ausgewandert und arbeitet für die Firma Chance Brothers in Birmingham, die denn auch mit ihren Linsen den Preis davon getragen hat.

Für die Verarbeitung des Glases hat der Jurybericht von Lord de Mauley, einer der besten, die über die Londoner Ausstellung von 1851 erstattet worden sind, den Grundsatz vorangestellt und, unbekümmert um Mode und öffentliche Meinung, in der Beurtheilung durchgeführt, daß ein gläsernes Erzeugniß nicht schön ist, wenn es die beiden wesentlichen Eigenschaften des Glases, seine Zerbrechlichkeit und seine Durchsichtigkeit, unbeachtet läßt oder, um mich so auszudrücken, beleidigt. Je öfter man die Ausstellung ansieht und mit den älteren Arbeiten vergleicht, desto sicherer wird man sich darüber, daß der Grundsatz richtig ist und im Interesse eines gesunden Geschmackes nicht scharf genug gehandhabt werden kann. Weg also mit den dünnstieligen Weingläsern, die man anzufassen sich scheut! Die alten Künstler machten hin und wieder auch solche Gläser, aber sie umfaßten die Stelle, wo Kelch und Stiel zusammentreffen, mit einem Goldringe, um die Besorgniß des Zerbrechens, wenn nicht für die Hand, doch für das Auge zu beseitigen. Weg mit den dicken Massen, dunkeln Farben und überreichen Vergoldungen! Weg mit den dunkelblauen Vasen von Clichy, denen das Kompliment gemacht wird, man könne sie kaum von dem porcelaine tendre aus Sèvres unterscheiden! Man mache entweder Porzellan oder Glas, aber nicht ein Ding, das, wie die Engländer sagen, weder Fisch, noch Vogel, noch guter Pökelhäring ist. Auch das Milchglas und die noch undurchsichtigere pâte de riz sind nur da gerechtfertigt, wo ein bestimmter Zweck die Undurchsichtigkeit erfordert. Störend ist die Durchsichtigkeit bei den Statuetten, die aus Oesterreich, von Steigerwald und von einigen französischen Fabrikanten ausgestellt sind. Eine Statue muß undurchsichtig sein, wie der menschliche Körper, den sie darstellt; jedenfalls sollte man den älteren Büsten aus Bergkrystall den Kunstgriff absehen, nur das Gesicht matt zu lassen und das Haar und die Kleidung blank zu poliren. Durchweg in demselben Ton gehalten, sieht eine gläserne Statue vollends fade aus.

Auffallend im Vergleich mit den vorhergehenden Ausstellungen ist die Menge der gemalten Fenster aus England und Frankreich, meistens für Kirchen bestimmt. In England bemüht sich die ecclesiological society, die wir schon bei der religiösen Tischlerei kennen lernten, die Heiligenbilder, die sie nicht ohne Gefahr in die Kirche bringen kann, wenigstens durch die Fenster hereinsehen zu lassen; in Frankreich ist seit dem 2. Dezember eine große Frömmigkeit im Kirchenputze eingerissen. In der Manier sind die beiden bekannten Richtungen vertreten, die alte, die weniger malt als symbolisirt, weniger die Aufmerksamkeit fesseln und von dem, was in der Kirche vorgeht, abziehen, als das schreiende Tageslicht dämpfen, die Lücke in der farbigen Wand harmonisch ausfüllen will, und die neuere, die perspektivisch und mit Licht und Schatten malen will und gegen die einleuchtende Schwierigkeit eines Stoffes, der ganz Licht ist, ankämpft, so gut sie kann. Die vollkommensten Nachahmungen alter Malerei haben die Franzosen Coffetier und Didron geliefert; Nicod hat die pompejanische Kolorirung auf Glasfenster angewandt. In Spiegelglas kämpfen noch immer die Belgier und die Fabrik in Stolberg bei Aachen um den ersten Rang. In geschnittenem Glasgeschirr, cut glass, ist England unerreicht. Die reichste Ausstellung von böhmischem Glase hat die bekannte Firma Lobmayer gemacht, deren Candelaber den Eingang zu der österreichischen Abtheilung zieren, aber vor Lord de Mauley nicht alle bestehen würden; freilich ist das „Alabasterglas" so schön, daß man ihm gern Indulgenz ertheilt. Steigerwald in Baiern hat diesmal nicht so riesige Stücke geliefert wie in Paris und hat eine Nebenbuhlerin in der Josephinenhütte in Schlesien. Die schönen und eigenthümlichen Arbeiten von Heckert in Berlin braucht man dem preußischen Leser nicht zu beschreiben.

25. In Guildhall.

London, 18. Juli. Wenn ich das gestrige Fest, von dem ich mich in diesem Augenblicke noch nicht ganz erholt habe, für englische Leser zu beschreiben hätte, so würde ich sprechen von extraordinary splendour, von den „Kaufmannsfürsten Englands", von einer „Milchstraße von Schönheiten" und würde schließen mit der Versicherung, daß „die Anordnungen den höchsten Kredit auf alle dabei Betheiligten reflektirten". Da ich aber für Deutsche schreibe, die bei den Engländern in dem Rufe stehen, sehr wissenschaftlich zu sein, mit andern Worten sehr nach Wahrheit zu dürsten, und da ich überdies den sonderbaren Vortheil genieße, mich nicht als Gast der Festgeber betrachten zu dürfen, so werde ich einfach erzählen, was ich gesehen und geleistet habe. Den Anfang will ich mit den Leistungen machen, denn sie sind groß und verkettet mit Dulden und dürfen mir als überverdienstliche Werke angerechnet werden, wenn ich einmal in meinen Pflichten lässig bin. Das Fest wurde gegeben von der „Corporation" der City. Corporation heißt auf Deutsch Magistrat und Stadtverordnete mit etwas an Zünften. Die City ist die Altstadt, der Kern des wunderbaren Dinges, welches London heißt, und dessen Grenzen durch verschiedene Parlamentsakte verschieden und durch den Sprachgebrauch gar nicht bestimmt sind. Daß die Großhändler zwar ihre Comtoire in der City haben, aber nicht daselbst wohnen, also auch nicht Gemeindebürger sind, daß vielmehr die Corporation im Ganzen aus Tiefenbachern besteht, darf als bekannt vorausgesetzt werden, wenn auch Monsieur Aristide de Grandpierre und seine Leser noch immer die orthodox französische Vorstellung haben, daß der Lordmayor oder Oberbürgermeister über der Königin stehe, weil sie nicht ohne seine Erlaubniß in die City kommen dürfe. Sobald von dem Vorhaben, ein Fest zu geben, etwas verlautet hatte, wurden alle, die zur Corporation gehören oder irgend wie mit ihr zusammenhängen, von Vettern und Basen bis ins vierte Glied um Einladungen bestürmt. Für die Vertreter auswärtiger Blätter sollen Billets ausgegeben worden sein, aber an die Adresse sind sie nicht gelangt; und Nachfragen haben nur dasselbe Ergebniß geliefert wie die parlamentarische Untersuchung über den Verbleib der 20,000 nach der Krim geschickten Mäntel: weg sind sie, aber Jedermann ist unschuldig. Auch auf Verwendung der Kommissarien des Zollvereins waren keine Preßkarten zu erhalten, was aber durchaus nicht an dem Willen oder der Thätigkeit der betreffenden Herren lag. Woran denn sonst? darüber werde ich nichts sagen; denn obwohl ich mich ganz komfortabel fühle, so bin ich doch nicht so übermüthig, in ein Wespennest zu schlagen. Es sind so viele Preußen hier und sie haben so viel Gelegenheit, Beobachtungen zu machen, daß sie nach ihrer Rückkehr selbst eine öffentliche Meinung über das, was zum Grunde liegt, veranstalten können. Als Beitrag zu diesen Beobachtungen empfehle ich ihnen den heutigen Leitartikel der „Times", der das Universum davon in Kenntniß setzt, daß die kleinen deutschen Staaten vor längerer Zeit in eine Verbindung getreten seien, genannt Zollverein, daß Preußen jetzt seine Absicht erklärt habe, sich diesem Verein anzuschließen, ja daß Aussichten auf einen ähnlichen Schritt Oesterreichs vorhanden seien — und das, nachdem jeder Londoner eilf Wochen lang die Ausstellung, den Katalog und die Zeitungsberichte vor Augen gehabt und natürlich die gediegensten Urtheile über die Industrie des Zollvereins, auf Englisch gesprochen Sollverin, gewonnen und von sich gegeben hat! Ich empfehle ferner, diese Nummer der „Times" zu kaufen, mitzunehmen und aufzube-

wahren; denn wer nach einiger Zeit sich auf diesen Präzedenz-
fall berufen, etwa einen Zweifel äußern wollte, ob es nothwendig sei, den beschränkten Raum deutscher Zeitungen gewissenhaft mit den Erörterungen der englischen zu füllen, der
würde sicher auf Denker stoßen, die ihm logisch beweisen, daß
die „Times" das nicht gesagt habe, weil es unmöglich sei, daß
sie so etwas sagen könne.

Je näher der Tag rückte, desto schwieriger wurde es,
Billets zu haben; und je schwieriger es wurde, desto mehr
wuchs natürlich der Reiz; es gab ein furchtbares intellektuelles
Gedränge, in dem einer dem andern das Knie auf die Brust
setzte. Einige Stunden vor dem Beginn des Festes hatte ich
auf einem Schleichwege die Einladungskarte, 10 Zoll lang und
8 Zoll breit, die ich, wie der Glaser eine Fensterscheibe, unter
dem Arme tragen mußte; denn welche Tasche hätte das Un-
gethüm beherbergen können? Das Konzert, das um 8 Uhr begann, habe ich versäumt. Um 10 Uhr trennte ich mich von
einer Gesellschaft, in der ich lieber geblieben wäre, hatte drei
Meilen, natürlich im Regen, zu fahren, Toilette zu machen,
wieder fünf Meilen, natürlich im Regen, zu fahren und langte
gegen Mitternacht an. Ein Theil des Vorhofes war in einen
hübsch und einfach dekorirten Empfangssaal verwandelt. Das
Gebäude besteht aus einer Halle mit gothischen Wänden und
Fenstern, aber flacher Decke, 153 Fuß lang, 50 Fuß breit,
52 Fuß hoch, einem geräumigen Keller, genannt Krypte, und
einem Kaninchenbau von Gängen, Höfchen, Treppchen, und
meistens kleinen Zimmern, in denen ein Polizeigericht, ein kleines Civilgericht und eine Anzahl städtischer Büreaus untergebracht sind. Die Räume und ihre Ausschmückung waren nicht
im Entferntesten mit dem Hotel de Ville in Paris oder dem
Berliner Opernhause zu vergleichen. Man hat oft davon gesprochen, ein neues Gebäude aufzuführen, aber die Ausgabe

24

vertagt, bis der kostspielige Kloakenbau fertig sein wird — sehr
verständig, denn reein ines Hemd geht über einen gestickten
Rock. Die Verzierung hatte etwas peinlich Unruhiges. Gog
und Magog, zwei Riesen, die mit den wilden Männern vom
Harz und mit anderen berühmten Leuten verwandt sind durch
einen Stammbaum, den aufzurollen mir heute die Zeit und
die Hülfsmittel fehlen, waren in die Ecke gedrängt worden,
um allegorischen Figuren Platz zu machen, die heutzutage eine
sehr geschickte und maßvolle Hand erfordern. Eine große weiße
Dame stellte, wie ich erfuhr, die City vor; zwei andere, die
eine mit einer Druckerpresse, die andere mit einer Bibel, die
Journalistik und die Religionsfreiheit. Eine Wand war mit
einem Bilde des Ausstellungsgebäudes von 1851, der Büste
des Prinzen Albert und einer Zeichnung des Denkmals, das
jener Ausstellung errichtet werden soll, eine andere mit dem
gegenwärtigen Ausstellungsgebäude verziert und der Raum zwischen diesen größeren Stücken mit Namensverzeichnissen der
1851 und diesmal mit Medaillen bedachten Aussteller, mit
Wappen der Gilden und heraldischen Ungeheuer, alles von
Pappe, ausgefüllt. Auffallend für den Festländer muß es gewesen sein, daß der Fußboden dieser zum Tanzen bestimmten
Halle mit einem Teppich belegt war. Aus einem Fenster in
der Ecke eines kleinen Zimmers sah man in einen kleinen Hof,
in dem Springbrunnen und Wasserfälle in einem grünlichen
Lichte spielten. Die Krypte war mit einer höchst absonderlichen Tapete behangen. Auf einem Stoff wie Kaffeesack waren,
wie es schien, mit Kohle, Röthel und einigen anderen groben
Farben Figuren gemalt, die bald an aztekische Hieroglyphen,
bald an die Pictographie des Peaux rouges erinnerten und
hin und wieder durch lateinische Inschriften in angelsächsischen
Buchstaben erläutert waren. Ich habe einige dieser Inschriften
abgeschrieben: Michaelis et hic transierunt flumen. — Hic

Harold Dux trahcbat. — Nuntii Wilielmi Ducis vene-
runt. — Hic Willem dedit Haroldo arma. — Ein fehr
ftarfer Herr von der Corporation, der mich bei der Befchäfti-
gung bemerkte, war fo freundlich mir zu fagen, er könne tell·
me all about it. Indeffen befchränkte fich die Information,
die ich von ihm erhielt, darauf, daß diefe Tapeten fehr alt und
fehr merkwürdig feien. Ein Kellner, der das Gefpräch mit angehört und das Geficht dabei vorgezogen hatte, ließ fich nachher abfragen, daß nur drei Stücke alt und die andern nach
ihrem Mufter gemacht feien. An der Dekorirung anderer
Räume war manches von einer Einfachheit, die in diefem
Centralfeuer der Civilifation etwas Erquickendes hatte. An
zwei Thüren z. B. waren gedruckte Zettel angefchlagen mit den
Worten Entrée und Sortie; darunter hatte ein befonders vor-
forglicher Vater der Stadt im letzten Augenblicke mit Mund-
lack zwei Stücke bläulichen Aktenpapiers geklebt, auf denen mit
einem Schwefelholz die Ueberfetzung gefchrieben ftand: Way
in und Way out.

Die Gefellfchaft, die 3000 Köpfe ftark war, zählte einige
Minifter, die meiften Gefandten, aus Sachfen fehr viele Ausfteller, aus Oefterreich die Bureaubeamten der Ausftellungs-
kommiffion und aus Norwegen die Kommis, die den Dienft in
der Ausftellung verfehen. Man hörte häufig ein Englifch, das
Ausländern nicht zum Studium der Grammatik und der Aus-
fprache zu empfehlen wäre. Als ich einmal eine Viertelftunde
lang in einem engen Gange hinter einer Dame eingekeilt war
und zum Zeitvertreib ihren äußerft komplizirten Kopfputz fo
lange zu unterfuchen mir vorgenommen hatte, bis ich mir alle
feine Theile und ihre Ineinanderfügung mit gefchloffenen Augen
würde vorftellen können, wurde ich durch die Worte, die fie an
ihren Begleiter richtete: Look at them flowers! in einem
Grade erfchreckt, der nicht gefchildert, nur mitempfunden werden

24 *

kann. Was überhaupt die Damen betrifft, so muß ich als
wissenschaftlicher Mensch auf die Gefahr hin, als böser Aristo-
krat zur Laterne verurtheilt zu werden, erklären, daß die in
Chiswick und Hatfield viel hübscher waren. Gegessen wurde
mörderlich. Unter den Speisen erregten einige thurmartige
Gerichte meine besondere Aufmerksamkeit. Rings an den
schräge aufsteigenden Unterbau waren Seekrebse gelehnt, die
Köpfe nach oben; da aber diese Geschöpfe sich bekanntermaßen
rückwärts bewegen, so blieb mir die Idee des Künstlers zweifelhaft. Waren die Krebse gedacht anstürmend und von dem
Verlangen erfüllt, sich des oben befindlichen Gegenstandes zu
bemächtigen? Oder waren sie aufzufassen als von diesem hoch-
gestellten Gegenstande wie Emanationen ausgehend und in die
niedere Welt hinabsteigend? Diese Gegenstände bestanden in
Büsten aus Blancmangé, und zwar an dem einen Gericht der
Büste Viktor Emanuels, an dem zweiten des Prinzen von
Wales, an dem dritten einer Dame, die von einigen für Italien, von anderen, in die Geheimnisse der Diplomatie Eingeweihten, für die zukünftige Prinzessin von Wales erklärt wurde.
Da ich vorher einen Teller mock turtle gegessen hatte, so kann
ich aus eigener Erfahrung nur über Seltzer und Früchte urtheilen, die vortrefflich waren. Ich schließe mit einer Phrase,
die ich in einer der heutigen Zeitungen finde, und deren Verfasser das Büffet gründlicher untersucht zu haben scheint: „Der
Erfolg des Festes war vollständig, und wer daran theilgenommen,
wird auf dasselbe zurücksehen als auf eine der Landmarken, die
hoch über dem Niveau gewöhnlicher Erinnerungen stehen."

26. Metall.

Das älteste Metallgefäß wird wohl der Kessel gewesen sein, und das älteste Material, in dem er vorkommt, ist die Bronze. In der Bronze sind heute die Franzosen ebenso unbestritten die ersten, wie die Engländer im Thon. Der Reichthum ihrer Ausstellung erinnert an die Beschreibungen von Athen und Rhodus; aber dieser Vergleich, so rühmlich er auf der einen Seite ist, besagt auch, daß die Franzosen sich auf einem seit den ältesten Zeiten ausgetretenen Pfade bewegen. Die Deutschen und die Engländer haben in der künstlerischen Behandlung der Metalle Gebiete betreten, die den Alten verschlossen waren, die Deutschen durch ihre Leistungen in Gußeisen, die Engländer durch die Behandlung des Silbers, durch die Erfindung des Plattirens und durch die Entwicklung der Galvanoplastik. Den größesten Raum unter den Franzosen nimmt Barbedienne mit seiner 40 Schritt langen Aufstellung ein; und wer damit begonnen hat, diese Statuen und Gefäße zu mustern, zu denen die Antike und Michel Angelo die Vorbilder geliefert, dem wird alles Andere fade oder schreiend vorkommen, bis er auf die Arbeiten stößt, die Lerolle nach Modellen und Zeichnungen von Cordier ausgeführt hat. Unter ihnen findet er die Antike nicht nur kopirt, wie Milon von Croton, den griechischen Tisch, die etruskische Vase, das Räuchergefäß, sondern für moderne Bedürfnisse, für Lampen, Pendulen, Kronleuchter, mit Sinn und Geschmack nachgeahmt. Die Aufgabe war allerdings leichter, als unter gewöhnlichen Verhältnissen, weil die bezeichneten Geräthe zum größesten Theil für das pompejanische Haus des Prinzen Napoleon, also für eine verwandte Umgebung bestimmt sind, um so leichter,

als in dem fashionablen Badeort Pompeji allerlei Style zu-
sammenflossen; aber sie blieb immer schwierig genug, um nur
durch das Zusammenwirken ausgezeichneter Künstler und Alter-
thumskenner glücklich gelöst zu werden. Die Alten hatten keine
Pendeluhren; eine Form, ein Gehäuse zu benutzen, das ihnen
zu andern Zwecken gedient hatte, wär: eine sehr rohe Lösung
gewesen; es kam darauf an, Gestalten zu finden, wie die Alten
sie geschaffen haben würden, wenn sie Uhren gleich den unserigen
gehabt hätten. Es war eine Aufgabe, ähnlich der, welche ein
guter Uebersetzer zu lösen hat: sich so auszudrücken, wie der
Verfasser gethan haben würde, wenn er in der andern Sprache
geschrieben hätte. An dem einen Stück, einer etruskischen Uhr,
dient das Gehäuse als Sitz für die Minerva, die Patronin
der Mechanik, die Erfinderin des Webstuhls, die Göttin, die
von dem ganzen Olymp ihre Zeit am Nützlichsten verwendete,
die wenigsten Allotria trieb. Der Kopf und das Nackte sind
von Aluminium, das Gewand von Bronze, das Uhrgehäuse
von farbigem Marmor. An allen diesen Arbeiten ist die Benutzung der reichen Schätze zu erkennen, die kürzlich aus dem
Museum Campana nach Paris gekommen sind. Derselbe
Künstler hat eine Reihe von polychromen Bildsäulen, zum Theil
in Lebensgröße geliefert, an denen die Mischung des Metalles
dergestalt gewählt ist, daß sie die natürliche Farbe von Arabern,
Mauren und dunkeln Mischracen wiedergiebt. An den zwei
arabischen Frauen scheint dieser Erfolg einfach durch die Zusammensetzung der Bronze, ohne zugesetzte Farbe, erreicht zu
sein. Das Gesicht, von dem reinsten arabischen Typus, die
Hände und die Füße, die nie in einen Schuh gepreßt waren,
sind von Erz, den Körper verhüllt ein Mantel von Onyxmarmor in schweren, prächtigen Falten. Von der Portraitbüste
einer Moreske giebt der Künstler selbst folgende Beschreibung:
„Ihre eigenthümliche Schönheit ist das glückliche Produkt

einer Mischung von maurischem und negerischem Blute. Aber das maurische Element, das sie von dem Vater hat, nähert sie dem europäischen Typus. Die vollkommene Regelmäßigkeit ihrer Züge erinnert an die kräftigen Schönheiten, denen man zuweilen in unseren mittäglichen Provinzen begegnet. Ihre ungemein ausdrucksvolle Physiognomie hat das Schmachtende und Weiche der Italienerin, aber erwärmt von dem Feuer des Orients. Auf ihrer Stirn liest man die tiefen Berechnungen ihrer despotischen Leidenschaften. Ihre magnetischen Augen ziehen unwiderstehlich den Gegenstand ihres Verlangens an sich und begreifen mit einem weiten Blick das ganze Land der Träume. Ihre bizarre Tracht, die im Innern des Landes übliche, bringt die Reize der Person auf eine wunderbare Weise zur Geltung. In den Wogen ihres Haares schwimmen Heckenrosen, verloren und sich doch zu einem Kranze fügend. Unter dem Druck des Mieders nähern sich einander in Liebe ihre dunkeln Brüste, die ein goldgesticktes Hemd halb verhüllt und ganz erkennen läßt. Diese schwarze Aspasia zählt unter ihren Eroberungen einen sehr gelehrten und bis dahin sehr besonnenen Philosophen, der vor ihr seine Vernunft abgeschworen hat und das unterhaltende Geschichtchen des Sokrates, „das Genie, gezäumt und gesattelt von Amor", noch einmal durchzuspielen entschlossen ist."

Ich gestehe, daß ich ohne die Erläuterung nicht alles das aus der Büste herausgelesen haben würde; auch kann ich die Wißbegier des Lesers nach dem Namen des gezäumten und gesattelten Philosophen nicht befriedigen; und um das Werk zu genießen, muß ich den Namen Aspasia vergessen, vergessen, daß es nicht ein Perikles sein kann, der zu ihren Füßen sitzt, kein Genie, sondern höchstens ein fleißiges Mitglied der Akademie der Wissenschaften. Es ist schade, daß diese wieder erwachende Kunst der farbigen Bildnerei in Metall einen ihrer gelungensten Erstlingsversuche an einer Courtisane zu machen hatte; aber die Künstler in dem wiedergebornen Frankreich scheinen nicht viel Wahl zu haben. Wer erinnerte sich nicht von der Gemäldeausstellung von 1855 eines großen Portrait-bildes, das eine Dame, umgeben von ihren Gesellschafterinnen darstellte, und des Vergleiches, der sich jedem Beschauer in denselben Worten aufdrängte! — Das war eine Büste; wünscht der Leser auch eine Statuette desselben Künstlers von ihm selbst beschrieben zu hören, so wähle ich „die Tänzerin von Tunis", ausgeführt in Gold, Silber und Emaille.

„Ist es nöthig, den Ort und die Zuschauer zu beschreiben?" Unsere Maler, unsere Dichter, unsere Romanschriftsteller und selbst unsere Reisen haben uns ja mit den orientalischen Sitten hinlänglich vertraut gemacht. Wer kennte denn nicht heutzutage den kleinen von Bogengängen eingeschlossenen Hof mit seinem Springbrunnen und seinem Orangenbaum, mit seinen Licht- und Schatteneffekten, seiner kühlen und gewürzigen Luft? Wer hätte nicht schon irgendwo einige dieser ernsten und bedächtigen Figuren mit vollen Bärten, in Turban, Kaftan und Pantoffeln niederkauern und sich vollständig versenken sehen in den weichen Divan, einen Tschibuk oder ein Narghile rauchend zu einer Tasse Kaffee oder einem Glase Sorbet? Wer hätte es nicht versucht, einen Zug, einen Blick, ein Lächeln zu erhaschen von den halbverhüllten Köpfen, die in verzehrender Neugier sich über den Balkon lehnen oder an die Gitter des Fensters drücken? Seien wir also ganz bei der Sache, bei der Tänzerin und ihrem Tanz. Die Arme über den Kopf erhoben und ein Tuch in jeder Hand, tritt die Tänzerin auf einen kleinen Teppich, vor dem die Erleuchtung steht, eine einzige Kerze, eine Er-leuchtung, von der freilich wenig Licht, aber viel Fantastik aus-strömt. Auf ein Zeichen mit der Mandoline beginnt der Tanz: abwechselnd drei Schritt rückwärts und drei Schritt vorwärts; freilich nicht viel für den Fuß; aber die Arme arbeiten statt ihrer, lassen die Tücher spielen, und was läßt die Tänzerin sie nicht alles sagen, mit welchen Blitzen durchfurchen sie die Luft, welche köstlichen Arabesken geben ihre weichen, flinken, immer wechselnden Bewegungen! Nach einem züchtigen Vorspiel, einem schüchternen Stottern wird die Sprache der Leidenschaft immer lebhafter, immer dringender, immer deutlicher; die Arme sinken endlich erschöpft und verweigern den Dienst, aber sie kämpft fort oder vielmehr sie liefert eine neue Schlacht. Der Tanz, der sich in der Büste konzentrirt, steigert sich bald zum De-lirium; auf weichen Wellenschlag folgt ein tolles Stürmen, ein wahnsinniger Aufschwung; der Körper empört sich gegen die erzwungene Unthätigkeit der Glieder. Die Kehle keucht, die Brust wogt, der Rücken krümmt sich, les seins bondissent, les hanches se dévergondent, die Gelenke krachen und die Sehnen sind gespannt zum Reißen, bis endlich die Tänzerin mit erschöpfter Kraft plötzlich inne hält, den Kopf zurückgeworfen und halb ohnmächtig. In diesem Augenblick vergessen die Zuschauer über ihrer Begeisterung jede Rücksicht. Sie erheben sich in Getümmel, stürzen sich auf die Tänzerin über Pfeifen, Narghiles, Tische, Tassen und Geschirr hinweg. Die einen drücken Zechinen auf ihre schweißtriefende Stirn oder streifen Perlengehänge und goldene Ringe auf ihren Hals, ihre Arme, ihre Knöchel, andere werfen fürstliche Reichthümer zu ihren Füßen nieder. Diese üppigen Tänze veranlassen furchtbare Eifersuchtscenen, blutige Kämpfe. In Algier erlaubt die Polizei sie nur selten, und nur en petit comité.«

Das sollen „die Sitten des Orients“ sein! Ach, die Fran-zosen hätten ganz andere Dinge von den Morgenländern zu lernen, als verfälschten Haschisch essen und tunesische Tänzerinnen seciren. Und was sagt man zu diesen Erläuterungen, die der Künstler selber giebt, zu diesen Zetteln, die er seinen Figuren

in den Mund und den Rezensenten in die Hand steckt? Ich
habe Akt davon genommen, weil der Kunstgriff wohl Nachahmung finden wird, und diese Notiz für jemanden, der einmal eine Geschichte des Verfalles schreiben will, ebenso werthvoll sein dürfte, wie die Auskunft, die Balzac über Entstehung
der literarischen Reclame, des Wortes und der Sache, giebt.

„Im Jahre 1821 waren die Journale Herren über Leben
und Tod der geistigen Schöpfungen und der buchhändlerischen
Unternehmungen. Eine Erwähnung von wenigen Zeilen unter
den vermischten Nachrichten wurde entsetzlich theuer bezahlt.
In den Bureaus der Redaktionen und auf dem Schlachtfelde
selbst, in der Druckerei, wo am Abend das Schließen der
Form über die Aufnahme dieses oder jenes Artikels entschied,
bestand die Einrichtung, daß die großen Verleger sich eigens
einen Literaten hielten, der solche Erwähnungen zu redigiren
und in wenig Worten viel zu sagen wußte. Diese unbekannten
Journalisten, die erst bezahlt wurden, wenn der Artikel erschienen war, blieben häufig die ganze Nacht in der Druckerei,
um die Aufnahmen der größeren Artikel, für die, Gott weiß
durch welche Mittel, eine Stelle gewonnen war, oder jener
kleinen Anzeigen, die seitdem und daher den Namen réclames
erhielten, zu überwachen."

Barbedienne und Lerolle zusammen vertreten die Haupt-
richtungen in der französischen Bronze, womit wir nicht sagen
wollen, daß sie nicht von dem einen oder andern der zahlreichen
Aussteller in einzelnen Stücken übertroffen seien, namentlich von
Denière, Barbezat, Mage, Thiébaut, Peyrol. Moig-
niez und Mène sind groß in Thiergestalten, Marchand in
den Gegenständen, an die man zunächst bei dem Worte Luxus-
bronze denkt. Boy, Lefevre, Lambin, Robin, Bénard,
Foubert, Meroy, haben sich vorzugsweise auf bronzirtes
Zink gelegt, der zuletzt Genannte insbesondere auf Statuetten,

theils kopirt, theils nach Gemälden ausgeführt. Wir erinnern uns aus seinem reichen Lager folgender Gestalten, die in der Regel paarweise zusammen gehören: Faust, Margarethe, Rubens, Columbus, Van Deyck, Shakespeare, Hogarth, Milton, Galilaei, Paul und Virginie. Man stößt sich anfangs an der Täuschung, an der Unächtheit; aber die matte, fleckige Naturfarbe des Zinks erfordert eine Bedeckung, und es ist immerhin ein Gewinn, daß schöne Formen auch dem unbemittelten Liebhaber zugänglich werden. Eine andere Gruppe französischer Aussteller hat Ausgezeichnetes geleistet in Eisenguß, und zwar in kolossalen Stücken, vor allen Durenne. Er zeigt einen Eber und andere Thiergestalten in Rohguß, an denen mir auffällt, daß sie ein viel helleres Kolorit haben als die aus deutschen Hütten, namentlich aus der Ilseburger hervorgegangenen Rohgüsse; anderes bronzirt, z. B. einen Hund, noch anderes weiß angestrichen, wie die Diana. Diese letztere Art der Dekorirung, der Täuschung, will mir nicht gefallen, weil sie das Wesen des Stoffes, des Metalles, ganz versteckt; es giebt kein Metall von dieser Kreidefarbe. Noch andere endlich, unter denen Feuquières zu nennen, haben mannichfache, zum Theil neue Anwendungen der Galvanoplastik gemacht, z. B. durch das Niederschlagen verschiedener Metalle etwas der eingelegten Arbeit Aehnliches hervorgebracht. Von der einen Anwendung ist schwer zu sagen, ob sie alt oder neu, Kupfer auf einen Kern von Eisen niedergeschlagen; denn einige der von Layard gefundenen Stücke beweisen, daß die Assyrier schon darauf gefallen waren, um schlanke Gebilde haltbarer zu machen; natürlich gossen sie Bronze um das Eisen.

Den Uebergang zu den edlen Metallen bildet das Aluminium, das die Franzosen zuerst, 1855, in Barrenform gezeigt und in dessen Behandlung sie bis heute den ersten Rang behauptet haben. Es ist wahrscheinlich das am weitesten verbreitete Metall, denn es ist die metallische Basis alles reinen Thons. In Pulverform war es schon Davy bekannt, und Wöhler und andere deutsche Chemiker beschäftigten sich damit; aber erst St. Clair Deville gelangte dahin, es fest darzustellen, und die kleinen Barren, die sich so schwer ansahen und so leicht aufhoben, gehörten zu den Löwen der Pariser Ausstellung. Das spezifische Gewicht des Aluminium ist nämlich 2,5, d. h. es ist nur zwei und ein halb mal so schwer als Wasser; gleichwohl oxydirt es sich schwerer, läuft nicht so leicht an, als Zinn und Zink, ja selbst als Silber. Seine Fabrikation hat sich schnell entwickelt, seit man auf Grönland ein Mineral, Cryolit, gefunden hat, aus dem es vermittelst eines ganz einfachen Schmelzungsprozesses herzustellen ist. Morin, Nr. 49, Frankreich, hat dieses Rohmaterial ausgestellt und die zahlreichsten Anwendungen des Metalls gezeigt, darunter auch Posamentierwaaren, Schnüre, Quaste, Stickereien von Aluminium. Der Benutzung desselben in der Uhrmacherei, zu Reißzeugen und ähnlichen Instrumenten, so wie der Legirungen mit Kupfer habe ich schon früher erwähnt. Die Aluminiumbronze zeichnet sich aus durch ihre Leichtigkeit, ihre Festigkeit gegen die Einwirkung der Luft und ihren goldähnlichen Glanz. Die von dem Engländer Attenborough ausgestellten Löffel aus einer Mischung von 10 Theilen Aluminium und 5 Theilen Kupfer, sind nur durch das Gewicht von Gold zu unterscheiden. Auch die Luftschiffer sollen schon ein Auge auf dieses so leichte und so dehnbare Metall geworfen haben. Die größeste Ausstellung in edlen Metallen, dem Raume nach, hat die bekannte Firma Christoffle aus Paris geliefert, und das größeste Stück darunter ist der silberne Tafelaufsatz für das Hôtel de Ville, eine 20 Fuß lange Gruppe, bestehend aus einem Schiff, dem Wappenzeichen der Stadt Paris, umgeben von Seepferden, Tritonen und Delphinen, alles auf einer Spiegelplatte stehend, und bei

Lampenlicht gewiß sehr prächtig anzusehen. Der Zettel, der daran hängt, verleitete mich anfangs zu einem Irrthum; ich las darauf in großen Buchstaben

donné

par Mr. le Sénateur-Préfet

und bewunderte die Freigebigkeit des Herrn Hausmann. Bei näherer Besichtigung aber entdeckte ich darüber in kleinerer Schrift die Worte:

exécuté d'après le programme.

In den Preisgeschenken hat Christoffle sich von der Mythologie losgemacht und einige Arbeiten geliefert, die eine gewisse Verwandtschaft mit den besten Werken der Berliner Silberschmiede haben, namentlich den Pokal für die concours regionaux, die Ausstellungen aus den drei Ackerbaubezirken, dessen Embleme, darunter eine Mähmaschine, alle aus der Wirklichkeit genommen sind. Ein türkisches Kaffeegeschirr mit den vorschriftsmäßigen zehn Tassen beweist, daß man auch Zweckmäßiges aus Algier aufnimmt, und ein Tafelservice des Kaisers für hundert Personen, daß die allerhöchste Chatoulle wohl gefüllt ist, wie es auch immer mit dem Staatsschatz bestellt sein mag.

Die pariser Goldarbeiten und Schmucksachen sind zu bekannt, alles, was darin erfunden und ersonnen ist, wird zu schnell ausgeführt und nachgeahmt, als daß hier viel darüber zu sagen wäre. Heil dem Manne! glücklich ist er zu preisen, der an diesen Schränken mit Gold und Kohle, mit Edelsteinen und Glas, mit Kränzen und Sternen, mit Orden und Gebetschnüren, mit Uhrgehängen und Hemdenknöpfen, mit Diademen und Ketten, an dieser vanity fair, ohne Wunsch vorübergeht! Abgesehen von der Zierlichkeit der Formen und der Fruchtbarkeit der Phantasie behaupten die Franzosen in zwei Punkten ihre alte Ueberlegenheit, in Emaille und künstlichen Edel-

steinen. Ob die Alten es verstanden haben, Metall zu emailliren, darüber schwebt ein Streit, der sich hauptsächlich um
einen egyptischen Schmuck in dem Leydener Museum zu drehen
scheint. Im Allgemeinen erreichten sie, was uns die Emaille
leistet, durch farbige Harzmassen und durch eine außerordentlich
feine, mikroskopische Mosaik; und der Umstand, daß man keine
Emaille da gefunden hat, wo sie gewiß vorzugsweise ange-
wendet worden wäre, an den Augen farbiger Bildsäulen, unterstützt die Aeußerung des griechischen Rhetors Philostrat, der
im 3. Jahrhundert unserer Zeitrechnung am Hofe des Septi-
minus Severus lebte: „Man erzählt, daß die Barbaren, die
dem Ocean zunächst wohnen, Farben auf glühendes Erz auftragen; die Farben vereinigen sich mit dem Metalle, werden so
hart wie Stein, und das Bild, das sie darstellen, erhält sich."
Die große Schwierigkeit, eine Masse herzustellen und so zu behandeln, daß sie sich bei der Erhitzung und Abkühlung gleichmäßig mit dem Metall ausdehnt und zusammenzieht, beschränkte
das Emailliren lange Zeit auf kleine Flächen und ist auch
in dem emaillirten Kochgeschirr noch immer nicht überwunden.
Die größeste, mir bekannte Anwendung für Kunstzwecke, waren
die vier Evangelisten, ganze Figuren in Lebensgröße, auf Eisen,
welche die Fabrik von Sèvres 1855 ausgestellt hatte. Von
den Pariser Goldschmieden, die damals mit Auszeichnung zu
nennen waren, hat Rudolphi auch diesmal wieder vortreffliche Emaillen geliefert. Unächte Steine sind von Bender
und von Savary in der größesten Vollkommenheit hergestellt;
es braucht wohl kaum gesagt zu werden, daß nicht von farbigem Glase die Rede ist, sondern von einer Masse, die aus
den Bestandtheilen der ächten Steine gebildet und dem Natur-
produkte so ähnlich ist, daß der Laie sie gar nicht mehr unterscheiden kann. Es ist keine verwegene Prophezeiung, daß einmal auch der Sachverständige kein Kennzeichen mehr haben und

der Werth der Edelsteine nur noch durch die Fabrikationskosten bestimmt sein wird. Anders verhält es sich mit den unächten Perlen, die Constant, Valès & Co. aus einer grünlichen Glasmasse und den Schuppen des Weißfisches verfertigen. Die willkürliche Erzeugung ächter Perlen durch eine besondere Behandlung der Auster hat bisher nicht glücken wollen. Die Chinesen, welche keine Heiligenbilder von Messing in die Muschel zwängen und nach Jahren in Perlen verwandelt herausziehen, müssen irgend einen Kunstgriff besitzen, den wir nicht kennen; denn in Schottland, wo es viel Perlenaustern giebt, beschäftigt man sich seit lange angelegentlich, aber erfolglos mit der Sache. Auch Linné's, zu seiner Zeit vielbesprochenes Geheimniß, jetzt in den Händen eines Engländers, muß sich nicht bewährt haben. Sehr reich ist die französische Abtheilung auch an kirchlicher Goldschmiedsarbeit; auch Granger, der 1855 ein vollständiges Lager von Bühnenschmuck ausgestellt hatte, arbeitet diesmal in dem kirchlichen Fache. Dem Herrn mit dem Pferdefuß, falls er als distinguished visitor die Ausstellung besucht haben sollte, muß bange geworden sein beim Anblick aller der Instrumente, die zuletzt gegen ihn gerichtet sind.

England, wie gesagt, hält es hauptsächlich mit Silbergeschirr, getriebenem und durch den galvanischen Strom niedergeschlagenem; und der erste Aussteller der Masse nach, ist der bekannte Elkington, an dem ich 1855 viel auszusetzen fand oder, wie manche Leute meinten, viel schlechte Laune ausgelassen habe. Und siehe da! er hat diesmal keine Medaille erhalten: nur seine beiden französischen Modelleure, Morel und Willms, sind für das, was sie geliefert, prämiirt worden. Freilich hat es den französischen Geschworenen, unterstützt von einigen andern, einen harten Kampf gekostet, gegen die Engländer durchzubringen, welche auch in der Industrie und Kunst die Regel anwenden; quod quis per alium facit, ipse fecisse dicitur. Unsere zahlreichen Landsleute in den englischen Eisengießereien, Maschinenbauanstalten, chemischen Fabriken u.s.w. haben keine so kräftigen Fürsprecher gefunden. Aehnlich ist es mit der Preisvertheilung an die englischen Goldschmiede zugegangen. Hunt und Roskell, denen in den ersten Wochen der Ausstellung die englischen Blätter ein solches Hosiannah sangen, darauf die übrigen secundum ordinem, sind leer ausgegangen, aber ihre Modelleure, der Elsasser Vechte und der Engländer Armsteab haben Medaillen erhalten. Ebenso der Italiener Monti, der die besten Sachen für Hancock modellirt hat; daß diese Firma außerdem für ihre eigenen Leistungen mit einer Medaille bedacht worden ist, macht das Uebergehen von Elkington um so bedeutungsvoller. Wenn man übrigens den Pariser Arbeiten ebenso auf den Grund gegangen wäre, so würde wahrscheinlich dem einen oder andern Londoner Goldschmiedsgesellen eine Medaille zugefallen sein; denn wie der englische Juwelier sich für ein Stück ersten Ranges die Zeichnung aus Paris schicken oder von einem Franzosen machen läßt, so schickt der Pariser, wenn er das Aeußerste leisten will, seine Zeichnung nach London zur Ausführng. Da die Zeit soweit vorgerückt ist, daß diese Berichte Niemandem mehr als Wegweiser dienen können, hätte es keinen Zweck, mich bei dem Schrank von Emanuel, seinem geschnittenen Topaz, dem Spiegel des Sultans, bei London und Ryder's großem Smaragd und alle den andern Herrlichkeiten aufzuhalten, die ein Besucher der Ausstellung gesehen haben muß, damit er sagen könne, er habe sie gesehen. Etwas Neues auf diesem Gebiete sind die größeren Arbeiten in blaßrother Koralle, wie sie sich nennen, in der That aus dem Innern einer schönen Muschel, die man sich in dem Schrank von den Bahamas-Inseln ansehen kann. Anziehender als alles das war für mich der abgelegene Schrank von Tennant aus London, mit einer schönen Sammlung von rohen Edelsteinen und Halbedelsteinen, mit Rücksicht auf die Juwelierkunst ausgewählt. Man fand dort nicht nur ausgezeichnet schöne Exemplare von seltnen Mineralien, wie von Labrador-Feldspath, Isländischem Doppelspath, Sardonyx, brasilianischem Rosenquarz, sondern konnte auch seine Beobachtungen über die beiden Methoden des Schleifens machen, die indische und die europäische. Die Inder gehen in der Regel nicht darauf aus, den Steinen die Formen zu geben, die wir mit unserm abstrakten Wesen „regelmäßige" nennen, und die man langweilige nennen könnte, die Formen von Körpern, wie die Stereometrie sie zu konstruiren und zu berechnen versteht, sondern man sucht die ursprüngliche Gestalt des Steines soviel wie möglich zu erhalten, schleift ihn zu wie einen Kirschenkern, eine Nuß, eine Mandel, ein Ei, lauter Formen, die in einem andern Sinne sehr regelmäßig, von sehr tief liegenden Regeln oder Gesetzen beherrscht sind. Namentlich die Wehrgehänge sind mit solchen Steinen verziert. Auch bei dieser Methode kommen zuweilen sehr stereometrische Formen heraus, nämlich wenn der Stein regelmäßig krystallisirt ist. Der Koh-i-nur ist auf beide Arten behandelt worden; der Franzose Tavernier, Hofjuwelier von Aurungzeb, schliff ihn eiförmig; die Königin Victoria ließ ihn 1854 mit Verlust eines Drittels der Substanz auf europäische Weise regelmäßig machen.

Unter den deutschen Metallarbeiten wollen wir also das Gußeisen voranstellen. Die Entstehung der feinen Eisengießerei, in der Berlin den ersten Rang in der Welt behauptet, erzählt man in England, z. B. im Katalog des geologischen Museums, so. Um die Zeit, als Preußen sich zu dem letzten Kampfe gegen Napoleon rüstete, zeichneten die Frauen sich besonders aus durch ihren Haß gegen den Unterdrücker und Verderber. Eine harte Schule hatte sie gelehrt, ihre Liebe, ihre Begeisterung, ihre Illusionen nicht mehr, wie es in Deutschland üblich ist, in einem Kultus ausländischer Heroen zu verzetteln, sondern auf das Vaterland zusammenzudrängen. Sie schickten ihr Geschmeide in die Münze, und ein junges Mädchen, die keinen anderen Schmuck zu vergeben hatte, opferte ihre schönen Locken. Als Anerkenntniß solcher Spenden gaben ihnen die Regierung Ringe und kleine Kreuze von Eisen mit der Inschrift: Gold für Eisen. „Solche Spartanergeschmeide", sagt das Handbook of Northern Germany, „werden bis auf den heutigen Tag als kostbare Besitzthümer aufbewahrt." Um dieser Ringe willen habe man zuerst die Kunstgriffe gelernt, das Gußeisen zu feinen Arbeiten zu verwenden. Ich kann hier nicht feststellen, ob die Erzählung richtig ist, wünsche aber, daß sie es sei, daß jedes Stück von feinem Eisenguß daran erinnern möge, wozu damals das Gußeisen und das Schmiedeeisen diente. Die königliche Gießerei ist durch neun Gegenstände vertreten, unter denen ich die Vase, ciselirt und mit Silber eingelegt, voranstellen würde, auch wenn sie nicht von der Jury besonders erwähnt wäre. Das um den Bauch der Vase laufende Basrelief zeigt auf der einen Seite die Borussia, auf der andern die Eris, gezeichnet von Stüler. Die andern Stücke lasse ich in der Reihe folgen, in der sie im Katalog stehen: Standbild Friedrich Wilhelms III., das Modell von Drake; Büsten des Kronprinzen und der Kronprinzessin, nach Originalien von Hagen; ein sinnig gedachter Kandelaber, gezeichnet von Hesse; ein Lampenständer, gezeichnet von Strack; zwei Altarleuchter, ein Taufständer, ein Kandelaber für Kirchen, von Stüler. Wenn es noch nöthig wäre, zum Lobe dieser Arbeiten etwas zu sagen, so würde ich hervorheben, daß sich keiner der Zeichner durch die Meisterschaft der Gießerei in der Behandlung des Eisens hat zu Künsteleien verlocken lassen, sondern daß alle den ernsten Charakter bewahrt haben, den das Material erfordert. Ich

glaube, es wäre im Interesse des Geschäfts gewesen, auch einige
kleinere Stücke, die sich zu Kaminaufsätzen eigneten, und Schmucksachen auszustellen; die letzteren würden wahrscheinlich einen
guten Markt finden, weil man in England sehr lange und sehr
gewissenhaft trauert, sich übrigens durch das complimentary
mourning, d. h. das Trauern, das einem nicht zu Herzen
geht, nicht abhalten läßt, in Gesellschaften, sogar auf Bälle zu
gehen. Ich erinnere mich, daß auf einem großen Balle eine
komplimentarisch trauernde Dame die Spitzen und Juwelen der
andern damit ausstach, daß sie einen vollständigen Schmuck von
Berliner Gußeisen auf einem weißen Kleide trug. Von der
Ilsenburger Gießerei habe ich die Rohgüsse schon besprochen, also
nur noch der gebeizten Sachen zu erwähnen, namentlich der
schönen Frucht-Körbe, an denen sehr früh ein Zettel mit „Verkauft" erschien. Welche Aufmerksamkeit man längst in England
den Arbeiten dieser Hütte geschenkt hat, ist daran zu erkennen,
daß man in dem geologischen Museum sich ein Stück im Rohguß mit dem Formsande daran verschafft und den letzteren
chemisch zerlegt hat. Ich schreibe die Analyse ab, die man vielleicht in Ilseburg selbst nicht kennt: Silica 79,02,; Alumina 13,12;
Eisenoxydul 2,50; Kalk Spur; Magnesia 0,71; Potassium 4,38.
Die Einsiedelnsche Gießerei in Lauchhammer, eine würdige
Genossin der beiden anderen, hat die mannigfachste Aufstellung
gemacht, von Kaminen und Oefen, Utensilien für die Tafel,
den Schreib- und den Putztisch und Statuetten von Luther,
Lessing, Holbein, Schiller und Göthe; die letzteren sehr gut aber
sehr theuer. Der Preiscourant dieser Gießerei erinnert mich
an eine Bemerkung, die ich schon früher, unter anderem bei
der Berliner Porzellanmanufaktur, hätte machen können. Bei
Gegenständen von beträchtlichem Werthe, insbesondere bei Kunstwerken, ist es nicht zweckmäßig, die Preise erst in deutscher
Münze auszurechnen und dann mit peinlicher Genauigkeit in

englische zu übersetzen. Es läßt geradezu komisch, wenn der Preis eines Gegenstandes bestimmt ist, etwa auf 20 £ 3 s, oder auf 1 s 7 d. Eins von beiden: man gebe entweder die Preise nur in deutscher Münze an und überlasse es dem englischen Kaufliebhaber, sie zu übersetzen; oder man nehme runde, in England übliche Summen, 20 Guineen und 18 Pence.

In den übrigen deutschen Staaten, auch in Oesterreich, ist in Kunsteisenguß nichts ähnliches geleistet. Von anderem Eisengut sind zu nennen die emaillirten Kochgeschirre von Bartelmus in Neu-Joachimsthal in Böhmen, von Märky und Geimen in Komorau ebendaselbst, von F. W. Krause in Neusalz bei Liegnitz, von der Henriettenhütte ebendaselbst, von Schultheiß in St. Georgen in Baden; die guten und billigen verzinnten Eisenlöffel von Epstein in Lublinitz bei Oppeln und von Kerk Erben in Platten in Böhmen; die Hufeisen von Varenkamp in Düsseldorf; die Geldschränke von Wertheim und Wiese in Wien, von Arnheim und von Fabian in Berlin, Kolesch in Stettin, Sommermeyer u. Co. in Magdeburg, Neumann in Königsberg, Asendorpf in Bremen; die Gasröhren der Gesellschaft für Eisenindustrie in Prag; endlich der Draht, in dessen Fabrikation Deutschland die erste Stelle einzunehmen scheint. Von der Jury sind mit großer Auszeichnung genannt worden: Graf Egger in Kärnthen, Bauer, Biberbach in Nürnberg wegen platenten Drahtes, Heckel in Trier wegen seiner Drahtseile, wichtig für Bergwerke, Schiffe und Dampfpflüge, Hobrecker, Witte und Herbers in Hamm wegen Eisendraht; Heckels Erben, Schmidtmer in Nürnberg, Scheiblein in Roth, alle drei wegen Gold- und Silberdraht; Puth in Blankenstein wegen Gußstahldraht. Ich bedaure, daß ich von dem schmiedebaren Gußeisen von Stoß in Stuttgart nichts als eben den Namen anzugeben weiß.

Ein Artikel, in dem wir ganz unzweifelhaft den Vorrang behaupten, sind die lackirten Klempnerwaaren. Die Tische von Vetter in Ludwigsburg, Deffner in Eßlingen, Ehrhard und Söhne in Schwäbisch Gmünd, mit Vogelbauern, Präsentir- tellern, Schlüsselspindchen, Wachsstockbüchsen und hundertlei ähn- lichen Dingen, nützlich, zierlich geformt und billig, waren stets von Kaufliebhabern, besonders weiblichen Geschlechtes, umdrängt. Freilich werden diese Waaren nicht eher Eingang finden, als bis einzelne Kleinhändler in London sich ausschließlich damit abgeben; wer englische Waaren ähnlicher Art führt und nicht ganz unabhängig von dem Fabrikanten ist, darf sich nicht da- mit befassen. Dem einen Artikel, wenn ich nicht irre, von Deffner, ist auch in Deutschland Verbreitung zu wünschen; es ist ein Waschbecken für den Hausflur, von lackirtem Blech, mittelst zweier Haken an der Wand zu befestigen, und ein kleiner, ebenso befestigter Eimer darüber mit einem Hahn, durch den man sich das Wasser kann über die Hände laufen lassen. Auch von den englischen Blechwaaren ist eins sehr empfehlens- werth, der lackirte Reisekoffer, der viel leichter ist, als Holz, besser schließt, als Holz oder Leder, von den Mäusen nicht angegriffen werden kann, immer sauber zu halten ist und so gefällig aus- sieht, daß man ihn zur Aufbewahrung von Papieren in die Stube stellen kann. Die weißlackirten Kragen (Vatermörder) von Blech sind auf Reisen sehr bequem, weil man sie jeden Morgen selbst waschen kann, also mit einem Exemplar ausreicht.

Die zweite Metallindustrie, die in Deutschland und be- sonders in Berlin gepflegt und eigenthümlich entwickelt wird, ist die in Zink. Das getriebene gothische Fenster von Fr. Peters und die gegossenen Säulenkapitäler von Pohl sind schon bei den Bauornamenten erwähnt worden. E. von Diebitsch hat den Stoff, der so willig Form und Farbe annimmt, benutzt, um in dem maurischen Styl, aus dem er bekanntlich ein be-

sonderes Studium gemacht hat, einen prächtigen, fünfzehn Fuß
hohen Blumenbehälter herzustellen. Das vielgegliederte Werk
erinnert an die Alhambra, geht aber über dieselbe hinaus durch
die Menschengestalten, die nachzubilden der Koran verbietet.
Ein würfelförmiger Unterbau, mit Kindergruppen in Hautrelief
verziert, trägt einen säulenartigen Schaft und dieser eine weite
Blumenschaale von außerordentlich zarten Umrissen, bedeckt mit
Basreliefs. Zu dem einen dieser Bildwerke, dem Ministerium
Hohenzollern, das die zur Absendung nach London bestimmten
Gegenstände vorzeigt, würden wir ein arabisches Motto empfeh-
len, das der Wessir Harun al Raschid's sich zur Warnung im
Glück und zum Trost in Widerwärtigkeit gewählt hatte: „Auch
dies wird vorübergehen." Wie schön würde die Schaale sich
1851 in den Glaspalast geschickt haben, als das Laub der
Ulmen noch zart und die Phantasie noch jung war! Das größeste
Werk von Geiß ist der schwedische Zweikampf, in galvanisirtem
Zinkguß ausgeführt nach Modellen des Professors Molin in
Stockholm. Da die Gruppe vor der Absendung nach London
einige Tage in dem Atelier zu sehen war, so wird sie den
meisten Berliner Kunstfreunden bekannt sein. Sie bezieht sich
auf eine Sitte, die sonst in Schweden unter dem Landvolk bestand und in abgelegenen Thälern noch bestehen soll: die Kämpfer,
völlig entkleidet, werden Brust gegen Brust durch einen Riemen,
der um ihre Hüften läuft, zusammengekoppelt; jeder hat in der
rechten Faust ein kurzes Messer, wie ein Schusterknief, von
dessen Klinge er ein, zwei oder mehr Zoll vorstehen läßt, je
nachdem die Forderung lautet; jeder bemüht sich, die Waffe
des Gegners dadurch von sich abzuhalten, daß er mit der
linken Hand ihn am rechten Handgelenke packt. Eine Stellung, wie dazu ersonnen, das Spiel der Muskeln zu furchtbar
schöner Entfaltung zu bringen! An dem Untersatz zeigen vier
Reliefs, uralten Mustern nachgebildet und mit Runenschrift,

die Entstehung und den Ausgang des Streites. Auf dem
ersten sitzen die beiden Freunde und zechen; auf dem zweiten
streckt der Eine seine Hand nach der Geliebten des Andern
aus; auf dem dritten kämpfen sie; auf dem vierten kniet sie
an einem Grabe. Die Gruppe war in der schwedischen Abtheilung ausgestellt und Tidemand's Gemälde in der norwegischen; den Deutschen beißen immer die Hunde! Geiß hat ferner
gestellt eine Juno, bronzirt, nach der Antike in dem Berliner
Museum, eine Schäfergruppe, desgleichen, nach einem Modell
von Franz, und die Niobe der Florentiner Gallerie in weißer
Marmorfarbe. Ich weiß nicht, ist es Einbildung oder ein
richtiges Gefühl, daß ich diese Farbe auf dem Zink besser vertragen kann als auf dem Gußeisen; vielleicht liegt der Grund
darin, daß das Weiß aus einem Zinkoxyd besteht, also die
natürliche nur etwas vervollkommnete Haut des Metalles ist.

Die reichsten Beiträge aus Berlin hat das Atelier von
Meves geliefert, den göttlichen Dulder Odyssens und den
schnellfüßigen Achilles nach Tieck, Venus und Cupido nach
Wagen, Thierstücke nach Wilhelm Wolff und andere zu Saal-
dekorationen bestimmte Gruppen nach guten Meistern vortrefflich
ausgeführt; alles bronzirt und fein schraffirt, wie die Franzosen
es zuerst mit ihren echten Bronzen gethan. Dieselbe Werkstatt
hat auch eine Auswahl geschmackvoller Gußeisenwaaren aufgestellt. Von Zinksachen sind endlich noch zu nennen zwei
liegende Löwen von Mertins, ein Fenster und andere Bau-
stücke für Kirchen, getrieben wie die Peters'schen von Mulack
und eine große Vase mit zwei Silenköpfen, weiß gemalt, und
zwei bronzirte Hirsche, welche durch die Lebendigkeit des Ganges
an das Pferd Friedrichs des Großen an dem Berliner Denkmal erinnern, von Pohl. Kurhessen stellt Büsten, Statuen
und Thierstücke von Zimmermann in Hanau.

In Bronze und Messing steht Deutschland zurück, an der

Ausstellung gemessen, nicht nur in Kunst- und Luxussachen, sondern auch in Nützlichem und Nothwendigem. Aus der ersten Klasse sind nur zu nennen die Arbeiten von Bernstorf und Eichwede (Altar für die Godehardi-Kirche in Hildesheim) und die Schillerstatue von Busch in Mainz; aus der zweiten die Stobwasser'schen Lampen und die Hanauer Sachen, welche letztere nicht selten als Pariser gehen sollen; die „Vorrichtungen zur Vertheilung des Wassers in Städten," zahlreich in der französischen und noch zahlreicher in der englischen Abtheilung, fehlen.

Die Berliner Goldschmiedekunst ist durch Sy und Wagner, Vollgold, Friedeberg, Meves vertreten, durch die erste Firma u. a. mit dem aus freier Hand getriebenen silbernen Schilde, welchen der rheinische Adel dem Kronprinzen zum Hochzeitsgeschenk machte, durch die zweite mit dem Ehrengeschenk der Stadt Berlin, durch die dritte mit einem silbernen Tafelaufsatz mit den Statuetten von zehn preußischen Feldherren. Diese Kunstwerke sind ihrer Zeit in Berlin ausgestellt und vielfach beschrieben worden. Es genügt daher zu sagen, daß sie reiner, man könnte sagen antiker erdacht und weniger prahlerisch ausgeführt sind als die englischen und französischen, mit denen die Vergleichung am nächsten liegt. Meves, derselbe, dessen Zink- und Eisenarbeiten vorhin erwähnt sind hat ein silbernes Schachspiel, Kreuzfahrer und Sarazenen, gestellt, dessen Eiselirung von keinem andern Stücke der ganzen Ausstellung erreicht wird und ein halbes Menschenleben gekostet haben muß. Von Goldschmuck und Juwelierarbeit haben Frankfurt a. M. und Pforzheim ein ganzes Palais Royal geliefert, aus dem ich das Diadem von mattem Golde mit Amethysten und Perlen von Becker mitnehmen würde, wenn ich es an eine entsprechende Blondine zu vergeben hätte, und wenn der Polizeimann es erlaubte; denn zum Kaufen ist es zu theuer, obgleich die

Pforzheimer Sachen durch ihre Billigkeit die Entrüstung der Londoner Goldschmiede erregen. Die Straußenfeder von Brillanten von Kobeck aus Wien soll vielen Damen direkt und vielen Herren indirekt unruhige Nächte verursacht haben. Aus Berlin hat nur Schwarz Bijouterien ausgestellt, darunter kleine Büsten in Silber.

Die beiden Schmucksteine, die Deutschland eigenthümlich, sind die Granate und der Bernstein, jene aus Böhmen, dieser von der Ostsee. In der Behandlung der Granate besteht eine feste Tradition; man bringt nur Granaten zusammen, so viele wie möglich, und versteckt sogar das Gold der Fassung; sehr gewöhnlich ist es, in die Mitte eines Feldes von facettirten Steinen einen größeren, in der Gestalt eines halben Eies geschliffenen zu stellen, der durch diese Form zu einem Karfunkel wird. Karfunkel ist nicht ein besonderes Mineral, sondern eine rund geschliffene Granate; Spencer in London hat den Amethyst ebenso behandelt, mit sehr hübschem Erfolge. Ich muß eine früher gemachte Bemerkung wiederholen, daß ein reiner Granatenschmuck, so schön er ist, doch einmal nicht zu jedem Kleide und jedem Gesichte paßt, und daß zu dem tiefen gesättigten Roth sich doch sehr schöne Kontraste in andern Steinen müßten finden lassen. Auch von dem Bernstein habe ich zu wiederholen, was ich 1855 gesagt. In der Behandlung des Materials oder doch in der Auswahl der eingesandten Stücke ist ein stätiger Fortschritt zu beobachten. Er zeigt sich in dem Verschwinden der nichtsnutzigen kleinen Nippessachen und in dem bewußten und folgreichen Bestreben, dem Stoffe Anwendungen und Formen zu geben, die seiner Natur, ferner Zerbrechlichkeit und Halbdurchsichtigkeit, entsprechen. Ausgestellt haben K. A. Westphal in Stolp, Mielke in Worms und einige Fabrikanten aus Wien und Hamburg.

Von den Metallarbeiten anderer Länder finde ich außer

den schon erwähnten japanesischen Bronzen nur ein Gitterthor
für ein Landhaus, von Franci in Siena, hervorzuheben, aus
Eisen getrieben. Es besteht aus zwei breiten Bändern, dem
oberen von Weinlaub, dem unteren von Aehren, verbunden
durch ein Geflecht von Stricken, und ist eben so vorzüglich
ausgeführt als sinnig erfunden; der Bart der Gerstenähren ist
das Aeußerste, was der Hammer leisten kann.

Beschließen wir diese lange Wanderung an den antiken
Schmucksachen, die der Vizekönig von Egypten ausgestellt
hat. Mit ein oder zwei Ausnahmen rühren sie von dem
Leichenschmuck der Königin Aah-Hoteh, der Mutter von Amosis,
dem ersten Könige der achtzehnten Dynastie, her, die etwa 1900
vor Christo gelebt hat, — so versichert Mariette, der Direktor
des Museums in Cairo. Ich glaube, wenn alle egyptischen
Museen sich zusammenthäten, könnten sie nicht eine Sammlung
aufstellen, die diesem leider in sehr ungünstiges Licht gestellten
Schranke gleich käme. Zunächst fällt in die Augen ein Diadem
von massivem Golde, auf dem zwei Sphinxe den Namensring
der Königin halten; die Seiten und der hintere Theil des
Reifes ist mit Lapis Lazuli, Türkisen und Karneolen besetzt.
Daneben hängt ein Beil, das auf dem Stiele in Hieroglyphen
den Stammbaum des Königs, auf der Klinge in Relief die
Opferung eines Kriegsgefangenen trägt; ein breites kragen-
förmiges Halsgeschmeide, ähnlich dem auf der Insel Sardinien
gefundenen, welches das britische Museum besitzt, aber mit drei
Bienen als Berloquen, die ganz klar beweisen werden, daß
die Familie Bonaparte die legitimste ist; eine schwere Kette,
eine Elle lang, an der ein Scarabäus von unvergleichlicher
Arbeit hängt; ein Brustschmuck, auf dem der König dargestellt
ist zwischen zwei Gottheiten, welche das Reinigungswasser über
ihn ausgießen; endlich ein goldenes Schiff mit Ruderern von
Silber, das eine weibliche Gestalt in Gold, wahrscheinlich die

Seele der Königin, trägt. Diese Gegenstände, mit Ausnahme des Scabaräus, könnten unsere Goldschmiede vielleicht in vieljähriger Arbeit nachmachen; nicht so die kleinen Götter- und Thiergestalten von der eigenthümlichen Farbe, die als bleu d'Egypte bekannt ist.

27. Gewebe, Leder, Gummi.

Zu den vier Webestoffen, die wir benutzt sehen, soweit unsere Kenntniß von dem Menschengeschlecht zurückreicht, haben wir keine redenswerthe Erwerbung gemacht. Viertausend Jahre haben wir von der Arbeit unserer, vermuthlich sehr uncivilisirten Vorfahren gezehrt; denn Arbeit hatte es gekostet, die zwei Thiere und die zwei Pflanzen, das Schaf und den Seidenwurm, den Flachs und die Baumwolle, zu zähmen. Baumwolle kommt zwar wild in ziemlich brauchbarer Verfassung vor, aber je näher die wilde der cultivirten steht, desto näher liegt auch die Vermuthung, daß sie der verwilderte Abkömmling einer cultivirten ist. Eben deswegen haben wir noch viel vor uns. Es ist sehr übereilt zu sagen, Jute tauge nur zu Säcken und andern groben Geweben oder Geflechten. Die Jute allerdings, die vor sieben oder acht Jahren, als der russische Krieg den Hanfhandel störte, aus der ersten der besten Wildniß Indiens gerissen und in England probirt wurde; aber wer will uns denn heute sagen, wie diese Pflanze sich nach zehn- nach hundert- nach tausendjähriger Kultur entwickelt haben, was aus ihrer jetzt schon bemerkbaren Fähigkeit, in der Küpe die brennendsten Farben anzunehmen, geworden sein wird? Denn es kommt ja nicht allein auf die Kultur der Pflanze an, sondern auch auf die Behandlung der Faser; unsere Vorfahren haben nicht nur den Flachs veredelt, sondern auch mit einem wunderbar glücklichen Griff das Rösten erfunden, das wir erst in der allerneuesten Zeit durch ein schnelleres und sonst zweckmäßigeres Verfahren zu ersetzen gelernt haben. Uebrigens liefert die englische Abtheilung schon den Beweis, daß allerlei Anderes aus Jute zu machen ist als grobe Teppiche; die Gewebe von Grimond, Paterson, Thompson sind zum Theil sehr fein und Smieton, Nr. 3796, hat gelungene Versuche gemacht, Jute mit Baumwolle und mit Flachs zu verarbeiten. Was von dieser Pflanze, gilt in noch höherem Grade von den Ersatzstoffen für Baumwolle, die im Laufe dieses Jahres vorgeschlagen und auch schon verworfen worden sind. Von den Versuchen mit Zostera marina z. B. habe ich keine nähere Kenntniß, muß aber sagen, daß die Richter schlecht gewählt waren; der Baumwollenspinner wird natürlich jede Faser verwerfen, die sich nicht in seine Maschinen fügen, nicht ein Gespinnst liefern will, das gleich dem baumwollenen ist. Die Pflanze heißt auf Englisch grass-wrack und ist gemeint, wenn wir im Deutschen schlechtweg von Seegras sprechen; sie hat die Gestalt eines schmalen Bandes, ist im frischen Zustande grün und wird, wenn trocken, erst braun, bleicht aber unter dem Einfluß von Sonne und Regen und wird zuletzt silberweiß. Uebrigens habe auch ich kein Vertrauen zu ihr, denn sie bricht leichter in der Quere, als sie in die Länge spaltet.

Die so augenfällige und so wenig beachtete Thatsache, daß unsere Kulturpflanzen zu ihrer Zähmung und Einbürgerung ganz ungeheure Zeiträume erfordert haben, führt auf sehr gewichtige Bedenken gegen die Modelehre, daß ein Land ein Produkt nicht bauen dürfe, welches aus einem anderen Lande billiger bezogen werden könne. Wenn diese Wissenschaft immer gegolten hätte, so würde es sonderbar auf der Erde aussehen. Als Roger von Sicilien 1130 weiße Maulbeerbäume, Grains und Arbeiter aus Griechenland hatte nach Palermo kommen lassen, verging gewiß manches Jahr, daß ihm das Pfund Seide

theurer zu stehen kam, als wenn er es in der Morea gekauft
hätte; und vollends die Sendung der byzantinischen Mönche
nach China war nach dem großen Dogma „Billig kaufen,
theuer verkaufen" eine schlechte Spekulation und arge Ver-
geudung von Nationalvermögen gewesen. Der amerikanische
Krieg, das Ausbleiben der Baumwolle, die Verwüstung der
Felder und die zu erwartende Umwälzung der Arbeits- und
Lohnverhältnisse in den Südstaaten haben jene Lehre und alle
Sätze, mit denen sie zusammenhängt, auf eine Probe gestellt,
in der sie schlecht bestanden sind. Die ganze moderne Industrie,
wie sie an den Geweben sich zuerst entwickelte, in ihnen die
riesenmäßigsten Fortschritte gemacht hat, so ist sie auch durch
die Gewebe zum erstenmale an sich selbst irre geworden. Im
Jahre 1791 schickten die vereinigten Staaten die erste Baumwolle nach England, 541 Ballen; vor einigen Jahren gingen
in Liverpool nicht selten an einem Tage 20,000 Ballen um.
Je stärker die Spindel in England zog und zupfte, desto größer
wuchs der Wocken in Amerika; je mehr das Gespinnst sich
anhäufte, desto schneller verschlang es der mechanische Webestuhl;
und als die Wiesen eng und die Hände knapp wurden für die
Bleiche, erfand Berthollet das Bleichpulver. Auf keinem andern
Gebiete ist die Handarbeit und die häusliche Industrie so sehr
verdrängt, sind so viel Länder in Mitleidenschaft gezogen, ist
die Industrie so sehr von Zuständen und Veränderungen, die
außerhalb derselben liegen, abhängig geworden.

Von Baumwollenwaaren war unter den obwaltenden
Verhältnissen nicht viel zu erwarten. Von den Berliner
Fabrikanten hat kein einziger ausgestellt, aus Preußen überhaupt
14; aus Chemnitz 3; aus Bayern 1; aus Baden 4; aus
Hannover 1; aus Würtemberg 11. Einige sächsische Fabri-
kanten arbeiten, wie die Muster zeigen, für die Levante. Aus
Oesterreich, wo die Wasserkraft der Gebirgsbäche zum Betriebe

benutzt wird, haben 23 Fabriken ausgestellt, unter denen aber die Spinnerei in Haratiß, die größeste auf dem Festlande, zu vermissen ist. Aus England 55, von denen die aus Manchester sich zusammengethan haben. An Neuigkeiten sind mir nur aufgefallen die bedruckten Kattunbänder und sponge cloth, Schwammzeug, ein lockerer, den türkischen Handtüchern nachgebildeter Stoff zur Reinigung von Maschinentheilen, von Brittain in Manchester (3643). An den Mustern ist seit 1851 ein großer Fortschritt zu bemerken, der den Kunstschulen in Kensington und in Queen Square zu danken ist. Es ist Sitte geworden, daß die Fabrikanten ein Thema bestimmen und Preise aussetzen und aus den eingelieferten Arbeiten und den Beurtheilungen derselben durch Sachverständige selbst lernen. Man bemerkt durchweg, daß an Möbelbezügen, Tischdecken, Teppichen, die „conventionelle“ Behandlung der Blumen, wie sie im Orient üblich ist, und die naturgetreue Darstellung nur an Gardinen, Vorhängen und Tapeten angewandt wird. Die Hemden mit Infanterie, Kavallerie und Artillerie, die Gardinen mit Kaffeemühlen und Rohrstühlen sind verschwunden. Im Allgemeinen scheinen die Schülerinnen mehr Geschick zu entwickeln als die Schüler, und ich würde zwei Muster, eins mit blauer Winde, von Charlotte James und eins mit Brombeerranken von Mary Julyan, gern diesen Blättern beifügen Aus Frankreich 62 Aussteller, zu denen die Departements der Loire, der Rhone und der untern Seine die meisten gestellt haben. Aus Belgien 42, darunter die Regierung mit einer Sammlung von Geweben aus den 68 Webeschulen in Flandern. Diese Schulen verdanken ihre Entstehung dem Zusammentreffen einer Linnenkrisis mit einer Hungersnoth. Die Kosten werden von dem Staate, von der Provinz und von der Kommune gemeinschaftlich getragen. Der Lehrling tritt mit dem zwölften Jahre ein, erhält sofort Lohn und, wenn er ausgelernt hat, aus einer Kasse, die durch Abzüge von dem Lohn gebildet wird, die Mittel zur Anschaffung eines Webstuhls. Der Unterricht erfolgt in Fabriken, deren Eigenthümer sich zum Abschluß entsprechender Verträge bereit finden lassen. Aus der Schweiz haben 20 ausgestellt; aus Italien 16.

Während in der Baumwollenmanufaktur, ihren Maschinen und Kunstgriffen England der Lehrer des Festlandes gewesen ist, müssen wir uns vor dem Leinen das Geständniß machen, daß wir uns die Meisterschaft hatten von den Engländern entreißen lassen und nur mit der äußersten Anstrengung es ihnen wieder gleich thun. Ein Dutzend Hemden von real Osnabruck war einst in England ein beneidenswerthes Stück in einer Ausstattung; und ein ebenso festes, feines, klares Gewebe hervor zu bringen, ein Gedanke, der den Engländern gar nicht in den Sinn kam. Heute ist zwischen Belfast und Bielefeld ein so scharfes Rennen, daß ich eine ziemlich weitläuftige Rechnung habe vornehmen müssen, um auszumachen, wer das feinste Gewebe geliefert hat. Das feinste Belfaster Linnen, ein Stück birdseye diaper, hat 44 Fäden Kette auf 5 Millimetre; das feinste westphälische, von dem Herforder Verein für Leinen aus reinem Handgespinnst, 8000 Fäden auf 34 Zoll, also 44$\frac{982}{987}$ Fäden auf 5 Millimetre, wenn ich richtig gerechnet habe, was der geneigte Leser selbst untersuchen kann, wenn er sich erinnert, daß ein Fuß Preußisch gleich 0,₃₁₄ Metre. Das größeste Stück von englischem Damast ist das „Royal Crimean Hero Table-sloth" von Devar, das folgende Bildnisse zeigt: Victoria, Louis Napoleon, Cardigan (Is Lord Cardigan a hero? ist der Titel einer einst viel gelesenen Broschüre), Miss Nightingale, Prinz Fürchteblei u. a. Außer den genannten beiden Fabrikationsstätten leisten Schlesien und Belgien das Meiste. Von den Bielefelder Fabrikanten sind 15 so verständig gewesen, gemeinschaftlich auszustellen; sollte dabei

der Einzelne wirklich Gefahr laufen, daß, was er Gutes geliefert, in der unmittelbaren Nachbarschaft mit einem Beffern
leidet, so wird der Nachtheil gewiß aufgewogen durch den im-
ponirenden Eindruck des Ganzen, der doch auch jedem Einzelnen zu Gute kommt. Ueberhaupt haben in dieser Klasse,
die auch den Hanf begreift, 33 Preußen ausgestellt, davon 13
aus Schlesien. Von den 12 Medaillen ist nach der amtlichen
englischen Liste eine an **A. Willmann und Söhne** in
Patschkey bei Breslau, Nr. 1531, ertheilt „für Ausdauer und
gute Erfolge in der Anwendung des Schenk'schen Verfahrens."
Die in Deutschland veröffentlichte Liste enthält den Namen
nicht; wahrscheinlich haben die Herren Geschwornen, wie das
nur zu oft vorgekommen, eine Verwechselung begangen. Die
Franzosen leisten nur in feinen Cambreys etwas und ich halte
ihr Fabrikat für das beste, obgleich die französischen Damen
sehr erpicht darauf sind, irischen Cambrey einzuschmuggeln
Die Holländer, für deren Leinen wir sonst eine Liebhaberei
hatten, haben etwas Damast aufgelegt, scheinen sich aber mehr
mit Hanf, mit Segeltuch und Tauwerk zu beschäftigen.

Seidenwaaren haben aus Frankreich 124 Aussteller geliefert, davon 81 aus dem Departement der Rhone, 22 von
der Loire; aus England 62, aus Preußen 33, aus Oestreich 28,
aus Belgien 5, aus Italien 123. Neu in der französischen
Industrie ist die Verwendung der chinesischen und der japanesischen Seiden, mit denen die Franzosen noch nicht so gut
umzugehen wissen, wie die Engländer. Unter den zur großen
Konsumtion bestimmten englischen Seidenwaaren stehen die
irischen Poplins obenan. Es giebt nichts Kleidsameres und
Haltbareres; ein solches Kleid, mit einem weißen Kragen und
weißen Manschetten dazu, giebt die Frische, die an der Haus-
tracht der Engländerinnen so besticht, und da die Fabrikanten
gerade in diesem Zweige sich verständiger Weise an alte, ein-

fache Muster, namentlich an Tartan halten, so befriedigt der Stoff auch in dieser Beziehung den wählerischsten Geschmack. Die Bielefelder und die Barmener Fabrikanten hatten sich zusammengethan und haben das gewiß nicht zu bereuen; ihre Industrie ist dadurch auf eine ganz andere Weise zur Geltung gekommen, als wenn sie sich verzettelt hätten. Außer diesen beiden Gesammtausstellungen hat die Jury ausgezeichnet Andreä, vom Bruck, Scheibler, Schrörs, van der Westen, Hipp und Vetter wegen Sammet (Andreä ist auch wegen seiner breiten Plüsche bemerkenswerth), Heimenthal wegen gezwirnter Seide, Oehme in Berlin wegen Hutplüsch, Schumacher und Schmidt, Seyfferdt und te Neues, von Bauer wegen seidener Bänder, Engelmann u. Bohnau, Jacobs u. Co., Küppers u. Kniffler, Küppers u. Co., Maehler u. Trappau, Schröder u. Co. wegen ihrer Seidenzeuge. Unter den zahlreichen Medaillen, die auf Italien gefallen, sind zwei für Färbung, eine (Bruni in Mailand) für ein mineralisches Schwarz, die andern (Levinstein u. Co. daselbst) für 6000 Schattirungen von Nähseide. Aus dem Oestreichischen hat Italien nur eine Nummer gestellt; die meisten Beiträge sind aus Tyrol und Wien, einige aus der Militärgrenze und Siebenbürgen; unter den Ausstellern befinden sich die Zöglinge des Taubstummeninstituts in Wien, und unter den Ausfuhren belaufen die Trobbeln zu den Fez der Türken sich auf eine beträchtliche Summe. Ein gutes Stück Kunstweberei sind die Fahnen und die Standarten des östreichischen Heeres, die auf jeder Seite ein anderes Bild tragen.

Wir kommen zu den Wollenwaaren. Unter allen Läden ist der Tuchladen der am wenigsten anziehende; Niemand bleibt vor den Fenstern stehen, die Probekarte zu betrachten, Niemand geht hinein, der nicht wirklich etwas kaufen will oder, richtiger gesagt, etwas kaufen muß. An den grauen Umschlägen der Tuchballen ist nichts zu sehen und wenn wir ihren entwickelten Inhalt befühlen, weil wir gesehen haben, daß andere Leute es so machen, so geschieht es mit dem peinigenden Bewußtsein, daß wir eigentlich nichts davon verstehen und höchstens über die Farben ein eignes Urtheil haben. Auch auf der Ausstellung haben die Tuche von einer ähnlichen Ungunst zu leiden; das sah man an dem flüchtigen Schritt der Besucher, die sich in die Tuchgassen verirrt hatten, und an den ersten Urtheilen der Blätter über den Zollverein. An englischen und französischen Journalisten war das zu entschuldigen; die deutschen hätten wohl vorher wissen sollen, daß unsere Tuche eine gute Figur machen würden. In der That steht der Ruf derselben bei den Sachverständigen, die es am Nächsten angeht, bei den Importeuren anderer Länder, so fest, sind die Absatzwege so gesichert, daß viele unserer größesten Fabrikanten sich gar nicht veranlaßt gefunden haben auszustellen und daß daher die Ausstellung, wenn auch von den Leistungen, doch nicht von der Masse dieses Gewerbszweiges ein richtiges Bild giebt. Namentlich ist die Lausitz, die sich seit dem Jahre 1851 so gewaltig entwickelt hat, sind die Orte Spremberg, Forst, Cottbus, Sommerfeld, Sorau nur sehr unvollständig vertreten.

Um eine Uebersicht zu gewinnen, wollen wir die Wollenwaaren nach den drei natürlichen Gruppen durchgehen, Tuchen, Kammwollen und Teppichen. Zu Tuchen dient die im neunten Kapitel beschriebene Streich- oder Kratzwolle (laine courte, laine de carde, short wool, carding wool), welche die Fähigkeit hat, sich zu filzen. Die Kammwolle (laine longue, laine de peigne, étaim, estame, longue wool, combing wool) von dem Niederungsschaf, dem deutschen Landschaf und den langen Merinos, liefert die glatten Wollenzeuge. Zu beiden Gattungen erzeugt Deutschland das reichste und vortrefflichste Material; denn wenn auch an unsern Landschafen nicht Fasern

von einem Fuße und darüber zu sehen sind, wie an den Lei-
cestervließen, so werden gerade zu den feinsten Stoffen die
Wollen von nicht über 5 Zoll Länge ausgewählt. Auch scheint
es, daß in den Gegenden, wo die Tuchmacherei sich am blü-
hendsten entwickelt, das Wasser ganz besonders geeignet ist;
jedenfalls trifft das in Elberfeld mit dem türkischen Garne zu.
Die Tuche des Zollvereins sind zusammengestellt und in der
Richtung von Westen nach Osten, vom Rhein nach der Oder,
jede Abtheilung aber mit Rücksicht auf die Farben geordnet;
sie hängen lose, während die Engländer die ihrigen stramm gezogen hatten; auf die Schränke ist, wie bei den Seidenzeugen,
etwas verwandt. Ueber die Mannichfaltigkeit unserer Tuch-
industrie und ihre Beziehungen zum Auslande kann man sich
am Leichtesten unterrichten an der Ausstellung von Förster in
Grüneberg, der seine Fabrikate in sechs Rubriken geordnet hat:
für Nordamerika, Westindien und Brasilien: für England, Holland, die Schweiz und Australien; für die La Plata-Staaten
und die Westküste von Südamerika; für Aegypten und die Levante; für Ostindien, China, Japan; für Deutschland, Frankreich, Italien, Skandinavien. Jedes dieser Länder macht besondere Ansprüche, entweder um des Klimas oder der Zolleinn-
richtungen oder der Mode oder, was die Hauptsache ist, um
der Gewöhnung willen. In Europa beherrscht der Fabrikant
den Konsumenten; ich muß das Tuch tragen, was die letzte
Messe gebracht hat, ich mag es schön und zweckmäßig finden
oder nicht. Im Orient ist viel Geld verloren worden, so lange
man sich auf Versuche einließ, die Barbaren mit dem Neuesten
bekannt zu machen, und wird viel Geld verdient, seit man sich
begnügt, die Waaren genau so zu machen, wie sie dort immer
gewesen sind, und richtiges Maaß und ehrliche Arbeit zu liefern.
Auch in der letztern Beziehung hat die europäische Industrie
bittere Erfahrungen zu machen gehabt, für die nicht blos die

Schuldigen zu bezahlen hatten. Der Kaufmann in Shanghai kümmert sich wenig darum, ob die freie Konkurrenz die beste Polizei ist; wenn er aus einem bestimmten Staate einmal ein Stück mit unrichtiger Ellenzahl oder von ungleicher Beschaffenheit erhalten hat, so will er mit dem ganzen Lande nichts zu thun haben. Die für China bestimmten Tuche heißen in England seit alten Zeiten spanish stripes, spanische Streifen, und die Bezeichnung ist auch in den deutschen Handel übergegangen. Das Beste in diesem Artikel, und mehr als England, hat Mayer in Eupen geleistet.

Da der Zollverein in Tuchen die Palme davongetragen hat, so können wir die andern Länder übergehen und wollen nur noch drei Spezialitäten Berlins erwähnen: den wollenen Plüsch, in größester Vollkommenheit von Keben, die Stickwolle, in England bekannt als Berlin wool, am besten von Müller in Fulda und Bergmann & Co in Berlin, und die billigen, gleichfalls nach dem Ort genannten, wollenen und halbwollenen Shawls. Diese junge Industrie hat sich bewunderungswürdig entwickelt; kaum zwanzig Jahre alt und mit den ungünstigen Verhältnissen einer Residenzstadt kämpfend, beschäftigt sie heute eine Menge von Arbeitern und ein beträchtliches Kapital, liefert den wenig bemittelten Ständen eine zweckmäßige, kleidsame Tracht und dem Handel einen beträchtlichen Ausfuhrartikel. Man muß sich der alten, halbwollenen Umschlagetücher mit den rohen Farbezusammenstellungen auf den rechten Seiten und den langen, losen Schußfäden auf der Kehrseite erinnern, um den Fortschritt zu ermessen an diesen Shawls, die auf beiden Seiten zu tragen, deren Weberei an den besseren Sorten so sauber ist, daß der Laie sie für gestickt halten könnte, und in deren Muster sich die besten Vorbilder und oft eine sehr hübsche Erfindung zeigen. Ich nenne z. B. von den Artikeln der Firma Brach & Co., an denen sich überhaupt alle Vorzüge am besten vereinigt zu finden scheinen, das Tuch mit dunkelm Grunde, auf dem ein weißes Muster wie eine Spitzenmantille liegt. Die übrigen Aussteller in diesem Zweige sind Aron & Levy, D. J. Lehmann, Becker & Auerbach, A. Schneider. Der indischen Shawls habe ich schon erwähnt; über die ihnen nachgebildeten französischen und englischen finde ich seit 1855 nichts Neues zu bemerken, als daß sie den Vorbildern immer näher kommen; die besten sind von Duché, Brierre & Co. und von Fr. Hébert. Für die besten Wollenstoffe zu Damen-kleidern halte ich die Linseys von Macdougall & Co. in Inverneß (Nr. 4096); die Zeuge haben breite senkrechte Streifen, getrennt durch ganz schmale, und gleichen in Mustern und Farbenabstichen den Zeugen von Madagaskar und aus den Gräbern von Peru. Wer das große Probenbuch der Firma durchblättert, sehe sich auch die dahinter hängenden Tartans darauf an, daß sie von dem schottischen Landvolk gesponnen und auf dem Handwebstuhl gewebt sind, und überzeuge sich durch das Gefühl, daß Handgespinnst schmiegsamer ist als Maschinengarn. Damen finden ganz in der Nähe, in der Gesammtausstellung von Glasgow, einen Gegenstand, der sich sehr gut zu diesen Linseys und Tartans schicken dürfte, Kragen und Manschetten mit buntem Zwirn gestickt.

Auf die Klasse, in welche diese Kragen gehören, kann ich mich übrigens nicht einlassen; die Unterscheidungen sind so zahlreich und so fein, daß selbst erfahrene Damen unsicher darüber werden. Die betreffende Jury ist angewiesen, die Kanten nach folgenden Rubriken zu bearbeiten:

1. Pillow lace, ganz mit der Hand gearbeitet; a) Valenciennes, Mecheln, Honiton, Buckingham; b) Guipure, mit der krummen Nadel gearbeitet; c) Silk Lace, die Blonde genannt wird, wenn weiß, und Chantilly, Puy, Grammont und Schwarz Buckingham, wenn schwarz;

2. Kanten, zu denen der Grund mit der Maschine gemacht, die Verzierung mit der Hand gearbeitet und aufgesetzt
ist; Brüssel, Honiton und appliqué lace;

3. Nets und Quillings, mit der Maschine gemacht, plan,
als Bobbin-nets, Tülles, Blonden, Cambray, Mecheln, Malines,
Brüssel, Alençon u. s. w.;

4. Kanten, der Grund mit der Maschine gemacht, die
Verzierungen entweder ganz mit der Maschine oder theils mit
der Maschine, theils mit der Hand gemacht, whether tambou-
red, needle-embroidered or darned;

5. Kanten, ganz mit der Maschine gearbeitet, Besätze,
lange und kurze Schleier, Schärpen, Shawls, Volanten,
Gardinen.

Es gab eine Zeit, wo auch die Männer in diesem schwierigen Kapitel zu Hause sein mußten; wohl uns daß sie überstanden ist und nicht wieder kommen wird. In dem Testament
des Kardinals Alberoni findet sich folgende merkwürdige Stelle:

„Die Mode der Halskrause, golille, hat einen unermeßlichen Einfluß auf die Entwickelung Spaniens gehabt. Sinnbild der Gravität, giebt sie den geringsten Bewegungen des
Körpers etwas Pedantisches; der Bürgerliche hält so eifersüchtig
wie der Grande erster Klasse darauf, daß das steife Stück
Pappe nicht beschädigt wird; und der Bauer schätzt eine Metze
Zwiebeln, die er, die golille um den Hals, gebaut und ge-
erntet hat, höher als tausend Scheffel Weizen, die er nicht
anders gewinnen könnte, als wenn er wenigstens während der
Hälfte des Jahres seine majestätische Halskrause daheim ließe.
— Den Verfall des Landbaues in Spanien der geringen Ein-
wohnerzahl zuzuschreiben, ist ein falsches, empirisches Raisonnement. Fremde Ansiedler einladen, war ein Fehler, den die
gute Absicht kaum entschuldigt. Würde der Spanier Leute, die
um zu arbeiten sich sechs Tage in der Woche der edlen golille

entfleibeten, für seines Gleichen ansehen? Kann man Ausländer
dazu einladen, sich zu einem Gegenstande der Verachtung zu
machen?" Was sagen die Historiographen des Weltgeistes dazu,
den Verfall eines Landes von einer Halsfraufe herzuleiten?

Auch über die Teppiche und gewürkten Tapeten bleibt wenig zu sagen. Die Gobelins sind zum Ueberdruß beschrieben
und gefeiert. An den englischen Teppichen ist seit 1851 eine
Klärung des Geschmackes zu bemerken; damals liefen gedanken-
lose Nachahmung älterer und orientalischer Muster und eine
zügellose Erfindung wild durcheinander; jetzt stehen in Folge
der Kunstschulen und der Arbeiten von Redgrave und andern
zwei Methoden einander mit Bewußtsein gegenüber: die ge-
treue Darstellung von Naturgegenständen und das orientalische
Muster, das von solchen Gegenständen nur die Motive nimmt.
Die erste, die Rabelais schon so treffend verspottet hat, wird
noch immer von vielen Käufern vorgezogen, also auch noch
immer von vielen Fabrikanten, z. B. von Templeton, vielleicht
gegen besseres Wissen, geliefert, aber die zweite gewinnt sichtlich immer mehr Boden, und der ganz grobe Ungeschmack, die
Darstellung von Gebäuden, Thier- und Menschengestalten, ist
in England fast verschwunden. In einer nichtenglischen Stadt
wurde mir einmal zugemuthet, einen Teppich in meiner Stube
zu dulden, auf dem ein Reiter in himmelblauem Gewande, auf
einem Goldfuchs sitzend, eine Dame in Rosa auf dem Sattel-
knopf, über eine grünspahnfarbene Wiese mit Vergißmeinnicht
hinsprengte. Was kann dagegen hübscher und korrekter sein,
als ein Mittelstück von weißen, verschlungenen Kreisen mit
Blättern darin; ein dunkelgrüner Grund mit braunem Ranken-
muster und dunkelrothe Eckstücke mit einem geometrischen Muster
in Schwarz? Wenn man nur wüßte, wer es erfunden. Eine
Neuigkeit in England ist das Camptulicon, eine dicke, außerordentlich elastische Masse aus Kork, Gummi und Guttapercha.

Auch in Preußen hat die Teppichweberei sichtliche Fortschritte gemacht, deren es im Allgemeinen weniger in den Mustern als in dem Material und der Fabrikation bedurfte. Die smyrnaer Teppiche von Gevers & Schmidt in Görlitz und Kühn in Cottbus finden mit Recht allgemeinen Beifall, und Ding- linger in Berlin überhebt uns der Mühe, die Brüsseler künf- tig aus England zu beziehen. Sehr erfreulich ist es auch, daß wir jetzt von den Cocosmatten, die so sehr zur Reinlichkeit und zum Comfort beitragen, eine Fabrik im Lande haben, die Toepfer'sche in Stettin.

Die Stellen der Alten, welche davon sprechen, daß die Germanen sich in Felle gekleidet, sind häufig mißverstanden worden. Diese Felle waren sehr verschieden von dem Schaf- pelz, den vor der Einführung des Tuches sogar die Senatoren trugen, die patres pelliti des Properz, und den Juvenal als Tracht der Geizhälse verspottet; es waren Pelze, kunstvoll bear- beitet und schön verziert, namentlich Renuthierpelze, renones, wahrscheinlich sehr ähnlich den Arbeiten der Kanadier, bewun- dert und schnell angenommen von den Römern, die sich noch unter vier Hemden der Winterkälte zu erwehren suchten. Im zweiten und dritten Jahrhundert waren deutsche Pelze in Rom sehr fashionabel, und gegen das Ende des vierten untersagte der Kaiser Honorius sie bei strengen Strafen, damit nicht die gothische Tracht eine Vorläuferin der gothischen Herrschaft werde. Die Römer rechneten die Felle nach decuriis, wovon das Wort Decher kommt, das die heutigen Juristen in Deutschland, Dänemark, Schweden und England stutzig macht, wenn es ihnen in dem Prozeß eines Weißgerbers vorkommt. Wie die symbolische Bedeutung des Hermelin entstanden, ist nicht aus- gemacht. Die Prinzessinnen am Hofe Karls des Großen hatten Hermelinmäntel mit Edelsteinen besetzt; den ersten Hermelin auf Purpur scheint sich der norwegische Seeräuber Harold Eigurdſon aus der Beute des Südens und Nordens zuſammengeſtellt zu haben. Canui Laward erſcheint zu Anfang des 12. Jahrhunderts in einem ſolchen Gewande in einer Volksverſammlung und mußte von Heinrich Skateler, dem däniſchen Therſites, viel Stichelreden hören. Im Mittelalter trieben die Ritter großen Luxus mit Pelzen und heute noch ſind die Beſätze an der Staatstracht des Adels, der Richter und die Gemeindebehörden in England ein wichtiger Gegenſtand für die Kürſchner, während anderweitige Ritter ſich des Pelzes nur zu Wildſchuren und Fußſäcken und auf dem Wappen bedienen. Die kanadiſche Ausſtellung mit einer reichen Sammlung von Pelzen und ausgeſtopften Thieren iſt daher auch der Aufmerkſamkeit der Heralbiker und politiſchen Reſtaurateure zu empfehlen. Gegen den Mottenfraß, der ſich neuerdings in dem engliſchen Hermelin ſehr bemerkbar gemacht, hat Mr. Richolai, Hofkürſchner der Königin, in dem Bericht, den er 1851 als Geſchworner erſtattet, kein beſſeres Mittel vorzuſchlagen gewußt, als tüchtiges Ausklopfen.

Leder iſt in großen Maſſen vorhanden; das Allgemeine über die verſchiedenen Bereitungsweiſen kennt jeder; Beſonderes über die ausgeſtellten Stücke habe ich beim Mangel ſachverſtändiger Kenntniß nicht zu ſagen. Die Chemie hat für die Lederbereitung verhältnißmäßig erſt wenig geleiſtet. Ueber verſchiedene in England patentirte Prozeſſe zur Abkürzung der Arbeit ſind die Urtheile ſehr getheilt, ſo über die Methode von Spilsbury, der die Sauce mittelſt einer hydrauliſchen Preſſe in die Poren treibt, von Drake, der mehrere Häute zu einem Beutel zuſammennäht, denſelben mit der Sauce füllt und dann einem ſtarken Drucke ausſetzt, der den Inhalt durch die Poren treibt, von Herapath und Cox, welche die Häute glatt an einander nähen und wie Papier ohne Ende zwiſchen Walzen durchgeben laſſen. Die Einzelnheiten des Verfahrens ſind lokal ſehr verschieden, weil sie durch die vorhandenen Häute, den billigsten Gerbestoff und die gewöhnlichste Verwendung des Leders bedingt sind. Schwarzmann in München und Raichlen in Genf haben Erzeugnisse eines neuen Verfahrens ausgestellt, aber das Verfahren natürlich für sich behalten. Frankfurt a. M. macht mit seinen lackirten Ledern den Franzosen eine so gefährliche Konkurrenz, daß die jury d'admission ausdrücklich darauf aufmerksam macht, die großen Häuser in Paris hätten, um sich besser gegen das Ausland zu behaupten, auch das Gerben der zu lackirenden Leder in die eigene Hand genommen. In der von einem Franzosen vor 30 Jahren wieder erweckten Kunst, das Leder zu Tapeten und Bezügen zu pressen, haben George in London und Hubenicht in Wien Gutes geleistet. Unter den Kolonien steht Neu-Süd-Wales obenan, und das Leder einer Boa Constrictor aus Brasilien, fingersdick, wunderbar weich und mit den Schuppen daran, habe ich wohl schon erwähnt.

Im Alterthum war bei den asiatischen Völkern der Schuh das Symbol der Herrschaft und des Besitzes. Rama zieht im Walde seine goldgeschmückten Schuhe aus und übergiebt sie und mit ihnen die Herrschaft dem Bharata. Eine dunkle Erinnerung daran, wahrscheinlich fortgepflanzt durch die alttestamentliche Prozedur der Wittwe gegen den Schwager, der sie nicht heirathen will, scheint die deutschen Bauern geleitet zu haben, als sie den Schuh als Feldzeichen aufsteckten, und Karl XII., als er seinen Stiefel als Präsidenten des Geheimraths nach Stockholm schickte.

Paris und Warschau haben die besten Schuhmacher der Welt, und viele darunter sind Deutsche. Es ist alles da, ausgenommen der spanische Stiefel. Die „niedlichen Stelzen", mit denen Wilhelm Meister bei einer gewissen Gelegenheit spielte, in unbeschreiblicher Mannigfaltigkeit und in hinreichender

Anzahl, für tausend Philinen; ein Pole würde sie für Champagnergläser ansehen. Daneben Reiterstiefel, die Erfindung der Paphlagonier, für die Cent-Gardes, und Schuhe für Goldgräber mit Sohlen wie Festungsthore. Gummi und Guttapercha in allen möglichen Anwendungen. Die Hauptsache aber sind die sabots, die Holzschuhe, in denen die Franzosen, man möchte sagen, das Unmögliche leisten. Wie wichtig ihnen das Kleidungsstück ist, beweisen die vielen bildlichen Anwendungen des Wortes. Sabots heißen die Klauen und Hufe der Säugethiere, die metallenen Fußenden der Meubel, die Hemmschuhe, die halbbedeckten Badewannen; sabot bedeutet den Pumpenstiefel, die Schweifspule der Knopfmacher, das Leitholz der Seiler, den Sinshobel der Tischler, die Kreiselschnecke und eine schlechte Violine. Man sagt sprüchwörtlich: il dort comme un sabot, er schläft wie eine Ratze; on l'a vu venir à Paris avec des sabots, er hat mit nichts angefangen; il a du foin dans ses sabots, er hat Geld im Kasten; elle a cassé son sabot, von einer jungen Dame, die Unglück gehabt hat, und faire des diableries de ses sabots, den Teufel im Leibe haben. Die Engländer haben sich seit dem hundertjährigen Kriege über die Holzschuhe der Franzosen moquirt und in der Krimm dem Himmel gedankt, daß ihre Verbündeten ihnen damit aushelfen konnten. Drollige Nemesis, ein Sohn Albions in Sabots!

Wir sehen den Klotz, in der Regel aus Eichen-, Buchen-, Nußbaum- oder Ulmenholz, erst ganz roh, dann durch einige Beilschläge zugespitzt und mit einem Hacken versehen, dann ausgehöhlt durch ein eisernes Werkzeug, genannt der Löffel. Dann beginnt ein Messer die feinere Arbeit, schneidet alles weg bis auf eine kleine Spitze und ein Stück Hackenleder und liefert einen Ueberschuh, dem nur noch ein elastischer Riemen über den Fuß und der schwarze Lack fehlen, oder schnitzt das Oberleder in durchbrochener Arbeit, die mit einer Unterlage von Atlas einen allerliebsten Morgenschuh giebt, oder ahmt die Räthe und Falten, die Knöpfe oder Bänder eines Halbstiefels nach, an dem der untere Theil lackirt, der obere in der natürlichen Farbe des Holzes gelassen und nur polirt wird. Die feineren Sachen werden so theuer und theurer als Lederzeug; der ordinäre Holzschuh kostet einen halben Frank das Paar, wovon der Arbeiter die Hälfte verdient. Es ist auffallend, daß diese billige und für Landleute so zweckmäßige Bekleidung nicht anderwärts Eingang findet. Warum soll der deutsche Landmann aus teutonischem Selbstgefühl sich in schlechten Stiefeln nasse Füße holen? Der französische Bauer hat nicht nur einen trockenen Fuß, sondern wenn es gar kalt ist, schüttet er heiße Asche in seinen Schuh, läßt sie darin, bis das Holz anfängt zu rauchen, zieht ihn wieder an und findet sich äußerst behaglich. Die Sache ist wichtig für die Civilisation, denn ein Mensch mit nassen Füßen' ist inhuman. Und welcher Segen wäre eine Nachfrage nach Sabots für die verarmende Gebirgsbevölkerung!

Ich kann in dieser Verbindung noch einen Stoff erwähnen, der der mannichfachsten Anwendung fähig ist. Gummi Elasticum brauchte man vor dreißig Jahren, um Bleistiftstriche weg zu löschen. Knaben kamen hin und wieder auf den Einfall, lange, dünne Streifen aus einer Flasche zu schneiden und zu einem Ball zusammen zu wickeln; und die Studenten benutzten den sonderbaren Stoff als Refrain zu einem sonderbaren Liede. Vor zwanzig Jahren fing man an, die Flaschen auf einen Leisten zu schlagen und Ueberschuhe daraus zu machen, oder die Flaschen gleich von Hause aus wie einen Schuh zu formen. Mit diesen Schuhen fiel man häufig auf die Nase oder auf andere Körpertheile, je nach dem es kam, erhitzte und erkältete man sich demnächst die Füße und verdarb man sich die Stiefel, weil sie von der zusammengehaltenen Ausdünstung angegriffen wurden, die Handschuh, weil man beim Ausziehen

die Hände zu Hülfe nehmen, und die Tragebänder, weil man
sich zum Behuf der Operation bücken mußte. Eins dieser
zahlreichen Leiden, das der Gummi einem zufügte, wurde ungefähr um dieselbe Zeit durch den Gummi beseitigt; aus dem
Gummiball ging der Gummihosenträger hervor. Den größten
Verdruß aber setzt es, wenn man ein Loch in den Stiefel gerissen hatte; frische Schnittflächen heilten ohne Weiteres durch
den Druck zusammen, aber ein Loch im Stiefel zu stopfen,
bemühte sich selbst die höchste naturwissenschaftliche Instanz
kleiner Städte, der Apotheker, vergebens. Vor zwanzig Jahren
erregte hie und da jemand Aufsehen durch ein Gewand, das
ein sonderbares Rauschen und Knistern von sich gab und in
der Kälte so hart wurde, wie ein Brett, genant Makintosh.
Die Gummihose, im ewigen Kampf mit den Trägern und den
Stegen, war eine zu flüchtige Erscheinung, als daß man ihr
eine besondere Periode widmen könnte. Seit einigen Jahren
endlich kennt jedermann die Gummikämme, wenigstens aus
Zeitungs-Annoncen. Ich weiß keinen Stoff, der, so lange Zeit
unbenutzt geblieben und dann in so kurzer Zeit so vielfach
nutzbar gemacht, der Boden so großer Industriezweige geworden ist.

Der weiße Saft, den gewisse Pflanzen, unter dem gemäßigten Himmelsstriche Europas z. B. die Wolfsmilch und
der Mohn, von sich geben, wenn sie verwundet werden, hat
mit der Milch noch andere Eigenschaften gemein als die Farbe.
Wie bei der Milch beruht seine Undurchsichtigkeit darauf, daß
er aus zwei mechanisch getrennten Stoffen besteht, die sich verschieden gegen das Licht verhalten, aus einer wässrigen Flüssigkeit und aus unauflöslichen Kügelchen, die darin schwimmen.
Wie bei der Milch steigen diese Kügelchen allmälig nach oben
und bilden eine Art von Sahne, die etwa die Hälfte der Substanz ausmacht. Damit hört aber die Aehnlichkeit auf; die Sahne

der Milch ist ein Fettkörper; die Sahne der milchigen Pflan-
zensäfte ist eine Zusammensetzung von Kohle und Wasserstoff.
In großen Massen wird dieser Stoff nur von tropischen Gewächsen gewonnen, in Ostindien, namentlich in Assam, von der
Ficus elastica, in Java von andern Arten des Feigenbaums,
in Brasilien und Centralamerika von der Siphonia elastica,
im indischen Archipelagus von der Urceola elastica, einer
Schlingpflanze von riesiger Größe, von der man durch Zapfen
50—60 Pfund jährlich gewinnen soll, in Madagascar von
der Vahea gummifera und im tropischen Amerika von dem
Kuhbaum, dessen Saft von den Eingeborenen getrunken wird.
In der ostindischen Abtheilung sind Proben des rohen Stoffes
ausgestellt, wie die Indier ihn in Gefäßen, zuweilen in Gruben
auffangen oder mit Hülfe von Lehmformen, die man nachher
zerschlägt und herausnimmt, zu Flaschen und Schuhen gestalten.
Seine merkwürdigen Eigenschaften wurden in Europa zuerst
durch Condamine bekannt, der 1735 eine Denkschrift darüber
veröffentlichte, aber ohne Erfolg. Gegen Ende des vorigen
Jahrhunderts wurden kleine Stücke eingeführt und zum Aus-
wischen der Bleistiftstriche benutzt. Die Engländer nennen ihn
deswegen India-rubber; die Franzosen haben den indischen
Namen Caoutchouc beibehalten.

In der Gestalt, in der er eingeführt wird, enthält der
Kautschuk eine Menge von Pflanzenresten, Staub und andern
Unreinigkeiten, die häufig betrügerischer Weise beigemischt sind.
Um sie zu entfernen, läßt man ihn zweimal durch eine Ma-
schine gehen, die eine dem Kauen ähnliche Operation bewirkt.
Während er das erstemal zwischen den mit Zähnen besetzten
Cylindern zerkaut wird, läßt man einen fortwährenden Strom
von kaltem Wasser hindurchgehen, der doppelten Zweck erfüllt,
eine Erhitzung zu verhüten und die fremden Stoffe wegzuspülen.
Bei der zweiten Operation läßt man das Wasser weg; der

Kautschuk erhitzt sich durch die Friktion, wird klebrig und schließt sich zu einer Masse zusammen, aus der man demnächst durch Druck die Luftblasen und andere Ungleichheiten entfernt. Anderweitige Benutzungen der so gewonnenen reinen und gleichförmigen Blöcke als für das Zeichnen sind nach und nach von den Engländern, Franzosen und Amerikanern entdeckt worden. Makintosh zerschnitt die Blöcke in dünne Scheiben, tränkte diese in Naphta oder Terpentinspiritus und trug sie dann auf gewebte Stoffe auf. Die Eigenschaft des Kautschuk in einer Temperatur, die sich dem Gefrierpunkt des Wassers nähert, seine Elasticität zu verlieren, ein großer Uebelstand an den Regenröcken von Makintosh, wurde von den Franzosen benutzt, um Gewebe aus Gummifäden herzustellen. Man zerschneidet die Blöcke erst in Platten, dann in Fäden, zieht diese unter dem Einfluß einer höhern Temperatur in die Länge, wickelt sie auf Spuhlen und setzt sie dann einige Zeit der Kälte aus. Nachdem sie in diesem Zustande verwoben sind, und zwar im Aufzuge, bringt man den Stoff in eine Temperatur von 48 bis 56 Grad Reaumur, in der die Gummifäden sich wieder zu ihrer ursprünglichen Länge und Dicke zusammenziehen. Aber auch in dieser Anwendung bleiben die beiden Uebelstände, daß der Kautschuk in der Kälte wieder hart und unelastisch wird und daß er in der Wärme leicht zusammenklebt.

Dem Amerikaner Goodyear aus Newhaven in Connecticut gebührt das Verdienst beide beseitigt zu haben durch die „Vulkanisirung"; der Engländer Hancock, der in englischen Werken als selbstständiger Erfinder genannt wird, sogar mit gänzlicher Uebergehung Goodyears, hat durch chemische Analyse der Goodyeard'schen Fabrikate das Recept gefunden. Seinen Namen hat dies Verfahren daher, daß der Kautschuk mit Schwefel gesättigt wird, entweder trocken unter der Presse oder in einer Auflösung, und dann einer Temperatur von 120°

Reaumur ausgesetzt, also gleichsam in einen Vulkan gesteckt.
Die Franzosen nennen ihn caoutchouc souple. Vulkanisirter
Kautschuk klebt weder in der Hitze, noch wird er in der Kälte
starr. Unzählig sind die Anwendungen, die der Stoff in
diesem Stadium der Erfindung erfahren hat. Schon auf der
ersten Londoner Ausstellung gab es Badewannen, Ventile,
Büchereinbände, Kissen und Matratzen, Schwimmgürtel, Be-
schläge von Wagenrädern, Billardbande, Gasröhren, Thür-
federn, Bogensehnen, Eisenbahnbuffer, Papier zu Landkarten
und Tapeten, Tischdecken, Filzteppiche, Rettungsboote, Pontons,
Puppenköpfe. Außerdem aber hatte Goodyear schon damals
einige Sachen ausgestellt, die Produkte eines ganz neuen Prozesses waren, Knöpfe und Messergriffe. Auf seine Erfindung
des Vulkanisirens hatte er in Europa keine Patente genommen,
um nicht sein Verfahren bekannt zu machen und, wie das nur
zu oft geschieht, Konkurrenten zu erwecken, die dasselbe mit
einer kleinen Veränderung nachmachen und denen nur durch
kostspielige Prozesse das Handwerk gelegt werden kann. Durch
die Erfahrung mit Hancock gewitzigt, hat er diese neueste Erfindung, das caoutchouc durci, überall patentiren lassen und
verkauft die Konzessionen zur Anwendung seines Verfahrens
auf bestimmte einzelne Gegenstände. So sind außer seiner
eigenen, in der ein Kapital von zwei Millionen Dollar angelegt ist, in Amerika 22 Fabriken entstanden, die zusammen
eine Maschinenkraft von 1200 Pferden anwenden und jährlich
5 Millionen Pfund Material verarbeiten. Für Frankreich hat
Morey das Patent auf caoutchuc durci gekauft und außer
seiner eigenen in Metz noch sechs Fabriken konzessionirt. Einzelne Anwendungen des vulkanisirten Kautschuk werden in
Frankreich von drei, in Belgien von einer Gesellschaft ausgebeutet; in Deutschland durch die große Fabrik in Harburg.
Die Erhärtung geschieht im Wesentlichen dadurch, daß man

den Gummi mit Magnesia vermischt und einem bestimmten, sehr hohen Hitzengrade aussetzt, und kann im Groben mit dem Trocknen des Kirschharzes an der Sonne verglichen werden. Der so gewonnene Stoff widersteht den meisten Säuren der Luft, der Hitze, der Kälte, der Feuchtigkeit, ist durch verschiedene Behandlungsweise in dem Aggregatzustande des Leders, des Holzes und des Metalles herzustellen, nimmt eine schöne Politur und alle möglichen Farben und galvanoplastische wie andere Vergoldung an, läßt sich pressen und hämmern. Ohne besondern Farbenzusatz ist er tief schwarz.

Vollständige Auskunft über seine Geschichte fand man 1855 in einem Werke von Goodyear, von dem ein Exemplar in der Ausstellung auflag, gedruckt natürlich auf Gummipapier und gebunden in Gummi. Außerdem war von Goodyear, von Morey und von andern eine unglaubliche Mannigfaltigkeit von Gegenständen ausgestellt: Schuhe, die mit Löchern durchbohrt sind, zu klein, um das Wasser von außen ein-, aber groß genug, um die Luft von innen auszulassen, jedes Loch ein mikroskopisches Ventil; Kleidungsstücke aller Art; wasserdichte Tapeten, davon eine Art, mit farbigem Sand beworfen, von Gagin in Clincnancurt, zur Außenbekleidung der Wände; Landkarten; Zelte; Pontons; Rettungsboote; Schwimmgürtel; Taucheranzüge; Ringe, um Wagen in das Gestell zu hängen, an Stelle von Springfedern; Bilderrahmen; Meubel, solide oder fournirt; Sattelgestelle; Büchereinbände; Hähne für Fässer 2c.; Knöpfe; Wasserkannen; Gewehrkolben; Säbelscheiden; Patrontaschen; Spuhlen und andere Maschinentheile; Toiletten- und Weberkämme; Blankscheits; Stäbe für Schnürleiber, Sonnen- und Regenschirme; Spazierstöcke; Brillengestelle von außerordentlicher Dünne, Biegsamkeit und Haltbarkeit; Griffe zu Messern und Werkzeugen aller Art; Lineale für Reißzeuge mit Eintheilungen in Millimeter; Hautrelifs mit und ohne

II.   27

Vergoldung; Schmucksachen, Kästchen und Quincaillerie aller
Art. Auch der rothe Sammet, mit dem die Schränke ver-
hangen waren, und die goldenen Schnüre und Quasten daran
waren von Gummi.

Goodyear fehlt diesmal und von den mannichfaltigen Anwendungen seines Erzeugnisses sind nur Kämme, chirurgische Instrumente und Operngucker zu bemerken. Auch über den Ausfall des Versuches, Schiffsböden mit Platten von erhärtetem
Gummi zu beschlagen, habe ich nichts erfahren können.

28. Papier und was darauf steht.

Den Geweben verwandt ist der Filz, in großer Vollkommenheit ausgestellt von den Kirgisen, und eine Art von Filz
ist das Papier; das Papier, auf welches die 90 Seiten In-
struktionen der Eastern Counties Eisenbahn gedruckt sind für
Lokomotivführer, die zuweilen, wie neulich bei einem Unglücks-
falle an den Tag kam, nicht lesen können! Natürlich, daß das
Material knapp wird und man Himmel und Erde durchsucht
und durchversucht nach einem Ersatz für Lumpen. Wie vom
Zucker und zur Zeit des Laffargeschen Prozesses vom Arsenik,
kann man vom Papier sagen, es giebt wenig Stoffe, aus denen
es nicht wäre gewonnen worden. In dem botanischen Museum in Kew liegen Proben von Papier aus Torf. Zu der
pariser Ausstellung waren die Franzosen besonders rührig gewesen; sie hatten Papier gestellt aus Halfa (Lygeum Spar-
tum) einem algierischen Gewächse, das die Römer zu groben
Stricken benützten, aus der Zwergpalme, aus den Fasern der
Banane, des Lindenbastes, der Binse, der Jucca, des Sumpf-
kolbens, der Agave und der Fichtnadel. Pielte aus Pont
d'Oie in Belgien zeigte eine reiche Auswahl von Strohpapier,
Toskana Papier und Pappe aus Asphodil, Ceylon verschiedene

Speisen aus Pisang und Madras zwölferlei Papier aus meistens ungenannten indischen Fasern. Goodyear, wie im vorhergehenden Kapitel erwähnt, hatte seine Erfindung in einem Buche beschrieben, dessen Papier aus Gummi bestand. Von allen diesen neuen Versuchen hat nur einer zu dieser Ausstellung eine Frucht getragen, de la Rue hat sich mit gewohnter Energie auf das Lygeum, englisch Esparto, geworfen. Dafür haben wir diesmal Papier aus Hopfenranken von Barling in Maidstone und von zwei Ausstellern Dahmen in Peckham und Dimsdale in Forestgate, Sammlungen von Fasern, die zu Papier dienen oder doch dienen könnten. Ferner hat sich diesmal eine Industrie sehen lassen, die sonst im Schatten blieb, weil sie ein böses Gewissen hatte und sich selbst für eine Verfälschung hielt, die Verarbeitung des Pappelholzes zu Papierspeise. Strohpapier haben ausgestellt Burgers u. Ward, von Hafer; Poli aus Lucca, Gaedicke aus Berlin und die östreichische Kommission. Die letztere hat, wie schon einmal erwähnt, ihren Katalog auf Maispapier drucken lassen, die deutsche Ausgabe auf eine Mischung von Maisstroh und Leinen, die französische von Maisstroh und Baumwolle, die englische von Maisstroh, Leinen und Baumwolle; der Pappdeckel der deutschen Ausgabe ist ganz von Mais, und einem jeden Exemplar ist ein Blatt von purem, ungebleichtem und mit seinem ganzen Pflanzenleim erfüllten Maisstroh vorgeheftet, das fest wie Pergament und dabei durchsichtig ist. Des japanesischen Papieres habe ich in dem fünften Abschnitt erwähnt.

Die englische Abtheilung ist sehr dürftig, sowohl in der Zahl der Aussteller, als in der Mannichfaltigkeit der ausgestellten Artikel. Von Papiermüllern sind nur 12 da, von denen nur vier zu den größeren gerechnet werden können, es fehlen folgende große Firmen, die 1851 ausgestellt hatten: Venables, Wilson und Thyler, Whatman, Wilmot, Crompton, Almut,

27*

Johnson, Cowan, Speier und die diesmal Erschienenen haben keine vollständigen Sortimente aufgelegt. Der Grund dieser Zurückhaltung soll darin liegen, daß man es seit Aufhebung der Papiersteuer den auswärtigen Fabrikanten erschweren will, sich zu orientiren. Die erste Papiermühle in England soll ein Deutscher, Spielmann 1588 in Dartford in der Grafschaft Kent angelegt haben. Diese Angabe ist freilich angefochten worden, weil Jack Cade in Heinrich IV. einen Lord köpfen läßt, der „zum Nachtheil des Königs, seiner Krone und Würde, eine Papiermühle gebaut." Jedenfalls wurde Kent und blieb bis auf diesen Tag ein Hauptsitz des Gewerkes. Den grö- ßesten Theil des Materials lieferte in England die Baumwolle, und zwar nicht in Gestalt von Lumpen, sondern von hava- rirter roher Wolle und von Sweeping, das heißt Abfall, Kehricht aus den Spinnereien, der vor dem amerikanischen Kriege auf 30 Millionen Pfund jährlich geschätzt wurde. Der Handel mit dieser Substanz und ihre Verwendung und Mischung wer- den vor den Ausländern sorgfältig geheim gehalten. Auch über die Behandlung des Strohs, das in großen Massen ver- braucht wird, weiß man nur, daß dasselbe mehr zerkocht als zermahlen wird. Das englische Papier ist dick, sehr stark ge- glättet, pergamentartig, besonders das Briefpapier, was sich daraus erklärt, daß, nachdem das Papier die Bütte verlassen, thierischer Leim aufgetragen wird; ungeleimtes Druckpapier ist in England unbekannt, also auch die Kunst des Planirens. Wenn behauptet wird, daß das englische Schreibpapier dem deutschen und französischen in Gleichmäßigkeit der Farbe nach- stehe, so soll das wohl nur heißen, daß man es in Deutschland und Frankreich besser machen kann, sobald man es darauf an- legt; vergleichen wir aber die Papiersorten, die in den drei Ländern im gewöhnlichen Gebrauche sind, so steht England weit voran. Die Schattirungen, die man hier unterscheidet,

sind cream, milchweiß, yellow und blue. Laid bedeutet, daß
dem Maschinenpapier durch Siebwalzen, s. g. dandy rollers,
ein künstliches Wasserzeichen beigebracht ist, oft so täuschend,
daß man Büttenpapier vor sich zu haben glaubt; der Gegensatz dazu ist wove, glattes Maschinenpapier. Eine merkwürdige Entstehung hat die Bezeichnung foolscap, Narrenkappe; das lange Parlament ließ die Krone, die bis dahin als
Wasserzeichen üblich gewesen war, durch eine Narrenkappe ersetzen, und daher heißt das Schreibpapier in Folio, dessen sich
die Gerichte und Behörden bedienen, immer noch foolscap,
obgleich die meisten Fabriken ein anderes Wasserzeichen in das
Sieb oder in die Walzen gesetzt haben. Aus Stroh werden
namentlich die ungeheueren Massen von Papier gemacht, die
zum Einwickeln gekaufter Waaren dienen; die Verkäufer sind
darin sorgsamer und freigebiger als in Deutschland, ein Viertel-
pfund Thee wird in zwei Papiere geschlagen und über's Kreuz
beschnürt, und Kupfergeld wird in einem anstäubigen Laden nie
anders als in einem sauber geleimten Säckchen überreicht. In
Deutschland wäre diese Vorsicht sogar bei dem Silbergelde sehr
wünschenswerth, in dessen hohem Gepräge zuweilen ganze Dünger-
ablagerungen stecken. Einen bedeutenden Handelsartikel bildet
das pottery tissue paper, ungeleimtes Seidenpapier, vermittelst dessen die Zeichnung auf gewöhnliches Thongeschirr aufgetragen wird; das beste liefert Lamb in Newcastle-under-Lyne.

Die Verschiedenheit der Papiersorten nach der Verschiedenheit des Gebrauches ist in England noch nicht so entwickelt wie
in Japan, aber das Geschäft in Schreibmaterialien, stationary,
zerfällt in sehr bestimmte Zweige: law stationary für Gerichte
und Anwalte, school st. für Schulen, commercial st. für die
Handelswelt, ladies st. für Damen, mourning st. für Trauer,
wedding st. für Hochzeiten und was damit zusammenhängt.
Alles ist darauf berechnet und unaufhörlich wird darüber ge-

sonnen, die Korrespondenz zu erleichtern; bei der nach deutschen Begriffen ganz unerhörten Masse von Briefen, die man hier zu schreiben hat, ist die kleinste Ersparniß an Zeit und Mühe ein Gewinn. Für die größeste halte ich den Styl, in dem kurze Mittheilungen zwischen einander fernstehenden Personen geschrieben werden. Wie die Römer mit dem Eingang Cicero s. d. Attico, Cicero grüßt den Attikus, so wird mit der Eingangs- formel Mr. N. presents his compliments to Mr. X. die Anrede und die Unterschrift erspart und all das Kopfbrechen und Abwägen, das sie in Deutschland kosten und worüber man- cher Brief ungeschrieben bleibt. In England wurden die ferti- gen Konverts erfunden; ich erinnere mich eines Studiengenossen, der, so oft er einen Brief abzuschicken hatte, zu einem Bekannten kam, mit dem Ersuchen, ihm ein Konvert zu machen, was absolut über seine Fähigkeiten ging. In England wurden die Konverts weiter verbessert durch das Gummiren, welches die Weit- läuftigkeit des Siegelns ersetzt. Beiläufig bemerkt, daß gummirte Konverts nicht heimlicher Weise geöffnet werden könnten, ist ein Irrthum, über den jeder englische Bediente lächeln würde; wenn er Zeit dazu hat und überhaupt dazu aufgelegt ist, hält er die Briefe seines Herren in den Dampfstrahl, der aus der Tülle des Theekessels aufsteigt, und erweicht damit das Gummi, ohne das Papier im Geringsten zu beschädigen. Das Sicherste ist, erst gummiren und dann siegeln und recht feines Papier wählen. In Amerika, wo noch mehr geschrieben wird, kamen die spottbilligen Konverts aus altem Tauwerk auf. Englisch sind die writing pads, die Unterlagen von vielen, an den Rändern auf einander geleimten Bogen Löschpapiere, ameri- kanisch die hölzernen clips, kleine Klammern, durch welche man Briefschaften und andere lose Papiere, die zusammengehören, einstweilen zusammenhält, beides nicht genug zu empfehlen. Die american clips kosten das Stück einen Penny, im Dutzend

weniger. Schreibtische sind in England selten, außer in Studier-
und Geschäftszimmern. Eins der ersten Geschenke, was das
heranwachsende Kind erhält, ist ein writing desk, ein Schreib-
kasten, der das Schreibmaterial und die eingegangenen Briefe
enthält, aufgeklappt ein kleines Pult darstellt, und für gewöhnlich in dem Schlafzimmer verwahrt wird. Man hat sie zu
jedem Preise, von dem schlichten Fichtenkasten, mit gelbem
Schafleder beklebt, bis zu der Schatoulle von Jaracanda oder
Schildpatt mit eiselirtem Golde; und den Wiener Fabrikanten,
wie Klein, Krebs, Müller u. a., deren Holz- und Leder-
kästchen dem englischen Publikum soviel besser zusagen, als die
französischen Galanteriewaaren derselben Art, dürfte zu rathen
sein, daß sie sich auf diese desks legten, aber in der innern
Einrichtung genau die englischen Muster kopirten.

Der erste große Schritt nach der Erfindung des Lumpen-
papiers war die Papiermaschine, erfunden von Robert in
Essonne bei Paris, 1799, patentirt von Didot 1801, und von
Fourdrinier so hergestellt, wie sie heute ist. Nach der alten
Weise wird jeder einzelne Bogen aus der Bütte geschöpft; die
Walzen der Maschine liefern Papier ohne Ende. Das Maschinenpapier ist brüchiger als Büttenpapier, weil es rascher getrocknet ist. Die Franzosen haben in großer Zahl ausgestellt
und in Einzelnem, namentlich in dem Papier zur Photographie,
das Beste geleistet.. Sie unterscheiden Papiere schlechtweg und
papier de luxe und rechnen manches zum Luxuspapier, was
in England ganz gewöhnlich ist — ein Gegensatz, der überhaupt die Ausstellungen der beiden Länder charakterisirt; in
England findet das Beste schnell so viel Käufer, daß es bald
nicht mehr als Luxusartikel erscheint.

Das deutsche Papier hat Ehre eingelegt. Aus Preußen sind
prämiirt Behrend in Cöslin, wegen seines vegetabilischen Perga-
mentes, Ebart in Berlin, Ebbinghaus in Lethmate, Hösch in

Düren, Stättenmüller in Lorenzdorf, Koch in Kippemühle, Schmitz in Düren, Schöller in Düren, Tenge in Dalbke und die Berliner Patentpapierfabrik, die wegen ihrer in der Bütte mit Pflanzenleim geleimten Papiere mit ganz besonderer Auszeichnung genannt ist; aus Oesterreich: Leidesdorf, Lorenz und Söhne, Smith u. Meyniez; aus Baiern: Leo Hänle wegen seines vortrefflichen Gold- und Silberpapiers; aus Sachsen: C. F. A. Fischer; aus Würtemberg Schäuffelen, Völker und Söhne. Von den andern Ländern ist wenig zu sagen; Spanien ist groß in den Cigarettenpapieren, mit dem es die Küstenländer des Mittelmeeres versorgt und von dem auf der großen Brücke in Constantinopel ganze Berge zum Verkauf aufgeschüttet liegen; Holland liefert ein wasserdichtes Packpapier.

Wollen wir unsern Schreibtisch mit dem Besten ausstatten, so werden wir wählen eine Goldfeder von Mordan in London, in eine Auflösung von Osmium und Iridium getaucht und unverwüstlich, so lange man sie nicht einem deutschen Goldschmidt zur Reparatur gegeben hat, Dinte von Croc in Aubusson, die fast allen Reagentien widersteht, und Bleistifte von Faber in Nürnberg.

Seit 200 Jahren wird das Papier immer hübscher und immer mürber, also immer schlechter, wie Pielte 1851 in einer Sammlung von Papieren seit 1760 anschaulich gemacht hatte. Aehnlich verhält es sich mit dem Druck, und daran kann ich mir den Rückschritt nicht so leicht erklären. Unsere berühmtesten Werkstätten liefern keine so gleichen Buchstaben und keine so gleichen Spatien, wie sie sich in alten Drucken, z. B. in dem Pars secundus finden; ebenso wenig ist das Grec du Roi je übertroffen oder nur erreicht worden, das griechische Alphabet, das Franz I. gießen ließ. Ich besitze ein am Ende des dreißigjährigen Krieges in Deutschland gedrucktes Werk, mit dem ich jeden Papiermüller und Drucker ärgern kann. Nur in der Herstellung von Facsimiles alter Drucke wissen Friedländer in Berlin und Perrin in Paris die Genauigkeit der alten Schriftsetzer und Drucker zu erreichen. Es ist ferner auffallend, daß auf diesem Gebiete die Erfindungen sich so langsam verbreiten; in Amerika versteht man es seit Jahren, ein Buch auf eine Platte abzuklatschen und von derselben Hunderte von Abzügen zu machen. Die meisten Neuigkeiten der Ausstellung beziehen sich auf Kupfer-, Stahl-, Stein- und Holzdruck, schwarz und in Farben, geben aber wenig zu berichten, weil die Verfahrungsweisen in der Regel geheim gehalten werden. In diesem Fache prämiirt sind von Deutschen Lichtenberg, Ort fehlt, Schulgen, desgleichen, Storch in Berlin, Perthes in Gotha, Breitkopf u. Haertel in Leipzig, Giesecke u. Devrient ebendaselbst, Braun u. Schneider in München, A. Beckar ebendaselbst. In der eigentlichen Druckerei ist vielleicht das Merkwürdigste ein von Miß Faithful ausgestelltes Buch, das von Arbeiterinnen gesetzt, gedruckt und gebunden ist.

29. Die Preisvertheilung.

London, 12. Juli. Bei der Ausstellung von 1851 und, wenn ich mich wohl erinnere, auch bei der Pariser wurden die Namen der Aussteller, denen Medaillen oder ehrenvolle Erwähnungen zuerkannt worden, am Schluffe bekannt gemacht. In dem Bedürfniß nach attractions, das von den Kommissarien Ihrer Majestät immer dringender empfunden wird, je näher der Augenblick der Abrechnung rückt, hat man diesmal eine besondere Festlichkeit veranstaltet, die gestern am 11. d., vor sich ging. Sie hatte in ihrem Zwecke eine unverkennbare Aehnlichkeit mit den Preisvertheilungen in den englischen Schulen, und dieser Vergleich, wenn einmal gemacht, schlug auch in der äußern Erscheinung durch und warf neckische Lichter auf allen pomp and circumstance dieses höheren Volksfestes. Ein wie ganz anderes Ding war das vorjährige Berliner Turnfest!

Da die 12,000 boys, welche beschenkt oder belobt werden sollten, nicht füglich alle „vorkommen" konnten, so mußte man zu ihnen gehen; es gab also eine Prozession, die von dem Katheder ausging und dahin zurückkehrte. Dieser Katheder oder Thron, derselbe, der bei der Eröffnung gedient hatte, war unter dem Einen Baume im Garten aufgerichtet, zwischen dem großen, aber leeren Treibhause und dem Wasserbecken. Wenn es geregnet hätte, wie es bis jetzt jeden Tag gethan hat, so würde man ihn nicht benutzt, sondern den ersten Akt im Treibhause vorgenommen und sich von dort durch die Arkaden, welche den Garten umgeben, in das Ausstellungsgebäude verfügt haben. Es regnete aber diesmal nicht. Gegen 12 Uhr waren in dem Treibhause versammelt die Minister, die Kommissarien der Königin, die Kommissarien von 1851, der Lord Mayor, der Vor-

stand der Society of arts und der Vorstand der Horticultural Society. Bald darauf erschienen die Personen, die in
dem Programm bezeichnet waren und natürlich heute in allen
Zeitungen bezeichnet werden als „die internationalen Vertreter,"
international representatives; ich bitte, auf diesen absurden
Ausdruck zu fahnden, falls er nach Deutschland kommen sollte,
und ihn bei Zeiten wie ein falsches Geldstück auf den Tisch zu
nageln, ehe er in Umlauf gesetzt wird. Er schreibt sich von
dem ebenso absurden Namen her, den die Ausstellung in der
amtlichen Sprache führt, International Exhibition, und der
durch den guten Witz persiflirt worden ist: wenn ein Engländer
eine Französin heirathe, so entstehe ein international baby.
Gemeint sind damit die Personen, die besonders beauftragt
worden, fremde Regierungen bei der Ausstellung zu vertreten,
der Pascha von Egypten für die Türkei, der Prinz Carignan
für Italien, und wo keine solche besonderen Vertreter vorhanden
waren, die Gesandten, unter denen Adams den würdigsten
Eindruck machte. Die ganze Gesellschaft verfügte sich auf die
Estrade unter dem Thronhimmel. Beim Hinaufsteigen begegnete
— ich bedauere, der Kölnischen Zeitung diesen Schmerz bereiten
zu müssen — dem Premier das Mißgeschick, auf der obersten
Stufe auszugleiten und auf alle Viere zu fallen, als wolle er
einen Salam verrichten. Es ist nichts dabei zu lachen, wenn
ein alter Mann fällt; aber sehr lächerlich ist es, ärgerlich darüber zu werden, daß jemand von einem alten Manne sagt, er
sehe wie ein alter Mann aus, und etwas lächerlich auch, wenn
der alte Mann, wie Lord Palmerston während des Umzuges
that, krampfhafte Anstrengungen macht, das Mienenspiel eines
jungen Flitzers anzunehmen. Der Garten gewährte in diesem
Augenblicke einen sehr hübschen Anblick, wenn man davon ab-
sah, daß er einen Garten vorstellen sollte. Bäume und Blumen,
wie ich früher erwähnt, fehlen darin; aber die weiten Rasen-

flächen und das Mauerwerk an den Baffins und den Abhängen waren hier mit dichten Maffen, dort mit einzelnen Gruppen geputzter Damen bedeckt, und dicht um den Thron her waren die Geschwornen in ihren mannigfachen Trachten wie eine bunte Rabatte aufgepflanzt.

Lord Granville hielt folgende Anrede an die Gesandten: „Ich habe das Vergnügen, im Namen der Kommissarien Ihrer Majestät die ausgezeichneten Vertreter fremder Völker willkommen zu heißen, die uns die Ehre erweisen, an dem heutigen Vorgange Theil zu nehmen. Die Bereitwilligkeit, mit welcher die auswärtigen Staaten der Einladung der englischen Regierung entsprochen haben, wird von dem englischen Volke hoch gewürdigt. Ich habe nun die Vertreter zu ersuchen, daß sie den Bericht entgegennehmen, den die Vorsitzenden den Juries erstattet haben. Sodann werden die Listen der Auszuzeichnenden den Kommissarien Ihrer Majestät übergeben werden. Bei der Bekanntmachung derselben in dem Gebäude erbitten wir die Mitwirkung der Vertreter, da es den Ausstellern der einzelnen Länder erwünscht sein muß, von einem Vertreter ihres Staates zu erfahren, wie ihre Leistungen von den Geschworenen beurtheilt worden sind. Bei dem Umgange durch das Gebäude wird es den Vertretern nicht entgehen, daß die Industrie aller Völker seit der letzten internationalen Ausstellung sich merklich entwickelt hat, eine Entwickelung, welche die Erwartungen eines erlauchten Fürsten gerechtfertigt, der leider nicht mehr ist, welche zum großen Theil der Gelegenheit zum Vergleichen zu verdanken ist, die die periodischen Ausstellungen gewähren, und welche als Ausgangspunkt für neue Fortschritte dienen wird."

Lord Taunton verlas darauf den Bericht der Vorsitzenden der Geschwornen, dem folgendes als Hauptsache zu entlehnen ist: Die Zahl der Juries war 65. Was ihnen die Arbeit nicht wenig erleichterte, war die Entscheidung der Kommissäre, daß nur eine einzige Gattung Medaillen zuerkannt werden sollte. Im Verlauf der Prüfung zeigte sich jedoch, daß viele Artikel, wenn nicht eine Medaille, doch eine besondere Erwähnung verdienten; und so gaben die Präsidenten dem Wunsch der Juries nach und gestatteten die Classifikation der „Ehrenvollen Erwähnungen." Die Jurymitglieder und Genossen, die mit der Prüfung der Ausstellungsgegenstände zwei Monate lang beschäftigt waren, zählten zusammen 615 Personen, wovon 287 Ausländer und 328 Engländer waren. Sie hatten die Probeleistungen von mindestens 25,000 Ausstellern zu beurtheilen. Die Zahl der zuerkannten Medaillen beträgt nahezu 7000, und die der ehrenvollen Erwähnungen ungefähr 5300. Das Verhältniß der Zuerkennungen zur Ausstellerzahl ist größer, als bei der Ausstellung von 1851, aber kleiner als bei der von 1855.

Die Geschworenen, nach Klassen geordnet, mit einem Banner vor jeder Klasse, erinnerten an die Aufzüge der Zünfte, die man auf dem Festlande sieht, erinnerten aber zugleich daran, daß die Zeit der Zünfte vorüber ist; es pfuschen ihnen zu viel Bönhasen in das Handwerk, Militär-, Civil- und Marinenuniformen, Mitglieder von Universitäten in ihren Talaren, Juristen in ihren Roben und Männer in Hoftracht mit Haarbeutel und Kniehosen; und der Katalog ergab zu diesen Portraits eine Reihe berühmter Unterschriften. Obmann der Maurer war der Marquis von Salisbury, der Militairschneider Viscount Ranelagh, der Photographen Baron Gros, der Uhrmacher Viscount de Villa Major aus Portugal, der Teppichwirker der belgische Gesandte van de Weyer, der Sattler der Earl von Beßborough, der Tapetenmacher Lord Ashburton, der Goldschmiede Lord Stratford de Redcliffe, der Töpfer Mr. Gladstone. Uebrigens waren viele der auswärtigen Geschwornen schon abgereist. Die Arbeiter waren auch diesmal in dem Zuge nicht vertreten; die Banner wurden von Liniensoldaten getragen, die man überhaupt in der Ausstellung nützlich zu verwenden kein Bedenken gehabt hat. Der Zug trat durch einen östlichen Eingang in das Gebäude, kroch zwischen den Ackerbaumaschinen hindurch und durchschnitt das Schiff, dessen Mittelgang durch Barrieren freigehalten war. Die Gallerien und das Schiff waren mit drei Reihen von Damen besetzt, die von 10 Uhr bis ¾ auf 2 sich in Geduld und Bonbonsessen geübt hatten. Durch das ganze Gebäude waren Musikkorps vertheilt, von denen immer mehre zugleich spielten, häufig in solcher Nähe, daß man mit dem rechten Ohr das eine und mit dem linken das andere hörte. Wie das französische und das belgische, die zu dem Tage herübergekommen waren, ihre Sache gemacht haben, kann ich nicht berichten, da ich fern von ihnen stand; die andern vollführten, weil die Blasinstrumente nicht stimmten, einen unerträglichen Spektakel, namentlich die Trompeter der beef-eater, die dem Zuge vorangingen. Die Musikanten des Paschas von Egypten vollends thaten einem eine Tortur an, von der man bei längerer Dauer hätte toll werden können, nicht wegen schlechter Stimmung der Instrumente, sondern wegen der Melodie, die wie das unablässig wiederholte Gekreisch eines wilden Vogels klang und keinen andern Schluß hatte, als daß sie einmal abbrach. In der englischen Hälfte waren Deputationen der Aussteller aufgestellt, denen man die Listen der Preisgewinner überreichte; die Medaillen sind noch nicht fertig, und es ist die Rede davon, aus ihrer Vertheilung wieder eine Festlichkeit zu machen — wenn ich bitten dürfte, ohne Musik. In der auswärtigen Hälfte geschah die Vertheilung an die Kommissarien, die sich je vor dem betreffenden Lande in eigens dazu eingerichteten und ausgeschmückten Räumen versammelt hatten und des Zuges harrten. Oesterreich, Frankreich, Rußland, Spanien, Italien hatten Büsten oder Gemälde der regierenden Fürsten aufgestellt, Nord-Amerika das schöne Bild von Cropsey, Herbst am Hudson, die Schweiz eine Flagge mit den Wappen der einzelnen Kantone, Schweden eine Porphyrvase mit frischen Blumen, Norwegen die lebensgroßen Puppen eines bäuerlichen Brautpaares, Rom einige der besten Mosaiken mit den Schlüsseln und der Tiara darüber; der Zollverein ein Bouquet von Fahnen der einzelnen Staaten zwischen den beiden größesten Vasen der Berliner Porzellanmanufaktur. Als der Zug das Schiff passirt hatte, wurden die Barrieren weggenommen und es folgte eine Scene, die ich beschreiben würde, wenn ich nicht die Furcht der „Volkszeitung" vor Augen hätte, die, nicht beirrt durch Kenntniß des Einzelnen, die höhere Anschauung von dem Ganzen, was die Engländer sind, zu eigen hat. Aber aus einem englischen Blatte, dem „Morning Star," werde ich doch übersetzen dürfen.

„Der Engländer ist von Natur ein Heerdenthier, es macht ihm ein besonderes Vergnügen, die Kraft seiner Ellnbogen dadurch zu bethätigen, daß er sie in die Rippen seiner Nachbarn stößt. Wenn er in den Weichen des Mitmenschen, der vor ihm steht, einen empfindlichen Punkt erspäht, so wirft er sich mit Wolluft darauf und genießt das Stöhnen, das er erpreßt. Aber selbst in einem so unschuldigen Vergnügen sollte Maaß gehalten werden, und daran ließen die Besucher der Ausstellung es gestern fehlen. Sie drängten, drückten und quetschten, traten einander auf die Hühneraugen, verwickelten sich in Anderer Crinolinen mit einer Tollmannswuth (maniac fury) als ob das Gebäude in Flammen stünde und fünf Minuten über Leben und Tod entschieden. Freilich waren 44,276 Personen versammelt, aber wir haben an Schillingtagen fast anderthalbmal soviel Besucher gesehen und nicht den zehnten Theil der Rohheit und wilden Rücksichtslosigkeit beobachtet, wie gestern von Personen, die entweder ein Saisonbillet besaßen oder 10 Schilling Eintrittsgeld bezahlt hatten. Eine Dame wurde ohnmächtig, aber kein Mensch nahm Rücksicht darauf. Das Gedränge ging weiter und mit einer Hartnäckigkeit, daß die Berührung gewisser Fäuste mit gewissen Köpfen ein wohlthätiger Anblick für unser menschliches Gefühl gewesen sein würde."

· Welches auch der wahre Begriff von Albion sein mag, mögen die Landsleute, die herüberkommen wollen, sich das Eine gesagt sein lassen:

Hüte Dich vor einem englischen Gedränge!

30. Moral.

§. 1.

Der Leser, der mit Ungeduld dem Ende entgegen gegangen ist, wird das Gefühl von Erleichterung zu schätzen wissen, mit dem ich Katalog und Griffel niederlege und noch einmal, zum letzten Male, die Feder aufnehme. Seit zuerst der Gedanke angeregt wurde, eine zweite Ausstellung in London zu halten, bin ich der Ansicht gewesen, daß sie im Jahre 1862 zu früh kommen würde; der Ausfall hat das Urtheil bestätigt, die Ausstellung, so anziehend Einzelnes darin war, hat im Ganzen nicht gefallen; sie hat nicht, wie ihre Vorgängerin, einen Tag aufzuweisen, an dem 100,000 Gäste unter ihrem Dache versammelt waren, die Gesammtzahl der Besucher bleibt um etwa 500,000 gegen 1851 zurück, und während damals ein Ueberschuß von 150,000 Pfund verblieb, sind diesmal nicht die Kosten eingekommen. Auch mit dem sonderbaren Einfall, nach Neujahr in dem ausgeräumten Gebäude den jungen Bräutigam, den Prinzen von Wales, den Snobs für Geld zu zeigen, wird das Defizit schwerlich gedeckt werden. Mit welchen Gründen die Zweifel an dem Gelingen bekämpft und beseitigt wurden, und wie diese Gründe vor dem Erfolg zu Schanden geworden, verdient in Erinnerung zu bleiben als ein lehrreiches Experiment auf einem Gebiete, auf dem das mächtige Hülfsmittel wissenschaftlicher Forschung, das Experiment, nur selten anwendbar ist.

Die Industriellen hielten allgemein dafür, daß es noch nicht an der Zeit sei. Fragte man im Jahre 1860 die Einzelnen nach dem Warum, so hörte man Gründe, die leicht zu widerlegen oder durch Gegengründe aufzuwägen waren, Gründe, die der Antwortende sich wahrscheinlich erst in Folge der Frage zusammengesucht hatte, denn das Urtheil war eines von denen, die nicht mit Bewußtsein gewonnen, nicht durch eine Verstandesthätigkeit gebildet, sondern das unabhängig von dem Willen entstandene Resultat zahlreicher Erfahrungen, Beobachtungen, Kenntnisse und Einflüsse; es war eines von den Urtheilen, die wir wohl Instinkt nennen. Es war zu vergleichen dem Wurfe, mit dem ein geübter Schleuderer das Ziel trifft; er weiß nichts von der Anatomie der Muskeln, von der Anziehung der Erde, von den Eigenschaften der Parabel, von den Gesetzen der Perspektive, von der Dichtigkeit und dem Widerstande der Luft, aber er trifft, denn er ist geübt im Werfen. Die Society of Arts, die sich darauf erpicht hatte, die Ausstellung zu Stande zu bringen, ließ sich nicht darauf ein, die gegen das Unternehmen vorgebrachten Gründe zu widerlegen, dieselben schienen ihr dessen, und vielleicht mit Recht, nicht werth; sondern sie beauftragte einen Statistiker, Gründe aufzusuchen, die für das Unternehmen sprächen. Derselbe wies nach, daß die erste Ausstellung von so und so viel Personen besucht worden sei und so und so viel eingebracht habe; daß damals so und so viel Aussteller wegen Mangels an Raum zurückgewiesen worden; daß seitdem die Bevölkerung der drei Königreiche um so und so viel, der benachbarten Länder mit Ausnahme von Frankreich um so und so viel, die Einkommensteuer, der Maßstab des Wohlstandes, um so und so viel gewachsen sei; daß seitdem so und so viel Meilen Eisenbahn gebaut und so und so viel Dampfschiffe in den überseeischen Dienst eingestellt, daß von den nothwendigen Bedürfnissen die Steuern um so und so viel herabgesetzt worden seien. Er führte damit den Beweis, daß die Ausstellung gelingen müsse, und überzeugte so sehr, daß eine Menge vornehmer Herren, den Prinzen Albert an der Spitze, sich mit beträchtlichen Summen für die Deckung eines etwaigen Ausfalls verbürgten, und daß man für dies häßliche Gebäude mehr ausgab, als das Freenschloß in Hydepark gekostet hatte.

Weshalb ist nun die Ausstellung doch nicht gelungen? welcher Umstand war in dem Beweise übersehen? Ich will diese Frage, bei der man leicht in das Schicksal jenes Gelehrten verfallen könnte, nicht erörtern, nur auf einen Umstand hinweisen, der nicht vorauszusehen war: hätte der Prinz Albert noch gelebt, so wäre mancher Mißgriff, manche Taktlosigkeit vermieden worden. Uebrigens bin ich weit entfernt zu behaupten, daß die Statistik, obwohl sie erst in der Kindheit ist, immer Unrecht oder daß der Instinkt, der in den modernen Völkern altersschwach wird, immer Recht behalte. Aber ich sehe in dem Falle ein hübsches und lehrreiches Beispiel, daß die Wissenschaft außerhalb der Mathematik sich zuweilen irrt und der gewöhnliche Menschenverstand, auch in sehr verwickelten Verhältnissen, das Richtige treffen kann, daß deshalb die Beobachtung an dem Instinkt einzelner, richtig ausgewählter Individuen nicht zu verwerfen ist.

Es war aber noch etwas Anderes, was neben dem unbehaglichen Vergleiche mit den vorhergehenden Ausstellungen, und in viel höherem Grade noch den Schluß meiner Berichterstattung herbeiwünschen machte. Es war das Verlangen, mich zu einer Betrachtung zu sammeln, zu der auch die gelungenste Ausstellung gerade jetzt herausgefordert haben würde. Es war der Drang, mich zu erinnern, daß die Alten, deren Arbeit uns in so vielen Dingen das Muster, in nicht wenigen ein unerreichtes Vorbild hinterlassen hat, keine Industrieausstellungen hatten; daß in den olympischen Spielen nicht den Kranz und in Rom nicht eine Krone erhielt, wer „wunderhübsch gearbeitete Zahnstocher, das Tausend zu 9 Pence", geliefert, oder sich durch „vorzügliche Manufaktur von Polizeihandschellen" ausgezeichnet oder „eine sinnreiche Mausefalle" erfunden hatte[*]); daß wir gemahnt sind,

---

[*]) Siehe das Verzeichniß der Prämiirten, No. 2540 Zollverein; 6102, 6137 England.

nicht um des Lebens willen das einzubüßen, um des willen es
der Mühe lohnt zu leben. Es war nebenher das Verlangen,
an meinen Gedanken über die Ausstellung von 1851 zu sehen,
was seitdem sich in der Welt geändert hatte, in den Dingen
und in den Vorstellungen, an Andern und an mir.

Die Revolution, deren letztes Waffengeklirr kaum verklungen
war, als England die erste Weltausstellung ausschrieb, hatte die
bürgerliche Freiheit, die Selbstbestimmung und eine aus
ihr erwachsende Gliederung des Staates zum Ziel gehabt. Dagegen richtete die siegende Reaktion ihre mechanische Gewalt;
danach lechzten die Niedergeworfenen; das vor Allem sah und
beneidete der Festländer, den die Ausstellung nach England ge-
lockt hatte; das beherrschte die Phantasie des Flüchtlings, der
den Daheimgebliebenen die Wunder des Krystallpalastes zu beschreiben hatte*), leitete seine Arbeit, wenn er sich befähigt und
berufen hielt, den Kampf fortzusetzen. Die bürgerliche Freiheit
zu gewinnen und die Staatsform demgemäß umzugestalten, das
war das Ziel, das damals unter dem Worte Demokratie verstanden wurde; Verrückung der Grenzen, Veränderung der völker-
rechtlichen Verhältnisse nur insoweit, als jenes Ziel nicht anders
erreicht werden konnte, nur als Mittel zum Zweck. Man sprach
von Volk im Gegensatz zu der Regierung. So war es mit
den Deutschen, die in dem wiedererstandenen Bundestage nur
die Maschine der Unterdrückung, nicht das Band, ein schlechtes,
doch ein Band der deutschen Stämme sah; so mit den Franzosen, die von der Präsidentenwahl des folgenden Frühjahrs
ihre Befreiung von den Burggraben erwarteten; so mit den
Italienern. In Sardinien erfüllte eine kluge dynastische Politik
die Forderungen der Demokratie; in Neapel spielte das Märtyr-

---

*) Vergl. Skizzen aus der Industrieausstellung aller Völker von
L. Bucher. Frankfurt a. M. 1851.

thum Poerio's, der freilich weder so viel gethan, noch so viel gelitten hat, wie die Italiener nach dem späteren Geständniß des Journalisten della Gattina der Welt weiß gemacht, weil sie eines Helden bedurften, um die Theilnahme der Konstitutionellen zu gewinnen, und in Ermangelung eines solchen unter dem Namen Poerio „erfanden". In der Lombardei und in Ungarn fiel das Ringen nach bürgerlicher Freiheit zusammen mit dem Kampfe gegen die Herrschaft eines deutschen Fürstenhauses.

Was heute die Völker bewegt und sich unter dem Namen Demokratie versteckt, ist etwas ganz anderes, ist das Verlangen nach Eroberung, nach Gebietsvergrößerung; ihm dienen, nach außen wirkend, die Kräfte, die sich sonst gegen die Gewaltherrschaft im Innern gerichtet hatten; ihm wird die bürgerliche Freiheit willig zum Opfer gebracht. Die Franzosen haben sich in einen Zustand, viel unwürdiger, sklavenhafter als der von 1851, ergeben; aber sie haben Nizza und Savoyen gewonnen, sind mit der Eroberung Mexicos beschäftigt und erwarten von dem nächsten Kriege in Europa den Erwerb des linken Rheinufers — Geduld mit dem Widerspruch! ich weiß Alles, was die Franzosen dem Deutschen darüber zu sagen pflegen, und vielleicht etwas mehr. Die Italiener verlangen nicht nur Rom und Venedig, sondern auch Südtyrol und Triest, miniren in den La Plata Staaten, hetzen die Griechen auf und hoffen, von der Türkei die ehemaligen Besitzungen der Venetianer, Genuesen und Pisaner zu „revindiciren." Wenn, sagte die „Nordische Biene" vom 2. August, die italienischen Staatsmänner die Sache richtig anzufassen wissen, so kann Italien in den Ereignissen, die sich unter den Slaven vorbereiten, eine große Rolle spielen. Die Interessen von St. Petersburg und von Turin sind in dieser Beziehung dieselben, denn die Befreiung der Südslaven von der Herrschaft der Muselmänner ist für Italien ebenso wichtig, wie für Rußland. Das rothe Kreuz des Hauses Savoyen kann nie ein gefährlicher Nebenbuhler für das blaue Andreaskreuz werden; im Gegentheil, es dürfte ein nützlicher und mächtiger Bundesgenosse für die Vertheidigung der Interessen der Slaven an dem Adriatischen und an dem Schwarzen Meere werden. — Am 22. Oktober brach die Revolution in Athen aus und schleuderte den Vorwurf gegen den König, daß er die „nationale Würde gedemüthigt," d. h. nichts erobert habe. Die demokratische Partei in Polen hat die Verständigung zwischen der Aristokratie und der russischen Regierung, die sofort einen Gewinn an bürgerlicher · Freiheit eingebracht hatte, zerrissen und schreit, während sie unter den alten Druck zurücksinkt, nach allem Lande, das jemals unter polnischer Herrschaft gestanden, von Danzig bis nach Odessa. Kossuth proklamirt eine Konföderation von Magyaren, Slaven und Wallachen, natürlich mit der Präsidentschaft der Magyaren, und ist erbötig, die ungarische Verfassung mit ihren Freiheiten an einen Bonaparte mit seinem bonapartischen Regimente hinzugeben.

Nur Deutschland soll auf der neuen Karte von Europa nichts gewinnen: im Gegentheil, alle diese Eroberungsgelüste sind direkt oder indirekt gegen Deutschland gerichtet, auf Gebiete, die zu Deutschland gehören, deutscher Herrschaft unterworfen oder von deutscher Kultur beherrscht sind. Alle diese Gelüste können nur befriedigt werden unter der Voraussetzung, daß der österreichische Staat zerstört wird und daß die Deutschen unter sich Felonie, wenn nicht Brudermord begehen. Und Bestrebungen, die nur unter der Voraussetzung ihr Ziel erreichen können, fanden und finden zum Theil heute noch warme Theilnahme bei den Liberalen in Norddeutschland. In Betreff der Italiener ist es wohl noch nicht nöthig, Beläge zu sammeln, und in Betreff der Polen, Ungarn, Südslaven will ich die gesammelten zurückhalten, bis etwa Einer den Muth haben sollte, befremdet zu thun. Aber mehr, die Liberalen in Norddeutschland haben, so viel an ihnen lag, gethan oder wenigstens geredet, um auch die Voraussetzungen herbeizuführen. Diejenigen unter ihnen, die einst Demokraten waren, haben das gethan, indem sie ihre Vergangenheit verleugneten, eine Vergangenheit, die bis in das Jahr 1859 reicht, ohne auch nur den Versuch einer Rechtfertigung zu geben. Als im April 1849 die Kaiserdeputation eingeholt werden sollte, in Leichenwagen, lehnte die Linke der zweiten Kammer es ab, sich zu betheiligen. Die Union, der Bundesstaat innerhalb des Staatenbundes, wurde als eine todt zur Welt gekommene Mißgeburt verlacht, und in den Wahlen für Erfurt gab kein Demokrat seine Stimme ab. Was ist seitdem in den preußischen Demokraten vorgegangen, welche andere Erleuchtung ist über sie gekommen? Niemand hat darüber etwas zu sagen gehabt, man müßte denn die Redensart „Wir sind praktisch geworden" für eine Erklärung gelten lassen. Was ist seitdem in Deutschland oder draußen geschehen, was eine dauernde Aenderung des Urtheils rechtfertigen könnte? Wir wären begierig auf die Antwort. Wie ist es also zugegangen, daß man den Maßstab der Radowitz'schen Politik wieder aus dem Schmutze aufgenommen, in den man ihn 1850 getreten hatte? daß man bei den Herbstwahlen des vorigen Jahres die „preußische Spitze" wie einen Geßlershut aufpflanzte, an dem man nur Einem schweigend vorüber zu gehen erlaubte? Daß man die Spitze jetzt in die Reichsverfassung von 1849 wickeln, unter Manchesterwissenschaft verhüllen, und noch immer nicht entschlossen und vor allem Volke aufgeben will? Die Spitze, die nur mit „Blut und Eisen," mit Bruderblut und fremdem Eisen, geschmiedet werden kann. Denn das ist der tiefe Humor, würdig von einem Aristophanes behandelt zu werden, daß jenes Wort des neuen Premierministers die lautere Wahrheit ist; die Verehrer der Spitze, die sich darob entsetzen, spielen entweder jetzt oder haben früher geträumt.

Welcher Zauber hatte den Umschlag bewirkt?

Ein kleines Taschenspielerstück mit Worten. Man hat das Wort Volk, in dem Sinne von 1848, vertauscht mit dem Worte Nationalität; und siehe! es steht nicht mehr Volk gegen Regierung, sondern Volk gegen Volk, und eine gewisse Regierung befindet sich außerordentlich wohl dabei.

Wer eine allmählig und aus verschiedenen Quellen zusammengeflossene Strömung bekämpfen will, wie sie allein mit Erfolg bekämpft werden kann, der mag darauf rechnen, nach einander zwei Vorwürfe zu hören, erst: was bringt der Mann da für Absonderlichkeiten vor! später: was quält der Mann sich mit so allbekannten Sachen! dazwischen liegt eine Zeit, in der man gar nichts sagt. Ich weiß nicht genau, in welchem Stadium wir sind, und möchte mich lieber dem zweiten als dem ersten Vorwurf aussetzen.

§ 2.

In Umlauf gesetzt wurde das Wort Nationalitätsprinzip, zunächst in einem kleinen Kreise Wissender, von der Giovine Italia, deren Stifter, in deutscher Literatur und Philosophie wohl bewandert, es vielleicht aus Fichte'schen Gedanken ausgeprägt. Nur daß er, was der Deutsche dem deutschen Volke beimaß, für das italienische, einstweilen im Stillen, in Anspruch nahm, jetzt laut in Anspruch nimmt.

„Nein," sagt Mazzini in seinem Aufruf an die Italiener vom 26. September d. J., „die Monarchie kann nicht Italien machen; und wenn sie, dank unsern Opfern und unserer Thätigkeit auf der einen, dank ihrem Ehrgeiz nach der großen Krone auf der andern Seite, es dahin bringen sollte, den ganzen Boden zu erobern, so würden wir den Leib, nicht die Seele Italiens haben, nicht den Traum unseres Lebens, das Ziel unseres Wirkens, ein Land, groß in Konzessionen und im Streben, geheiligt

von Liebe und Frieden, im Stande, so Gott will, zum dritten
Male der Führer unter den Völkern Europas zu sein.
Nein, die Monarchie kann uns das nicht geben."*)

Auch die russische Diplomatie hat schon vor einem Menschenalter mit dem Nationalitätsprinzip gearbeitet, und es ist
möglich, daß ihr die Priorität in der Erfindung des Ausdrucks
gebührt.

Eine stichhaltige Definition hat bisher kein Mensch gegeben;
daß das Prinzip, wie man es immer definiren möge, in der
Anwendung auf die vorhandenen Verhältnisse, auf die praktische
Politik sofort den Dienst versagt, daß es nur auf Italien allenfalls paßt, vorausgesetzt, daß man, wogegen die Neapolitaner
und Sizilianer mit Dolch und Kugel protestiren, die Piemontesen als Italiener betrachten will, endlich, daß das Prinzip,
wenn es ausgeführt werden könnte, eine Entwicklung, die so alt
wie die Geschichte ist, zum Stehen bringen würde, alles das
will ich nicht hier zum zehnten Male auseinander setzen. Man
kann in der Widerlegung noch tiefer greifen. Es wird keinen
Naturforscher in Deutschland geben, der nicht Darwin's "Entstehung der Arten" gelesen; und auch wer mit dem Grundgedanken des Werkes nicht einverstanden ist, dürfte schwerlich
gegen folgenden Ausspruch des gefeierten Verfassers etwas ein-
zuwenden haben:

"Eine große Gruppe (von Thieren und Pflanzen) wird nur
langsam eine andere große Gruppe überwinden, deren Zahl ver-
ringern und so deren Aussicht auf künftige Abänderung und
Verbesserung vermindern. Innerhalb einer und derselben großen
Gruppe werden die neuen und höher vervollkommneten Unter-

---

*) Aus der englischen Version, welche Mazzini der "Times" ein-
geschickt. In der deutschen, so viel ich bemerkt, zuerst durch die "Köl-
nische Zeitung" verbreiteten Uebersetzung fehlt diese, auch in einer andern
Beziehung sehr bemerkenswerthe Stelle.

gruppen immer bestrebt sein, durch Verzweigung und durch Be-
setzung von möglichst vielen Stellen im Staate der Natur die
früheren und minder vervollkommneten Untergruppen allmählig
zu verdrängen. Kleine und unterbrochene Gruppen und Untergruppen neigen sich immer mehr dem gänzlichen Verschwinden
zu. In Bezug auf die Zukunft kann man vorhersagen, daß
diejenigen Gruppen organischer Wesen, welche jetzt groß und
siegreich und am Wenigsten durchbrochen sind, d. h. bis jetzt am
Wenigsten durch Erlöschen gelitten haben, noch auf lange Zeit
hinaus zunehmen werden. Welche Gruppen aber zuletzt vor-
walten werden, kann Niemand vorhersagen, denn wir wissen,
daß viele Gruppen von ehedem sehr ausgedehnter Entwicklung
heute erloschen sind. Blicken wir noch weiter in die Zukunft
hinaus, so läßt sich voraussehen, daß in Folge der fortdauern-
den und stäten Zunahme der großen Gruppen eine Menge
kleiner gänzlich erlöschen wird, ohne abgeänderte Nachkommen
zu hinterlassen, und daß demgemäß von den zu irgend einer
Zeit lebenden Arten nur äußerst Wenige ihre Nachkommenschaft
bis in eine ferne Zukunft erstrecken werden.'

Es ist kein Grund erfindlich, weßhalb das nicht auch von
dem Menschen, von dem Physischen des Menschen, gelten sollte;
und wenn im Politischen, das Wort im weitesten Sinne genommen, der Wille ins Spiel kommt, so wird der Wille der
kleineren, weniger entwickelten Racen, nicht zu weichen und zu erlöschen, überwogen von dem Willen der größeren, vollkommneren,
sich auszubreiten, ganz zu schweigen von Intelligenz, Kapital und
Fleiß und den steigenden Proportionen, in denen das Kapital
und eine gewisse Intelligenz sich mit einer steigenden Bevölkerung
entwickeln. Und Naturkundige, wissenschaftliche und populäre,
denen jener ewige Kampf der Arten ganz geläufig ist, wenn von
Thieren und Pflanzen die Rede ist, tragen sich in der Politik
mit dem Nationalitätsprinzip, das jenen Kampf durch einen

ewigen Frieden beschließen soll, hören andächtig zu, wenn jemand Europa in so und so viel Gartenbeete, jedes mit einer besondern Pflanze, abpferchen will! Und das angesichts der Ausstellung, in der die Gruppen zeigen, was sie können, zu der z. B. das russische Polen 34 Aussteller, darunter 18 mit nichtpolnischen Namen, gesandt hat, einen Polen ungerechnet, der in Paris lebt und gebildet ist, aber in Rußland ausgestellt hat. Wahrlich, eine seltsamere Erscheinung als die vielbespottete Schublade, in der die Engländer die Religion, abgesondert von dem übrigen Inhalt des Kopfes, aufbewahren sollen.

Aber es handelt sich für mich nicht darum, was das Nationalitätsprinzip ist, angenommen, daß es anderswo als in der Einbildung existire, sondern darum, wie das Wort Nationalitätsprinzip gehandhabt wird. Alle wissen einen sehr nützlichen Gebrauch davon zu machen, ausgenommen der Deutsche; denn alle Andern haben den Egoismus, den der Engländer nur scherzend ausspricht, aber sehr ernsthaft in seinem Handeln, im Privatleben und in der Politik befolgt, „zu behalten, was man hat, und zu nehmen, was man kriegen kann,“ alle Andern haben den Patriotismus, der dem Auslande gegenüber alle innern Zwistigkeiten und Gegensätze vergißt — sie würden es nicht für Pflicht des Liberalismus gehalten haben, den Namen einer Königin Maria von Neapel zu betrampeln; alle haben den politischen Sinn, der eine abstrakte Wahrheit wohl zum Leitstern aber nicht zum Ziele nimmt.

Die Franzosen* haben sich Savoyen angeeignet, weil es eine Sprache spricht, die ungefähr französisch klingt, das italienisch sprechende Nizza, weil die Alpen die natürliche Grenze Frankreichs bildeten, und wünschen das linke Rheinufer zu nehmen aus verschiedenen Gründen. Die Blauen sind davon unterrichtet worden, daß der Kaiser dieses Ziel fest im Auge habe, und sind seitdem günstiger auf ihn zu sprechen. Sie würden den Erwerb, wenn einmal gemacht, mit eisernen Krallen festhalten. Man hat ihnen auch, vielleicht weil man sie nicht für sehr erfinderisch hält, die erforderlichen Gründe für diese „scheinbare Abweichung von dem Nationalitätsprinzip" an die Hand gegeben: der Rhein sei die natürliche Grenze Frankreichs; Paris müsse der mathematische Mittelpunkt des Landes werden; Frankreich mit seiner nichtwachsenden Bevölkerung bedürfe von Zeit einem Zuwachses an Zahl und eines Zusatzes von anderm Blut, und enfin! ces gens-là werden ja Mitglieder der großen Nation. Wie es kommen würde, könnte man gedruckt lesen in dem Bericht, den Roberjot im Septbr. 1795 an den Konvent erstattete über die besetzten Territorien; aber wer wird solche alten Scharteken lesen! Was die Rothen, die sehr tugendhaft sind, so lange sie außerhalb jeder Versuchung stehen, sagen würden, wenn sie etwas zu sagen hätten, lasse ich auf sich beruhen.

Die Engländer sind große Gönner der Nationalität, außer in Irland, denn das würde, wenn sich selbst überlassen, an Frankreich fallen; außer in den jonischen Inseln, denn die haben sie ja nur in Folge der Wiener Verträge, nur im Auftrage Europas, im Besitz; außer in Wales, denn „es ist kindisch, wenn so ein versprengtes Bruchstück einer Race eine Existenz für sich führen will", außer in Gibraltar, denn — so ist der kürzlich erhobene Antrag, die Festung abzutreten, poetisch beantwortet worden —

> What tenants, in all the wide world can you find,
> That would hold it so much for the good of mankind?

oder auf deutsch:

> Wen fändet Ihr in der ganzen weiten Welt,
> Der es, wie wir, zu der Menschheit Wohl behält?

Mazzini verfügte im Jahre 1833 in der „Instruktion für die Affiliirten":

„Italien begreift 1) das festländische Italien, die Halbinsel zwischen dem Meere im Süden, dem oberen Cirkel der

Alpen im Norden, den Mündungen des Var im Westen und
Triest im Osten; 2) die Inseln, die nach der Sprache ihrer
eingeborenen Bewohner italienisch und dazu bestimmt sind, mit
einer besondern Verwaltung, in die politische Einheit Italien ein-
zutreten."*) Es muß für Mazzini ein stolzes Gefühl sein, daß
er durch diese vor dreißig Jahren geschriebenen Worte Millionen
zum Echo seiner Gedanken, zu den Puppen seines Willens gemacht hat. Es ist immer noch wahr: im Anfang ist das Wort.

In einem Manifest an die Deutschen, 1861, sagte er in
Betreff Triest's: „wir verlangen nichts als das Recht der freien
Volksabstimmung", wohl unter der Voraussetzung, daß die Abstimmung nach seinen Wünschen ausfallen werde. Als es aber
um dieselbe Zeit verrathen worden, daß Cavour Sardinien für
Rom angeboten habe, und als ein bekannter französischer Agent
nach der Insel abgegangen war, um die Abstimmung in Scene
zu setzen, sagten die Italiener nicht, wie gewisse andere Leute
unter ähnlichen Verhältnissen: schade d'rum! wenn wir nur erst
die Einheit haben, werden wir das Verlorene schon wieder bekommen, sondern die mazzinische Societa unitaria in Palermo
erließ folgende Erklärung:

„Daß keine Regierung, kein Parlament, noch die Nation
selbst das Recht hat, irgend ein Stück ihres Gebietes abzutreten
oder zu veräußern, daß keine Provinz, kein Bruchstück Italiens
das Recht hat, sich selbst von dem Mutterlande zu trennen, daß
jede derartige Abstimmung einer Bevölkerung, selbst wenn sie
vermittelst ehrlich gehandhabten allgemeinen Stimmrechts erfolgt,
ipso jure nichtig, ist; daß alle, die an einer solchen Abstimmung
Theil nehmen, als Landesverräther betrachtet werden sollen."

Durando hat auch die südlich von dem oberen Cirkel der
Alpen belegenen Kantone der Schweiz für das Mutterland in

---

*) Guiseppe Mazzini Scritti etc.; Milano 1861; T. I p. 106.

Anspruch genommen und ist dafür von der Aktionspartei „un-
vorsichtig" gescholten worden. Das panslavistische Comite in
London, dessen Kopf die jugendlichen Russen für berufen hält,
das altersschwache Europa zu wiedergebären, richtete im Juli
d. J. einen Aufruf*) an die Bulgaren, Serben, Polen, Czechen,
Slovaken, Mähren, Croaten, Wenden, Großrussen, Klein- und
Weißrussen zur Bildung eines großen republikanischen Bundes:
„Keine unserer Nationalitäten darf darnach streben, ihre Herrschaft auf eine andere auszudehnen, die" — so wird vorsichtig
und ganz nach Darwin hinzugesetzt — „die einer selbst-
ständigen Existenz fähig ist." Auch wendet sich der Aufruf „nicht bloß an die slavischen Nationen, sondern auch zugleich an andere Stämme, die frühere historische Wechselfälle
durch gemeinsame Schicksale mit uns verbanden, namentlich an
die Ungarn, Lithauer, Rumänen und an die Ueberreste
des mongolischen und finnischen Stammes" — alles kraft
des Nationalitätsprinzips.

Welcher Hokuspokus wird vollends in dem türkischen Reiche
getrieben, wo eine Handvoll Händler, die an den Küstenplätzen
wohnen, über 16 Millionen eines Racengemengsels herrschen wollen — kraft des Nationalitätsprinzips und des Katechismus,
wie der russische Gesandte von Krüdener vor dreißig Jahren,
von der Schweiz aus den Vetter Michel griechentoll gemacht
mit der Nationalität und dem Homer.

Und inmitten dieser allgemeinen Komödie wandelt der deutsche Liberale von der ausschließlich ächten Farbe einher, als wenn
ihm jemand — Demosthenes wolle die Entlehnung ver-
zeihen — eine Alraunwurzel in den Mund gesteckt hätte, beschäftigt, das Nationalitätsprinzip in einem chemisch reinen
Deutschland zur Erscheinung zu bringen. Stehen übrigens Volk

---

*) Abgedruckt in der „Vossischen Zeitung" vom 20 Sptbr.

gegen Volk und, genau besehen, die Völker gegen das deutsche, daß sie wegen seiner großen Prinzipienhaftigkeit beloben und mit der Süßigkeit der allgemeinen Verbrüderung kitzeln, die von Garibaldi, von Elihu Burritt, von Volney, von Bernardin de St. Pierre, von der Apokalypse vorhergesagt ist, so stellt in der kleindeutschen Partei ein Theil des deutschen Volkes sich gegen den andern, will acht Millionen Deutsche ausstoßen, weil sie deutsche Sprache und Kultur über die alten Grenzen hinausgetragen, weil sie erobert und erworben haben!

So wäre denn also die Umwandelung, die seit einigen Jahren mit der norddeutschen Demokratie vorgegangen ist, wohl gar das Werk einer im Auslande angelegten, auf die Schwächen des deutschen Charakters gut berechneten Intrigue? das Resultat des „Studiums der deutschen Frage", womit jemand um die Zeit der Zusammenkunft in Baden beschäftigt war?

Wer möchte das sagen! Aber daß es auf ein Haar so aussieht, das läßt sich behaupten, und daß eine Menge von Umständen, theils innerlicher, theils äußerlicher Natur, einer solchen Intrigue zu Statten gekommen sein würden, das ist leicht zu beweisen.

§. 3.

Mit den Umständen innerlicher Natur meine ich nicht die Eigenthümlichkeit des Deutschen, die bald Idealismus, bald philosophischer Sinn, bald Innerlichkeit, bald Selbstverleugnung, bald ich weiß nicht, was sonst genannt wird. Ich will in diesem Punkte Alles zu- oder vorgeben, was man irgend verlangen möchte, und mich mit der einzigen Bemerkung begnügen, daß die Deutschen nicht immer so gewesen sind. Ein englischer Reisender aus dem 16. Jahrhundert, aus dessen Werk in dem „Annual Register" ein Auszug gegeben ist, schildert die Deutschen damaliger Zeit gerade so, wie der deutsche Reisende heute die Engländer findet, sehr praktisch, sehr wohlhabend, sehr voll Selbstgefühl; „alles was nicht deutsch sei, betrachteten sie als schlecht." Ich will mich an Konkreteres, Spezielleres halten, will mich bemühen, die Sache anzufassen, wie ein Engländer es thun würde.

Der preußischen Demokratie war über ihrer, gerechtfertigten, Enthaltung vom öffentlichen Leben die Zeit lang geworden; sie war daher geneigt, die erste Gelegenheit zur Thätigkeit zu ergreifen. Sie empfand eine, sehr achtungswerthe, Dankbarkeit für die Erleichterung, welche die Regentschaft gebracht hatte. In andern norddeutschen Staaten herrschte Unzufriedenheit, sehr gegründete Unzufriedenheit, mit Zuständen, deren man mit eigener Kraft nicht Herr werden konnte und deren Beseitigung von dem Bundestage nicht zu erwarten war. Dazu kam die Kleinstaaterei; kann man sich über einen Thüringer wundern, dem Kleindeutschland allmächtig groß erscheint? Freilich wächst der Mensch mit seinen Zwecken, aber nicht jeder hat den Muth, wie Gagern, zu bekennen, daß er gewachsen sei.

Drängten alle diese Momente nach Preußen hin, so mußten wenn man sich einmal mit dem Gedanken einer deutschen Krone befreundet hatte, naturgemäß alle Momente, die von Oesterreich abstoßen konnten, um so lebendiger werden. Man verrannte sich in das falsche Dilemma, entweder ein kaiserlich österreichisches oder ein königlich preußisches Deutschland, was freilich um so weniger zu verwundern war, als die Hochkonservativen und ein großer demokratischer Leserkreis seit lange mit talmudischer Sophistik genährt waren. Den entscheidenden Wendepunkt brachte der italienische Krieg. In der sehr schwierigen Lage, in welche die deutsche Demokratie versetzt war, und die man in Paris sorgfältig vorausberechnet hatte, trieben die Theilnahme für die angegriffenen Deutschen und die verdachtsvolle Abneigung

gegen den Mann des 2. Dezember das unbefangene Gefühl auf
die Seite Oesterreichs. Aber die Börse wollte keinen Krieg und
wurde daher heftig protestantisch. Das Wort Ultramontanismus
fiel auf fruchtbaren Boden; denn daß jemand katholisch und
frei sein könne, scheinen manche Leute absolut nicht begreifen zu
können, die doch selbst frei und protestantisch sind. Im Sommer
1859 näherte die deutsche Partei, die sich in Erfurt versucht
hatte, durch Vermittelung von Kleinstaatlern sich den preußischen
Demokraten. Sehr konservative Persönlichkeiten begünstigten die
Verschmelzung als das beste Mittel, die Demokratie sich selbst
untreu zu machen, sie um ihre Gewalt über das Herz des Volkes zu bringen. Es entstand der Nationalverein, wie es scheint,
nach dem Muster der Turiner Gesellschaft, die den Annexirungen
so erfolgreich vorgearbeitet hatte. Man kam in Beziehungen zu
der Diplomatie und empfand den ganzen Reiz, den es hat,
zuerst hinter die Koulissen der Haupt- und Staatsaktionen zu
sehen, zu lernen, daß viele Dinge sich nicht machen, sondern gemacht werden, vielleicht ein wenig Hand anzulegen, hatte aber
noch nicht die Erfahrung, daß man in solcher Gesellschaft auch
selbst „gemacht" werden kann. Manchem mochte es verlockend
sein, unter den Flügeln des Adlers, dessen Fänge er kurz zuvor
noch so hart gefühlt hatte, ein bischen anständige Revolution
zu treiben.

Ein äußerlicher Umstand, der diese Entwicklung der Dinge
beförderte, war es, daß gerade um diese Zeit die „Studien zur
gegenwärtigen Lage Europa's" von dem Herrn Professor Carl
Vogt in Genf erschienen waren. Der Herr Verfasser, der sich
in seinen Untersuchungen stets „nach dem Polarstern der Nationalität richtet, der durch die trüben, verdüsterten Wolken von
Zeit zu Zeit hervorschimmert" (S. IX.) kommt zu dem Resultat, „daß nur in der Zerstückelung des Kaiserstaates die Zukunft
Deutschlands gesucht und gefunden werden kann" (S. 132.),

daß „Deutschland in dem bevorstehenden italienischen Kriege neutral bleibt und Preußen sich an die Spitze dieser Neutralität stellt" (S. IX.), „daß der Augenblick gekommen ist, wo Deutschland durch richtige Regelung seiner Maaßnahmen zu einer nationalen Konstituirung gelangen kann" (S. 132.) Das Buch wurde in Norddeutschland mit außerordentlichem Beifall aufgenommen, und sein Inhalt läßt sich heute noch häufig in Zeitungsartikeln erkennen, deren Verfasser selbst vielleicht die Quelle ihrer Gedanken vergessen haben. Aber noch in einer andern Richtung hat dieses Buch, wenn meine Beobachtung mich nicht täuscht, einen sehr nachhaltigen Einfluß ausgeübt. Sowie der Gedanke, gerade im gegenwärtigen Augenblicke und mit Zertrümmerung oder doch mit Ausschließung Oestreichs unserm Vaterlande eine nationale Konstituirung zu geben, fester wurde, mußte sich auch die Erkenntniß aufdrängen, daß man bei dem Werke mit dem Kaiser Napoleon in Berührung kommen werde, in eine feindliche oder freundliche. Es gehört wenig Belesenheit in der Geschichte, wenig Kenntniß von Frankreich und wenig Menschenverstand dazu, nicht einzusehen, daß Frankreich die Konsolidirung Deutschlands nicht mit Gleichgültigkeit ansehen werde, wie die diplomatische Phrase lautet. Sollte man sich gegen Oestreich und Frankreich schlagen? Der Gedanke könnte nur bei Politikern aufkommen, die sich eine erfrischende Jugendlichkeit bewahrt haben. Sollte man sich mit Louis Napoleon verständigen, mit ihm zusammenwirken? — Was würde ein deutscher Demokrat zur Zeit der ersten Londoner Ausstellung oder gar einige Wochen nach ihrem Schlusse dazu gesagt haben? Die Kaiserliche Regierung selbst hatte schon früh diese Schwierigkeit gefühlt und Versuche gemacht, sie zu überwinden.

Als von der Absicht, das Kaiserreich wieder herzustellen, verlautet hatte, schlossen die drei östlichen Mächte einen Vertrag, in dem sie sich verpflichteten, das Kaiserreich nicht anzuerkennen. Jemand verschaffte sich das Aktenstück und ließ es in dem „Morning Chronicle" abdrucken. Bald nachher äußerte ein ausgezeichneter Diener und naher Freund der kaiserlichen Dynastie zu Jemanden, der es weitersagen sollte und auch weiter sagte: „Wir haben Ruhe und Ordnung gemacht, aber wir sind auch die Revolution." In dem Winter 1852 auf 1853 kamen französische Emissäre nach London und setzten sich mit Mitgliedern der verschiedenen Emigrationen in Verbindung. Wer darüber und über anderes, was vielleicht bald wieder an der Tagesordnung sein wird, etwas nachlesen will, ist auf den in diesem Punkte richtigen Bericht eines deutschen Polizeiagenten zu verweisen, der vor Kurzem veröffentlicht worden ist.*) Die Annäherung wurde verschieden aufgenommen. Bei einem deutschen Flüchtlinge hatte sie, wenn der Agent recht berichtet, zu folgendem Raisonnement geführt. „Der Kaiser der Franzosen muß, will er seinen Thron nur halbwegs befestigen, früher oder später einen Krieg anfangen In diesem Kriege hat er die Schweiz, Italien, Polen, Ungarn und Deutschland, mit einem Wort, fast alle Völker auf seiner Seite, denn wenn wir von einem solchen Kriege auch nicht die Durchführung rein demokratischer Prinzipien zu erwarten haben, so haben wir immer den größten Schritt zur Erreichung des eigentlichen Ziels gethan, sobald wir durch einen Krieg unsere nationale Einheit unter was immer für einem Oberhaupte, erlangen; das Andere giebt sich schon mit der Zeit."

Außer bei gewissen Magyaren, die eigentlich Slovaken, und gewissen Wallachen, die eigentlich verlaufene Fanarioten sind, wollte indessen diese Ansicht lange Zeit keinen Eingang finden;

---

*) Enthüllungen aus der höheren Region der politischen Spionage, herausgegeben von Bandermeulen. Berlin, 1862, bei Reinhold Schlingmann.

auch die dem Kaiserreiche wohlwollenden deutschen Blätter fanden es bei aller Geschicklichkeit sehr schwer, den instinktmäßigen
Widerwillen des deutschen Volkes zu überwinden. 1859 wurde
zum erstenmale von einem angesehenen deutschen Demokraten
öffentlich derselbe Gedanke ausgesprochen. Nachdem Herr Professor Vogt die Verdienste des Kaisers um die Nationalität der
Wallachen hervorgehoben und sich über die „eigenthümliche Laune
des Schicksals" gefreut hat, „welche diesen Menschen zwingt,
gegen seinen Willen sich als Bannerführer für die Selbstständig-
keit der Nationalitäten in erste Linie zu stellen" (S. 35.), nachdem
er die Ansicht ausgesprochen, daß „ein ähnliches Verhältniß jetzt
gegenüber Italien obzuwalten scheine," so will es ihm S. 36
„bedünken, daß man dieser Politik seine Zustimmung schenken
und seine Beihülfe zusagen müsse, so lange dieselbe in den
Schranken der Befreiung der Nationalitäten sich
hält. Ist diese Befreiung einmal durch diesen Schicksalsmenschen erfolgt, sei es nun mit seinem Willen oder gegen seinen
Willen, ist einmal Italien von der Existenz als geographischer
Begriff erlöst und zu derjenigen eines staatlichen Begriffes fort-
geschritten, dann wird man weiter zusehen können, welche Gaben
die Zukunft in ihrem Schoße birgt, und welche Haltung man
zu beobachten hat." Die Besorgniß, daß man für die Dienste
des Schicksalsmenschen, für die Kameradschaft des Bannerträgers
mit Gebietsabtretungen werde zu bezahlen haben, beruhigt der
Herr Verfasser durch Aufstellung des Unterschiedes zwischen dem
ersten und zweiten Kaiserreich, daß das zweite nicht die Länder-
gier des ersten habe. Obgleich er in einer Zeitungsfehde mit
dem Schreiber dieses im verflossenen Sommer versichert hat, daß
er heute noch jedes Wort der „Studien" unterschreibe, so dürfte
er in diesem Punkte jetzt wenig Anhänger zählen; im Gegentheil, die Redensart, die Pozzo di Borgo ausgetüfftelt und die
vor drei Jahren einmal an mir versucht wurde: „Was ist an

dem linken Rheinufer gelegen, wenn Ihr nur zur Einheit gelangt!" soll Cours bekommen haben. (Aber Holz und Hanf werden auch in Kleindeutschland wachsen!)

Einen desto größeren Erfolg hat er mit den obigen, auch in dem Original gesperrt gedruckten Worten gehabt; sie sind die Maxime großer Massen geworden, und zwar in der Formel: Wir müssen mit Louis Napoleon gehen, so lange es uns zusagt. Und das ist ein schwerer Fehler und ein großes Unglück gewesen. „In der Politik mit Jemandem gehen" ist ein bildlicher Ausdruck, und Bilder gehören nicht in die Wissenschaft. Es mag sich ihrer jemand für sich selbst bedienen, um eine Masse von konkreten Dingen und seine Anschauung davon für sich selbst, gleichsam in einer Hieroglyphe zusammen zu fassen; ein Bild mag das richtige Ende eines Nachdenkens sein. Aber es ist gefährlich für den Hörer und kann nie der Ausgangspunkt eines richtigen Nachdenkens werden. Dieses Bild aber ist unter allen Umständen falsch. Man geht mit einem Freunde, einem harmlosen Menschen; man geht nicht einen weiten gefährlichen Weg durch fremde Gegenden mit einem Unbekannten, wenn man nicht in die Irre geführt, im Stich gelassen sein will; man unternimmt nicht eine Reise auf gemeinschaftliche Kosten mit einem Thug. Mich dünkt, die Italiener zahlen zu schweres Lehrgeld für die alte Wahrheit, daß jeder Vergleich hinkt.

Aber einmal aufgenommen, wucherte die Vorstellung so üppig, verlor die Abneigung gegen den Reisegefährten sich so schnell, daß eine unverschämte Brochüre, die zu der Zusammenkunft von Compiegne erschien und eine „Rektifizirung der Grenze" bei Saarlouis forderte, von der „Kölnischen Zeitung" als „ein Friedensthor" bezeichnet werden, und daß am Tage jener Zusammenkunft ein Berliner Blatt sagen konnte:

„Freilich ist Louis Napoleon nicht dazu angethan, um auf seine Bürgschaft mit Sicherheit rechnen zu können, während ein

Wort unseres Königs den Stempel der Unverbrüchlichkeit in sich trägt. Aber L. Napoleons Lage ist darnach, daß man solcher Versicherung trauen könnte; und lautete sie dahin, daß Frankreich keine Gelegenheit benutzen oder begünstigen wolle, um einer innerlichen Reorganisation Deutschlands entgegen zu wirken, ja, ginge sie dahin, daß Frankreich in solchem Falle jede Intervention des Auslands verhüten wolle, so wäre damit der Gegendienst aufgewogen, wenn ihm von Seiten Preußens das Zugeständniß gemacht wird, daß man im Todesfall L. Napoleons dem Thronerben Frankreichs kein Hinderniß in den Weg legen werde."

Das Blatt war die „Volkszeitung." Eine Reorganisation Deutschlands, bei der L. Napoleon — und gegen wen? Schildwache steht! Und welche Faust hat sich an jenem 1. Oktober geballt, welche Stimme sich erhoben? Glatt, wie die Frühstücksemmel, mit der es aufgetischt wurde, ging das Gift hinunter. Woher es nur gekommen sein mag? hatte Jemand es, fertig destillirt, der „Volkszeitung" in die Hand gesteckt, oder war es auf ihrem ureignen Sumpfe gewachsen? Deutsch ist der Gedanke so wenig, wie die Sprache, in der er vorgetragen ist; die Stelle enthält sieben Verstöße gegen die Syntax. Die Franzosen und die Engländer würden nicht drei Tage einen Journalisten dulden, der so mit der Sprache umginge.

So wuchs die Partei der preußischen Spitze. Man hatte Fühlung rechts und links, und hinten und vorn, und rührte einen großen Staub auf. Eine Eigenschaft alles jungen öffentlichen Lebens und ein Fluch der Vormundschaft, unter der das preußische Volk zu lange gehalten worden, ist die Unduldsamkeit, welche den, der anders urtheilt und nicht jede Schwenkung, jeden Abfall prompt mitmachen will, kurzweg für einen Narren erklärt; die Feigheit, die heute den Genossen von gestern verleugnet und morgen die Verleugnung verleugnen wird; die

Unehrlichkeit in der Diskussion, in der Behandlung von
Gegnern und von unbequemen, nicht in die orthodoxen Vorstellungen, nicht in den „korrekten" Gang der Weltgeschichte
passenden Thatsachen, wo man sie nicht ganz beschweigen kann;
endlich eine Logik, die man einer gereizten, eigenwilligen Frau
allenfalls zu Gute hält: Zu den Großdeutschen gehören Ultra-
montane, folglich ist der großdeutsche Gedanke ultramontan.
Oder: Du sagst, Italien sei nicht einig und unabhängig, folglich bist Du ein Feind der Einheit und Unabhängigkeit Italiens
— wie wenn wir Jemanden, weil er es kalt findet, einen
Feind der Wärme schelten wollten!

Solche Stimmungen, zu denen sich in der Geschichte aller
Zeiten Analoga finden, ziehen eine Zeitlang aus sich selbst eine
immer wachsende Kraft. Man sagt sich nicht gern los, wenn man
eben das Gefühl der Stärke zu kosten beginnt, welche die Vereinigung giebt. Man nährt nicht gern Zweifel, wenn es bei
Strafe der Unpopularität verboten ist zu zweifeln. Man trägt
Scheuklappen und will Scheuklappen tragen. Eine Provinzial-
stadt bezog vor zwanzig Jahren ein französisches Journal und
einige Exemplare der Heidelberger, der Augsburger, der Brock-
haus'schen Zeitung, heute nicht ein einziges nichtpreußisches
Blatt. Aber wenn zehn auf diese Weise genährte Kleinstädter
einer Meinung sind, so glauben sie jeden Einzelnen, der anders
urtheilt, überstimmt zu haben, auch wenn der Eine zehnmal
soviel Gelegenheit gehabt hat, sich zu unterrichten. Was helfen
dabei Setzmaschinen und cylindrische Pressen! sie werden zu
Werkzeugen der halben Wahrheit, die bekanntlich schlimmer als
die ganze Lüge ist. Man erhält aus England, Frankreich, selbst
aus Rußland viel eingehendere Mittheilungen als aus Oestreich
und Süddeutschland. Die lächerlichen Vorstellungen von Oestreich,
die man sich in gebildeten Kreisen Norddeutschlands aus Konkordat und Finanznoth zusammengesetzt hatte, sind auf dem

Juristentage in Wien bei dem Seidel Champagner in ergötzlichen Geständnissen zum Vorschein gekommen; mancher hat erst durch den Besuch erfahren, was die „Berliner Revue" damit hatte sagen wollen, in Oestreich sei die Ordnung Gottes gründlicher als irgendwo zerstört. Literatur, Geschichte, alles wird in solchen Stimmungen mit der orthodoxen Farbe angestrichen, auf den orthodoxen Leisten geschlagen. Schiller wurde zum Klein-deutschen gepreßt, und dazu von einer Coterie, die ihn sonst auf Katholizismus oder, wie man heute sagen würde, Ultra-montanismus anzuschnüffeln pflegte. Ebenso Fichte; man hört oft den Satz citiren, in dem er sagt: Oestreich kann Deutsch-land nicht einigen, aber selten den andern, in dem er hinzusetzt: Preußen auch nicht. Und dabei geräth man in sittliche Ent-rüstung, wenn von Gegnern ebenso mit der Geschichte umgegan-gen wird.

Endlich kam eine Volkswirthschaft ins Spiel, deren Grund-Sätze keineswegs mathematisch feststehen, und die, selbst wenn wir die volle Gewißheit von ihrer Richtigkeit hätten, niemals die Politik eines Staates beherrschen, sondern immer nur ein Mo-ment der Politik sein darf, wenn nicht der Staat und die Wirthschaft selbst verderben sollen. In dem Motto, welches die englischen Baumwolleninteressenten auf ihre große Denkschrift gesetzt haben, Cotton knows no politics, liegt, ihnen unbewußt, ein artiger Doppelsinn: das Motto ist richtig in dem Sinne, den sie, dem heutigen, alltäglichen Sprachgebrauche gemäß, mit dem Worte politics verbinden — die Baumwolle weiß nichts von Parteikämpfen — ist aber auch richtig nach dem alten Sinne von politics, d. h. science of government — die Baumwolle versteht nichts von der Regierungskunst. So fest hält darauf die englische Aristokratie und so gelehrig folgsam ist das englische Volk, daß der Premierminister dem großen Apostel jener Volkswissenschaft, dem von L. Napoleon am Seil seiner eigenen Thorheit geführten Mr. Cobden, auf seine Auseinandersetzung, daß England sich nicht wehrhaft zu machen brauche, wörtlich in das Gesicht werfen durfte: „bleib bei deinem Leisten!" Aristokratie! höre ich mit Achselzucken ausrufen. Ja, Aristokratie. Wenn eine Aristokratie patriotisch bleibt, so hat eine unpatriotisch gewordene Nationalpartei nicht das Recht, gegen sie zu wiederholen, was der Volkspartei von 1848 wohl anstand. Mit Aristokratie ist natürlich nicht ein preußischer Kleinadel gemeint.

Alle Strömungen, die geholfen hatten, die kleindeutsche Partei zu bilden und die wiederum von ihr waren genährt worden, vereinigten sich zuletzt, mit bewunderungswürdiger Ausdauer und Geschicklichkeit geleitet und gespeist, wie in einem gewaltigen Inductor in dem Worte Italien. Italien, das Land, an dessen Vergangenheit die Geisteswurzeln, an dessen Natur und Kunst die Erinnerung oder das Sehnen jedes Gebildeten hängen, war nun die Verkörperung des Nationalitätsprinzips; Italien war das Vorbild für Deutschland, Piemont für Preußen; Italien, der Feind Oestreichs, aber nicht, so hatte man sich einreden lassen, ein Feind Deutschlands, der Feind des Papstes, also, so hatte man sich selbst eingeredet, der natürliche Bundesgenosse des Protestantismus; Italien endlich ein Gegenstand für den liebebedürftigen, durch die Faustschläge Macdonald's und die Fußtritte Lord Palmerston's in den Wittwenstand geschleuderten Michels. Italien wurde seine Dulcinea. Wer heute den Don Quichotte liest, der lernt begreifen, daß Cervantes unsterblich ist. Was auch die gesunden Sinne, was auch der gesunde Menschenverstand seiner Hausgenossen, seines Knappen, seiner Reisegefährten, was auch seine eigenen Sinne sagen mögen: „Es kann nicht so sein," antwortet der Ritter mit sanftem Fanatismus, „es ist nicht so; denn dann hätte ja das Nationalitäts-, nicht doch, dann hätten ja die Ritterbücher Unrecht."

„Also Sie meinen —, also Sie wünschen — — ?" — Auf die Frauenzimmerlogik habe ich vorweg geantwortet. Ich meine, daß man die Dinge in Italien ansehen soll, wie sie sind, und ich wünsche Italien alles möglich Gute, nur nicht auf Kosten Deutschlands.

Jede Täuschung, die man sich über Italien macht, kam dem „Bannerträger der Nationalitäten" zu Gute; konnte man denn einen Mann herzlich hassen, der ein so herrliches Werk, wenn auch gegen seinen eigenen Willen, zu Stande gebracht hatte? Daß die Italiener sehr wohl wissen, wie sehr das Ausland sich über ihre Zustände täuscht und täuschen läßt, das verrieth der Vorschlag, den ein Garibaldianer auf Aspromonte dem Anführer der königlichen Truppen machte: „Lassen Sie uns dies Gefecht, lassen Sie uns die Thatsache, daß es zum Bürgerkriege gekommen, verheimlichen." Aber vor jenem „höllischen" Gewehrfeuer" der Piemontesen war auch der Nebel verflogen, in den L. Napoleon, der König-Gentleman, Cavour, Ratazzi, Garibaldi und Mazzini ihre Einverständnisse und Zerwürfnisse dem italienischen Volke verborgen hatten. Die andere Hälfte der Wahrheit bricht durch, und das Bemühen der deutschen Italienissimi, sie abzuhalten, gleicht dem Bestreben, einen Gletscherbach bei steigender Sonne mit den ausgespreizten Fingern zu stauen. Um die Zeit jenes Zusammenstoßes ließ es sich an der Haltung der Presse deutlich beobachten, daß die Kleindeutschen stutzig waren, einige Tage schwankten, für welche Seite sie Partei nehmen, ob sie das offizielle Italien, ihren „natürlichen Bundesgenossen", angreifen oder das Garibaldische, weil es unterlegen, staatsmännisch benärgeln sollten. Das Gefühl der großen Massen gab den Ausschlag. Aber, auch wenn der brave Soldat und gute Parteigänger, der liebens-

würdige Schwärmer und glühende Patriot, den die Dynastie
mit zwei Flintenkugeln bezahlt hat, leben sollte — und wer
sollte ihm das nicht wünschen! — die Enthüllungen zu machen,
die „die Welt in Erstaunen setzen sollen", so wird lange Zeit
verstreichen, ehe die Zerstörung des Irrthums, der in dem Wort
Italien lag, rückwärts wirkend alle die Irrthümer zerstört, die
aus ihm Nahrung gezogen hatten, in ihm zusammengeflossen
waren. Es sträubt sich die Eigenliebe, die Recht behalten will;
und die Intrigue, vorausgesetzt daß eine existirt, wird alles
aufbieten, den Klärungsprozeß zu verzögern, bis sie in der
Trübe ihr Netz zugezogen hat. Die Zwischenläufer werden
eine kleine terreur versuchen, erst mit Achselzucken und Schimpfen
in französischem Deutsch, dann vielleicht mit anderen Mitteln,
denn es stehen große Dinge auf dem Spiele: der Kopf brütet
aber in diesem Augenblick über einer neuen täuschenden Formel.
Quand il parle, il ment; quand il se tait, il conspire.

Inzwischen steht die kleindeutsche Partei hart vor den Kon-
sequenzen ihres Thuns. Sie mag den Fragen ausweichen
wollen, aber die Fragen rücken ihr auf den Leib. Sie, die
die „klugen, taktvollen Italiener" nicht genug dafür zu beloben
weiß, daß sie das Erreichbare ergreifen und mit dem Vollkommneren sich zu gedulden verständen, will sie alles, auch
was neben dem Bundestage von den Regierungen geboten
wird, als unvollkommen verwerfen und vereiteln, will sie Brod
und Butter von sich stoßen, weil ihr das Butterbrod nicht
gleich geschmiert in den Mund gesteckt wird? Sie, die die
„regierenden, nihilistischen" Großdeutschen nicht genug dafür
tadeln und verspotten konnte, daß sie wohl ein Direktorium
zu fordern aber nicht ein Reglement über die Zusammensetzung
desselben fix und fertig vorzulegen wüßten, will sie in der That
das deutsche Volk foppen mit dem byzantinisch-theologischen
Problem einer „Regierungsgewalt, die Einen Willen hat, aber

nicht aus Einer Person besteht," und erzeugt werden soll in
der Retorte eines deutschen Parlamentes, das doch nur durch
die Regierungen oder durch eine Revolution ins Leben gerufen
werden kann? Sie, die "keinen Quadratschuh deutscher Erde
hergeben" wollte, soll sie Deutschland unter der Obhut des
Kaisers "innerlich reorganisiren" und den Preis bezahlen, "damit Frankreich auf der Höhe seiner Schicksalsmission bleibe"?
Der naturwissenschaftliche, nationalitätliche und pamphletliche
Better, der bis zur Großjährigkeit des Prince Imperial die
Rolle des Thronfolgers im dynastischen Interesse zu spielen,
die Sympathien, die sich dem Regierenden abwenden, einzufangen
und bei der Familie zu erhalten hat, ließ kürzlich den Preis
in seinem Blatte bezeichnen. Sollen wir Deutschen unsere Er-
rettung vor Schmach, Zerfall und Verlust wirklich nur dem
verdanken, daß ein innerer Konflikt, die Frucht einer zwei-
deutigen Politik nach außen, die Regierung und das Volk in
Preußen wechselseitig bindet? nur dem, daß die Regierenden
"ja nicht den Entschluß und die Kraft haben", das zu thun,
wozu man sie noch vor einem Jahre drängen wollte? nur dem,
daß die Dränger inne geworden, daß sie nur Treiber gewesen,
daß, wer sich selbst zur Bracke bestellt, sich nicht wundern darf,
wenn die Peitsche des Jägers ihm um die Ohren schwirrt?
Wird nicht der Instinkt des Volkes das Gewebe von Trugsal
zerreißen, worin die Sonntags-Politiker sich selbst gefangen
haben?

Soll es denn aber Nationalität sein und bleiben, so nehmt
von dem Italiener die Erklärung an, daß Nationalitätsprinzip
die Arbeitstheilung unter den Völkern bedeute, daß das Vollbringen Eurer Arbeit, welches zugleich das Erfüllen einer Pflicht
gegen das Menschengeschlecht ist, gewisse geographische Verhältnisse voraussetzt und erzeugt, daß ein Volk erst seine Werkstatt haben muß und dann "groß in Concessionen" sein mag.

Erhebt Euch zu dem durch die Geschichte gerechtfertigten Bewußtsein, daß Euch die Arbeit beschieden ist, Racen, die nicht
„einer eigenen Existenz fähig sind", in Euch aufzunehmen, mit
Bewahrung ihrer Vorzüge, wenn sie deren haben, in friedlichem
Schaffen, wie es bisher geschehen, mit Gewalt, wenn sie es
nicht anders wollen, mit dem Pfluge oder mit dem Schwert;
daß Euch die Arbeit beschieden ist, für die anderen der „Führer,"
der „Verjünger", das „Schicksalsvolk" zu sein. Wem, der
germanisches Blut in den Adern hat, und nicht der Sohn eines
Bedienten ist, kann denn das schwer fallen? Speit die Alraunwurzel aus! Denkt nicht schlechter von Euch selbst als der
russische Staatsmann, der im Jahre 1834 eine Denkschrift damit schloß:

Deutschland ist das Herz Europas. Seine Revolution
in Glaube und Lehre hat die Welt auf zwei Jahrhunderte
erschüttert; eine deutsche Revolution in Staat und Gesellschaft würde nicht minder heftig, nicht minder dauernd
wirken.

Soll es denn einmal ein Bild sein, vor dem Ihr Euch
erwärmt, so sei es das Bild, das Fichte von der Zukunft
Eures Volkes zeichnet:

„Ein wahrhaftiges Reich des Rechts, wie es noch nie
„in der Welt erschienen ist, in aller der Begeisterung für
„die Freiheit des Bürgers, die wir in der alten Welt
„erblicken, ohne Aufopferung der Mehrzahl der Menschen
„als Sklaven, ohne welche die alten Staaten nicht be-
„stehen konnten, für Freiheit, gegründet auf Gleichheit
„alles dessen, was Menschengesicht trägt. Nur von den
„Deutschen, die seit Jahrtausenden für diesen großen Zweck
„da sind und ihm langsam entgegenreifen, — ein anderes
„Element für diese Entwicklung ist in der Geschichte nicht da."